微觀經濟學

（第三版）

主　編　吳開超　張樹民
副主編　史繼剛　李　毅

崧燁文化

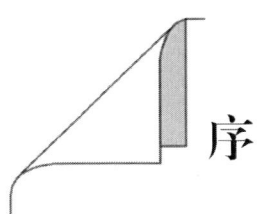

傳統的經濟學理論也在不斷發展。各種流派的經濟學思想日新月異，並在經濟改革中激烈碰撞，使得中國的經濟學教育面臨進一步普及和進一步深化的雙重使命。為此，在高等教育中必須實行經濟學的分層分類教學。

本書的編寫，主要定位於經濟管理類的全日制。根據我們的理解，我們進行了多方面的嘗試，也形成了本書的主要特色。

第一，體現了明顯的邏輯性和對稱性。全書共分為20章75節，這些篇章節體現了這樣的邏輯：從研究完全競爭市場到考察非完全競爭市場，從透視產品市場到觸摸要素市場，從分析經濟效率到關注分配公平的邏輯。在結構安排中，不僅能夠發現如第四章與第五章、第六章與第七章之間嚴格的外在對稱性，還能在許多章節中發現「經濟現象—效率評價—治理對策」這樣的內在對稱性。

第二，突出經濟學思維和方法的培養。經濟學思維的核心就是用利益驅動來解釋人和組織的行為。首先在非常抽象和極端不現實的假設條件下建立一個基本經濟模型，然後根據實際情況一步一步放寬假設條件來逐漸接近真實的世界，這就是經濟學的基本方法。本書在前三章專門介紹了微觀經濟學的基礎假設和經濟模型，第四至二十章則具體地體現了經濟學思維和方法。實際上，「完全競爭模型」是經濟學理論體系中一個在嚴格假設條件下建立的理論模型。它既是經濟學家分析現實世界的起點模型，又是經濟學家改造現實世界的理想模版。在完全競爭模型的基礎上，通過逐漸放寬競爭模型中或明或暗的假設，可分析現實世界中的完全壟斷市場、寡頭壟斷市場、壟斷競爭市場、外部性、公共物品、公共資源、不對稱信息、要素市場和公平問題。

第三，具有適度的層次性和差異性。通常情況下，經濟學在內容難度上有初級、中級和高級之分。初級經濟學大量採用文字和圖表，高級經濟學基本運用數理函數，而中級經濟學的表達方式則介於初級和高級之間。在難度系數和表達方式上，國內外流行的教材都過度強調一致性，缺乏一定的層次和差異。根據經濟管理類低年級本科生的數學知識和培養要求，本書嘗試在基本競爭模型、外部性、公共物品、不對稱信息和要素市場等部分主要採用文字和圖形來表達，而在完全壟斷、寡頭壟斷、壟斷競爭、不確定性的選擇等部分更多地採用數學函數來表達經濟關係。我們期待通過這樣的努力，既讓學生逐漸熟悉經濟學的數學語言，又使他們瞭解數學知識中的經濟學原理，從而搭建更有效的交流平臺。

● 2007年8月，本書出版了第一版，2014年8月，本書出版了第二版。本書第二版發行兩年之後，2017年出版第三版。第二版出版之後，得到了出版界、同行和讀者的廣泛關注。他們肯定了本教材在結構上「突出經濟學思維和方法的培養」，在內容難度上「體現適度的層次性和差異性」的探索和創新；同時，也在語言、圖表、標點符號和內容等方面提出了很好的意見和建議。為此，本書第三版基本保持了原有的整體結構和特色，增加了部分新的理論，並運用理論進行了政策分析，還對局部內容進行了調整，使全書的結構更加緊湊合理，語言表達更加通順，圖形更加美觀。吳開超執筆完成第一、二、三、四、五、十四、十五、十七、十八、十九、二十章的修改，史繼剛執筆完成第六、七、八、九、十、十一、十二、十三、十六章的修改。

在本書的寫作和修改過程中，我們參閱了國內外大量的經濟學專著、教材和論文，吸收了經濟學學界同仁的豐富成果，在此對他們表示衷心的感謝！當然，書中疏漏和錯誤之處在所難免，我們也殷切期待各位同仁的幫助、批評、賜教，以便我們改正、提高。

編　者

目　錄

第一章　現象與問題 ·· (1)

　　第一節　經濟活動循環圖 ·· (1)

　　第二節　經濟選擇與機會成本 ·· (3)

　　第三節　微觀經濟問題 ··· (6)

第二章　猜想與假定 ·· (9)

　　第一節　經濟體制假定 ··· (9)

　　第二節　市場結構假定 ··· (11)

　　第三節　經濟人假定 ·· (13)

第三章　工具與方法 ·· (17)

　　第一節　構建經濟模型 ··· (17)

　　第二節　經濟函數和經濟圖形 ·· (21)

　　第三節　基本分析方法 ··· (24)

第四章　競爭性消費者的購買均衡 ··· (29)

　　第一節　效用和邊際效用遞減規律 ·· (29)

　　第二節　消費者偏好 ·· (31)

　　第三節　消費購買力與預算線 ·· (33)

　　第四節　消費者的最優購買選擇 ··· (36)

　　第五節　競爭性市場的個人需求 ··· (39)

第五章　競爭性廠商的產出均衡 ·· (44)

　　第一節　廠商生產和報酬遞減規律 ·· (44)

　　第二節　競爭性廠商的成本 ··· (46)

　　第三節　競爭性廠商的收益 ··· (52)

第四節　競爭性廠商的最優產量決定 ································· (54)
　　第五節　競爭性市場的廠商供給 ····································· (59)

第六章　競爭性市場的局部均衡 ·· (63)

　　第一節　競爭性市場的市場需求 ····································· (63)
　　第二節　競爭性市場的市場供給 ····································· (73)
　　第三節　市場供求均衡與經濟效率 ··································· (80)
　　第四節　間接稅的分擔與價格管制 ··································· (89)

第七章　競爭性市場的一般均衡 ·· (97)

　　第一節　局部均衡和一般均衡 ······································· (97)
　　第二節　生產的帕累托最優 ··· (98)
　　第三節　交換的帕累托最優 ·· (104)
　　第四節　生產和交換的帕累托最優 ·································· (110)
　　第五節　競爭性市場的經濟效率 ···································· (113)

第八章　完全壟斷市場的產出均衡 ····································· (116)

　　第一節　壟斷市場的特點和廠商收益 ································ (116)
　　第二節　壟斷廠商的產量和價格決定 ································ (118)
　　第三節　壟斷廠商的價格歧視 ······································ (123)
　　第四節　治理壟斷的基本思路 ······································ (130)

第九章　靜態博弈與同質寡頭市場均衡 ································· (133)

　　第一節　不確定需求與策略性行為 ·································· (133)
　　第二節　完全信息靜態博弈 ·· (137)
　　第三節　古諾模型 ·· (143)
　　第四節　伯特蘭模型 ·· (146)

第十章　動態博弈與同質寡頭市場均衡 ································· (148)

　　第一節　完全信息動態博弈 ·· (148)
　　第二節　斯塔克爾伯格模型 ·· (154)
　　第三節　卡特爾模型 ·· (156)

第十一章　存在產品差異的市場均衡 ··································· (159)

　　第一節　異質雙寡頭市場的均衡 ···································· (160)
　　第二節　壟斷競爭市場 ·· (166)

第三節　廣告是非論 …………………………………………………（170）

第十二章　產權不完全與經濟效率 ………………………………（172）

第一節　外部性與產權 ………………………………………………（172）
第二節　外部性與經濟效率 …………………………………………（174）
第三節　解決外部性的政府政策 ……………………………………（176）
第四節　外部性與市場方法：科斯定理 ……………………………（179）

第十三章　公共物品和共有資源 …………………………………（181）

第一節　非排他性和非競爭性 ………………………………………（181）
第二節　公共物品的供給與效率 ……………………………………（183）
第三節　共有資源的使用與效率 ……………………………………（187）

第十四章　公共選擇與政府失靈 …………………………………（189）

第一節　法律市場理論 ………………………………………………（189）
第二節　憲法和憲法經濟理論 ………………………………………（194）
第三節　投票規則和投票悖論 ………………………………………（195）
第四節　官僚理論和利益集團理論 …………………………………（198）
第五節　公共選擇中的政府失靈 ……………………………………（203）

第十五章　信息不完全與風險下的選擇 …………………………（208）

第一節　風險和風險的測量 …………………………………………（208）
第二節　風險和不確定下的決策原則 ………………………………（212）
第三節　預期效用理論和風險規避 …………………………………（215）

第十六章　隱藏知識與逆向選擇 …………………………………（225）

第一節　不完全信息與不對稱信息 …………………………………（225）
第二節　舊車市場隱藏知識與逆向選擇 ……………………………（226）
第三節　勞動力市場的逆向選擇與信號 ……………………………（229）
第四節　金融市場的逆向選擇與信號 ………………………………（232）

第十七章　隱藏行為與道德風險 …………………………………（235）

第一節　道德風險與機制設計 ………………………………………（235）
第二節　股權合約中的道德風險 ……………………………………（239）
第三節　債務合約中的道德風險 ……………………………………（241）
第四節　金融危機與銀行監管 ………………………………………（243）

第十八章　要素市場的個人供給和市場供給 ……………………（245）

　　第一節　個人的要素供給原則 …………………………………（245）
　　第二節　勞動的個人供給與市場供給 …………………………（247）
　　第三節　資本的個人供給與市場供給 …………………………（249）
　　第四節　土地的個人供給與市場供給 …………………………（251）

第十九章　要素市場的廠商需求和市場需求 ……………………（253）

　　第一節　廠商對要素的使用原則 ………………………………（253）
　　第二節　競爭要素市場的廠商需求和市場需求 ………………（256）
　　第三節　壟斷要素市場的廠商需求和市場需求 ………………（258）

第二十章　要素市場均衡和經濟平等 ……………………………（261）

　　第一節　勞動工資和土地租金的決定 …………………………（261）
　　第二節　資本利息和利潤的決定 ………………………………（266）
　　第三節　收入差距與收入分配政策 ……………………………（270）

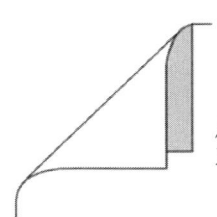
第一章　現象與問題

第一節　經濟活動循環圖

圖1.1是我們繪制的市場活動循環圖，它幾乎涵蓋了經濟學所要研究的全部問題，說明了市場經濟中的市場主體、市場空間、市場活動。

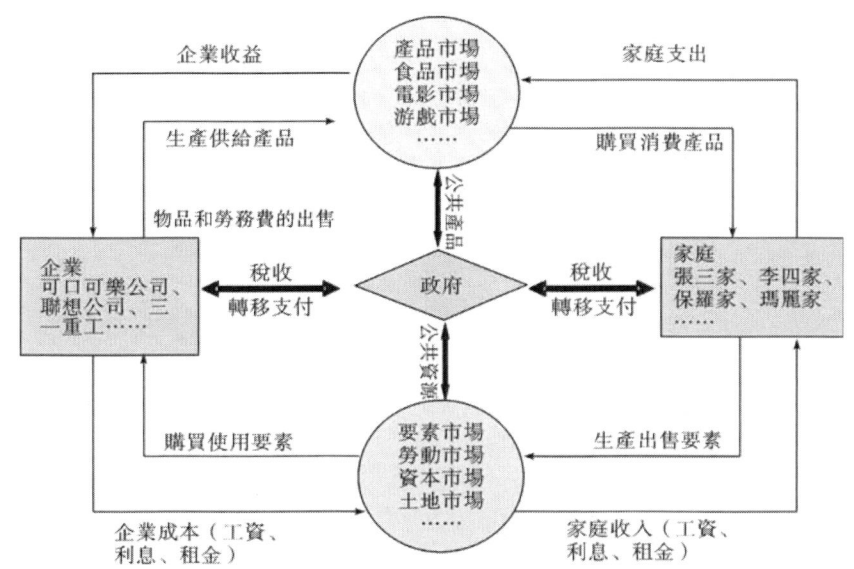

圖1.1　市場活動循環圖

一、家庭、企業和政府

家庭（Family, Household）由同居一家的所有人組成。由於經濟學研究家庭的行為集中在研究它的市場消費行為，因此很多時候說家庭實際上說的是消費者（Consumer）。家庭或者消費者是生產要素的最終所有者，通過向要素市場提供勞動、資本和土地獲得工資、利息和租金。這些要素價格構成消費者的收入。消費者擁有的收入就是他的「貨幣選票」，通過支付相應的價格，在產品市場中購買所需要的食品、

服裝、理髮等產品和服務，以滿足自己的各種需要。當然，消費者還要與政府發生關係：一方面，消費者要向政府繳納社會保障稅和個人所得稅，以獲得政府提供的公共產品和服務；另一方面，政府還要對消費者進行福利開支等轉移支付。

企業（Company）是生產某種產品或提供某些服務的組織。大多數企業生產產品或提供服務是為了營利，但同時也存在非營利性企業，比如大學和一些醫院。就企業而言，它是產品和服務的生產者和所有者，通過向產品市場提供消費者所需要的食品、服裝、理髮等產品和服務獲得相應的收益。企業擁有的收入成為它的「貨幣選票」。企業運用這些選票在要素市場上購買其進行生產所必需的勞動、資本、土地等要素；同時，向消費者支付工資、利息、租金等價格。當然，廠商也要與政府發生關係：一方面，企業要向政府繳納間接稅（關稅、營業稅、消費稅等）、社會保障稅和企業所得稅，以獲得政府提供的公共產品和服務；另一方面，政府也要對企業進行福利開支等轉移支付。

政府（Government）是國家公共行政權力的象徵體、承載體和實際行為體。政府發布的行政命令，以及行政決策、法規、司法、裁決、懲處、監察等，都應符合憲法和有關法律的原則和精神，對其規定的所有適用對象產生效力。消費者和企業僅僅是市場活動的參與者，而政府的角色則是多重的。作為市場活動的參與者，政府在產品市場上，既提供公共物品和服務，又通過政府購買的形式購買產品和服務；在要素市場上，既提供公共資源，同時又去雇傭要素。作為經濟活動的調控者，政府還通過財政、貨幣政策和產業政策來引導經濟運行，以彌補市場的失靈。

二、產品市場和要素市場

無論家庭、企業還是政府，經濟活動都是在產品市場或要素市場中進行的，因此產品市場和要素市場是各個市場主體的基本活動空間。

產品（Product）包括有形產品和無形產品，有形的產品，如書籍、計算機或DVD播放器，無形產品就是服務，是為他人進行的活動，如給人理髮或提供投資諮詢。在產品和服務市場上，家庭購買產品和服務，並支付相應的產品和服務的價格，企業生產和供給產品和服務，當然應得到相應的收入。

生產要素（Factors of production）包括勞動力、資本、土地。在要素市場上，家庭向企業提供生產要素，獲得相應的要素報酬，這構成家庭的收入。企業向家庭購買生產要素，並支付相應的要素價格，這構成企業的生產成本。

土地（Land）又稱自然資源，指的是生產過程中大自然所賦予的禮物。土地包括農業、住房、工廠和道路等所使用的土地；給汽車加油或給房屋供暖的能源；還有諸如銅、鐵礦石和沙等非能源資源。在今天這個擁擠的世界，我們必須把清新的空氣和適合飲用的水等環境資源也視為一種自然資源。

勞動（Labour）是指人們花費在生產過程中的時間和精力，比如在汽車製造廠上班，在土地上耕種，在學校裡教學，或者製作點心等。在各種技術水平層面，千百萬種工作和任務都是由勞動完成的。對於一個發達的工業化國家來說，勞動曾一度是最熟悉和最重要的生產要素。

資本（Capital）是指人們在生產過程中使用的過去所生產的物品。比如，廠房、

機器、辦公樓、計算機、鐵錘、汽車、洗衣機、建築物等。這些產品不直接進入消費領域，而是被投入到生產中去，因而被稱為資本品。資本主要是通過儲蓄轉化為投資形成的。如果人們願意節制眼前的消費以備未來消費，就會形成儲蓄，儲蓄可以通過投資建廠直接轉化成為資本，也可以通過購買金融資產等同接形成資本。如果一個國家有強大的資本形成能力，它就具備社會生產增長的重要推動力。

第二節　經濟選擇與機會成本

一、資源稀缺性

我們把土地、勞動、資本和企業家才能等生產要素看成經濟資源，卻不把陽光、雨水和空氣等生產要素看成經濟資源，是因為經濟資源具有稀缺性，陽光、雨水和空氣不具有稀缺性。簡單地說，資源的稀缺性就是人們對資源的慾望超過了人們可以得到的資源。

慾望是指人們那種缺乏的感覺和求得滿足的願望，是不足之感與求足之願的統一體。在自然和社會生活中，饑餓、乾渴、寒冷、疲勞、恐懼等都可以是人們的不足之感。比如，饑餓是源於食品匱乏；乾渴是源於飲水短缺；寒冷是源於衣衫單薄；疲勞是源於休息不夠；恐懼是源於安全保障不足。在產生不足之感的同時，人們也會生成求足之願。比如，他們可能要求用麵包充饑、用可樂解渴、用皮衣御寒、用休息消除疲勞，他們也可能以保險和保安來消除恐懼。在現實生活中，人們缺乏的感覺是豐富多彩的，求得滿足的願望也是多種多樣的，這構成了人們吃、喝、玩、樂等千姿百態的慾望。

按照美國著名心理學家馬斯洛的劃分，人的多種慾望可以分為生理需要、安全需要、社交需要、尊重需要和自我實現需要五個層次。儘管在一定的時間和地點，人們的某種慾望會逐漸得到滿足，其相應的不足之感和求足之願會逐漸減弱。但是，從根本上講，當人們的某種慾望得到一定程度的滿足之後，他又會產生新的慾望，即人們的慾望永遠也不能得到完全的滿足，人的慾望是無限的。比如，當人們的吃、喝、玩、樂等生理需要得到滿足之後，人們就會產生安全需要；當這些低層次的需要得到滿足之後，又會產生社交、尊重和自我實現等更高層次的需要。

「終日奔波只為饑，方才一飽便思衣；衣食兩般皆俱足，又想嬌容美貌妻；娶得美妻生下子，恨無田地少根基；買到田園多廣闊，出入無船少馬騎；槽頭扣了騾和馬，嘆無官職被人欺；縣丞主簿還嫌小，又要朝中掛紫衣；做了皇帝求仙術，更想登天跨鶴飛；若要世人心裡足，除非南柯一夢西。」清代閒書《解人頤》的這一首打油詩，形象地說明了人的慾望的無限性。人類正是為了滿足自己不斷產生、永無止境的慾望而勞作。慾望的無限性是推動社會前進的巨大動力。

人的慾望需要用資源、產品和服務來滿足，且最終還是需要用經濟資源來滿足。但世界上能夠用來滿足人們需要的經濟資源是有限的，使用這些資源生產的每一種物品都有一個有限的最大數量，遠遠少於人們的無限慾望對經濟資源的需要。

如果把所有的需要加總起來，你立刻就會發現現有的物品和服務根本就無法滿足每個人消費慾望的很小的一部分！且不說在非洲、亞洲和南美洲還有十億左右的人口每天只靠不到1美元的收入生活，即使是美國這個世界上公認的富足之國，實事求是的觀察家都不會否認，儘管經歷了兩個世紀的經濟增長，美國的生產能力還是不能完全滿足每個人的慾望，其國民產出還必須擴大很多很多倍，才有可能使普通的美國人都能達到醫生和棒球手那樣高的生活水準。有調查表明，只有38%的美國人認為自己擁有了他們想要的「絕大部分東西」，還有21%的美國人認為自己只擁有了他們想要的「一些和非常少的東西」。

沒有稀缺性的社會是不存在的。我們不妨設想，如果社會能夠無限量地生產出各種各樣的商品和服務，或者人們的慾望能夠得到完全滿足，那麼，會產生什麼樣的後果呢？當人們擁有了自己想擁有的一切東西，家庭自然不用擔心花光有限的錢，企業再也不必為勞動成本、醫療保健問題犯愁，政府則不用再為稅收、支付和環境污染等問題而大傷腦筋，因為誰都不會在乎這些問題。此外，既然我們每一個人都能隨心所欲地得到自己想要的東西，也就沒有人去關心不同國家之間的貧富差距，在意不同人之間的收入分配是否公平，同樣也不用關心失業、通貨膨脹和經濟停滯了。

在一個沒有稀缺性的世界裡，所有的物品都可以免費得到，所有的價格都變成了「零」，仿佛沙漠中的沙子和大海的海水一般，只要你不願意付錢，你就可以不付錢。然而，任何現實社會都絕不是那種擁有無限可能性的烏托邦，而是一個充滿著稀缺的世界。稀缺性決定了每一種經濟資源都有一個大於零的價格。房地產開發商要得到土地，就得支付土地的價格——地租；老板要雇用員工，就得支付勞動的價格——工資；商人要獲得資本，就必須支付資本的價格——利息；企業要聘請職業經理人，還要支付企業家才能的價格——利潤。

二、經濟選擇

由於可利用的資源是稀缺的，並不是每一個人都能擁有海景別墅和名貴跑車，都能到夏威夷度假，甚至擁有最基本的食品和醫藥；企業可能因為沒有足夠的資本去購買專利、聘請職業經理人，只能眼睜睜地看著賺大錢的機會從身邊溜走；一個國家可能因為沒有足夠的資源，無法同時提供充足的消費品和軍需品。當今世界，許多地方缺糧、缺水、缺電、缺藥……在這個資源稀缺的世界裡，很多事情並不是想得到就能得到的，我們都受到資源的約束。面對約束，我們不得不選擇，而不選擇本身也是一種選擇。如前所述，經濟選擇中的生產選擇問題（生產什麼、怎樣生產）和分配選擇問題（為誰生產）的實質是效率和公平。

任何產品和服務的生產都離不開土地、勞動、資本和企業家才能，因此每一種經濟資源都具有多種用途。經濟資源的多種用途取決於它所生產的產品和服務的用途。比如，土地可以用於栽種大豆、小麥和白菜，而這些大豆、小麥和白菜既可能用於農民、教師和經濟學專業的學生消費，也可能用作軍人的消費；勞動既可以投入到時裝、銀行管理和帳務處理等民用事業中去，也可以投入到國防事業中去。同樣地，資本可以用來生產播種機、收割機、小汽車，供民眾生產和生活使用；也可以用來生產導彈、航空母艦、遠程轟炸機，供軍隊使用。

資源的用途的多樣性，意味著不同的資源之間可以替代。也就是說，土地、勞動、資本和企業家才能等資源是能夠相互替代的。比如，在中國，許多企業用勞動替代資本；在美國和日本，許多企業用資本替代勞動。各種生產要素之間的替代程度受許多因素的影響，尤其是要素之間的相對價格。一般而言，人們總是用相對低廉的資源來替代相對昂貴的資源。勞動成本高的國家，比如美國、日本等，通常大量使用資本要素，從而存在大量的資本密集型產業；而勞動成本低的國家，比如中國、印度等，則大量使用勞動資源，從而存在大量的勞動密集型產業。當然，各種要素之間通常不是完全替代的，因為我們不能只使用一種生產要素就生產出產品和服務來。

經濟資源的稀缺性使人們必須選擇，經濟資源的多用性又讓人們可以選擇，這就是我們所面臨的經濟選擇。無論是下意識的選擇，還是有意識的選擇，每一個人每時每刻都面臨選擇，而且也都在進行選擇。廠商的要素投入選擇、產出選擇、定價選擇、廣告選擇和行銷選擇，消費者的購買選擇、勞動-閒暇選擇和消費-儲蓄選擇，以及政府的政策選擇都可能是微觀經濟學中典型的經濟選擇。

三、機會成本

一般說來，每一種稀缺資源都具有兩種或者兩種以上的用途，而且每一種用途的生產率都不一樣。所以，當人們在某種用途上使用一定數量的資源，就不能同時在其他用途上使用這些資源，因而就會失去其他用途可能為自己帶來的利益。機會成本就是你為得到某種東西而放棄的另一些東西的最大價值。

如果資源可以用於兩種以上的用途，當你選擇了某種用途，就必然會失去其他用途，而且在所失去的那些用途中，有的用途帶來的利益可能大一些，有的可能小一些。那麼，機會成本又該如何衡量呢？在經濟學中，我們以所放棄的用途中的最佳用途的利益作為其機會成本，而不能以其他任何一種用途的利益作為其機會成本，也不能以所放棄的所有用途的總利益作為機會成本。比如，高中畢業後的四年時間裡，你可以在讀大學、學修汽車、開發遊戲、辦公司和寫劇本中選擇，如果它們的利益分別為5萬元、3萬元、1萬元、2萬元和4萬元，那麼，你選擇讀大學的機會成本就是你所失去的寫劇本的機會可能帶來的4萬元的好處，而不是以你所失去的學修汽車、開發遊戲和辦公司的總收益（3萬+1萬+2萬=6萬）來衡量。那麼，為什麼也不能把讀大學的機會成本看成是除讀大學之外的其他機會的總利益（3萬+1萬+2萬+4萬=10萬）呢？主要原因在於即便不選擇讀大學，你也只能選擇其他機會中的一種，不可能同時擁有所有機會。

如果資源僅有兩種用途，那麼，一種用途的機會成本自然就是另一種用途可能帶來的利益。比如，如果我們的時間僅可用於勞動和閒暇，那麼，勞動的機會成本就是閒暇可能給我們帶來的享受，閒暇的機會成本就是勞動可能給我們帶來的收入，即勞動的價格——工資。又比如，如果我們的錢僅可用於消費和儲蓄，那麼，儲蓄的機會成本就是消費可能為我們帶來的滿足，而消費的機會成本就是儲蓄可能為我們帶來的利益，即儲蓄的利息。

第三節　微觀經濟問題

一、價格和數量

雖然家庭、企業和政府的經濟活動紛繁複雜，但是歸納起來不外乎關於價格決定、數量決定的兩類決策活動。

價格（Price）決定是一種最為基本的決策活動。在產品市場上，家庭需要決定自己以什麼價格來購買，企業也要決定以什麼價格來銷售。在要素市場上，家庭要決定自己以多高的價格來提供要素，當然，企業也要決定支付多高的工資、利率、租金和利潤。就政府而言，如果購買產品，政府當然也要決定買價，比如政府的各種購買支出；如果是提供產品，還要決定賣價，比如公共產品的收費和稅收；如果是提供要素，自然要決定要素賣價，比如國有土地的價格；如果是購買要素，也要支付相應的價格，比如公務員的工資等。

除了決定價格，還要決定數量（Quantity）。在產品市場上，企業要決定生產哪些產品，每一種產品生產多少？家庭需要決定自己購買哪些產品，每一種產品購買多少？在要素市場上，家庭要決定把多少要素供自己使用，多少要素供市場上的企業使用？比如，家庭要決定如何把一天、一月、一年，甚至一輩子的時間在閒暇、家務勞動和市場勞動之間進行分配，家庭還要決定把自己的收入的多大部分用來消費，多大部分用來儲蓄和投資。當然，為了進行生產，企業也要決定購買和使用哪些生產要素，每一種要素購買和使用多少？就政府而言，政府不僅要決定產品和服務的採購量和生產量，還要決定要素的購買量和生產量。

二、技術效率和經濟效率

由於資源是稀缺的，因此就一項經濟活動而言，最重要的事情就是實現經濟效率。簡單地講，效率就是資源合理配置，也就是不存在資源的浪費。因此，資源的合理配置就是有效率，資源沒有合理配置就是沒有效率或者缺乏效率。換句話說，如果能以最好的方式來利用有限的資源，最大限度地滿足人類的需要，便是有效率。那麼，怎麼才算以最好的方式來利用稀缺資源呢？經濟學中是這樣講的：如果一項經濟活動，在不減少一種產品或者服務的情況下，就不可能增加另一種產品或者服務，這項經濟活動便是有效率的。關於效率，有技術效率和經濟效率之分。

按照這樣的標準，如果廠商能夠以盡可能少的要素投入量生產出既定的產品量，或者以既定的要素投入量生產出盡可能多的產品量，我們就說廠商在該種產品的生產上具有技術效率。因為在這種條件下，廠商要想多生產其他產品，就必須減少該種產品的生產。假如，在現有技術條件下，投入5個單位的生產要素最多可以生產10個單位的魚竿和8個單位的魚餌。那麼，如果某漁具製造商投入5個單位的生產要素，生產出了10個單位的魚竿和8個單位的魚餌，該漁具製造商就是具有生產技術效率的。如果該漁具製造商投入5個單位的生產要素，只生產出8個單位的魚竿和8個單位的魚

餌，那麼，它的生產就沒有技術效率，因為它可以在仍然生產 8 個單位魚餌的同時，把魚竿的產量從 8 個單位增加到 10 個單位。生產的技術效率反應了一定的生產技術水平，並隨著生產技術水平的提高而變化。因此，在現有技術條件下，有效率的生產，可能在技術進步之後就變得沒有效率了。

　　生產技術效率反應的僅僅是生產中投入-產出的技術關係，沒有反應投入要素和產品的價格。經濟效率就是用來反應涉及價格因素的投入-產出關係的。當廠商以盡可能少的成本生產了既定的產量，或者以既定的成本生產了盡可能多的產量，那麼，它的生產就具有經濟效率。顯然，廠商以最低的單位產品成本進行生產，它的生產就是有經濟效率的；否則，生產就是缺乏經濟效率的。假如在現有技術和價格條件下，生產兩臺電視機至少需要投入的勞動和資本的市場成本為 300 元。如果某電視製造商現在生產這樣兩臺電視機的成本剛好等於 300 元，那麼，我們可以說該生產商的生產是有經濟效率的。原因在於，在這種條件下，要想減少成本耗費，就必須減少電視機的生產；如果仍然生產兩臺電視機，根本就不可能減少成本支出。與之不同的是，該電視製造商現在生產兩臺電視機的成本為 500 元，那麼，它的生產就缺乏經濟效率。這是因為，按照效率原則，它完全可以保持生產兩臺電視機不變，同時把多的 200 元投入到其他產品生產中去。顯然，如果企業能夠以既定的成本生產得到最大的收益，或者以最小的成本生產得到既定的收益，從而獲得最大的利潤，企業的生產就是有經濟效率的。

　　顯然，效率問題是和資源的配置直接聯繫在一起的。對任何經濟而言，實現效率就是要解決好生產什麼和怎樣生產這兩大基本經濟選擇問題。由於經濟中沒有足夠的資源去生產社會想要的所有商品和服務，因而我們必須決定把有限的資源用來生產哪一些商品和服務，以及其中的每一種商品和服務各自應該生產多少。生產什麼的問題，實際上就是尋找各種商品的最佳組合問題。比如，我們應該生產麵包還是建造住房？如果既要生產麵包又要建造住房，那麼，麵包應該生產多少、住房應該建造多少？我們是建造更多的普通百姓買得起、住得起的住房，還是建造更多的花園別墅？我們應該利用有限的資源生產更多的用於現在消費的商品和服務，還是應該生產較多的資本品，從而讓今後有更多的產出和消費？在市場經濟條件下，選擇生產什麼主要是通過市場來實現的。生產什麼和生產多少的選擇主要決定於廠商和消費者之間的關係，但政府也起著重要作用。在產出決策上，價格因素是關鍵。價格引導著消費，也引導著生產。所以，經濟學關注的中心問題是：商品之間相對價格的高低如何決定，以及價格上升或下降的原因是什麼。

　　即使生產的產品和服務是既定的，也還存在一個怎樣生產的問題。比如，養殖農場主知道眾多不同的穀物和其他飼料都可以把雞養肥。他們還可以改變餵養方式、光照強度和溫度。在飼養過程中，他們既可以使用更多人工，也可以使用更多的機器。在如此多的選擇中，養雞農場主會設法找到養雞的最佳途徑。怎樣生產的問題不僅是怎樣在既定的投入下得到最大的產出問題，還包括我們對環境資源的利用問題。我們是允許養雞場的垃圾肆意污染地下水或者當地河流，還是應該對廢水進行淨化處理以備他用？活雞可以被隨意處置，還是應該盡量減少對它們的傷害？怎樣生產的問題包括上述所有方面。雖然人們對這些問題的看法不一，但是都有一個共同的目標：找到

一種生產商品和服務的最佳方式。解決問題的最佳方案不僅要符合生產要素的使用效率，還要對環境及其他社會利益給予充分保障。在市場經濟條件下，生產方式的選擇主要是由廠商按效率原則自主決策，但政府也會以管理的法規、條文、規範等方式施加重要影響。經濟學非常關注廠商在生產方式上的選擇，重視決策對技術進步的各種影響的分析。

三、收入分配和公平

稀缺資源不僅帶來了效率問題，還帶來了公平問題。公平問題主要涉及的是另一個基本經濟選擇問題，即為誰生產的問題。回答了生產什麼和怎樣生產的問題，就像決定了應該烤一個多大的蛋糕以及怎樣來烤，緊接著就是如何分蛋糕了。蛋糕是平均分配，還是給有些人分大塊，給有些人分小塊？換句話說，為誰生產的問題關注的是產出如何在社會成員中進行分配。

一塊蛋糕可以有多種分法。每個人都希望分到一大塊蛋糕，儘管這樣會使別人分到的少些。這樣必定會引起許多爭論。也許我們應該選擇平均分配，但是如果有些人什麼都不幹，他們應該與那些參與了蛋糕製作的人分得同樣大小的蛋糕嗎？那麼，是否應該採取基於勞動平等意義上的方式分配全部產品呢？

馬克思對共產主義理想國的想像給為誰生產的問題提供了一個完全不同的答案，那就是「各盡所能，按需分配」。在那個理想國中，所有人都按照自己的能力參與蛋糕的製作，並把蛋糕按照各人的需要而不是對生產的貢獻進行分配。按需分配蛋糕帶來了一個風險：如果不工作的人也得到同樣多的蛋糕，參加製作蛋糕的人就會認為自己吃虧了。更糟糕的是，如果參加製作蛋糕的人得不到切實的利益，他們可能就不會再那麼賣力了。如此下去，蛋糕就會縮小，每一個人的利益都會受損。

以上也是福利計劃和稅收體系面臨的問題。福利計劃試圖幫助那些沒有足夠收入的人，滿足他們的一些基本需要。但是，福利計劃會導致工作熱情下降。如果人們寧願選擇福利支票而不是工資支票，那麼，整個社會的產出就會下降。如果對張三課以重稅來為李四提供福利，張三可能就會覺得努力工作和事業成功並沒有給自己帶來多大的好處。如果稅收負擔太重，以至於打擊了人們對工作、生產和投資的積極性，那麼，我們的「蛋糕」就會變小。對於稅收、福利和工作的權衡，並不要求我們廢除稅收並取消所有的福利計劃，但是，它們確實使我們更難回答為誰生產的問題。最佳的分配方案既要滿足我們對公平的要求，還要滿足我們對更多產出的慾望。

在市場經濟條件下，高收入者才能是高消費者。但是，收入與工資的高低又是由什麼決定的呢？簡單地說，收入的高低主要取決於居民戶和廠商之間的相互作用；同時，政府會用收入再分配計劃進行參與，對收入分配產生重大影響。而且，我們還得面對一些問題，如運氣、教育、遺產、儲蓄、經驗、勤奮等對收入高低的作用。

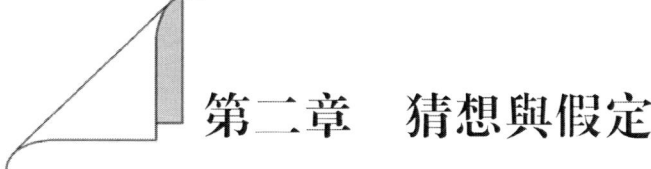

第二章 猜想與假定

由於人們的選擇受經濟制度、市場結構和行為目標的影響，因此儘管人們面臨的選擇可能是幾乎相同的，但是選擇後所得到的結果卻可能大不相同。為了更好地理解人們的選擇，經濟學對人們選擇的經濟制度、市場結構和行為目標進行了界定和區分，形成了經濟學理論的基礎性的假定。

第一節 經濟體制假定

經濟制度是一個社會做出私人選擇的方式，或者說解決私人物品中的生產什麼、怎樣生產和為誰生產的方式。通常認為，經濟體制主要包括產權組織形式、經濟決策結構形式、經濟調控機制和經濟激勵機制四個方面。根據這四個方面的不同組合，經濟制度大致可以分為自由經濟制度、指令經濟制度和混合經濟制度。

一、自由經濟制度

早在 1776 年，亞當·斯密在《國富論》中就提出了「看不見的手」決定生產和分配問題。自由經濟制度是政府不對經濟選擇施加任何影響，完全由那只「看不見的手」來選擇的經濟體制。

在這樣的經濟體制中，財產權主要為私人所有，產權明晰確定，千千萬萬的個人和企業在物質利益的激勵下，根據市場價格信號獨立地、分散地做出自己的經濟決策。市場、價格、盈虧、刺激與獎勵的一套機制解決了生產什麼、怎樣生產和為誰生產的問題。

為了獲得最大的利潤，企業通過觀察市場價格找到最廉價的生產方法，並會採取生產成本最低的生產技術（如何生產），生產那些利潤最高的商品和服務（生產什麼）。在自由經濟制度中，政府不能強迫企業生產，甚至企業自身也不能決定生產多少，生產多少完全由市場來決定。成千上萬的人通過展覽併購買某種產品來表達他們的購買意願，他們給生產者發出需求信號，使企業看到更多的盈利潛力。於是，廠商將會增加這樣產品的生產。如果人們不購買這種產品，利潤就會消失，企業就會減少生產、解雇工人，甚至關閉工廠來回應。消費者和生產者之間的相互影響共同決定了生產多少的問題。消費者則根據自己的收入和市場價格信號決定購買哪些商品，哪一

些商品多買，哪一些商品少買，即如何去花費自己的錢（為誰生產）。當然，消費者的錢來自於他所擁有和提供的各種生產要素的價格。在自由經濟制度中，市場把產品分配給出價最高的人，願意而且能夠支付最多的消費者將會獲得那種產品。

顯然，依靠「看不見的手」來解決經濟選擇問題，不需要消費者和生產者之間的直接聯繫，他們之間的溝通是間接地通過市場價格信號來完成的。如果你想要某種產品並擁有足夠的錢，你就能夠買到它。如果有足夠的人這樣做，該產品的價格就會上升。廠商看到價格上升，就會想到要獲得這個潛在利潤。於是，他們將設法獲取更多的資源來生產人們想要的產品。

二、指令經濟制度

指令經濟制度完全是由政府做出有關生產和分配的所有重大決策。在指令經濟體制中，財產權主要為國家所有，個人和企業在大量精神獎勵下，根據中央政府的計劃指標做出自己的經濟決策。計劃、指標、配額、表揚、批評等一套機制解決了生產什麼、怎樣生產和為誰生產的問題。政府不僅佔有大部分土地和資本，擁有並指揮大多數行業中企業的經濟管理，而且成為大多數工人的雇主，指揮他們如何工作。政府還決定社會產出在不同產品和服務之間的分佈結構，決定每一個公民能夠獲得哪些產品和服務，因為幾乎所有生產要素的價格——工資、地租、利息和利潤都由政府來決定。

顯然，在指令經濟制度中，政府這只「看得見的手」決定著生產什麼、怎樣生產和為誰生產的問題。其中，所有的決策都是由中央政府集中做出的，它向廠商發出生產要素的採購指令（很多時候採用生產要素的直接調撥），也發出企業的產出和價格指令，消費者也按照政府的指令來購買商品。所有生產和分配決策都不需要企業和個人之間直接聯繫，溝通是依靠自上而下的等級體系，通過計劃指標間接完成的，市場、價格、利益、盈虧等都失去了激勵和約束作用。

三、混合經濟制度

市場這只「看不見的手」和政府這只「看得見的手」代表了兩種截然不同的基本經濟決策方式。正如我們看到的，現實中沒有一個國家完全依靠一種機制。在被認為經濟最為自由的美國，政府也會對經濟決策進行干預。正如薩繆爾森所說，我們的經濟是私人組織和政府機構都實施經濟調節的混合經濟制度。

在混合經濟制度中，大量財產為私人所有和處置，也有部分財產由國家或者政府擁有。生產什麼、怎樣生產和為誰生產的問題，主要依靠市場信號來解決，也有部分必須依靠政府指令。一般說來，凡是市場能夠很好解決的生產和分配問題都由市場來決定，而市場不能解決的問題則交給政府來解決，如公共產品的生產和提供問題。除此之外，政府還解決市場作用的不利影響，諸如環境污染、疾病防治和壟斷等問題。

顯然，混合經濟就是一個自由經濟和指令經濟的混合物。在實際經濟生活中，由於產權的私有和公有、市場和計劃的成分差異，存在各種各樣的混合經濟。隨著科學技術、國際關係和資源環境的變化，一方面，原來的指令經濟國家都在經歷一個前所未有的經濟和社會轉型，有些甚至已經變成一個混合經濟國家，比如中國、俄羅斯、羅馬尼亞、越南等，即使還沒有成為混合經濟的國家，比如朝鮮、古巴、老撾、利比

亞，也都開始了向混合經濟的轉變；另一方面，原來的自由經濟國家，即使是像美國這樣的國家，也在越來越多地依靠政府來調節經濟。我們所說的市場經濟，其實是混合經濟中的一種，是更加靠近自由經濟制度的混合經濟制度。

第二節　市場結構假定

一、市場結構的劃分標準

市場是人們從事物品和要素買賣的交易場所，比如農貿市場、汽車市場、房地產市場、勞動力市場、債券市場、股票市場、期貨市場等。經濟學更重視從市場結構，即市場的競爭和壟斷程度來研究市場。市場結構的劃分標準主要有三個：行業的市場集中度、行業的進入限制、產品的差異程度。

1. 行業的市場集中度

行業的市場集中度是指行業中大企業在市場中的控製程度，主要受行業中廠商數目多少和規模大小的影響。一個行業，企業規模越大，企業數量越少，大企業對市場的控製程度就越高，即市場集中度就越高，這個市場的競爭程度就越低，壟斷程度就越高；反之，一個行業，企業規模越小，企業數量越多，大企業對市場的控製程度就越低，即市場集中度就越低，這個市場的競爭程度就越高，壟斷程度就越低。行業的市場集中度一般用4家企業集中率和赫芬達爾-赫西曼指數（HHI）兩個標準來判斷。

4家企業集中率是某一市場上最大4家企業占整個市場銷售額的比重。比如，某個市場的銷售總額為100億元，其中最大4家企業的銷售額分別為20億元、16億元、14億元和10億元，那麼，該行業的4家企業集中率為60%〔（20+16+14+10）/100＝60%〕。當然，我們也可以根據需要計算其中3家企業的集中率、5家企業的集中率，或者其他企業的集中率，計算方法依此類推。

HHI是計算某一市場上50家最大企業（如果少於50家企業就是所有企業）的每一家企業市場佔有額的平方之和。顯然，HHI越大，市場集中度就越高，市場競爭就越弱，壟斷程度就越高；反之，HHI越小，市場集中度就越低，市場競爭就越強，壟斷程度就越低。假如S_i表示第i家企業的市場佔有額，某個市場上前50家企業的市場佔有額分別為$S_1 = 10$，$S_2 = 9$，$S_3 = 8.5$，…，$S_{50} = 0.1$，則HHI $= 10^2 + 9^2 + 8.5^2 + \cdots + 0.1^2$。

2. 行業的進入限制

行業的進入限制也是劃分市場結構的重要標準。一個行業的進入門檻越低，企業越容易進入，競爭程度就越高；反之，一個行業的進入門檻越高，企業進入越困難，壟斷程度就越高。行業的進入限制主要來自三個方面。一是資源控製。如果某個企業控製了某個行業的關鍵要素，其他企業不能得到這種資源，就無法進入這個行業。例如，南非德比爾斯公司控製了全世界鑽石資源的80%，其他企業就很難進入鑽石行業。二是規模經濟。在一個行業中，如果生產技術性質決定了只有生產規模越大，平均成本才越低，且只要幾家這樣的大企業就可以滿足整個市場需求，其他企業要進入這個行業就很不容易。例如，在自來水、供電和天然氣等行業中，只有一家企業的時候平

均成本才最低，其他行業就無法進入；又比如在汽車行業，只要幾家大汽車公司就可以滿足市場需求，其他企業就很難進入並進行競爭。三是立法限制。政府採取特許經營、許可證制度和專利制度等形成行業進入壁壘。特許經營時政府通過立法把某個行業的經營權交給某個企業，其他企業不得從事該行業的經營活動。比如，許多國家的郵政由國家郵政局獨家經營，中國長時期由中國郵政獨家經營郵政業務。許可證制度是指政府通過給某些企業發放經營許可證允許其經營，沒有許可證的企業就不能進入，這就增加了進入的難度。比如，在許多國家，開出租車要有許可證，當職業醫生要有行醫執照。專利制度是政府給予某些產品在一定時期內的排他性權力，其他企業不得從事這種產品的生產，因而也就無法進入該行業。

3. 產品的差異程度

產品差別源於消費者對同類產品的不同偏好。產品差別可能來自於產品在質量、商標、形式、包裝、銷售地點等方面實實在在的差異，它主要通過廠商的產品變異或者質量競爭來形成；產品差別還可能僅僅來自於消費者的主觀感受，因為收入水平、社會地位、文化教育、宗教信仰、歷史傳統等的不同，以及廠商的廣告宣傳，市場上的每一個消費者對同一產品會有不同的看法。在市場上，產品差別就構成產品的特色，每種產品都以自己的某些特色吸引消費者，從而每種產品都在喜愛這一特色的消費群中形成自己的壟斷地位。顯然，產品差別越大，市場壟斷程度越高；產品差別程度越小，市場競爭程度越高。產品差別正是為了滿足消費者的不同偏好。

二、市場結構的類型

根據上述三個標準，我們把市場劃分為完全競爭市場和不完全競爭市場兩大類。

1. 完全競爭市場

完全競爭市場是一種競爭不受任何限制和干擾的市場結構。這種市場的基本條件為：一是市場集中度低。由於這個市場上廠商數量很多很多，而且每一家廠商的規模都很小很小，每家企業都不能通過改變自己的產量來影響市場的價格，市場價格是由整個市場來決定的，沒有任何企業能夠控製市場，因而市場是高度分散的。二是在這個市場上，除了時間的限制之外，進出該行業沒有任何限制。也就是說，除非因為時間太短，資源在短期內不能夠自由流動，該市場沒有任何其他因素構成資源流動的壁壘。三是產品無差別。顯然，完全競爭市場中是根本不存在壟斷的。在現實經濟中，絕對意義的完全競爭市場是不存在的，不過由於農產品市場與其相當接近，因而通常被看成是完全競爭市場的典型。

根據完全競爭市場的基本條件，完全競爭市場具有幾個方面的特徵：一是完全競爭市場的任何單個參與者都是既定價格的接受者。即在完全競爭市場上，廠商和消費者都不能夠僅僅依靠自己的行為選擇來影響市場價格。因而，競爭性市場上的參與人都沒有任何意義上的價格控製力或者壟斷力。二是完全競爭市場上的廠商和消費者都具有完全的信息。一方面，任何一個市場參與者都沒有私人信息，雙方對有關信息的掌握完全對稱；另一方面，所有的行為人都是在確定條件下進行完全無風險的決策。三是完全競爭市場上不涉及任何外部性問題，而且交易成本為零。

2. 非完全競爭市場

非完全競爭市場是除了完全競爭市場外的市場結構。顯然，在一個非完全競爭市場上，廠商或者消費者能夠依靠自己的行為選擇來影響市場價格，因而他們都有一定的價格控製力或者壟斷力；廠商和消費者的信息可能不是完全的，可能面臨著風險和存在不對稱信息。此外，非完全競爭市場可能存在交易成本，涉及外部性問題。典型的非完全競爭市場包括壟斷競爭市場、寡頭壟斷市場和完全壟斷市場。

壟斷競爭市場是既存在競爭，又存在壟斷，但更接近完全競爭的市場結構。這種市場與完全競爭的相同之處是市場的集中度低，而且沒有進入限制。但是，它們的關鍵差別在於，完全競爭市場的產品是無差別的，而壟斷競爭市場的產品是有差別的。產品存在差別就會形成壟斷，因為有差別的產品會在喜愛這種差別的消費者中形成自己的壟斷地位。同時，由於產品差別又是同一產品的差別，產品間存在相當強的替代性，從而就會產生競爭。在現實經濟中，壟斷競爭市場大量存在，餐飲業、小商品市場都是常見的例子。

寡頭壟斷市場是既存在競爭，又存在壟斷，但更接近完全壟斷的一種市場結構。這種行業的主要市場特點為：一是市場集中度高。一般認為 4 家企業集中率都在 60% 以上，HHI 在 800 以上。由於寡頭市場形成的關鍵原因是規模經濟，因而在這個行業中，只有為數不多且生產規模都很大的幾家企業，它們對市場的控制力強，可以通過改變產量來影響價格，因而行業的集中程度高。但是，在這種市場結構中，不僅大企業與其他小企業之間存在競爭，即使是各個寡頭之間也會進行激烈的競爭，因而寡頭市場也存在競爭。二是由於這種市場上每家大企業就是一個寡頭，它們不僅生產規模大，而且還可以採取很多有效的市場策略，所以其他企業進入難度很大。在寡頭市場上，寡頭間的產品可能是有差別的，也可能是沒有差別的。在實際經濟生活中，汽車業、彩電業、鋼鐵業、石油業及銀行業都是寡頭市場結構。

完全壟斷市場是沒有任何競爭因素存在的市場。在壟斷市場中，一家企業就控制了整個市場，因而一家企業集中率就達到 100%；由於資源控製和規模經濟形成的自然壟斷，以及由於特許經營、許可證制度和專利制度形成的立法壟斷，使得任何其他企業都無法進入。此外，在這個市場上，沒有相近的替代品，因而就不存在競爭。在現實經濟中，大量的公共部門，如供水、供電、供氣和郵政行業，容易形成完全壟斷市場。

第三節　經濟人假定

為了更好地理解生產什麼、怎樣生產和為誰生產的問題，我們已經就解決這些問題的制度背景（經濟制度）、市場條件（市場結構）進行了梳理和區分，接下來我們還要對解決這些問題的行為人及其行為動機進行劃分。在實際經濟生活中，不僅存在個人、廠商和政府三種不同類型的經濟行為人，而且不同的個人或者家庭、不同的企業和不同的政府在不同的時間、地點和領域都可能有不同的行為動機。但是，在經濟學中，對行為人及其行為動機的劃分，主要可以分為（完全）理性的經濟人、有限理

性的經濟人和新經濟人假定。

一、理性經濟人

儘管亞當·斯密沒有直接提出「經濟人」概念，但是他在《國富論》中的對於（完全）理性經濟人的闡述最為典型。「每個人都在力圖應用他的資本，來使其生產品能得到最大的價值。一般地說，他並不企圖增進公共福利，也不知道他所增進的公共福利為多少。他所追求的僅僅是他個人的安樂，僅僅是他個人的利益。在這樣做時，有一只看不見的手引導他去促進一種目標，而這種目標絕不是他所追求的東西。由於追逐他自己的利益，他經常促進了社會利益，其效果要比他真正想促進社會利益時所得到的效果大。」顯然，在斯密看來，理性經濟人有以下幾個方面的思想：

首先，經濟人是個自利的人。也就是說，任何一個行為人的經濟行為，在主觀上都是追求自身利益的實現，而不是為了實現他人的利益和社會的利益。生產什麼、生產多少、怎樣生產和為誰生產等一切經濟選擇問題，都是基於自己經濟利益的考慮來進行的，而不是別的什麼東西。

其次，理性經濟人能夠實現經濟利益極大化。人在做出經濟決策時，總是理智地、深思熟慮地對各種可能的選擇機會進行權衡比較，力圖尋求以最小的代價去獲得自身的最大經濟利益，這被稱為行為目標最優化準則，即決策目標的最大化（或最小化）原則。這就意味著，經濟行為人具有完全的、充分有序的偏好，完備的信息和無懈可擊的計算能力，能夠根據所面對的環境條件判斷得失，並使自己的行為利益盡可能最大化。

比如，家庭及其成員是市場中最基本的經濟單位。作為要素供給者，家庭或者個人向要素市場提供土地、勞動、資本和企業家才能等各種生產要素，並相應地獲得租金、工資、利息和利潤等收入。作為產品需求者，家庭運用自己可支配的個人收入，以便消費和儲蓄。作為經濟人，無論在商品購買中，還是在要素的供給中，家庭或者個人的行為都是追求並能夠使自己的滿足或者效用最大化。

又比如，廠商也是市場上最重要的經濟單位。作為管理生產過程的專業化組織，主要有個人業主制、合夥制和公司制三種形式，其主要功能是實現批量生產的優勢、為大規模生產籌集資金和對生產過程進行管理和監督。廠商的產生和存在主要在於能夠節約交易成本。一般來說，交易成本就是為了達成和實施市場交易。交易者之間圍繞交易和約所產生的成本，主要包括獲得和評價信息、確定談判立場、選擇談判對象、協商正式或非正式和約、監督履行和約的成本。作為產品市場上物品和勞務的供給者，廠商通過提供物品獲得銷售收入。作為要素市場的購買者，廠商運用獲得的收入購買各種生產要素。它的根本目標還是獲得最大化的利潤。無論在商品生產中，還是在要素的需求中，廠商的行為都是追求並能夠使自己的利潤最大化。

還比如，在現代市場經濟中，政府也是一個經濟行為人。在產品市場和要素市場上，政府既是生產者，又是購買者。此外，政府還是最為重要的經濟調控者。儘管政府的多重角色使得它的動機和目標複雜多樣，但是經濟學假定政府的行為動機還是使自身利益最大化。那麼，什麼是政府自身的利益呢？經濟學認為，政府是一個公共部門，是公眾和社會的代表，因而政府的利益就是公共利益或者公共福利。因此，作

一個經濟人，政府的行為動機就是社會福利最大化或者公共福利最大化。

最後，理性經濟人的自利行為會增進他人利益和社會利益。一個人追求自身利益經濟選擇，可能是利己利人的，還可能是利己損人的。如果一個社會存在完備的道德約束、有效的市場約束、以及良好的法律和制度做保證，人們追求自身利益的自由行為會無意識地、卓有成效地增進社會的利益。正因如此，在約束完備的條件下，自利便會利他，利他方能利己。

「理性經濟人」假定未必完全合乎事實，但是對人的行為目標做出一致性假定，在影響人的經濟行為的眾多因素中，抽出主要的基本的因素來建立模型，在此基礎上提出一些重要的理論結論，並據此對人們的經濟行為做出預測，這顯然是有意義的。可以設想：要是沒有這個假定，如果人們對得失、利弊抱著無所謂的態度，那麼，經濟學就很難提出什麼有用的理論了。再者，任何理論總是建立在給定的前提或假定之上的。如果我們採用非功利主義的人類行為假定，比如同情心、利他主義、政治原則、道德倫理規範等，也許就更加不合乎經濟生活的事實了。

如果我們假設個人、廠商和政府是完全理性的經濟人，那麼，我們至少可以把他們的所有行為看成是對他們最有利的行為，從而理解他們的行為原因，即使我們不能認為他們的利己一定有利於他人或者社會。完全理性經濟人背後的哲學基礎就是「存在的就是合理的」。基於這個認識，古典和新古典經濟學的理論首先就是解釋人們的行為的。

二、有限理性的經濟人

完全理性經濟人的假設不斷受到批評，西蒙的「有限理性的經濟人」就是針對理性經濟人假設的非現實性提出來的。有限理性經濟人思想主要包括以下內容：

首先，經濟行為人的動機還是自身的經濟利益。在倫理學上，對於人的本性究竟是善還是惡，是利他還是利己，無論東西方對此都一直存在爭論。中國有性善、性惡之爭。孔孟一向重義輕利，主張「人之初，性本善」，後天惡行乃環境所致，遂有「孟母三遷」之說。荀子則認為「人之性惡，其善者偽也」，故必有「師法之化，而歸於治」。西方也有利己、利他之爭，儘管有基督教教義，但功利主義始終占上風。利己主義者認為，利己是人類的天性，沒有自利心，人類就會滅亡。實際上，人性的爭論還將繼續。多數人認為，儘管每一個人都有善有惡，既利己又利他，但是經濟人首先是一個自利的人，這一點與理性經濟人沒有差異。

其次，由於客觀環境的複雜性和不確定性，以及知識和計算能力等方面的局限性，經濟行為人只是遵循一個可以得到的程序，以實現自己滿意的經濟利益。西蒙等認為，理性經濟人的假定存在著一系列不可迴避的缺陷。比如，經濟行為人缺乏完整的、統一的、能夠對所有可能選擇進行排序的偏好；由於信息是不完全的，而且獲得信息是有成本的，因而人們只能找到備用的一部分選擇方案，而不是全部備選方案；由於人不能準確無誤地接受、儲存、傳遞和處理信息，也無力運用文字、數據和幾何圖形來表達其全部和真實的訴求，這會使得人們在評估各種備選方案時遇到困難；等等。因此，人們的理性只是程序理性，只能尋找到一個達到一定標準或者超過標準的替代方案，並不是也不可能選擇到在任何意義上都是最優的方案。

最後，有限理性經濟人的行為「機會主義」。理性經濟人假定有這樣一個隱含之意，即由於人的完全理性，可以洞察和預測一切，所有機會主義行為都是不可能得逞的。但由於人的有限理性，人們為了牟取更大經濟利益，就可以隨機應變，投機取巧。比如，交易者之間的相互「欺騙」，交易者之外的其他人的「搭便車」行為，以及人們逃避責任的行為，等等。

三、新經濟人

通過放鬆完全理性經濟人的苛刻條件，人們提出了「有限理性」經濟人。近年來，一些經濟學家通過修改新古典經濟學的某些苛刻條件，進一步擴展了經濟人假設的適用空間，「新政治經濟學」的一些學者提出了廣義的「新經濟人」。

「新經濟人」假定的主要內容包括：其一，無論人們是完全理性還是有限理性，追求自身利益是所有行為人的普遍傾向；其二，人們除了追求經濟利益之外，也追求非經濟利益。

顯然，「新經濟人」假定對經濟人思想有所發展。一方面，對原來所使用的一些概念，比如個人利益、資源、成本等，賦予了新的廣義解釋，把經濟人從經濟領域擴大到非經濟領域，用於解釋人們面臨「非商業性選擇領域」時的行為；另一方面，結合交易成本和信息成本等新的學術成果來修改新古典經濟人中那種「標準化理性選擇」和「完全信息」假設，從而增強了經濟人抽象的解釋力。新經濟人的抽象使得經濟人模式具有了一般意義，從而推動了經濟學大規模侵入社會學、政治學、法學等幾乎所有社會科學的傳統領域。「新經濟人」把經濟人思想擴大到幾乎所有的領域，究竟是進步還是退步不好妄斷，但是當一種思想能夠用來解釋幾乎所有的行為時，它的解釋是值得擔憂的！

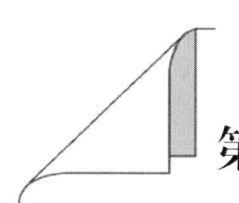

第三章 工具與方法

第一節 構建經濟模型

一、經濟模型的基本思想

經濟模型是一種理論結論，用來描述所研究的經濟現象的相關經濟變量之間的依存關係。所以，經濟模型是對經濟問題的一種理論解釋。

現實的經濟問題是錯綜複雜、變化多端的，任何經濟模型都必須運用科學的抽象，使問題簡化，舍棄一些次要因素或變量，集中說明真正重要的少數主要變量之間的關係。為了認識地球，我們不能夠也沒有必要原原本本地複製一個地球，我們只需要把極其複雜的地球簡化為地球儀或者各種各樣的地圖，就能夠對它進行有效認識了。同樣，為了認識經濟世界，我們不可能也沒有必要原原本本地複製一個現實的經濟世界，我們只需要對經濟世界進行高度的簡化。經濟模型就是對極其複雜的現實經濟問題進行高度簡化的人工經濟結構，是以簡化的方式對現實經濟問題進行思考和解釋。它使人們對現實問題的解釋更為便捷和容易。

經濟模型是一種逐步地研究經濟問題的方法。它把龐大而複雜的問題，分為細小而簡單的、能一次性加以處理的問題。這種高度簡化的模型當然會得出極不真實的結論。但是，我們在高度簡化的模型中逐步加進複雜的因素，可以考察會出現什麼新的結果。然後，再加上另一個複雜因素，考察可能產生的影響。這樣，我們的假設就會逐步變得更接近於實際，得出的理論結論也就更能解釋我們所觀察到的事實。

運用經濟模型來研究經濟關係，其基本思想歸納起來就是：給定假設，簡化關係；放鬆假設，逼近現實。在經濟學的研究中，一個結果往往是由多種因素的共同作用而產生的。例如，影響某一物品需求量的因素，就包括該物品的價格、消費者的收入、與該物品有關的其他物品的價格、促銷手段和力度、消費者的偏好，甚至某些意外事件等等。為了把這些因素對結果的影響說清楚，經濟學只能從最簡單的情況開始研究，即在假定其他條件不變的前提下，分析某一或某幾個自變量對因變量的影響。以上提到的基本假設，就是為了簡化問題而提出的理想狀態下的經濟學「其他條件」。顯然，簡化關係後得到的結論，與現實生活是有很大差距的。為了縮小差距，經濟學就必須不斷放鬆假定，用與現實狀況更加接近的非理想狀態取代理性狀態，並分析其對研究

對象的影響。

二、經濟模型的建立

經濟模型是對現實問題的一種理論解釋，而一個完整的理論包括定義、假設、假說和預測。因此，經濟模型的建立也就主要包括這些步驟（如圖3.1所示）。

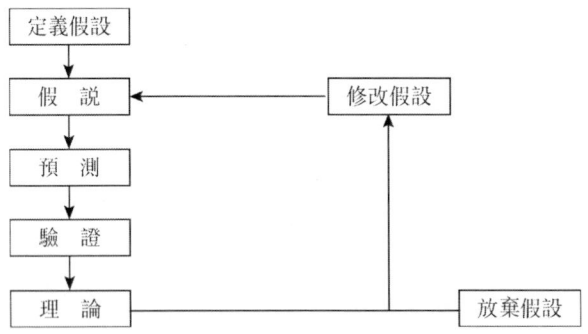

圖3.1　經濟模型建立的主要步驟

「定義」是對經濟學所研究的各種經濟量規定明確的含義。無論是對所觀察的經濟現象的解釋，還是對經濟主體行為的預測，都離不開和經濟量打交道。微觀經濟學所涉及的基本上是經濟量之間的關係，例如投入與產出之間的關係、成本與利潤之間的關係、價格與數量之間的關係等。在經濟理論或經濟模型中，為了分析的方便，根據分析的需要，對經濟量的特徵做了若干規定。例如，把經濟量分為常量與變量、內生變量與外生變量、存量與流量等。常量是在某段時間、某種情況下不發生變化的量；變量是在某段時間、某種情況下可以取不同數值的量。內生變量是在一個體系內或在一個模型中可以得到說明的變量；外生變量是在一個體系內或在一個模型中不能得到說明，因而需要設定的常量或變量。例如，在某種物品的均衡價格決定模型中，這種物品的供給量與需求量是內生變量，可以在方程體系內得到解釋，並可以進行求解；而其他物品的價格則是外生變量，不能在該方程體系中得到解釋和求解。一個變量究竟是內生變量還是外生變量，視它在方程中的作用而定。在一個方程體系中是內生變量的量，在另一個方程體系中有可能成為外生變量。存量是在某一個時點上發生的量值，其數值大小與時間維度無關。例如，在某一時點上，某商店所庫存的彩電量，某一企業所擁有的資本量，某一國家所擁有的人口量等。流量是在一定時期內發生的量值，其數值大小與時間維度相關。例如，某商店在某個月內賣出的彩電量，某一企業在一年內的投資量，一國一年內的人口出生數等。

「假設」是某一理論所適用的條件。因為任何理論都是有條件的、相對的，所以在理論的形成中假設非常重要。西方經濟學家在分析問題時特別重視假設條件。有一個小故事可以說明這一點。幾位在沙漠旅行的學者討論如何打開罐頭的問題。物理學家說：「給我一個聚光鏡，我可以用陽光把罐頭打開。」化學家說：「我可以用幾種化學藥劑的化學反應來打開罐頭。」而經濟學家則說：「假設我有一把開罐刀……」這說明了經濟學家分析問題時總是從「假設如何如何」開始的，離開了一定的假設條件，分析

與結論都是毫無意義的。例如，需求定理是在假設消費者的收入、嗜好、人口量、社會風尚等不變的前提下來分析需求量與價格之間的關係。消費者收入、嗜好、人口量、社會風尚等不變就是需求定理的假設。離開這些假設，需求定理所說明的需求量與價格反方向變動的真理就沒有意義了。在形成理論時，所假設的某些條件往往並不現實，但沒有這些假設就很難得出正確的結論。在假設條件下得出理論，就像自然科學在嚴格的限定條件下分析自然現象一樣。我們要習慣這種以一定假設為前提分析經濟問題的方法。經濟學提出假設的目的是使複雜的問題簡化，以突出分析的重點。經濟學家用不同的假設來解釋不同的問題。比如，在進行短期生產分析時，假定廠商規模是一定的；而做長期生產分析時，則又假定廠商規模是變化的。不同的假定，對經濟模型中包括哪些變量、包括幾個變量，以及對變量情況的說明都是不同的，所以即使研究同一個問題，也會建立起不同的模型。

「假說」是對兩個或更多的經濟變量之間關係的闡述，也就是未經證明的理論。在理論形成中提出假說十分重要，這種假說往往是對某些現象的經驗性概括或總結，但要經過驗證才能說明它是否能成為具有普遍意義的理論。因此，假說並不是憑空產生的，它仍然來源於實踐。

「預測」是根據假說對未來進行預期。科學的預測是一種有條件性的說明，其形式一般是「如果……那麼……」。預測是否正確，是對假說的驗證。正確的假說的作用就在於它能正確地預測未來。正確的假說就是理論。

「驗證」是用事實來驗證這一預測是否正確。如果預測是正確的，這一假說就是正確的理論；如果預測是不正確的，這種假說就是錯誤的，要被放棄，或需進行修改。

由經濟模型引申出的理論只是一種假說，假說需要對現實經濟的觀測來證明。把經濟模型運用於經濟變化的預測中，把預測的結果與實際的變動相對照，並做統計的和歷史的分析。只有當預期的變化符合經驗的或歷史的實際時，原則和理論才被證明是正確的。因此，經驗觀測和經濟理論之間有一種循環關係：從反覆的經驗觀測中提出假設，並建立模型以集中概括主要經濟變量之間的關係，由此提煉出理論，但理論又必須由經驗觀測來驗證。

三、微觀經濟主要模型

從整體看，微觀經濟學是由幾個大的經濟模型構成，其中又包括許許多多的小經濟模型。比如，整個微觀經濟學理論就是一個基本競爭模型，以及建立在這個基本競爭模型基礎上的理論擴展。

1. 基本競爭模型

為了便於認識經濟世界，微觀經濟學建立了一個基本競爭模型，用來描繪一個高度簡化、抽象和理想的世界，即完全市場的世界。主要的假定為：競爭性產品市場、完全理性的經濟人、市場經濟制度。通過這三個假定，經濟學家排除了其他因素對經濟分析的干擾。

基本競爭模型研究市場經濟條件下的廠商和個人在完全競爭市場中的理性行為。

通過經濟分析可得出：在市場經濟體制中，不需要政府的計劃和命令，追求效用極大化的消費者和追求利潤極大化的廠商，在市場價格機制的引導下能夠有效配置，

不僅能夠實現自身利益的最大化，而且還能夠帶來社會福利的最大化，從而協調個人利益、集體利益和社會利益之間的關係。

2. 基本模型的擴展

把基本競爭模型得出的結論與我們看到的經濟現實相對照，我們會發現理論與現實的巨大反差。在理論演繹沒有錯誤的條件下，出現反差的主要原因就在於理論假定的非現實性。嚴格地講，理論假定都是不現實的。但是，要使我們的理論更好地解釋現實，甚至預測未來，不斷放鬆理論假定是必需的。理論的發展就是在假定的不斷放鬆和模型的不斷擴展過程中進行的，微觀經濟學理論從完全競爭市場理論到非競爭性市場理論正是如此完成的。基本模型的擴展主要包括：

（1）競爭不完全市場理論（模型）

通過放鬆市場集中率、產品差別和進入限制等假設條件，構造出作為價格制定者和搜尋者的壟斷廠商、壟斷競爭廠商和寡頭壟斷廠商。因此，不完全競爭市場理論（模型）包括完全壟斷理論、壟斷競爭理論、寡頭壟斷理論和廠商博弈理論四個小模型。對這類具有一定壟斷力的廠商的價格決策、產出決策和投入決策的研究，揭示了在存在市場壟斷的條件下，市場機制的作用會導致廠商和市場在特定產品和服務上的投入不足與產出不足，因而必須依靠政府的有關法律和政策來提高效率，增進公平。

（2）產權不完全市場理論（模型）

完全競爭市場是一個不存在外部性的市場，通過放鬆零外部性假定，微觀經濟學理論就擴展到了外部性理論。外部性理論（模型）包括一般意義上的外部性理論、公共物品理論和公共資源理論三個小模型。對外部性現象的考察，揭示了在存在外部性的條件下，市場機制的作用會導致廠商和市場的最優行為將正向偏離帕累托最優狀態，或者反向偏離帕累托最優狀態，出現經濟低效率。為此，需要政府通過稅收、補貼、產權的明晰和有效保護等來消除外部性。

（3）信息不完全市場理論（模型）

完全競爭市場依賴信息完全的假定，通過放鬆這一個假定，微觀經濟學理論就擴展到了不完全信息理論。不完全信息除了包括參與者個體決策所面臨的不確定性和風險，還包括市場交易雙方之間存在的不對稱信息。相應地，不完全信息理論（模型）就包括不確定下的選擇理論和信息不對稱理論兩個小模型。對不完全信息的分析，說明了在不完全信息的情形中，市場機制所導致的逆向選擇、道德風險，以及不完全理性的資源配置。因此，需要通過信號的傳遞和甄別、機制設計和制度安排來解決信息的不完全。

（4）生產要素市場理論（模型）

基本競爭模型把研究的範圍局限在產品市場，對於要素市場沒有給予分析。放開這一個假定，微觀經濟學理論就擴展到了生產要素市場理論。

通過對要素市場的分析，經濟學家發現：在競爭性要素市場上，市場機制的作用得到充分發揮，能夠合理配置經濟資源，實現經濟效率和經濟公平。但是，在不完全競爭的要素市場上，市場機制則無法實現帕累托效率，甚至導致收入分配的極大差距。為了實現公平和效率，政府的收入再分配顯得相當必要。

第二節　經濟函數和經濟圖形

經濟學不像自然科學那麼精確，但又比大多數非自然科學要精確些。經濟學考察和研究經濟變量以及相互之間的關係，這些經濟變量通常是可以計量的，所以也就適於用數學來表達經濟變量及其關係。因此，經濟模型除了採取文字陳述的表達方式之外，還經常採用算術的（圖表法）、代數的（方程式）、幾何的（圖示法）表達方法。以需求原理為例來說明：假定其他情況不變，產品的價格上升，購買量將減少，這是文字陳述的方法；可以根據統計資料，在各種不同價格下列出對某種商品的不同購買量，即需求表，這是算術方法；可以採用代數的方法，寫出購買量與價格之間的函數關係式；可以根據需求表或者需求函數畫出需求圖形，得出一條向右下方傾斜的需求曲線，這是幾何法。

一、經濟函數：總產量函數、平均產量函數和邊際產量函數

經濟函數是用來反應各種變量之間的經濟關係的。幾乎所有的經濟變量都可以從總量、平均量和邊際量三個層次來說明，所以經濟函數總有總量函數、平均量函數和邊際量函數。我們以廠商生產方面的例子來說明這三種函數及其關係。

生產函數就是用來反應在特定技術條件下，產量與影響產量的各種因素之間的經濟關係的函數。如果某個廠商的生產中，技術、資本和勞動是影響產量的全部因素，那麼，生產函數就可以寫成：$Q_x = f(A, L, K)$。其中，Q_x代表廠商產量，A代表技術，L代表勞動，K代表資本，f說明產量與各種因素間存在函數關係。

在廠商的生產中，有些生產要素，廠商較難在一定生產時期內改變其投入量，比如廠房、設備以及關鍵性的管理和技術人員等，經濟學把這部分在一定時期內難於調整其投入量的要素稱為固定要素。固定要素決定企業的生產潛力和生產規模，或者說生產規模的變化是由固定要素變化引起的。與固定要素不同，還有部分生產要素，廠商在一定生產時期內很容易改變它們的投入數量，比如一般的原材料和普通工人，這部分生產要素被稱為變動要素。變動要素決定廠商在既定生產規模下的某個確定產量水平，或者說，在某個生產規模下的產量變化是因為變動要素的變化。

根據生產中是否存在固定要素，經濟學把生產分為短期生產和長期生產。如果廠商的生產中存在固定要素，它只能通過調整可變要素來改變產量，這種生產就是短期生產。在短期生產中，由於技術和固定要素的限制，廠商無法對其生產規模進行調整，所以短期生產也可以看成是廠商在生產規模既定條件下的生產。如果假設在這個廠商的短期生產中，技術和資本都是固定要素，因而數量是不變的，只有勞動要素量是可變的，那麼，短期生產函數就為：$Q_x = f(L)$。

與短期生產不同，長期生產是指廠商的生產中沒有固定要素，可以通過調整生產中所有投入要素的量來影響產量的生產。在長期生產中，由於廠商能夠對生產要素進行充分調整，它就可以增加生產潛力，擴大生產規模。從這個意義上講，長期生產是廠商在規模變動條件下的生產。如果假設在這個廠商的長期生產中，除了技術外，勞

動和資本都是可變的，那麼長期生產函數就為：$Q_x = f(L, K)$。

我們以短期生產函數為例來說明勞動的總產量函數、平均產量函數和邊際產量函數。勞動的總產量 Q_t 是在一定技術和資本基礎上，廠商由於投入某一數量的勞動所生產的全部產量，因而勞動的總產量函數表示為：$Q_t(L) = f(L)$。

勞動的平均產量 Q_a 就是在一定技術和資本基礎上，廠商所投入的某一數量的勞動中，平均每個勞動生產的產量，因而有：$Q_a = \dfrac{Q_t}{L}$。相應地，平均產量函數為：$Q_a(L) = \dfrac{Q_t(L)}{L}$。顯然，$Q_t = Q_a \times L$，$Q_t(L) = Q_a(L) \times L$。

勞動的邊際產量 Q_m 就是在一定技術和資本基礎上，廠商所投入的某一數量的勞動中，每一個勞動單位的增加所帶來的總產量的增加。因而，勞動的邊際產量函數可表示成：$Q_m(L) = \dfrac{\Delta Q_t(L)}{\Delta L}$，或者 $Q_m(L) = \dfrac{\mathrm{d}Q_t(L)}{\mathrm{d}(L)}$。根據 $Q_m(L) = \dfrac{\mathrm{d}Q_t(L)}{\mathrm{d}(L)}$，我們可以得到 $Q_t(L) = \int_0^L Q_m(L)\,\mathrm{d}L$。

二、經濟圖形：總產量曲線和平均產量曲線、邊際產量曲線

曲線是函數的幾何表示，根據一般的生產原則，上述總產量函數、平均產量函數和邊際產量函數，可以用如圖 3.2 所示的總產量曲線 TP、平均產量曲線 AP 和邊際產量曲線 MP 來表示。

從圖中可以看出：隨著勞動投入量的增加，總產量、平均產量、邊際產量都是先增加的，達到某一點之後或先或後都要減少。因而，總產量曲線、平均產量曲線和邊際產量曲線都是「倒 U」型的。

在每一個勞動投入量上，邊際產量曲線上的邊際產量值等於總產量曲線上相應點的切線的斜率。比如，直線 CD 是在 2.5 單位勞動時總產量曲線上的切線，切點為 E 點，其斜率為 4，這就意味著勞動投入為 2.5 單位時的邊際產量為 4。

在每一個勞動投入量上，平均產量曲線上的平均產量值等於總產量曲線上的相應點與原點連接線的斜率。或者說，平均產量曲線上的平均產量值等於總產量曲線上相應點的射線的斜率。比如，在 6 單位勞動投入時，平均產量為 6.7，那麼，從原點到總產量曲線上 A 點的連線或者射線 OA 的斜率也就是 6.7。

如果邊際產量大於零，無論邊際產量是上升還是下降，總產量都呈上升趨勢。當然，如果邊際產量大於零且是上升的，那麼，總產量就以遞增的速度上升；如果邊際產量大於零且是下降的，那麼，總產量就以遞減的速度上升。一旦邊際產量小於零，總產量就呈下降趨勢。在 6 單位勞動時，邊際產量最大（即邊際產量曲線上的 H 點），這是邊際產量從上升到下降的過渡點。與之對應，在總產量曲線上就是一個拐點（A 點）。在 9 單位勞動時，是邊際產量從正值變為負值的過渡點，邊際產量等於零，總產量就達到最大（F 點）。顯然，可以用邊際產量曲線與坐標軸所圍成的面積的大小來表示總產量的多少。

如果邊際產量大於平均產量，平均產量就呈上升趨勢；如果邊際產量小於平均產

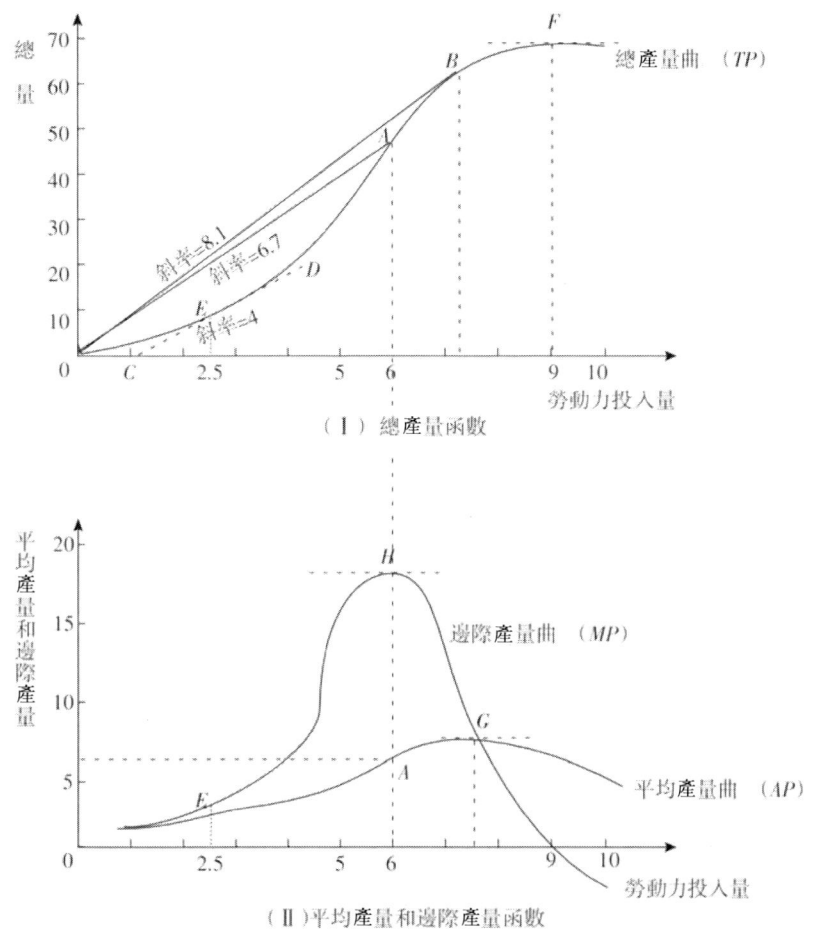

圖3.2 總產量、平均產量和邊際產量的關係

量，平均產量就呈下降趨勢；一旦邊際產量等於平均產量，平均產量就達到最大（G點）。其中的道理很簡單：如果前2單位勞動的平均產量為2.5，第3單位勞動的邊際產量大於2.5，比如為4，那麼前3單位勞動的平均產量一定增加到3。只要增加勞動而引起的產量增加，超過原來的平均產量，平均產量就會上升。同樣的道理，如果前8單位勞動的平均產量為7.9，而第9單位勞動的邊際產量只有1，就會使前9單位勞動的平均產量下降到7.1。只要增加勞動引起的產量增加，少於原先的平均產量，平均產量就會下降。

為什麼總產量、平均產量和邊際產量都呈「倒U」變化，以及它們之間為什麼存在上述關係呢？根據邊際報酬遞減規律，隨著勞動量的增加，勞動的邊際產量會先上升，在達到最大之後就會下降，甚至下降到負值。因此，邊際產量曲線如圖中所示呈「倒U」形。根據上述邊際產量與總產量、平均產量之間的關係，由邊際產量曲線就可以推導出總產量曲線和平均產量曲線。從這個意義上說，邊際報酬遞減規律決定了總產量、平均產量和邊際產量的變化和關係。

三、關於總量函數、平均量函數和邊際量函數的幾點結論

除了總產量函數、平均產量函數和邊際產量函數之外，我們在微觀經濟學中還會遇到諸如總效用、平均效用和邊際效用，總成本、平均成本和邊際成本，總收益、平均收益和邊際收益，總利潤、平均利潤和邊際利潤，等等。因此，掌握總函數、平均函數和邊際函數這樣一組特殊的函數關係，對學習經濟學大有好處。根據上述分析，如下結論值得熟悉：

第一，對總量函數、平均量函數和邊際量函數來說，從其中任何一個函數都可以推導出另外兩個函數。由於經濟學根據理性經濟人假定，強調最優化原則，採用邊際分析，所以掌握邊際量函數尤為重要。因此，理解它們之間關係的簡捷思路之一，就是從邊際量函數推算總量函數，再推算平均量函數。

第二，邊際量函數上任何一點的值都等於對總量函數上相應點所作切線的斜率，平均量函數上任何一點的值都等於從原點向總函數上相應點所作射線的斜率。

第三，邊際量函數交於平均量函數的最高點（或者最低點）。如果邊際量函數交於平均量函數的最高點，邊際函數值大於平均函數值時，平均函數值就是上升的；邊際函數值小於平均函數值時，平均函數值就是下降的。同理，如果邊際量函數交於平均量函數的最低點，邊際函數值小於平均函數值時，平均函數值就是下降的；邊際函數值大於平均函數值時，平均函數值就是上升的。

第四，邊際量函數的值為正時，總量函數呈上升趨勢；邊際量函數的值為負時，總量函數呈下降趨勢；邊際量函數的值等於零時，總量函數就達到最大值（或者最小值）。

第五，根據邊際量函數與總量函數的關係，可以用邊際量曲線與坐標軸圍成的面積來表示總量的大小。

第三節　基本分析方法

一、實證分析和規範分析

經濟學家力求通過分析的方法，形成被經驗和歷史所證實的經濟原則和理論，用於經濟預測和決策，幫助解決社會面臨的重大經濟問題。但是，在涉及經濟政策的問題，即涉及政府應該做什麼的問題時，卻出現了嚴重的爭論和分歧。經濟學家投入到激烈的辯論之中，他們根據各自的判斷標準進行規範分析，做出各自的評價，提出不同的主張，經濟學隨之被劃分為實證經濟學和規範經濟學。

實證經濟學的目的在於表述經濟是如何運行的，以及闡明、描述客觀事物是什麼、是怎樣的。它只做客觀的陳述和分析，揭示經濟變量之間穩定的函數關係或因果關係。比如，「最低工資立法引起了失業」「效率與平等具有替代關係」都是實證命題。該分析法先提出假說或理論，再用經驗事實加以驗證。

規範經濟學則試圖設立一些價值判斷標準來決定好壞、是非，並決定應該怎樣做。

當經濟學家根據這些標準來說明政府應該怎樣做時，就稱為「規範的說明」。比如，效率和公平具有替代關係，但當兩者並存時，是優先解決效率問題，還是優先解決公平問題？到底政府應該怎樣做是正確、合理的呢？這就是規範經濟學的問題了。又比如，「政府應該提高最低工資」「政府應該加大再分配政策的力度以解決收入差距過大的問題」等，都是規範命題。

實證分析和規範分析的主要差別是其對命題的正確性的判斷標準不同。實證命題必須通過檢驗證據來確認其正確性；規範命題則涉及價值觀，涉及我們對倫理、宗教和政治哲學的看法，因此難於找到客觀、統一、正確的判斷標準。實證分析和規範分析也是相關的。對客觀經濟問題的實證分析結論會影響我們對於「什麼是正確的經濟政策」的規範觀點。比如說，如果「最低工資立法導致失業」是正確的，就應該得出「政府不應該提高最低工資」的規範結論。但是，規範結論並不以實證結論為基礎。如前所述，它往往會受價值觀的重大影響。比如說，就公平的觀點看，政府應該實行提高最低工資的政策。再者，經濟學家致力於解釋經濟的運行，並進行實證分析，目的是改善和增進效率，提高社會福利，但這就要求進行規範分析，所以兩者是有機結合的。從經濟思想史的發展來看，大多數經濟學家的看法基本上是一致的：經濟學既是一門實證的科學，也是一門規範的科學。

為了理解實證分析和規範分析，我們以政府最近公布的一項房地產管理法規為例來說明。對這項法規的經濟分析，可能會包括以下幾個方面：一是分析政策產生的效應。比如，這項法規將如何影響房地產市場參與者的利益，即哪些人受損、哪些人受益。二是分析政策效應的大小。比如，法規實施後，炒房投機會受到多大的抑制；房屋價格會下降多少，抑或會上升多少；中低收入家庭會從中得到多大的實惠；等等。三是分析政策的利弊得失。比如，新法規的實施是利大於弊，還是弊大於利。

上面的分析代表了兩種不同的分析方法。第一步，判斷政策的本質和帶來的後果，這屬於實證分析方法。實證分析的一個基本特徵就是它提出的命題是可以測試真偽的。如果這個命題是正確的，那麼，它必須在邏輯上站得住，並且還要與經驗證據相符。僅僅判斷政策的性質及其帶來的後果還遠遠不足以對這一政策的優劣做出評價。第二步，進一步確定政策效應在規模和數量上的大小。這仍然停留在實證經濟學的範疇，不過已從第一步的定性分析跨入定量分析。在定量分析中，統計學、計量經濟學等工具是十分有用的。經過上面兩步後，我們已經比較全面地從質和量兩方面瞭解了新法令帶來的後果。第三步，個人可以從自己的價值觀出發，對這一法令做出評價。這便是規範分析方法。從本質上說，規範分析不如實證分析那麼精確、科學，因為它是一種帶有強烈主觀色彩，牽涉個人道德準則和好惡感的價值判斷，無法證明其真偽。

二、均衡分析和邊際分析

（一）均衡分析

均衡是物理學上的概念，指的是由於物體所受各方向外力正好相互抵消而處於靜止狀態。在其他條件不變的情況下，各個經濟決策者（消費者、廠商等）所做出的決策正好相容，並且每個人都不會願意再調整自己的決策，從而不再改變其經濟行為，這就是經濟均衡。顯然，在均衡狀態，當事人的決策對個人來說，已使私人利益極大

化。舉一個具體的例子，如果一種產品市場達到均衡，那麼在目前的價格下，買方和賣方的決策應該是相容的，即買方願買的數量恰好等於賣方願賣的數量。此時，買方和賣方均認為若改變這個數量不會給自己帶來更大的好處。因此，在外界條件改變之前，價格和數量便穩定下來，從而達到均衡。

所謂均衡分析方法，就是假定外界諸因素是已知的和固定不變的，然後再研究達到均衡時應具備的條件。由於在現實中，外界條件在不斷發生變化，可能均衡是轉瞬即逝的一刻，也可能永遠也達不到。但在均衡分析中，我們只考察達到假想中的均衡時的情況。

（二）邊際分析

一方面，均衡是一種最優狀態，這種最優是如何達到的呢？它是通過邊際考慮來實現的。另一方面，與經濟理性假定相適應，經濟學大量採用邊際分析方法。在經濟學中，所謂「邊際」，指的是一個微小的增量帶來的變化，即數學中的微分的含義。在微觀經濟學中，我們會提到許多有關邊際的概念。比如邊際效用、邊際支出效用、邊際成本、邊際收益、邊際利潤、邊際產量、邊際報酬、邊際要素成本、邊際收益產品、邊際產品價值、邊際生產力、邊際替代率、邊際技術替代率和邊際轉換率，等等。

在微觀經濟學中，「邊際」範疇概括起來可分為三大類：一是「邊際所得」，指稍微增加某種經濟活動所增加的利益（如貨幣收入、滿意程度等）；二是「邊際所失」，指稍微增加某種經濟活動所增加的成本；三是「邊際剩餘」，指稍微增加某種經濟活動所增加的淨所得或者淨所失，等於邊際所得與邊際所失的差值。追求最大化的理性經濟人，就是尋求總剩餘最大化，實際上就是追求邊際剩餘為零，因而必須堅持「邊際所得＝邊際所失」的原則。因為，當某項經濟活動（生產、消費）的邊際收益大於邊際成本時，人們會擴大這種活動；反之，則減少這種活動，直到邊際收益等於邊際成本。此時這種經濟活動處於最優狀態，也就達到了均衡。「邊際所得＝邊際所失」的原則，也就是利益極大化原則，包括利潤極大化原則和效用極大化原則。利潤極大化原則在廠商的產量決策中具體化為「邊際收益＝邊際成本」的原則，即在廠商的投入決策中具體化為「邊際收益產品＝邊際要素成本」，即 $MRP=MFC$。效用極大化原則，在個人決策中具體化為 $\dfrac{MU_x}{P_x}=\lambda$，或者 $\dfrac{MU_x}{P_x}=\dfrac{MU_y}{P_y}=\lambda$。

邊際分析是一種十分有用的方法，在此我們看一下市場經濟中，人們在選擇自己受教育的年限時，是如何達到均衡的。首先，假定受教育的年限越長，越容易找到薪水更高的工作。這一假定我們是可以找到事實依據的，世界銀行在《1991年世界發展報告》中指出，在接受教育的頭三年，勞動力受教育的平均時間增加一年，總產值就會增加9%，之後增加的學年收益遞減為4%。而以後我們會證明，在市場經濟中，勞動者得到的報酬與他創造的財富是近乎成正比的。另外，世界銀行對美國、法國、韓國、西班牙、科特迪瓦等12個發達、發展中國家的調查表明，增加一年學校教育時間平均可使工資增長10%以上。總之，受教育的邊際收益是增加一年教育帶來的增加的收入。其次，假定至少從某一年後，受教育的邊際收益是遞減的，這個假定也是符合直觀常理的，上面的世界銀行的報告也支持了教育邊際收益遞減的假說。事實上，我們可以這樣想：如果教育的邊際收益不是遞減的，那麼，隨著教育年限的增加，收入

會變得無限高，這顯然是不可能的。受教育也是有成本的，包括學費、書費，還有因上學而放棄工作所損失的收入。而邊際成本則是增加一年教育所增加的學費、放棄的收入等，這應該是遞增的（大學生的學費顯然高於小學生）。圖 3.3 為受教育的邊際收益（MR_e）和邊際成本（MC_e）的關係。

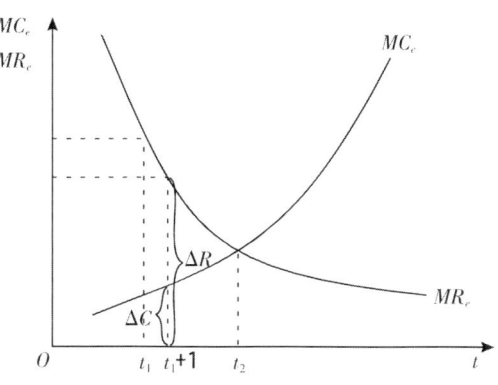

圖 3.3　均衡的受教育年限的選擇

在圖 3.3 中，如果某人一開始已選擇了接受 t_1 年教育，他發現增加一年教育可使收入上升 ΔR，而學費等支出僅需增加 ΔC，ΔR 大於 ΔC，也就是邊際收益大於邊際成本，可見增加受教育的年限還是有利可圖的（注意：增加的收入是未來的收入，我們暫不考慮貨幣的時間因素）。因此，他會延長受教育年限直到 t_2 年。此時，邊際收益恰好等於邊際成本，這便是最優選擇，從教育中得到的淨收益在 t_2 年達到最大值。我們還可以發現，如果他繼續增加受教育的年限是不合算的，因為在 t_2 年之後，增加受教育年限所增加的成本將不可能通過增加的收入得到補償，或者說受教育的淨收益將減少。

三、靜態分析與動態分析

按照經濟活動時是否考慮時間因素分類，分析方法可以分成靜態分析和動態分析。

靜態分析不考慮時間因素，不考慮均衡達到和變動的過程，只在一定假設前提下分析均衡達到和變動的條件，因而靜態分析是一種狀態分析。在均衡分析中，我們一般假定自變量是已知的和既定的，並考察因變量達到均衡狀態的條件和在均衡狀態下的情況，這種分析又被稱作靜態均衡分析。

如果自變量中的一部分和全部發生了變化，可對變化之後的自變量再做一次靜態分析。先分析自變量變化後因變量達到均衡狀態的情況，再對變化前後兩套自變量條件下的因變量值進行比較，這種分析方法被稱作比較靜態均衡分析。

靜態均衡分析和比較靜態均衡分析有一個共同特點，那就是不考慮兩個均衡狀態之間的變化過程。如果要考察兩個均衡狀態之間的變化過程，這種方法就被稱為動態分析。通過動態分析，我們可以瞭解在外界條件發生變化後，經濟活動達到新的均衡狀態所需的時間、經過的路徑等。某些經濟活動在受到外界干擾、偏離原均衡點後，會迅速收斂，重新達到均衡狀態；有些則需要一段漫長的調整；還有一些可能永遠也

達不到理論中的新的均衡狀態，而是呈週期性上下波動，甚至向外發散，越來越背離均衡點。

　　動態分析由於引入時間因素，分析均衡實現和變動的過程，因而動態分析是一種過程分析。按照英國經濟學家希克斯的觀點，動態分析方法又可以分成穩態分析和非穩態分析。穩態分析承認經濟變量隨著時間的推移而變化，但同時假定變動的比率或幅度為常數。例如，經濟增長率每年為5%。穩態分析與靜態分析之間只存在量的差異。非穩態分析則認為，動態分析和靜態分析之間存在著質的差異。由於時間的不可逆性，過去和未來是不相同的。過去發生的事情是確定的，未來則具有不確定性。過去發生的事情，現在已無法更改，要更改也只能通過今後的步驟加以改變。而現在所做的事情，對將來的影響也無法確知。因此，以過去的經驗來推斷未來，其結果常常是錯誤的。為了對不確定的未來進行跟蹤研究，就需要在動態分析中採用一些專門用來分析不確定性的概念。例如，廠商之所以保持一定數量的存貨，就是為了避免因不可預見的變化而措手不及。

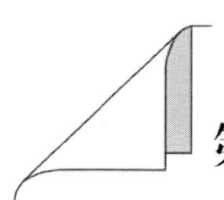

第四章 競爭性消費者的購買均衡

在產品市場上，個人是產品的購買者和消費者。在競爭性市場上，有很多很多消費者，他們屬於不同的家庭，有不同的偏好，收入水平也可能大不相同。儘管如此，他們的購買或消費行為卻具有共同的動機，從而遵循完全相同的法則，即都是在既定的價格條件下，按照自己的偏好來配置手中的資源，決定效用極大化的產品購買數量。為此，馬歇爾從中挑選出具有代表性的消費者，分析他的購買行為，並以此來概括競爭性市場上單個消費者的購買行為。

第一節 效用和邊際效用遞減規律

消費者喜歡或者不喜歡某種商品，實際上是根據該種商品可能給其帶來的效用來評價的。如果消費者認為消費該種商品能夠獲得很大的滿足，那麼，消費者肯定就非常喜歡它；反之，消費者肯定就不喜歡它。

一、效用和效用單位

如前所述，效用是商品給消費者帶來的滿足，用效用單位來衡量它的大小。關於效用和效用單位，我們用溫度概念做一個類比。溫度是一個抽象的概念，而且溫度的單位是任意的。你知道自己什麼時候感到熱，也知道什麼時候感到冷，但是你無法觀察到溫度。如果天氣十分熱，你可以觀察到水變為蒸汽，如果天氣十分冷，你也可以觀察到水變為冰。而且，人們還可以造出一個稱為溫度計的工具，它可以幫助你預測到什麼時候會發生這種變化。溫度計上的標度是我們稱為溫度的東西，但我們衡量溫度的單位是任意定的。例如，我們可以準確地預測到，當攝氏溫度計表示為 0 度時，水將變為冰。但是，衡量單位無關緊要，因為當華氏溫度計表示為 32 度時也會發生同樣的情況。

與溫度一樣，效用也是一個抽象的概念，而且效用單位也是任意定的。如果說溫度概念助於我們做出有關物理現象的預測，那麼，效用概念就有助於我們做出有關消費選擇的預測，儘管這種預測不如我們預測水什麼時候變為冰或者蒸汽那麼準確。效用就是人們在商品、服務和閒暇的消費中所得到的滿足。滿足程度高，效用就大；反之，效用就小。如果消費者在商品消費中感到快樂，則效用為正；反之，則效用為負。

就像我們用溫度計上的溫度高低來表示冷熱一樣，我們用人們心目中任意設定的「效用單位」來表示效用的大小。實際上，效用既可以用 1、2、3、4 等基數來表示，也可以用第一、第二、第三、第四等序數來表示。由於效用單位是任意設定的，哪怕效用是用基數值來表示，比如 A、B、C 三個商品單位給你的效用分別為 2、3、4，它並不是說 A、B、C 三個商品單位所帶來的絕對效用就是 2、3、4，它只是說明在 A、B、C 三個商品單位中，消費者最偏好 C，最不喜好 A，B 是介於 A 和 C 之間的。

二、總效用和邊際效用

對某個消費者來說，特定商品量或商品組合的效用大小，要受消費者慾望和商品消費量等多種因素的影響。在慾望一定的條件下，效用的大小就僅僅取決於它的商品消費量。

總效用是特定消費者消費一定數量的某種物品所得到的總的滿足程度。總效用是相對於一定的商品消費量而言的，它隨商品消費量的變化而變化。從這個意義上講，總效用是商品消費量的函數。如果用 U_t 表示總效用，Q_x 表示某種商品量，f 表明 U_t 與 Q_x 存在函數關係，總效用函數一般可以寫成：$U_t = f(Q_x)$。具體的總效用函數多種多樣，比如 $U_t = Q_x^{\frac{1}{2}}$，$U_t = Q_x^2$，$U_t = Q_x$，它們都代表不同的偏好。

邊際效用是指在其他因素一定時，某個消費者從最後一單位商品消費中獲得的效用。如果消費者只消費 1 單位商品，那麼第 1 單位商品的 10 單位效用，就是他的邊際效用；如果消費者消費了 2 單位商品，那麼第 2 單位商品的 8 單位效用，就是他的邊際效用；如果消費者消費了 3 單位商品，那麼他在第 3 個單位商品獲得的 7 個效用單位，就可以看成他的邊際效用。依此類推，如果消費者消費 N 個單位的商品，那麼他從第 N 個單位商品中獲得的效用量，就是他的邊際效用。顯然，每一個單位商品的效用都可以看成是邊際效用。

邊際效用也是在其他因素一定時，某人增加一個單位商品的消費所增加的效用。比如，如果消費者消費 1 個單位商品獲得 10 單位效用，消費 2 單位商品獲得 18 單位效用，消費 3 單位商品獲得 25 單位效用，那麼，當消費者從沒有消費任何商品到消費 1 個單位商品，他的效用就增加了 10。同理，當消費者從消費 1 單位商品到消費 2 單位商品，他的效用就增加了 8；當消費者從消費 2 單位商品到消費 3 單位商品，他的效用就增加了 7。

邊際效用（MU）可以定義為總效用的變化值與商品量的變化值之比，即 $MU_x = \frac{\Delta U_t}{\Delta Q_x}$ 或 $MU_x = \frac{dU_t}{dQ_x}$。比如，對應於總效用函數 $U_t = Q_x^{\frac{1}{2}}$，那麼，邊際效用函數就為 $MU_x = U_t' = \frac{1}{2\sqrt{Q_x}}$；如果總效用函數為 $U_t = Q_x^2$，那麼，相應的邊際效用函數就為 $MU_x = 2Q_x$；如果總效用函數為 $U_t = Q_x$，那麼就有邊際效用函數 $MU_x = 1$。

三、邊際效用遞減規律

經濟學告訴我們：一般地，在其他因素不變的條件下，隨著消費者對某種物品消

費量的增加，其從該物品連續增加的消費單位中所得到的效用越來越小，甚至為負。這種現象普遍存在，被稱為邊際效用遞減規律。

也就是說，在消費者偏好既定的條件下，某種商品消費量越小，邊際效用越大；消費量越大，邊際效用越小；如果增加單位消費品不能獲得任何滿足，邊際效用則為零；當商品消費量超過一定數額，繼續增加商品的消費，不僅不能帶來愉快，反而會造成痛苦，邊際效用變為負值。根據邊際效用遞減規律，隨著消費量的減少，邊際效用是越來越大的。

在圖4.1中，橫軸代表商品消費量 q，縱軸表示邊際效用 MU。顯然，邊際效用曲線是向右下方傾斜的。邊際效用遞減規律是以消費者偏好不變為前提條件的，如果消費者偏好改變了，邊際效用就不一定遞減了。比如，瀘州老窖公司關於「1573」的廣告宣傳使消費者對它的偏好增強了，那麼消費者從每後一個單位商品獲得的效用量就可能要大於他前一個單位商品獲得的效用量了。

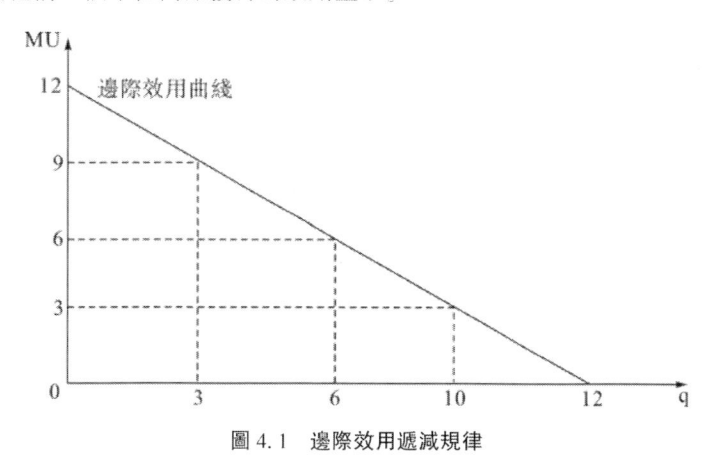

圖 4.1 邊際效用遞減規律

此外，關於貨幣的邊際效用值得高度注意。貨幣也是一種商品，人們擁有它也能獲得滿足，因而貨幣也存在效用，而且它的邊際效用也會遞減。但是，作為一種特殊的商品，我們通常假定貨幣的邊際效用是不變的，用 λ 來表示。我們之所以這樣假定，除了便於分析人們的消費選擇，直接推導出消費者需求外，還有部分原因是基於這樣的事實：與普通商品的邊際效用相比較，貨幣商品的邊際效用的遞減相當緩慢。

第二節　消費者偏好

一、消費者偏好

在消費者的購買行為中，消費者總是要根據自己的購買意願來進行選擇，也就是根據消費者偏好來進行選擇。通俗地講，消費者對商品和服務的愛好或者喜歡程度就是消費者偏好。比如，在日常購買過程中，我們可能會聽到顧客說「我喜歡這種款式和顏色的襯衣，然後搭配一條淺灰色的褲子」，或者「那種樣式好老氣喲，我不喜歡」。

當你對中意的襯衣愛不釋手，但又嫌價格太貴而遲遲不肯掏錢購買時，服務員可能就會勸你：「價格貴一點又有什麼關係呢，買就買個喜歡嘛！」諸如此類，實際上表達的就是消費者的偏好。

準確地說，消費者偏好是指在其他因素不變的條件下，消費者的喜好程度與特定商品單位或者商品組合單位的關係。在理解消費者偏好時，有兩點值得注意：第一，就特定的偏好而言，在其他因素不變時，特定的消費者對每一個商品單位或者商品組合單位的喜好程度是一定的，但是他對不同的商品單位或者商品組合單位的喜好程度可能就不相同。第二，消費者偏好是相對的，即它是消費者的一種喜好順序。比如，當消費者說他喜歡「觀奇」洋服，實際上是說與其他商品或者商品組合相比，他更喜歡「觀奇」而已。因此，嚴格地講，某種消費者偏好就是一個特定的喜好順序，只要消費者對每一個商品單位或者商品組合單位的喜好順序是完全一樣的，儘管消費者對每一個商品單位或者商品組合單位的喜好程度不相同，我們也沒有理由認為消費者偏好發生了變化。

在經濟學上，消費者偏好可以用效用函數來表示。一般地，效用函數可表示為 $U = f(Q_x)$，其中 U 代表效用，Q_x 代表某種商品的量，f 說明 U 與 Q_x 之間存在函數關係。顯然，一個效用函數就代表一種消費者偏好，只要效用函數沒有變化，那就說明消費者偏好沒有變化。一旦消費者偏好改變了，那麼，就一定得用另外的效用函數來表示。當然，對於某個效用函數，儘管消費量的變化會造成效用量的變化，但是並不意味著偏好的改變。

二、偏好假定

對於每一個商品單位，消費者都存在一定的偏好。為了描述消費者偏好，經濟學提出了幾個偏好定理。

第一，對於所有的商品單位，消費者總是可以根據自己的偏好來比較大小或者排列順序，這就是偏好的完備性定理。也就是說，對於任意商品單位 A 和 B，消費者總是明白：或者喜好 A 勝於 B；或者喜好 B 勝於 A；或者喜好 A 和 B 一樣多。偏好的完備性定理意味著，沒有任何商品單位是消費者不能比較的，而且沒有任何偏好是消費者不能精確表達出來的。

第二，由於消費者的完全理性，消費者的偏好始終是前後一致的，沒有偏好循環和反轉現象，這就是偏好的傳遞性定理。換句話說，對於任意三個商品單位 A、B、C，如果消費者對 A 的偏好程度大於 B，對 B 的偏好程度又大於 C，那麼，消費者就愛 A 比愛 C 要多一些。傳遞性定理意味著，根據 A 好於 B，B 又好於 C，絕對不能得出 C 比 A 好、C 比 B 好和 B 比 A 好。實際上，偏好的傳遞性定理是以具有正常邏輯思維和判斷能力的消費者為隱含前提的。

第三，如果任意兩個商品單位的唯一區別在於數量的差異，那麼，消費者總是更加偏愛數量較多的商品單位，這就是偏好的非飽和性定理。非飽和性定理意味著，消費者購買的商品總是值得擁有的好東西，而不是諸如空氣污染、廢水、臭氣和噪音等壞的東西。而且，它還意味著，對於好的東西，消費者能夠擁有的量越多越好，沒有最多，只有更多。

三、偏好的影響因素

消費者對商品或者商品組合單位的喜好程度，要受文化、社會、個人、心理和商品量等多種因素的影響。但是，如果其他因素不變，商品量變化並不會改變消費者偏好，只有文化、社會、個人和心理等其他因素發生變化，才會使消費者偏好發生變化。具體說來，文化、社會、個人和心理等因素主要通過示範效應和廣告效應來影響偏好。

示範效應是指相關消費者的消費行為對個人消費偏好的影響。每一個消費者的偏好都要受其年齡所處的生命週期階段、職業、經濟狀況、生活方式、個性以及自我觀念等個人因素的影響，而消費者的個人因素是個人的社會化學習過程，即是在個人與家庭成員、親戚朋友、同事、鄰居等相關成員接觸的過程中形成的。因而，某個消費者的偏好是與相關消費者的消費觀念和消費行為密切相關的。通常，當消費者所處的人文環境發生變化，他就會表現出不同的消費偏好。比如，當你發現你身邊或者周圍的同學大多數都穿牛仔服，他們還告訴你穿牛仔服的好處，比如顯得有活力、瀟灑自在、耐磨、適合大學生等。慢慢地，你可能也會這樣認為，甚至也會穿一身牛仔服了，即使你原來認為穿牛仔服太普通了。

廣告效應是指廣告引領的消費潮流或者消費時尚對消費者偏好的影響。廣告是很大的商務活動。許多大公司每年都花費數億美元的廣告費。雖然很多消費者會覺得受到了膚淺的廣告轟炸，有時還感到廣告的干擾，但是廣告卻增加了消費者對產品的認知和瞭解。一些廣告甚至成功地說服人們相信某些商品或者服務，比他們先前認為的更加稱心如意。事實上，廣告通過影響人們的偏好，使銷售增加，否則企業就不會做廣告了。廣告可以分為信息廣告和形象廣告。信息廣告主要是用於傳遞產品質量和價格信息，比如報紙上登載的食品雜貨店或服裝賣場的廣告、商品價目廣告、技術說明書等。當信息廣告把一種商品可描述的性質傳遞到買主手中時，消費者對這種商品質量的感知就會上升，對該種商品的喜好程度就會提高。形象廣告主要是用來改變消費者偏好模式以使商品顯得更可取、更有用或者更有價值。比如，某品牌用一個文雅高尚的形象，使其擁有者顯得更成功、更完美。當然，有些廣告只是告訴你哪種商品的味道、外觀等是好的，使你覺得對你是適合的，或者對你的健康是有益的。形象廣告意在提升消費者對該種商品的喜好程度。

第三節　消費購買力與預算線

消費者的購買行為就是指消費者在市場上用貨幣交換商品和服務。在這種交易中，消費者的選擇要受到購買能力和消費偏好的影響。

一、消費者的預算約束函數

1. 個人的消費約束

消費者總是只能在自己的購買能力內進行消費選擇。個人的購買能力受個人的可支配的貨幣收入和所購買的商品或服務的市場價格的限制。家庭或者個人向要素市場

提供土地、勞動、資本和企業家才能等各種生產要素，並相應地獲得租金、工資、利息和利潤等收入，在繳納了規定的稅收後就形成個人可支配的貨幣收入，以便用於消費和儲蓄。在其他因素不變的條件下，個人可支配的貨幣收入越高，家庭的購買能力就越強；個人可支配的貨幣收入越低，家庭的購買能力就越弱。計劃購買的商品價格也會極大地影響個人購買力，商品價格越高，個人購買力越弱；反之，個人購買力越強。

實際上，家庭的購買能力可以用個人或者家庭的實際收入來表示。個人的實際收入是指用家庭實際所能購買到的商品和服務量來表示的收入，它等於個人可支配的貨幣收入與商品或者服務的市場價格之比。由於家庭可支配的貨幣收入是既定的，而且它不能影響它所購買的商品和服務的市場價格，因此消費者的購買能力構成個人或家庭的選擇約束或限制。

2. 個人消費約束函數

家庭消費選擇的限制可以用家庭的預算函數來表示。預算函數基於這樣的基本事實：一方面，家庭可支配的貨幣收入，不是用於消費，以消費品的形式持有，就是用於貨幣儲蓄，以貨幣的形式保留在手中。因此，個人可支配貨幣收入＝用於消費購買的支出＋用於貨幣形式的持有。另一方面，個人的消費決策可以看成是個人用多少錢來購買商品，用多少錢來購買貨幣，或者是選擇一定量的商品和貨幣的組合。

在上述事實基礎上，假設用 Y_d 表示消費者的可支配貨幣收入，Q_x 代表 x 商品的量，P_x 代表 x 商品的市場價格，Q_y 表示持有的貨幣的量，貨幣持有的價格為 1（貨幣持有事實上就是用貨幣來購買貨幣，在不考慮利息的條件下，因而可以認為其價格恆為 1）。則消費者的預算線方程為：

$$Y_d = Q_y + P_x \cdot Q_x$$

或

$$Q_x = \frac{Y_d}{P_x} + \frac{1}{P_x} \cdot Q_y$$

顯然，預算線方程包含了個人選擇所要決定的 x 商品量 Q_x 和貨幣儲蓄量 Q_y，還包括了家庭既定的貨幣收入量 Y_d 和 x 商品的價格 P_x，或者說還包括了家庭作為既定的兩個變量 $\frac{Y_d}{P_x}$ 和 $\frac{1}{P_x}$。

$\frac{Y_d}{P_x}$ 是用 x 商品的數量來表示消費者的實際收入。這個量是他能夠買到 x 商品的最大量，或者說消費者的實際收入就相當於這個數量的 x 商品，這就是圖 4.2 中所表示的預算線與 x 軸的交點。比如，如果李某的個人可支配貨幣收入為 300 美元，商品 x 的價格 $P_x = 50$，那麼，他的實際收入為 6，也就是說他花光 300 美元最多能買 6 單位商品，或者說他的收入就相當於 6 單位的 x 商品。

$\frac{1}{P_x}$ 是用 x 商品表示貨幣持有的相對價格，它同時還是預算線的斜率。就相對價格來說，這個量表明：1 單位貨幣持有相當於 $\frac{1}{P_x}$ 單位的 x 商品的數量，它也說明了消費者

選擇的機會成本，即消費者多儲蓄 1 單位貨幣不得不放棄 $\frac{1}{P_x}$ 單位的商品的數量，或者說多購買 1 單位 x 商品就必須放棄 P_x 單位的持有。就上例來說，$\frac{1}{P_x}$ 等於 $\frac{1}{50}$，這意味著儲蓄 1 美元相當於 $\frac{1}{50}$ 單位的 x 商品。因而，消費者如果多持有貨幣 1 美元的機會成本就是 $\frac{1}{50}$ 單位的 x 商品，或者多購買 1 單位 x 商品的機會成本為 50 單位的貨幣。

二、個人的消費預算線

根據個人的消費約束函數，我們可以得到個人關於 x 商品和貨幣的消費組合，從而可以得到個人的消費約束線。就上例中的消費預算組合而言，如果把該消費預算組合描繪在直角坐標軸上，其預算線如圖 4.2（Ⅰ）所示。其中，橫軸代表 x 商品的購買量 Q_x，縱軸代表貨幣量 Q_y。如果把該消費組合 a、b、c、d 描繪在數軸上，則其消費預算線如圖 4.2（Ⅱ）所示。

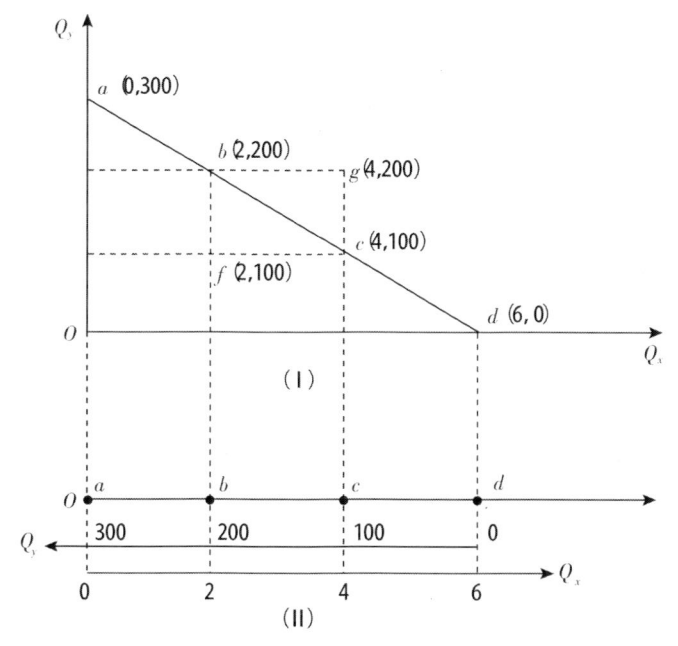

圖 4.2　個人的消費預算

在圖 4.2（Ⅰ）中，預算線把消費者可能的消費組合劃分為三類：一是消費者無力擁有的商品和儲蓄組合，這些組合點都在預算線之外的區域。比如，消費者購買 4 單位 x 商品，同時還要購買 200 美元。對上例來說，這類組合就是滿足不等式 $300 < Q_y + 50Q_x$ 的商品組合。二是消費者有能力擁有的商品和貨幣的最大組合，這些組合點一定位於預算線上。比如，6 單位 x 商品和 0 單位貨幣、0 單位 x 商品和 300 美元貨幣、2 單位 x 商品和 200 美元貨幣等。對上例來說，滿足預算線方程 $300 = Q_y + 50Q_x$ 的任意

數量的商品和貨幣貨幣組合，都是他可以選擇的最大消費組合。三是消費者有能力擁有的商品和貨幣的非最大組合，這些組合點位於預算線內的區域。它表明消費者的收入，除了用於購買和持有貨幣外，還有一部分被浪費掉了。對李某來說，滿足不等式 $300>Q_y+50Q_x$ 的商品和貨幣組合，都是他可以選擇的消費組合，但是並不是最大組合。

根據圖4.2（Ⅰ），我們可以得到更為簡單的消費預算線，如圖4.2（Ⅱ）所示。在圖4.2（Ⅱ）中，數軸上的 a、b、c、d 點對應著圖4.2（Ⅰ）中的相應點，因而消費預算線就是數軸上的 ad 線。

第四節　消費者的最優購買選擇

家庭的收入和它面臨的價格限制了消費者的選擇，而消費者偏好又決定了他能夠從每一種消費可能性中得到的效用。由於消費者的慾望超過了可用於滿足這些慾望的資源，所以他必須做出艱難的選擇。對於完全理性的消費者來說，他要通過自己的選擇使自己的效用最大化。

一、消費者的購買行為

消費者的購買行為就是指消費者通過支出一定數量的貨幣來換取一定數量的商品和服務。因此，人們對自己的貨幣收入的配置行為，簡單地說，就是人們花多少錢來購買商品和服務，留多少錢在手中或者說以貨幣的形式持有多少錢。

就消費者在市場交易中的貨幣支出來說：一方面，當人們支出某個數額的貨幣，那麼，人們就要損失某個數量的效用；另一方面，人們支出某個數額的貨幣也意味著他將得到一定數量的效用，因為支出的貨幣能交換到一定量的商品，這些商品又將給消費者帶來效用。因此，在消費者的購買行為中，消費者因貨幣支出損失效用，又因貨幣支出增加效用。比如，某人通過支出180美元購買了3單位商品，如果每1美元的（邊際）效用為2個效用單位，他所換的3個商品單位的（邊際）效用分別為210、190、180個效用單位。那麼，這180美元的支出就會使他的效用減少360個效用單位，同時又將使他的效用增加580個效用單位。

就消費者在市場交易中的商品獲取行為而言：一方面，當消費者獲取某個數量的商品和服務，他能夠從中得到一定的效用量；另一方面，消費者獲得某個數量的商品也意味著失去一定的效用，因為得到商品是以減少貨幣儲蓄量為條件的，貨幣量的減少會使消費者的效用相應減少。因此，在消費者的購買行為中，消費者因得到商品而增加效用，又因得到商品而損失效用。讓我們再看看，消費者所得到的3單位商品使他增加580個效用單位，同時他為獲得3單位商品又損失了360個效用單位。

很明顯，消費者的購買行為實質上包含著效用得失的比較權衡，即比較消費者貨幣支出所損失的效用量（或者他得到商品所減少的效用）與貨幣支付所獲得的效用量（或者他得到商品所增加的效用）的相對大小。容易理解，如果消費者的貨幣支出所損失的效用量（或者他得到商品所減少的效用量）大於他貨幣支付所獲得的效用量（或者他得到商品所增加的效用量），那麼，理性的消費者肯定不願意用自己的貨幣去換別

人的商品，因為交換會使消費者自己的滿足程度降低。如果消費者的貨幣支出所損失的效用量（或者他得到商品所減少的效用）小於貨幣支付所獲得的效用量（或者他得到商品所增加的效用），那麼，理性的消費者肯定願意用自己的貨幣去換別人的商品，因為交換能夠讓消費者自己的滿足程度提高。如果消費者的貨幣支出所損失的效用量（或者他得到商品所減少的效用）等於貨幣支付所獲得的效用量（或者他得到商品所增加的效用），那麼，對消費者來說，是否與廠商進行交換是無所謂的。

二、消費者均衡

1. 消費者均衡的條件

消費者均衡就是指在可支配的貨幣收入和商品或服務價格既定的條件下，消費者以使自己的總效用最大的方式來配置自己的全部貨幣收入的狀態。

比較支出的貨幣或者獲取的商品的總效用得失，只是說明了消費者是否值得用貨幣去交換商品，至於人們應該用多少貨幣去交換商品，才能使他的效用最大，我們還得通過比較消費者最後1個單位貨幣支出所損失的邊際效用和他從這個單位貨幣支出所得到的邊際效用的相對大小來確定。當然，也可以通過比較消費者從最後1單位商品所得到的邊際效用和相應損失的邊際效用的相對大小來確定。

在貨幣本身的邊際效用既定不變的條件下，消費者最後1單位貨幣支出所損失的邊際效用就等於貨幣本身的邊際效用。比如，假設消費者每1美元的邊際效用恒為2，每多支出1美元，貨幣給他帶來的效用就會減少2單位。消費者從最後1單位的貨幣支出中增加的邊際效用，又稱為貨幣的邊際支出效用，是消費者用來購買最後1單位商品的1單位貨幣所帶來的邊際效用。貨幣的邊際支出效用可以用他從最後1單位商品消費中得到的邊際效用 MU_x 除以該種商品的價格 P_x 來表示，即貨幣的邊際支出效用 = $\frac{MU_x}{P_x}$。比如，消費者所購買的飲料的單價為60美元，他從最後1單位商品所獲得的邊際效用為180，所以他所支出的最後1美元貨幣給他帶來的邊際效用就等於3，即他的貨幣的邊際支出效用為3，也就是消費者所花的最後1美元換回來3單位的效用。

顯然，消費者要獲得最大化效用，他就必須按照效用極大化原則來配置貨幣收入。具體來說，效用極大化原則就是貨幣的邊際支出效用等於貨幣的邊際效用，即 $\frac{MU_x}{P_x} = \lambda$。

理解 $\frac{MU_x}{P_x} = \lambda$ 是消費者以最優方式來配置貨幣收入的原則。最簡單也是最常用的方法就是設想：

如果 $\frac{MU_x}{P_x} \neq \lambda$，在消費者偏好、貨幣收入和商品價格既定的條件下，消費者還能否通過貨幣收入的重新配置使總效用增大。

如果 $\frac{MU_x}{P_x} > \lambda$，這說明消費者花出去的1元錢比放在手中的1元錢有更大的效用，或者說消費者多花1元錢比少花1元錢有更大的滿足。此時，消費者的產品-貨幣組合中商品量相對少了，而貨幣量則相對多了。這就意味著消費者還可以通過增加貨幣支

出——即使自己的貨幣儲蓄量減少、商品消費量增加——來增加總效用。比如，如果消費者貨幣的邊際支出效用為3，貨幣的邊際效用為2，那麼消費者多支付1美元，消費者就可以使自己在貨幣和商品中獲得的總效用增加1個單位。

如果$\frac{MU_x}{P_x}<\lambda$，這說明消費者花出去的1元錢比放在手中的1元錢有更小的效用，或者說消費者少花1元錢比多花1元錢有更大的滿足。此時，消費者的產品-貨幣組合中商品量相對多了，而貨幣量則相對少了。他可以通過減少貨幣支出——即使自己的貨幣儲蓄量增加、商品消費量減少——來增加總效用。比如，如果貨幣的邊際支出效用為1，貨幣的邊際效用為2，那麼消費者少支付1美元，消費者就可以使自己在貨幣和商品中獲得的總效用增加1個單位。

無論$\frac{MU_x}{P_x}>\lambda$，還是$\frac{MU_x}{P_x}<\lambda$，消費者都可以通過調整自己的貨幣支出量來調整自己的商品購買量，使自己的總效用增大，所以消費者肯定沒有以最好的方式來配置貨幣收入。只有在$\frac{MU_x}{P_x}=\lambda$時，不管消費者增加貨幣支出或者商品購買，還是減少貨幣支出或者商品購買，消費者所獲得的總效用都會減小，此時消費者效用達到最大。在這種狀態下，只要其他條件不改變，理性的消費者就不會主動調整貨幣支出量或者商品購買量，因而達到了消費者均衡。

2. 消費者的購買均衡

在圖4.3中，縱軸代表邊際（支出）效用，橫軸同時代表商品x和貨幣y的數量，從原點起向右，表示商品x的數量在增加，從橫軸的右起向左，表示手持貨幣量在增加。就消費者來說，前面的消費預算線所表示的內容就可以直觀地顯示在橫軸上。在消費者購買能力許可的條件下，消費者的貨幣的邊際支出效用曲線ad與貨幣的邊際效用曲線λ相交於e點，此時消費者選擇e組合來消費就能獲得最大效用。即在偏好、商品價格和貨幣收入既定的條件下，消費者把300美元的貨幣收入中150美元用來購買3單位的商品，而把剩下的150美元以貨幣的形式持有，對他來說是最好的。如果消費者選擇b組合，即只花100美元來購買2單位的商品。他從用於飲料消費的貨幣得到的邊際支付效用為3，而從最後1單位貨幣得到的邊際效用為2，這樣他就可以通過增加購買商品或者減少貨幣持有，使購買組合向e運動，增加自己的總效用。如果消費者選擇c組合，即花200美元來購買4單位的商品。他從用於飲料消費的貨幣得到的邊際支付效用為1，而從最後1單位貨幣得到的邊際效用為2，這樣他就可以通過減少購買商品或者增加持有貨幣，使購買組合向e運動，增加自己的總效用。一旦消費者選擇了e組合，那麼他無論怎樣調整組合都不可能增加效用，而只會導致總效用減少，所以他的效用在e組合達到最大。

由於任何消費者均衡都是在特定條件下實現的，因而這個均衡組合必然會隨著那些條件的變化而變化。引起消費者均衡組合改變的因素主要有消費者的偏好、消費者可支配的貨幣收入和商品本身的價格。在圖4.3中，消費者偏好改變，可能會使貨幣的邊際支出效用曲線的斜率或者截距發生變化，也可能直接平移貨幣的邊際效用曲線；商品價格改變，會使貨幣的邊際支付效用曲線的斜率變化，還會使消費者的消費預算

图 4.3 消费者的购买均衡

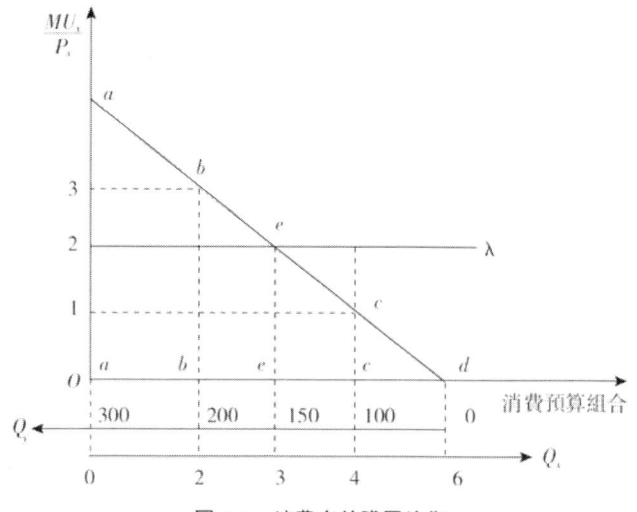

线改变；而消费者收入的增减，会改变人们可能的消费空间，从而改变图 4.2 中的预算线长度。这些因素的改变，最终都会使消费者的最大化效用组合发生变化。

值得注意的是，在实际经济生活中，消费者要购买和消费多种商品。一般情况下，在商品价格和可支配收入一定的条件下，只要 $\frac{MU_x}{P_x} = \frac{MU_y}{P_y} = \cdots = \frac{MU_z}{P_z} = \lambda$，消费者就能够获得最大效用。即只要消费者花在每一种商品上的最后 1 单位货币带来的效用都相等，且等于货币自身的边际效用，消费者就获得了最大效用。

一般地，如果消费者的预算约束为 $Y = Q_x \cdot P_x + Q_y \cdot P_y$，消费者的偏好或效用函数为 $U = f(Q_x, Q_y)$，那么消费者均衡实际上就需满足：

$$\begin{cases} \dfrac{MU_x}{MU_y} = \dfrac{P_x}{P_y} \\ Y = P_x \cdot Q_x + P_y \cdot Q_y \end{cases}$$

第五节　競爭性市場的個人需求

一、需求價格和個人需求量

1. 產品需求價格

在其他因素一定的條件下，消費者對每 1 單位的商品願意支付的最高買價，就是消費者對產品的需求價格。

「如果你價格低一點，我就多買一些」，在商品購買中，我們會聽到買者這樣對賣者說。從這句話，我們首先可以認識到這樣一個基本事實，那就是消費者對不同單位的商品願意支付的價格是不同的。因為，如果消費者對每一個商品單位都有相同的意

願買價,只要他有能力購買,他就不會在意價格高一點還是低一點。同時,當消費者在市場上與銷售者面對面討價還價時,不僅消費者心中在盤算自己願意最多出多少錢買某種東西,而且不難聽到銷售者問消費者:「你最多願意出多少錢買這種商品?」這句話,一方面說明消費者對每一個商品單位願意支付的價格有高有低;另一方面說明消費者願意支付的價格中,只有最高價格才是人們所關注的,最低價格和介於它們之間的中間價格都不重要。在廠商看來,消費者是個希望用最少的支出獲得最大的效用的理性經濟人,他們總是希望支付的價格越低越好,如果不出錢甚至賣者還倒貼錢那就更好。

產品需求價格是消費者的最高意願買價,通常只有消費者自己知道這個價格。儘管廠商非常關注消費者的需求價格,但是消費者是不會把自己真實的需求價格告訴廠商的。在實際的商品購買過程中,當廠商追問買主最多願意出多少價格時,儘管消費者會說「我最多出……」這樣的話,但是消費者所說的最高價格並不是他真實的需求價格,真實的需求價格通常會比消費者告訴賣主的最高價格還要高一些。比如,如果消費者回答雜貨店老板,他最多願意為1包橙汁支付1美元,實際情況是消費者願意為買一包橙汁支付的最高價格要高於1美元。

對於消費者來說,需求價格是如何決定的呢?只要我們相信消費者是效用最大化的追求者,那麼,消費者按照需求價格來購買商品,就一定能夠使自己的總效用達到最大。因此,消費者的需求價格也仍然要滿足效用極大化原則 $\frac{MU_x}{P_x} = \lambda$。從另外一個角度來理解,根據效用極大化原則,就可以得到 $P_x = \frac{MU_x}{\lambda}$,即消費者對某個商品單位的需求價格取決於商品的邊際效用和貨幣的邊際效用。

在商品單位的效用一定時,需求價格就由每個單位貨幣的效用單位來決定,並隨著它的變化而變化。貨幣的邊際效用越高,消費者願意為商品單位支付的價格就越低;貨幣的邊際效用越低,消費者願意為商品單位支付的價格就越高。比如,假設某商品單位的邊際效用為10個效用單位,甲消費者的貨幣的邊際效用為5個效用單位,乙消費者的貨幣的邊際效用為10個效用單位,那麼,甲願意為該商品單位支付的最高價格為2元,而乙願意為該商品單位支付的最高價格就為1元。這就是為什麼同樣的商品單位,不同的消費者願意支付的價格大不相同。一般情況下,由於富人比窮人的貨幣的邊際效用更低,所以富人所願意支付的價格就會比窮人高。

同理,在貨幣的邊際效用一定時,需求價格完全由商品單位給消費者帶來的邊際效用決定,並隨著商品單位的邊際效用的變化而變化。商品單位的邊際效用越大,消費者願意支付的價格就越高;商品單位的邊際效用越小,消費者願意支付的價格就越低。比如,某商品單位能給消費者帶來10個效用單位,而貨幣單位可帶來2個效用單位,那麼,該消費者最多願意為該商品單位支付5元錢。由於邊際效用遞減規律的作用,即隨著商品擁有量的增加,每後一個商品單位的效用要比前一個商品單位的效用小,所以消費者願意為每後一個商品單位支付的價格要比前一個商品單位的價格低。

在經濟學分析中,我們通常假定貨幣的邊際效用固定不變,因而就可以認為需求價格完全由商品給消費者帶來的邊際效用決定。在很多時候,我們還通常假設貨幣的

邊際效用為1，所以需求價格就完全等於商品的邊際效用。

2. 個人的產品需求量

在消費者偏好、消費者可支配的貨幣收入和物品價格等因素一定的條件下，消費者對某種商品的實際購買量，就是個人對產品的需求量。由於消費者對某種商品的實際購買量，既反應他的消費偏好，又是在現有收入和價格水平上他有能力購買的，因此個人的產品需求量是特定條件下消費者願意而且能夠購買的該種商品的數量。

由於消費者是一個效用最大化的經濟人，他的任何購買行為都可以看成是能夠使自己效用最大化的貨幣支出行為，因此，他的實際購買量一定是消費者的均衡購買量，一定能夠為消費者帶來最大效用。既然如此，個人需求量就必須滿足效用極大化原則，個人的產品需求量就是由 $\frac{MU_x}{P_x}=\lambda$ 來決定的。

個人對產品的需求量要受多種因素的影響。影響個人對產品需求量的主要因素有消費者收入、消費者偏好和商品價格。

讓我們回到圖4.3中，在其他因素既定的條件下，如果消費者偏好改變使得人們提高了對商品的效用評價 MU_x，從而使得圖4.3中貨幣的邊際支出效用曲線向右移動，消費者的均衡購買組合就由 e 右移，從而消費者購買的商品量增加了，而貨幣儲蓄量就減少了。

同樣，如果其他因素不變，消費者偏好改變使得人們對貨幣的效用評價提高了，圖4.3中，貨幣的邊際效用曲線向上平行移動，消費者的均衡購買組合就由 e 點向左上方運動。在此情況下，消費者的商品購買量就減少了。

當然，商品價格發生變化也會影響個人的產品需求量。如果商品價格 P_x 下降了，那麼貨幣的邊際支出效用增加，從而貨幣的邊際支出效用 $\frac{MU_x}{P_x}$ 曲線就會以點 d 為軸點順時針旋轉。相應地，消費者對商品的購買量就會增加。

二、個人的產品需求

1. 個人需求函數

個人需求量要受到消費者偏好、消費者的貨幣收入，以及商品價格的影響，也就是說，個人需求量與這些影響因素之間存在某種關係。從廣泛的意義上說，個人需求就是個人需求量與影響個人需求量的所有因素之間的關係。廣義的個人需求可以用廣義的個人需求函數 $Q_x^d = f(U_x, y_d, P_x, \cdots)$ 來表示。式中，Q_x^d 代表商品 x 的個人需求量，U_x 代表消費者的偏好，y_d 表示消費者的可支配貨幣收入，P_x 代表商品的市場價格。

在實際經濟生活中，消費者的偏好、消費者的可支配貨幣收入和商品價格等因素都在不斷變化，甚至在同時發生變化。運用廣義的個人需求函數，我們就可以研究它們的共同變化會引起個人需求量發生多大的變化。當然，我們還常常需要瞭解，如果其他因素固定不變，某一個因素變化對個人需求量的影響。比如，商品價格對需求量的影響、廣告宣傳（影響偏好）對個人需求量的影響、可支配個人收入對需求量的影響等。商品價格對需求量的影響，是人們最為關心的。因此，為了簡化分析，我們常

常使用簡化了的個人需求。

在其他條件一定時，某種商品的個人需求量與需求價格之間的關係就是個人需求。我們常說的需求就是這種簡化的需求，它反應了在特定偏好和收入條件下，商品需求量是如何隨著價格的變化而變化的。如果 Q_x^d 代表商品 x 的個人需求量，P_x 代表商品 x 的市場價格，簡化的個人需求函數就可以表示成：$Q_x^d = f(P_x)$。比如，$Q_x^d = 9 - P_x$，或者 $Q_x^d = \dfrac{5}{P_x}$。

2. 個人需求曲線

簡化的個人需求（函數）可以用圖 4.4（Ⅱ）中的需求曲線表示出來。通常用橫軸代表需求量，縱軸代表需求價格，個人需求曲線就是一條從左向右下方傾斜的曲線，斜率為負。負相關的需求曲線表明，商品需求量隨著商品價格的上升而減少，隨著商品價格的下降而增加。

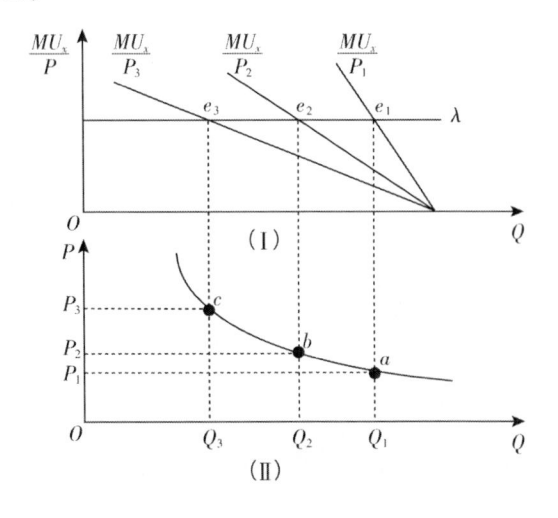

圖 4.4　個人需求曲線

為什麼個人需求是負相關的呢？或者說為什麼存在那樣的需求規律呢？讓我們來看看個人需求曲線的推導就明白了。既然個人需求曲線僅是個人需求或個人需求函數的幾何表示，因而它所表示的仍然是個人需求量與需求價格的關係。由於個人需求量和需求價格都是滿足消費者效用極大化的購買量和購買價格，因此我們自然要從消費者均衡來推導個人需求曲線。如圖 4.4 所示。

推導的基本思路是：首先，找出在特定的偏好、收入和價格條件下，消費者均衡的消費組合，從而找到均衡時的個人商品需求量；然後，假設偏好、收入和相關商品價格不變，但商品價格提高了，找出商品價格多次提高的各個新的消費者均衡，並從中得出對應的個人需求量；最後，把特定條件下商品需求量與需求價格之間的對應點描繪在直角坐標系中，就可以得到個人需求曲線。

比如，在圖 4.4（Ⅰ）中，如果預算收入、λ 和 MU_x 不變，而價格水平由 P_1 上升

到 P_2 和 P_3。那麼，邊際支出效用曲線就由 $\dfrac{MU_x}{P_1}$ 向左旋轉到 $\dfrac{MU_x}{P_2}$、$\dfrac{MU_x}{P_3}$，從而消費者均衡點就會由 e_1 左移到 e_2、e_3。由此，在圖 4.4（Ⅱ）中，就得到了相應的點 a（Q_1, P_1）、b（Q_2, P_2）和 c（Q_3, P_3），連接 a、b、c 就得到了個人需求曲線。

　　按照上述方法推導出來的是我們所說的個人需求曲線嗎？關鍵在於理解以下幾點：第一，在推導曲線過程中，我們始終保持了消費者偏好不變、消費者收入不變和相關商品價格不變；第二，所推導出來的曲線上的每一點所對應的商品量，確實是特定條件下的均衡購買量；第三，所推導出來的曲線上的每一點所對應的價格，也確實是消費者購買該商品單位願意支付的最高價格。因此，個人需求曲線都是能夠給消費者帶來最大效用的需求量和需求價格的關係曲線。

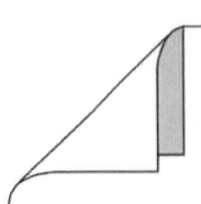

第五章　競爭性廠商的產出均衡

第一節　廠商生產和報酬遞減規律

一、邊際報酬遞減規律

1. 邊際報酬或邊際產量

簡單地講，在企業的短期生產中，邊際報酬指的就是邊際產量。儘管廠商的實際生產是在多種要素的結合下進行的，但是由於廠商的有些要素的投入量不能改變，所以廠商的產量僅僅隨著它的可變要素量的變化而變化。如果資本 K 是固定不變的，而勞動 L 是可以改變的，那麼短期生產函數就為 $q = q(L)$。

邊際產量是指在其他因素一定時，某個廠商從最後 1 單位可變要素投入中獲得的產量。如果廠商只投入 1 單位勞動要素，那麼，第 1 單位勞動的 2 單位產量，就是他的邊際產量；如果廠商投入了 2 單位勞動要素，那麼，第 2 單位勞動的 5 單位產量，就是他的邊際產量；如果廠商投入了 3 單位勞動，那麼，他在第 3 個勞動單位獲得的 7 個產量單位，就可以看成他的邊際產量。依此類推，如果廠商投入了 n 個單位的勞動，那麼他從第 n 單位勞動中獲得的產量，就是他的邊際產量。顯然，每一個要素單位的產量都可以看成是邊際產量。

邊際產量還可以說是在其他因素一定時，廠商多投入一個單位的可變要素所增加的產量。比如，如果廠商投入 1 個勞動單位獲得 2 單位產量，投入 2 單位勞動獲得 7 單位產量，投入 3 單位勞動獲得 14 單位產量，那麼，當廠商從沒有投入任何勞動要素到投入 1 勞動單位，他的產品就增加了 2 單位。同理，當廠商從投入 1 單位勞動到投入 2 單位勞動，他的產品就增加了 5 單位；當廠商從投入 2 單位勞動到投入 3 單位勞動，他的產品就增加了 7 單位。

2. 邊際報酬遞減規律

短期生產中的邊際報酬遞減規律是指在生產技術和其他要素的數量保持不變的條件下，如果等額地連續增加一種變動要素，產出的增加額一開始可能會上升，但超過一定點後，等量增加該種變動要素所帶來的產出增加額就會下降，甚至變為負數。隨著變動要素量增加，邊際產量從遞增必然趨向遞減的趨勢就是邊際報酬遞減規律（如圖 5.1 所示）。

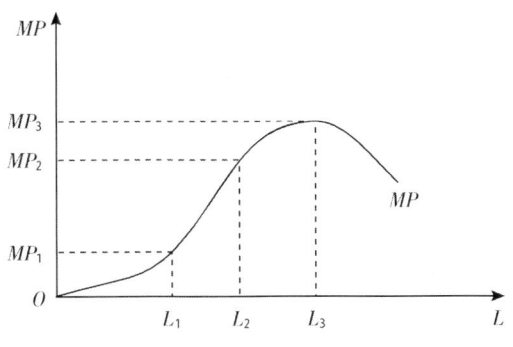

图 5.1 邊際報酬遞減規律

需要特別指出的是：第一，邊際報酬遞減規律有時又稱邊際收益遞減規律，或者直接說成邊際產量遞減規律，是建立在經驗總結的基礎上的，而不是從物理學或生物學規律中推導出來的。第二，這一規律適用於至少有一種投入要素固定不變的變動比例的生產，只要在生產過程中至少存在一種固定要素，連續追加可變投入要素，遲早會出現報酬遞減的現象。它不適用於所有要素都能夠調整的情況。第三，邊際報酬遞減規律是以生產技術嚴格不變為假定的，它不能預測在技術進步條件下增加單位變動要素會使產量發生什麼樣的變化。第四，一般認為，邊際產出的遞減變動趨勢，根源在於變動投入要素的效率變化。在存在固定投入的條件下，最初由於可變投入相對不足，變動要素與固定投入比例很不合理，固定要素得不到充分利用，從而限制了可變要素的生產效率，只能獲得低產出率。隨著可變要素的增加，可變要素與固定要素的比例趨於合理，固定要素的利用越來越充分，可變要素的生產效率也隨之提高。但是，在固定投入得到充分利用之後，繼續擴大可變投入量，單位變動要素只能利用越來越少的固定要素。固定要素的不足和變動要素的過多，使得資源配置比例越來越不合理，可變要素不能得到有效運用，於是生產效率降低。這樣，投入增量所帶來的產出增量或邊際產量將隨變動投入量增加而先遞增，達到一定點後則遞減，甚至成為負值。

二、規模報酬遞減規律

1. 規模報酬的變化

在存在固定要素的條件下，廠商的生產調整是在既定生產規模下的短期產量調整。如果沒有固定要素，廠商按相同比例改變一切投入要素，廠商的生產調整就是變動規模下的長期產量調整。在經濟學上，廠商按相同比例擴大一切要素投入就是規模擴張。

一般而言，規模擴張一定會帶來產量的增加。經濟學把產量增長與規模擴張的關係稱為規模收益或規模報酬。由於產量增加未必與規模擴張同倍，所以規模報酬的變化有規模收益遞增、遞減和不變三種情況。

規模收益遞增，是指隨著規模的擴張，產量增加的比例大於規模或要素的增加比例，從而單位產品的成本遞減的現象。例如，廠商的所有投入要素都增加2倍，結果廠商的產量增加了2倍以上。在規模收益遞增的情況下，由於規模擴大會引起單位產品成本下降，這說明規模擴張導致要素節約。因此，規模收益遞增就意味著存在規模經濟。

规模收益递减，是指随着规模的扩张，产量的增长比例小于规模或要素的增加比例，从而单位产品成本递增的现象。例如，厂商的所有投入要素都增加2倍，而厂商产量的增加却小于2倍。在规模收益递减情况下，由于规模扩大而单位成本上升，这说明规模扩张带来要素的浪费，所以规模收益递减就意味着出现了规模不经济。

在规模扩张中，如果产量增加的比例等于规模扩大的比例，这就是规模收益不变。从理论上讲，规模收益不变只是由规模收益递增转向规模收益递减中的一个过渡点。但在实际生活中，存在一个较广泛的生产规模区间，要素生产率是基本不变的，表现为不变的规模收益。

2. 规模报酬递减规律

在技术水平不变的条件下，在生产规模扩张时，最初它会使产量的增加大于生产规模的扩大；但在规模扩大超过一定限度时，产量的增加将小于生产规模的扩大，甚至使产量绝对减少。简单地讲，随着规模扩大，规模报酬依次经历递增、不变和递减三个阶段，产量变化与规模扩张的这种一般依存关系就是规模报酬递减规律。

值得一提的是：第一，规模收益的上述变动趋势是以生产技术严格不变为条件的，它不适合技术进步条件下的规模收益变化。第二，此规律描述的是长期厂商的固定比例生产的情形，不同于边际收益递减规律描述的短期厂商的变动比例生产。第三，此规律揭示了规模收益随规模扩张而变动，依次经过规模收益递增、规模收益不变和规模收益递减三个阶段。第四，规模报酬递减，主要在于规模扩张所带来的市场交易成本的节约和内部管理成本的增加的相对变化。最初，由于厂商规模扩张，它就可以充分采用在较小规模时无法得到的设备和无法采用的技术，可以促进企业范围内劳动分工和专业化生产，有更加稳定的客户行为，企业存货的增加可以小于规模扩张，从而带来的市场交易成本的节约大于内部管理成本的增加，并表现为规模报酬递增。当厂商规模过大时，一方面，大企业的管理协调比小企业更困难，从而导致管理费用增加；另一方面，大企业中个人的努力程度、工作实绩与劳动报酬之间的联系不如在小企业中那样直接而明显，所以大企业比小企业缺乏效率。这两个方面会使得规模扩张所带来的市场交易成本的节约小于内部管理成本的增加，从而表现为规模报酬递减。

第二节 竞争性厂商的成本

一、显性成本、隐性成本和经济成本

经济学是一门经济选择的科学，经济成本就是在经济学意义上的成本，也就是从经济选择角度来说的成本。因此，经济成本都具有机会成本的性质。一般地，成本是指厂商在某种产品生产中使用的各种生产要素上的支出，所以经济成本就是厂商把生产要素用于生产某种产品的机会成本。经济成本由显性成本和隐性成本构成。

在某种产品的生产中，厂商所使用的生产要素包括两部分，相应地就有两部分成本。一部分要素是从生产要素市场上购买和租用的，如厂商在人力市场上雇佣工人和职业经理，在金融市场上向银行贷款，通过土地市场来竞买土地。另一部分来自于厂

商自己，如廠商在進行生產時，除了雇傭工人、向銀行貸款和租用土地外，還動用了自己的資金和土地，並親自參加管理。無論廠商的生產要素來自於市場，還是來自於它自己，當它把這些要素用來生產某種產品，它就不能夠再把這些要素用來生產其他產品，因而就會存在機會成本。

就購買和租用的那部分要素來說，廠商為了得到這部分生產要素，就必須支付工資、利息和地租等。由於這部分費用的產生通常與或明或暗的市場契約有關，而且都要體現在會計帳面上，故稱顯性成本或者會計成本。廠商使用購買和租用的生產要素的機會成本，在數量上必須等於顯性成本或者會計成本。因為，就一個理性的廠商來說，如果廠商的會計成本大於它把這些要素用在其他用途上所能夠得到的最高收入，那就說明廠商購買和租用這些生產要素的數量過多了，它可以通過減少要素購買和租用來獲得盈虧狀況的改善；反之，如果廠商的會計成本小於它把這些要素用在其他用途上所能夠得到的最高收入，那就說明廠商購買和租用這些生產要素的數量過少了，它可以通過增加要素購買和租用來獲得盈虧狀況的改善。

就廠商的自有生產要素來說，它們在生產過程中的耗費是實實在在的，廠商也應該為這部分生產要素支付利息、租金和薪金等費用。與顯性成本所不同的是，廠商使用自己的生產要素時要自己向自己支付費用，而且這筆費用在生產之前不用以貨幣形式支付，不體現在帳面上，故稱隱性成本。廠商使用自有生產要素的機會成本，可以直接用這些自有要素在其他最佳用途上的收入來計算。

二、短期成本及其關係

如果廠商在生產過程中只能對一部分生產要素進行數量調整，不能對全部要素的數量進行增減調整，也就是不能對生產規模進行調整，這樣的生產就是短期生產。短期成本關係指的就是廠商短期生產中的成本關係，主要包括三個方面的內容：一是廠商有哪些短期成本，每一種短期成本的基本內涵是什麼？二是各種主要的短期成本的變化規律，以及它們之間的關係是什麼？三是為什麼各種主要的短期成本呈現出那樣的變化規律和關係？

1. 短期成本的分類

一方面，短期成本可以分為短期固定成本和短期變動成本。在短期生產中，其數量可以隨著計劃產量的調整而改變的要素就是可變要素，而那些數量並不因計劃產量改變而變化的要素成為固定要素。相應地，廠商為使用可變要素而支付的價格就是變動成本，它為使用固定要素而支付的價格就是固定成本。顯然，固定成本是不隨產量變化而變化，而變動成本就要隨產量變化而變化。另一方面，經濟學習慣從總量、平均量和邊際量來分析成本，所以成本又可以區分為短期總成本、短期平均成本和短期邊際成本。結合上述兩種成本分類，經濟學分析了以下七種短期成本：

短期固定成本（SFC），是指廠商在短期內為全部固定要素所支付的總價格，如廠房和設備的折舊，以及管理人員的工資等。由於固定要素並不因產量而改變，因而固定成本可以理解為產量為 0 時的成本。

短期變動成本（SVC），是指廠商在短期內為全部可變要素支付的總價格，如購買原材料、燃料的支出和普通工人的工資等。

短期總成本（STC），是指廠商在短期內為全部固定要素和變動要素投入所支付的總價格，它是短期固定成本和變動成本之和，即：
$$STC = SFC + SVC$$

短期平均固定成本（$SAFC$），又稱分攤成本，是指廠商平均為每單位產量所支付的固定投入要素的價格，通常用短期固定成本與產量之比來表示，即：
$$SAFC = \frac{SFC}{Q}$$

短期平均變動成本（$SAVC$），是指廠商為生產單位產量而支付的變動要素的價格，通常表示為短期總變動成本與產量之比，即：
$$SAVC = \frac{SVC}{Q}$$

短期平均成本（SAC），是指廠商為單位產量生產平均所支付的全部要素的價格，是短期平均固定成本和平均變動成本之和。用公式表示為：
$$SAC = \frac{STC}{Q} = SAFC + SAVC$$

短期邊際成本（SMC），是指廠商在短期內因增加單位產品生產而增加的總成本。用公式表示為：
$$SMC = \frac{\Delta STC}{\Delta Q}$$

式中，ΔSTC 代表總成本增加量，ΔQ 代表增加的產量。由於短期總固定成本不變，短期總成本的變動只是短期變動成本的變化，所以短期邊際成本也就是廠商為增加單位產品生產而增加的總變動成本，所以邊際成本公式又可寫成：
$$SMC = \frac{\Delta STC}{\Delta Q} = \frac{\Delta VC}{\Delta Q}$$

2. 主要的短期成本的變化規律和相互關係

根據前面對七種短期成本的內涵和關係的介紹，又加之短期固定成本變化很簡單（因為短期內固定要素的量不變，所以短期總固定成本是固定不變的，因而短期平均固定成本隨著產量增加而不斷減少），所以從邊際成本入手來掌握它們的變化規律和關係尤為便捷。因為，從邊際成本可以直接推出總變動成本，從而推出平均變動成本；根據平均變動成本，再結合平均固定成本，就可以推出平均成本；根據總變動成本，再結合總固定成本，可以推出總成本。在經濟學分析中，掌握短期邊際成本、短期平均變動成本、短期平均成本的變化規律和相互關係尤為重要。圖5.2就顯示了它們三者的變化規律和關係。

就短期邊際成本、短期平均變動成本、短期平均成本的變化規律來說，可以用一句話來概括：短期邊際成本曲線、短期平均變動成本曲線、短期平均成本曲線都是「U」形曲線。具體來說，在要素價格不變的條件下，短期邊際成本、短期平均變動成本和短期平均成本都是隨廠商產量的變化而變化的。隨著產量的增加，它們開始都是遞減的，當產量超過某一定水平，它們都要遞增。只不過，邊際成本開始遞增的產量最小，平均成本開始遞增的產量最大，而平均變動成本開始遞增的產量介於兩者之間，

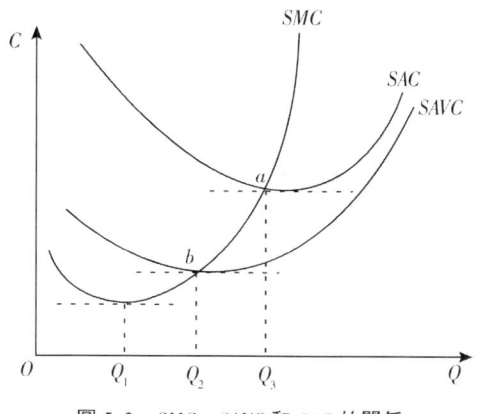

圖 5.2　SMC、$SAVC$ 和 SAC 的關係

即 $Q_1<Q_2<Q_3$。

　　就短期邊際成本、短期平均變動成本、短期平均成本的相互關係而言，也可以用一句話來概括：短期邊際成本曲線從下向上穿過短期平均變動成本曲線和短期平均成本曲線的最低點。即在圖 5.2 中，邊際成本曲線分別與平均成本曲線和平均變動成本曲線相交於 a 點和 b 點。a 點是平均成本曲線的最低點，b 點是平均變動成本的最低點。具體而言：

　　從短期邊際成本與短期平均成本的關係看，在 a 點，邊際成本等於平均成本，即 $SMC=SAC$，產量增加不會引起平均成本變化；在 a 點的左側，邊際成本曲線位於平均成本曲線之下，表明邊際成本小於平均成本，即 $SMC<SAC$，這時，隨著產量的增加，平均成本下降；在 a 點的右側，邊際成本曲線位於平均成本曲線之上，表明邊際成本大於平均成本，即 $SMC>SAC$，這時，隨著產量的增加，平均成本或平均變動成本上升。換句話說，當短期邊際成本小於短期平均成本時，短期平均成本一定遞減；當短期邊際成本大於短期平均成本時，短期平均成本一定遞增；當短期邊際成本等於短期平均成本時，短期平均成本不變，達到最低水平。

　　從短期邊際成本與短期平均變動成本的關係看，在 b 點，邊際成本等於平均變動成本，即 $SMC=SAVC$，產量增加不會引起平均變動成本變化；在 b 點的左側，邊際成本曲線位於平均變動成本曲線之下，表明邊際成本小於平均變動成本，即 $SMC<SAVC$，這時，隨著產量的增加，平均變動成本下降；在 b 點的右側，邊際成本曲線位於平均變動成本曲線之上，表明邊際成本大於平均變動成本，即 $SMC>SAVC$，這時，隨著產量的增加，平均變動成本上升。換句話說，當短期邊際成本小於短期平均變動成本時，短期平均變動成本一定遞減；當短期邊際成本大於短期平均變動成本時，短期平均變動成本一定遞增；當短期邊際成本等於短期平均變動成本時，短期平均變動成本不變，並達到最低水平。

　　3. 邊際報酬遞減規律與短期成本的變動關係

　　如何理解上述短期成本的變動規律和相互關係呢？簡單地講，短期邊際成本曲線、短期平均變動成本曲線、短期平均成本曲線之所以都是「U」形曲線，短期邊際成本曲

線之所以交於短期平均變動成本曲線和短期平均成本曲線的最低點，根本原因就在於邊際報酬遞減規律。下面以解釋短期邊際成本的變化為例來說明。

如果將變動成本看作是可變投入量L與要素價格P_L的乘積，則：

$$SMC = \frac{\Delta L}{\Delta q} \cdot P_L = \frac{1}{MP} \cdot P_L$$

很明顯，在要素價格不變時，短期邊際成本依存於邊際產量（MP）的變動。根據邊際報酬遞減規律，邊際產量是先遞增後遞減的。因此，當邊際產量遞增時，邊際成本一定遞減；當邊際產量遞減時，邊際成本一定遞增；當邊際產量不變或者達到最大時，邊際成本也不變或者達到最小。也就是說，邊際成本的「U」形變化根源於邊際報酬遞減規律。由於根據邊際成本可以推導平均變動成本，由平均變動成本和不斷下降的平均固定成本可推導平均成本，所以邊際報酬遞減規律就決定了短期成本關係。

三、長期成本關係

如果廠商在生產過程中能夠對全部要素的數量進行增減調整，也就是能夠對生產規模進行調整，這樣的生產就是長期生產。長期成本關係就是指廠商長期生產中的成本關係，主要包括三個方面的內容：一是廠商有哪些長期成本，每一種長期成本的基本內涵是什麼？二是主要的長期成本的變化規律和相互關係是什麼？三是為什麼各種主要的長期成本呈現出那樣的變化規律和關係？

1. 長期成本的主要分類

從長期來看，廠商為了適應市場需求變化和生產技術發展，以最低的成本取得所需要的產量，就必須調整所有的生產要素，這時，全部投入都是可變投入。因此，廠商支付在生產要素上的費用都是可變的，因而在長期沒有固定成本和變動成本之分。

廠商的長期成本就只分為長期總成本（LTC）、長期平均成本（LAC）和長期邊際成本（LMC）。長期總成本是指在長期生產中，生產一定產量所需的成本總額。長期平均成本是在長期生產中，廠商生產單位產品所支付的成本，等於長期總成本與產量的比值。長期邊際成本是指在長期生產中，廠商增加單位產量所增加的總成本，可以用長期總成本的變化量與產量的變化量的比值來表示。

2. 長期成本中的主要關係

根據長期成本的內涵與聯繫，理解長期成本關係主要在於理解長期平均成本、長期邊際成本的變化規律和相互關係，以及長期成本與短期成本之間的關係。圖5.3直觀地顯示了這些長期成本中的主要關係，以及主要的長期成本變動的一般規律。

就長期成本的變化規律而言，從圖5.3可以看出，長期平均成本曲線和長期邊際成本曲線也是「U」形曲線。即長期平均成本和長期邊際成本都是先隨著產量的增加而下降，然後再隨著產量的增加而上升，當然長期平均成本開始上升的產量水平要大於長期邊際成本開始上升的產量水平。但是，與短期平均成本和短期邊際成本的「U」形變化相比，長期平均成本和長期邊際成本的下降和上升都更為緩慢。

就長期成本之間的主要關係而言，從圖5.3可以看出，長期邊際成本曲線交於長期平均成本曲線的最低點。也就是說，在e_2點，長期邊際成本等於長期平均成本，即$LMC = LAC$，產量增加不會引起平均成本變化；在e_2點的左側，長期邊際成本曲線位於

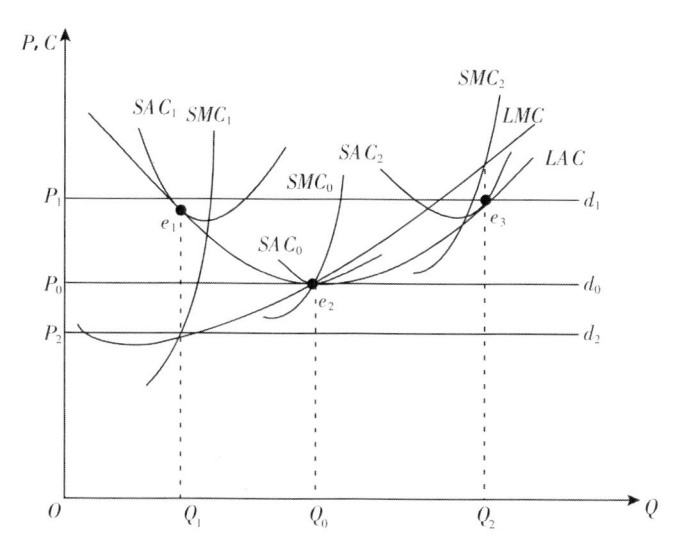

圖 5.3　短期成本與長期成本之間的關係

長期平均成本曲線之下，表明長期邊際成本小於長期平均成本，即 $LMC<LAC$，這時，隨著產量的增加，長期平均成本下降；在 e_2 點的右側，長期邊際成本曲線位於長期平均成本曲線之上，表明長期邊際成本大於長期平均成本，即 $LMC>LAC$，這時，隨著產量的增加，長期平均成本上升。換句話說，當長期邊際成本小於長期平均成本時，長期平均成本一定遞減；當長期邊際成本大於長期平均成本時，長期平均成本一定遞增；當長期邊際成本等於長期平均成本時，長期平均成本不變，並達到最低水平。

3. 長期成本與短期成本關係

就長期成本與短期成本之間的關係來說，我們可以用一句話來概括：長期平均成本曲線是短期平均成本曲線的包絡線。通俗地講，有兩層意思。第一層意思是長期平均成本曲線與一系列短期平均成本曲線相切。具體地講，在長期成本遞減的區間，長期平均成本曲線在各短期平均成本曲線最低點的左側與 SAC 曲線相切；在長期成本遞增的區間，長期平均成本曲線在各短期平均成本曲線最低點的右側與 SAC 曲線相切；在長期成本最小的區間，長期平均成本與唯一一條短期平均成本曲線的最低點相切。由於短期平均成本曲線的最低點有短期邊際成本曲線通過，而長期平均成本曲線的最低點有長期邊際成本曲線通過，因此在長期平均成本曲線的最低點，有長期邊際成本曲線、短期平均成本曲線和短期邊際成本曲線通過。即是說，在產量水平 q_2 上，有 $LAC=LMC=SAC=SMC$。第二層意思是，長期平均成本曲線總是在各條短期平均成本曲線的下方。這是因為企業在短期只能以固定模式來生產特定產量，而在長期可以選擇生產規模，也就是可以通過選擇以最優的生產規模來生產特定的產量，從而使平均生產成本更低。也就是說在每一個產量水平上，長期平均成本都不會比短期平均成本高，最多與短期平均成本相等。

4. 長期成本變化的原因

簡單地講，長期成本的變化和長期成本關係根源於規模報酬遞減規律。根據規模

報酬遞減規律，隨著廠商全部要素的增加，廠商的生產規模不斷擴大，廠商的規模報酬要先後經歷遞增、不變和遞減三個階段。

實際上，在規模報酬遞增階段，由於產量的增加比例大於要素投入的增加比例，因而單位產量所耗費的要素量減少了，存在規模的經濟性。因此，在要素價格不變的條件下，規模報酬遞增也就意味著長期平均成本下降。

在規模收益不變的階段，由於產量的增加與全部要素投入的增加是相同比例的，因而單位產量所耗費的要素量保持不變。因此，在要素價格不變的條件下，規模收益不變就意味著長期平均成本不變。

在規模收益遞減的階段，由於產量的增加比例小於要素的增加比例，因而說明單位產量所耗費的要素量增加了，存在規模的不經濟性。因此，在要素價格不變的條件下，規模收益遞減就意味著長期平均成本上升。

因此，規模報酬遞減規律決定了長期平均成本曲線為一條先下降後上升的「U」形曲線。即是說，長期平均成本遞減的區間對應著廠商的規模報酬遞增的區間，長期平均成本最小或者不變的區間對應著廠商的規模報酬不變的區間，而長期平均成本遞增的區間就與廠商的規模報酬遞減的區間相對應。

由於從長期平均成本可以直接推導出長期總成本曲線，從而進一步推導出長期邊際成本曲線，因此我們可以說，長期成本關係主要受規模報酬遞減規律支配。

第三節 競爭性廠商的收益

一、廠商的收益與廠商面臨的需求

1. 廠商的收益及其分類

廠商的收益就是廠商在市場上銷售產品的銷售收入，它通常分為總收益、平均收益和邊際收益。顯然，廠商的收益要受銷售價格和銷售數量的影響，所以收益函數可以完整地表示為 $R=f(P, Q)$。如果銷售量不變，收益就隨著價格的變化而變化，收益函數就可以簡化為 $R=f(P)$；在市場價格一定的條件下，收益就隨銷售量的變化而變化，收益函數就可以簡化為 $R=f(Q)$。為了簡化分析，也為了與前面的成本函數保持一致，我們在這裡把收益看成是直接隨銷售量或者需求量變化而變化的，因此採用的收益函數為 $R=f(Q)$。

根據這樣的收益函數，我們這樣來定義總收益、平均收益和邊際收益。總收益是指廠商按一定價格出售一定數量產品所獲得的全部收入，它等於單位商品價格與總銷售量的乘積。如果以 TR 代表總收益，以 P 代表價格，以 Q 代表銷售量，則有：

$$TR = P \cdot Q$$

平均收益是指廠商平均每一單位產品銷售所獲得的收入，它等於總收益與總銷售量之比。以 AR 代表平均收益，公式可表示為：

$$AR = \frac{TR}{Q} = \frac{P \cdot Q}{Q} = P$$

很明顯，如果按照相同的價格銷售每一單位商品，廠商在任何產量或者銷售量水平上的平均收益都恒等於價格。

邊際收益是指廠商每增加一單位產品銷售所獲得的收入增量，它等於總收入的增量與總銷售量的增量之比。以 MR 代表邊際收益，其計算公式為：

$$MR = \frac{\Delta TR}{\Delta Q} \quad 或 \quad MR = \frac{dTR}{dQ}$$

必須注意，由於總收益、平均收益和邊際收益之間的關係，我們只要知道其中任何一個，其他兩個收益就都可以得到了。

2. 廠商的收益函數與廠商所面臨的需求函數

廠商生產的產品是用來滿足消費者的需求的，所以我們說廠商面臨消費者對其產品的需求。廠商面臨的需求反應了在每一個價格水平上，消費者對其產品的購買量，也反應了廠商在每一個價格水平上的產品銷售量。

由於總收益等於單位商品價格與總銷售量的乘積，即 $TR = P \cdot Q$，根據反需求函數，廠商的銷售量或者市場對廠商產品的需求量又是隨著市場價格的變化而變化的，即 $P = f(Q)$，因此有：

$$TR = Q \cdot f(Q)$$

$$AR = \frac{Q \cdot f(Q)}{Q} = f(Q)$$

$$MR = \frac{d(Q \cdot f(Q))}{dQ}$$

由此，我們可以得到一般結論：對於任何一種市場結構中的廠商來說，廠商的總收益函數、平均收益函數和邊際收益函數都是由市場對它的產品的反需求函數來決定的，當然也就是由它所面臨的市場需求來決定的。因此，要研究廠商的收益變化，必須瞭解廠商所面臨的市場需求。只要知道了廠商所面臨的需求函數，就能夠根據上述方法得到它的總收益函數、平均收益函數和邊際收益函數。

二、競爭性廠商面臨的需求

為了研究競爭性廠商的收益及其變化，必須先說明競爭性廠商所面臨的需求。在完全競爭市場上，存在很多廠商，由於廠商數目多且規模小，它們生產的產品共同滿足整個市場的需要。對於其中的一個廠商來說，它所面臨的市場只佔有整個市場很少很少的一部分，因而單個廠商的產量調整無力影響市場價格；同樣，因買者眾多且規模極小，單個居民戶的購買調整也無力影響市場價格。另外，由於產品的同質性，各廠商之間的產品可以完全互相替代，如果單個廠商試圖提高價格，擁有充分信息的理性消費者就會轉而購買其他廠商的產品，該廠商就會喪失其全部市場份額。當然，由於廠商的產品售價是市場均衡價格，規模甚小的單個廠商可以按此價格銷售其全部產量，廠商也沒有必要降低價格銷售；規模極小的單個消費者也能按此價格購買其所需的全部商品，而不必高價購買。因此，完全競爭廠商只是既定市場價格的接受者，而非市場價格的制定者。因此，完全競爭廠商面臨一條完全彈性的需求曲線，廠商面臨的需求可以粗略地表示為：$P = P_0$。

如圖 5.4 所示，市場對個別廠商產品的需求曲線是一條由既定市場價格 P_0 出發的與數量軸平行的直線 d，這條需求曲線的需求價格彈性系數為無限大，即在市場價格為既定時，市場對個別廠商產品的需求是無限的。

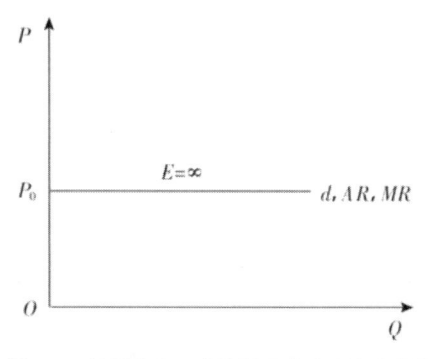

圖 5.4　競爭廠商面臨的需求曲線和收益曲線

三、競爭性廠商的收益曲線

在完全競爭市場上，由於單個廠商所面臨的需求曲線是一條水平線，單個廠商的市場行為並不能改變既定的市場價格，因此廠商的平均收益曲線和邊際收益曲線與廠商的需求曲線重疊，並等於既定的市場價格，而廠商的總收益曲線則是一條從原點出發向右上方傾斜的直線。

關於競爭性廠商的收益函數或者收益曲線，我們很容易根據它的反需求函數得到。實際上，完全競爭廠商的反需求函數為 $P=P_0$。因此，總收益函數為 $TR=P_0 \cdot Q$，平均收益函數為 $AR=P_0$，邊際收益函數 $MR=P_0$。很明顯，總收益曲線是一條以市場價格 P_0 為斜率的且過原點的正相關的直線，而平均收益和邊際收益曲線則是與價格線或者廠商所面臨的需求曲線完全重合的水平直線。這一點從圖 5.4 中得到了非常直觀的體現。

值得注意的是，在各種類型的市場上，平均收益與價格都是相等的，即 $AR=P$。但只有在完全競爭市場上，對個別廠商來說，平均收益、邊際收益與價格才相等，即 $AR=MR=P$。

第四節　競爭性廠商的最優產量決定

一、利潤和利潤極大化原則

儘管各廠商處於不同的市場結構中，但經濟學假定廠商的生產目標是追求利潤最大化。利潤是收益減去成本的差額。在經濟學上，利潤是廠商決定進退的指標，只要有利可圖，廠商就會繼續經營，沒有願做賠本生意的。但是，利潤在會計學和經濟學中的意義是有差別的。成本有會計成本與經濟成本之別，利潤也有會計利潤與經濟利潤之分。

會計利潤是收益與會計成本或明顯成本之差，經濟利潤為收益減去經濟成本的餘額。顯然，會計利潤與經濟利潤之別在於隱含成本，即經濟利潤＝會計利潤－隱含成本。隱含成本是會計利潤的重要組成部分，經濟利潤則不包括隱含成本，它通常是小於會計利潤的。正因為這樣，當會計師說某企業賺了錢時，經濟學家可能說「並非如此，也許該企業實際上是虧損的」。

在經濟學上，經濟利潤也被看成會計利潤與正常利潤之差。在經濟學家看來，儘管廠商無需對自有生產要素的耗費進行現實的貨幣支付，即無需對隱含成本進行貨幣補償，但隱含成本卻反應了生產要素的真實耗費。賺取相當於隱含成本的那部分會計利潤，是廠商從事經營活動要求獲得的最低報酬，是它正常經營的基本條件，故會計利潤中相當於隱含成本的那部分利潤就稱為正常利潤。因此，經濟利潤＝會計利潤－正常利潤。從這個意義上講，經濟利潤是廠商獲得超過正常利潤的那部分利潤，它實質上是超額利潤。

經濟學假定廠商的經營目標只有一個：利潤最大化。在經濟學上，利潤最大化是特指經濟利潤最大化。在一定的生產技術和市場需求約束下，廠商要實現利潤最大或者虧損最小，必須遵循邊際成本等於邊際收益的原則，即 $MC=MR$（如圖5.5所示）。

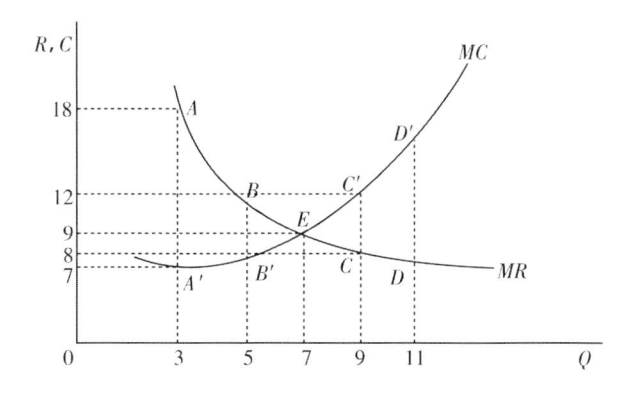

圖5.5 利潤極大化原則

理解利潤極大化原則的最簡單思路，就是思考在 $MC \neq MR$ 的情況下，利潤還可以通過調整產量而增加。如果邊際收益大於邊際成本，意味著廠商每多生產一單位產品所增加的收益大於廠商生產這一單位產品所增加的成本，邊際利潤為正。這時，對該廠商來說，還有潛在的利潤沒有得到，廠商增加生產還能增加利潤。圖5.5顯示，廠商增加第3個單位產品的邊際利潤為11，只要產量小於7，廠商增加產出就能夠獲得正的邊際利潤。因此，$MR>MC$ 時，廠商沒有達到利潤最大化。

如果邊際收益小於邊際成本，這表明廠商每多生產一單位產品所增加的收益小於廠商生產這一單位產品所增加的成本，意味著廠商增加生產得到的邊際利潤為負，因而為邊際虧損。這對該廠商來說，增加這一單位產品生產是虧損的，廠商減少生產可以減少虧損。圖5.5顯示，廠商增加第9個單位產品的邊際虧損為4，只要產量大於7，廠商減少產出就能夠獲得減少邊際虧損。因此，$MR<MC$ 時，廠商也沒達到利潤最大化。

無論是邊際收益大於邊際成本,還是邊際收益小於邊際成本,廠商都要調整其產量,說明廠商在這兩種情況下都沒有達到利潤最大化。只有在邊際收益等於邊際成本時,無論廠商增加產出還是減少產出都會減少利潤,因而廠商才不會調整其產量,表明此時廠商實現了利潤最大化。

邊際成本等於邊際收益的原則是處於任何市場結構中以利潤最大化為目標的廠商產量決定行為的共同原則。我們假定完全競爭廠商也是一個理性的經濟人,它的行為仍然是追求利潤極大化,因而它也必須堅持 $MC=MR$ 的原則。在競爭性市場中,由於廠商是一個價格接受者,其邊際收益始終等於價格,因而競爭性廠商的利潤極大化原則通常表述為 $P=MC$。

二、競爭性廠商的短期均衡

在競爭性廠商的短期生產中,市場價格是給定的,而且生產中的不變要素的投入量也無法改變,即生產規模也是給定的。因此,在短期,廠商只能在給定的價格和生產規模下,根據 $MC=P$ 的原則,通過對產量的調整來實現利潤最大化。下面我們以圖5.6 來說明完全競爭市場中廠商的短期均衡。

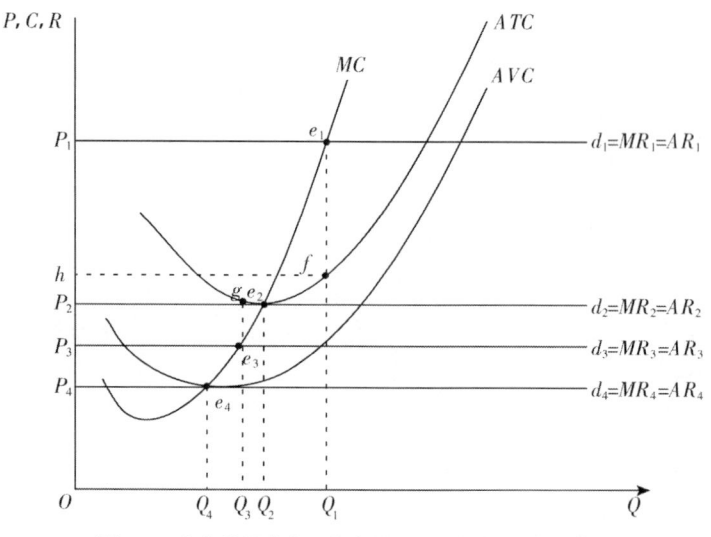

圖5.6 完全競爭廠商短期內的盈利、損失或關門情況

1. 競爭性廠商短期是否進行生產的決策

在廠商的實際生產行為中,有時候我們會發現這樣一個事實:廠商根本不生產產品,廠商的產量為零,或者說企業處於停業狀態。因此,對於競爭性廠商的短期產出決策來說,他首先必須決定在現有的生產成本和市場需求或者市場價格條件下,自己是否應該生產。

在圖5.6中,當競爭性廠商的價格為 P_4 時,此時價格等於平均變動成本,即 $P_4= AVC$,廠商生產 Q_4 的產量所承擔的虧損最小,因為 Q_4 的產量滿足 $P=MC$ 的原則。同時,在 $P_4=AVC$ 的時候,廠商生產 Q_4 的產量與他不生產任何產量所出現的虧損是完全

相同的。這是因為，一方面，廠商不生產時，就不必為生產產品投入變動要素，從而就不存在變動成本，此時廠商虧損的就是全部固定成本；另一方面，如果廠商在 $P_4 = AVC$ 時生產 Q_4，那麼廠商的 $TR = P_4 \cdot Q_4$，總變動成本 $TVC = AVC \cdot Q_4$，即總收益就等於總變動成本，也就是說廠商的總收益只能彌補廠商生產總成本中的全部變動成本，還有相當於固定成本量的要素耗費沒有彌補。

根據同樣的道理，如果廠商的價格小於平均變動成本，從而廠商生產任何數量的產品獲得的總收益都要比總的變動成本小，這意味著廠商生產的虧損要大於固定成本，比它停止生產僅僅虧損固定成本還要差，此時廠商的決策就只有關門停業。如果廠商的價格大於平均變動成本，從而廠商生產任何數量的產品獲得的總收益都要比總的變動成本大，這意味著廠商進行生產即使是虧損的，虧損額也要小於固定成本，生產總比停業要好，所以廠商會選擇繼續生產的。

簡而言之，如果 $P>AVC$，廠商會進行生產；如果 $P<AVC$，廠商會選擇停業；當 $P=AVC$ 時，廠商選擇生產與不生產完全一樣，它處在生產與不生產的邊界上。因此，在經濟學上，把 $P=AVC=MC$ 的點，即平均變動成本 AVC 曲線的最低點稱為廠商的停業點。必須指出，這個結論對於其他市場結構的企業也是適用的。

2. 競爭性廠商的短期產量調整

對於理性的廠商來說，如果企業選擇生產，那麼，它應該生產多大的產量才能獲得最大的利潤呢？在短期，在不同價格水平下，廠商均衡分為盈利、收支相抵和虧損三種情況。

當平均收益大於平均成本，即 $AR>SAC$ 時，廠商獲得利潤。當市場價格較高，為 P_1 時，相應地，廠商所面臨的需求曲線為 d_1 時，按照 $MR=MC$ 的利潤最大化的均衡條件，廠商選擇的最優產量為 Q_1，因為在 Q_1 的產量上，MC 曲線與 MR_1 曲線相交於 e_1 點，e_1 點是廠商的短期均衡點。這時，廠商的平均收益為 e_1Q_1，平均成本為 fQ_1，平均收益大於平均成本，即 $AR>ATC$，因此廠商在單位產品上所獲得的平均利潤為 e_1f，利潤總量為 $e_1f \cdot OQ_1$，相當於圖中矩形 hP_1e_1f 的面積。

當平均收益等於平均成本，即 $AR=ATC$ 時，廠商的收支相抵。相對於第一種情況，市場價格由 P_1 下降為 P_2，需求曲線相應向下平移為 d_2 曲線，並與短期平均總成本 ATC 曲線相切於其最低點 e_2，使得 $AR=MC$。同時，廠商的邊際成本 MC 曲線也經過 e_2 點，並在該點與邊際收益 MR_2 曲線相交，所以 e_2 點是廠商在價格為 P_2 時的短期均衡點，它決定了廠商的均衡產量為 Q_2。在 Q_2 產量水平上，平均收益為 e_2Q_2，平均成本也為 e_2Q_2，廠商既無利潤，又無虧損，利潤為零，但廠商的正常利潤全部都實現了。所以，MC 曲線與 ATC 曲線的交點被稱為收支相抵點。

當平均收益小於平均成本，但仍大於平均變動成本，即 $ATC>AR>AVC$ 時，廠商虧損，但繼續生產。當市場價格繼續降為 P_3，需求曲線為 d_3 時，MC 曲線與 MR_3 曲線相交於 e_3，此時產量為 Q_3。這時，平均收益為 e_3Q_3，平均成本為 gQ_3，$e_3Q_3<gQ_3$，廠商出現虧損，單位產品的虧損額為 ge_3，總虧損量為 $ge_3 \cdot OQ_3$。在這種情況下，雖然有虧損，廠商仍然要繼續生產，因為這時的平均收益雖然低於平均成本 gQ_3，但仍高於平均變動成本，即 $AR>AVC$，繼續生產不僅可以收回全部變動成本，而且還能彌補一部分固定成本。所以，在這種情況下生產要比不生產強。

三、競爭性廠商的長期均衡

在長期,由於所有生產要素都是可變的,因此廠商可以通過對全部生產要素投入量的調整,來實現利潤最大化均衡。完全競爭廠商在長期中對全部生產要素的調整表現在:一是對企業生產規模的調整;二是進入或退出一個行業的決策,也就是行業內企業數量的調整。完全競爭市場廠商的長期均衡就是通過這兩方面的調整來實現的。

在長期,廠商能夠調整生產規模,行業內也可能出現新廠商的進入和原廠商的退出,因而行業供給會發生變化。研究完全競爭廠商的長期均衡就是要研究在行業供給和成本條件變動的情況下,廠商如何進行產量決策,以實現利潤最大化。

在短期調整中,廠商只能在既定的生產規模基礎上,在市場需求的短期波動中通過調整可變投入要素進行有限的調整,獲得短期的利潤或蒙受短期的虧損。但如果在某一市場需求下行業內普遍存在盈利或虧損,就會導致相應的行業供給調整:原廠商將調整生產規模甚至退出行業,新廠商則可能進入行業,從而改變行業供給和市場價格;這種行業供給調整反過來又會改變該行業廠商的盈利水平,進一步導致行業供給和市場價格的變動;經過行業供給的反覆調整,最終將導致廠商的長期均衡。

在圖5.7中,LAC和LMC表示某一特定廠商的長期成本條件,Q_2為該廠商的最優規模產量。以SAC_1、SAC_2和SAC_3分別表示三個不同規模的廠商的短期成本條件,其中成本為SAC_2的廠商處於最優規模。

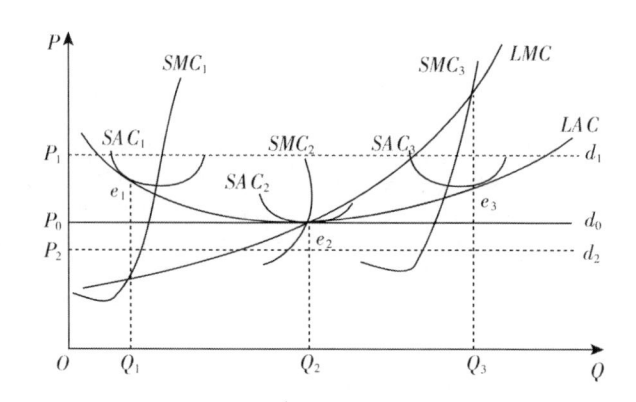

圖5.7 競爭性廠商的長期均衡

從圖5.7中可以看到,由於市場價格P_1高於SAC_1、SAC_0和SAC_2的最低點,即使不以最優規模生產的廠商也能在這個行業內獲得經濟利潤。在信息充分和資源充分流動的完全競爭市場中,經濟利潤刺激現有廠商擴大生產規模和新廠商進入該行業,從而擴大了行業供給。在市場需求不變的條件下,行業供給擴大必將導致市場價格下跌,比如由P_1降到P_2。

在市場價格P_2的條件下,由於P_2低於以最優規模生產的廠商的短期平均成本曲線SAC_2的最低點,因而包括最優規模廠商在內的所有廠商都面臨虧損。虧損迫使現有廠商向最優規模調整,降低成本,甚至部分低效率廠商將退出行業,從而減少行業供給。在

市場需求不變的條件下，行業供給減少必將使市場價格上升，比如從 P_2 升到 P_1。

只要存在經濟利潤，廠商的長期調整就會使價格趨於降低，經濟利潤逐漸減少；只要存在虧損，廠商的長期調整就將使價格趨於上升，虧損又逐漸減少。廠商在不同盈虧下所進行的長期調整，使行業供給和市場價格反覆波動，導致生產規模趨於最優，市場價格在 P_0 水平達到均衡。此時，廠商只能獲得正常利潤，既沒有經濟利潤，也沒有虧損。此時，廠商不會繼續調整其生產規模，也不會有廠商退出或進入行業，廠商達到了長期均衡。

在均衡狀態下，廠商面臨的需求曲線同時切於長期成本曲線和短期平均成本曲線的最低點，並與長期邊際成本和短期邊際成本相交。因此，廠商長期均衡的條件為：$P = SMC = LMC = SAC = LAC$。此時，生存下來的廠商都有最大的經濟效率。

第五節　競爭性市場的廠商供給

一、供給價格和廠商供給量

1. 產品供給價格

產品的供給價格就是在其他因素一定的條件下，廠商對每一個單位的商品願意接受的最低賣價。當我們在市場上與廠商面對面討價還價時，廠商通常會認為買者所說的價格太低，會要求買者出高一些的價格，而我們也不難聽到人們問賣者的一句話：你最少願意以多少錢賣這種商品？這說明消費者只關心廠商提供商品時每單位商品願意接受的價格中的最低價格，而不關心最高價格或者其他中間價格，因為在消費者看來，廠商作為一個利潤最大化的經濟人，希望用最少的成本獲得最大的收益，所以商品賣價越高越好，甚至買者只給錢不要商品那就更好。因此，廠商的意願賣價中不存在最高價格，即使存在也無任何經濟學意義，只有最低意願價格才有經濟學意義。

產品供給價格作為廠商的最低意願賣價，通常只有廠商自己知道這個價格。儘管消費者非常關注廠商的供給價格，但是廠商是不會把自己真實的需求價格告訴消費者的。在實際的商品銷售過程中，當消費者追問廠商最少願意以多少價格出賣時，儘管廠商也會說「我最少要……」這樣的話，但是廠商所說的最低價格不是他真實的供給價格，真實的供給價格通常會比廠商告訴買主的最低價格還要低一些。比如，如果雜貨店老闆回答你，他最少願意以 1 美元賣一包橙汁，實際情況是雜貨店老闆願意出售一包橙汁的最低價格要低於 1 美元。

對於廠商來說，供給價格是如何決定的呢？只要我們相信廠商是利潤最大化的追求者，那麼，廠商按照供給價格來銷售商品，就一定能夠使自己的總利潤達到最大。因此，廠商的供給價格也仍然要滿足利潤極大化原則 $P = MC$。因此，廠商對某種商品的某個單位的供給價格取決於廠商生產該商品單位的邊際成本，並隨著該商品單位的邊際成本的變化而變化。商品單位的邊際成本越大，廠商願意接受的賣價就越高；商品單位的邊際成本越小，廠商願意接受的賣價就越低。比如，假設某個廠商為生產第 50 個單位的某商品將要增加的費用為 10 元，那麼，廠商生產和提供該商品單位的最低

條件就是該商品單位的市場價格等於 10 元。如果因為技術進步等原因，廠商為生產第 50 個單位的某商品將要增加的費用為 8 元，那麼，廠商生產和提供該商品單位的最低條件就是該商品單位的市場價格等於 8 元。

根據邊際報酬遞減規律，隨著產量的增加，廠商為每後一個商品單位所耗費的成本要高於前一個商品單位，所以廠商為每後一個商品單位所願意接受的最低賣價要高於前面一個商品單位。因此，只有在人們支付的市場價格更高的情況下，廠商才可能生產和提供更多的商品單位。顯然，即使人們需要某種商品，但人們願意接受的最高買價比廠商願意接受的最低賣價還低，廠商就不可能生產出這種商品。

2. 廠商的產品供給量

廠商的產品供給量是指在生產技術水平、生產要素價格、生產者預期和其他物品價格等條件一定的情況下，廠商對某種商品的實際生產量。由於廠商對某種商品的實際生產量，既反應他的生產意願，又是在現有生產技術水平和價格水平上他有能力生產的，因此廠商的產品供給量是特定條件下廠商願意而且能夠按照某種商品的某一價格所生產或者提供的該種商品的數量。由於廠商是一個利潤最大化的經濟人，因而他的任何生產或者供給行為都可以看成是尋找能夠給自己最大利潤的產量行為，所以其生產量應該是利潤最大化的供給量。既然如此，就必須滿足利潤極大化原則 $P=MC$。

由於廠商的供給量是特定條件下的廠商的利潤極大化產量，因此當那些條件發生變化，廠商的供給量就必然發生變化。廠商的供給量要受多種因素的影響，主要有生產技術水平、生產要素價格和商品價格。在其他因素既定的條件下，如果廠商的生產技術水平提高，就會降低廠商的生產成本水平，移動廠商的利潤極大化的均衡點，從而提高廠商的產出水平。

如果其他因素不變，生產要素價格改變也會使得廠商的生產成本改變，從而改變廠商的供給量。比如，世界石油價格上漲，使得煉油廠的生產成本增加，表現為煉油廠的成本曲線整體向上移動，在市場價格不變的情況下，煉油廠的利潤極大化均衡點就會移動，從而導致它的均衡產量減少。

當然，商品價格發生變化也會影響廠商的產品供給量。如果商品價格下降了，那麼，廠商所面臨的市場需求也就改變了，它的改變使得廠商的利潤極大化均衡點發生變動，從而導致廠商的產品供給量減少。

二、廠商供給

1. 廠商供給函數

廠商供給量要受到廠商的生產技術水平、生產要素的價格，以及商品價格的影響，也就是說，廠商供給量與這些影響因素之間存在某種關係。從廣泛的意義上說，廠商供給就是廠商供給量與影響廠商供給量的所有因素之間的關係。廣義的廠商供給可以用廣義的廠商供給函數 $Q_x^s = f(P_x, A, P_f)$ 來表述。式中，Q_x^s、P_x、A、P_f 分別代表廠商供給量、產品價格、生產技術、要素價格等因素。

在實際經濟生活中，廠商的生產技術水平、生產要素的價格和商品價格等因素都在不斷變化，甚至在同時發生變化。運用廣義的廠商供給函數，我們就可以研究它們的共同變化會引起廠商供給量發生多大的變化。當然，我們還常常需要瞭解，如果其

他因素固定不變，某一個因素變化對廠商供給量的影響。比如，商品價格對供給量的影響，技術創新對供給量的影響，生產要素價格對供給量的影響，等等。商品價格對供給量的影響，是人們最為關心的。因此，為了簡化分析，我們常常使用簡化了的廠商供給。

在其他條件一定時，某種商品的廠商供給量與供給價格之間的關係就是廠商供給。我們常說的供給就是這種簡化的供給，它反應了特定技術和要素價格條件下，商品供給量是如何隨著價格的變化而變化的。如果 Q_x^s 代表商品 x 的廠商供給量，P_x 代表商品 x 的市場價格，簡化的廠商供給函數就可以表示成：$Q_x^s = f(P_x)$。比如，$Q_x^s = c + dP_x$，或者 $Q_x^s = 5P_x$。

2. 廠商供給曲線

简化的廠商供給（函數）可以用圖 5.8（Ⅱ）中的供給曲線表示出來。通常用橫軸代表廠商供給量 Q，縱軸代表廠商的供給價格 P，廠商供給曲線 S 就是一條從左向右上方傾斜的曲線，斜率為正。正相關的供給曲線表明，商品供給量隨著商品價格的上升而增加，隨著商品價格的下降而減少。

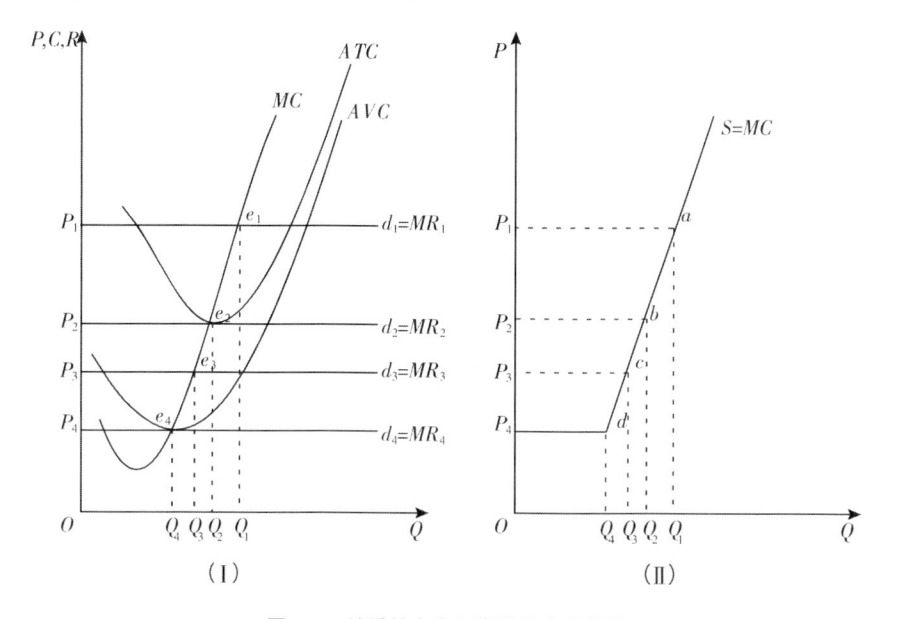

圖 5.8　競爭性廠商短期供給曲線推導

為什麼廠商供給是正相關的呢？或者說為什麼存在那樣的供給規律呢？讓我們來看看供給曲線的推導就明白了。既然廠商供給曲線僅僅是廠商供給或者廠商供給函數的幾何表示，那麼，它所表示的仍然是廠商供給量與廠商供給價格的關係。由於廠商供給量是滿足廠商利潤極大化的購買量，供給價格是滿足廠商利潤極大化的購買價格，因此我們自然要從廠商均衡來推導廠商供給曲線。

推導供給曲線的基本思路是：首先，找出特定成本和價格條件下廠商的均衡產量；然後，假設廠商的生產成本不變，但商品價格提高了，找出商品價格多次提高的各個新的廠商均衡，並從中得出對應的廠商供給量；最後，把特定條件下商品供給量與供

給價格之間的對應點描繪在直角坐標系中，就可以得到廠商供給曲線。

對完全競爭廠商來說，在每一個給定的價格水平 P，廠商應選擇一個最優的產量 Q，使 $P=MC$ 成立，從而實現最大的利潤。這意味著在價格 P 和廠商的最優產量 Q 之間存在著一一對應關係，而廠商的 MC 曲線恰好準確地表明了這種商品的價格和廠商的供給量之間的關係。如圖5.8（Ⅰ）所示。

仔細分析該圖可以看到，當市場價格分別為 P_1、P_2、P_3 和 P_4 時，廠商根據 $MR=MC$（即 $P=MC$）的原則，選擇的最優產量依次為 Q_1、Q_2、Q_3 和 Q_4。顯然，MC 曲線上的 e_1、e_2、e_3 和 e_4 點明確地表示了這些不同的價格水平與相應的不同的最優產量之間的對應關係。但須注意，廠商只有在 $P \geqslant AVC$ 時，才會進行生產，而在 $P<AVC$ 時，廠商會停止生產。廠商的供給曲線應該用 MC 曲線上大於和等於 AVC 曲線最低點的部分來表示，即用 MC 曲線大於和等於停止營業點的部分來表示。如圖5.8（Ⅱ）所示，圖中 MC 曲線上的實線部分就是完全競爭廠商的供給曲線。該線上的 a、b、c、d 點分別與圖5.8（Ⅰ）中 MC 曲線上的 e_1、e_2、e_3、e_4 點相對應。

由圖5.8（Ⅱ）可見，完全競爭廠商的供給曲線是向右上方傾斜的，它表明了商品的價格和廠商的供給量之間同方向變化的關係。同時也告訴我們，在完全競爭市場上，廠商在每一價格水平的供給量都是能給他帶來最大利潤或最小虧損的最優產量。

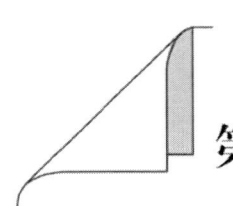

第六章 競爭性市場的局部均衡

第一節 競爭性市場的市場需求

一、市場需求函數和需求曲線

1. 市場需求函數

在一個市場上,存在許許多多的消費者,他們共同構成市場上的買方。在一個市場上,對於某一個價格水平,全體消費者的個人需求量的總和就是在這個價格水平上的市場需求量。比如,在價格為 P_e 時,市場上有 1,000 個買主的個人需求量分別為 Q_1^d, Q_2^d, Q_3^d, ..., Q_{1000}^d,則該市場上的商品需求量 Q^D 就可以這樣得到:$Q^D = Q_1^d + Q_2^d + Q_3^d + \cdots + Q_{1000}^d = \sum_1^{1000} Q_n^d$。顯然,直接和間接影響市場需求量的因素主要有商品價格、個人需求量,以及市場上的消費者數量。但是,直接影響市場需求量的因素只是商品自身的價格。

簡單地講,市場需求就是市場需求量與影響市場需求量的各個因素之間的關係。市場需求既從總體上反應了市場上人們的購買意願,也從總體上反應了人們的購買能力,是人們消費意願和消費能力的統一。市場需求用廣義的市場需求函數可表示為:$Q_x^D = f(P_x, Q_x^d, n)$。式中,Q_x^D 代表 x 商品的市場需求量,P_x 為 x 商品的市場價格,Q_x^d 為 x 商品的個人需求量,n 代表購買 x 商品的消費者的人數。比如,某個市場上有 1,000 個完全相同的消費者,每一個消費者的個人需求為:$Q_x^d = \dfrac{3}{P_x}$,那麼這個市場的需求就是:$Q_x^D = 1,000 Q_x^d = \dfrac{3,000}{P_x}$。

同個人需求一樣,我們常說的市場需求,是狹義的或者說是簡化的市場需求。它是指在個人需求量和消費者人數一定的條件下,市場需求量與市場需求量價格之間的關係。用需求函數可以表示為 $Q_x^D = f(P_x)$。比如,線性需求函數 $Q_x^D = 100 - 2P_x$,它表明,對於特定的商品市場來說,如果其他因素既定不變,當市場價格為 50 時,市場需求量為 0;如果市場價格為 0 時,市場需求量為 100。即是說,如果市場價格達到或者超過 50 美元,廠商就無法銷售掉任何商品;即使商品可以免費得到,人們對它的最大需求量也不會超過 100 單位。

2. 市場需求曲線

市場需求還可以用市場需求曲線來表示。市場需求曲線是市場上的全體消費者的個人需求曲線的加總，也就是把每一個價格水平上各個消費者的個人需求量加總。加總的一般方法是：首先，找出某一價格水平上每一個消費者的個人需求量，從而找到與這個價格對應的市場需求量；其次，找出另一個價格水平上各個消費者的個人需求量，從而找到與這個價格對應的市場需求量；再次，按照同樣的道理，找到與每一個價格水平對應的市場需求量；最後，把市場需求量與市場價格的組合點描繪在坐標系中就得到市場需求曲線。如圖6.1所示，在圖6.1（Ⅰ）中，d_1、d_2為某市場上僅有的兩消費者的個人需求曲線。當價格為P_0時，他們的個人需求量分別為0、Q_0，從而市場需求量就為$0+Q_0$，即圖6.1（Ⅱ）中的Q_0；當價格降為P_1時，對應的個人需求量分別為Q_1、Q_2，從而市場需求量為Q_1+Q_2，即圖6.1（Ⅱ）中的Q_1；當價格為P_2時，這兩個消費者均不購買該商品，所以市場需求量為0。據此，我們就可以得到圖6.1（Ⅱ）中的點e、e'和e''，從而得出市場需求曲線D。

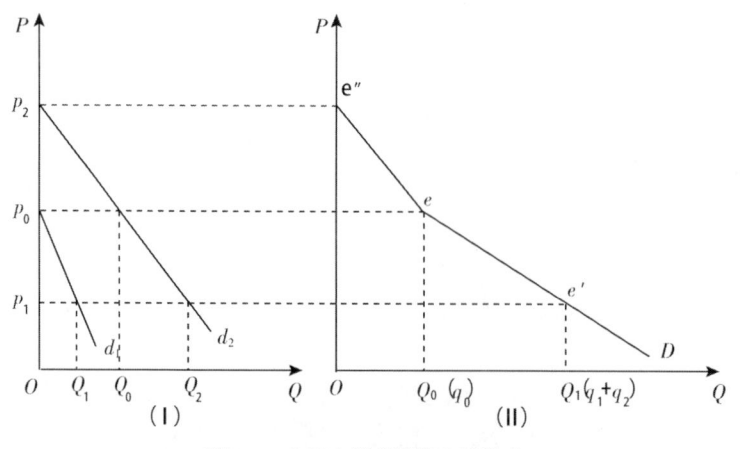

圖6.1　由個人需求推導市場需求

從市場需求曲線的推導中，可得出幾點基本結論：第一，由於個人需求曲線是負相關的，因而市場需求曲線也是負相關的。它說明，市場需求量一般隨著市場價格的變化反向變化，即市場價格越高，市場需求量就越小；市場價格越低，市場需求量就越大。這種基本關係就是常說的市場需求規律或需求定理、需求法則。第二，總體上講，市場需求曲線要比個人需求曲線更加平緩，斜率更小。這是因為，面對市場價格的變化，全體消費者的需求量調整比個人需求量的調整要大。第三，如果個人需求曲線有不同的價格截距，那麼，市場需求曲線就存在折點，因而市場需求函數就是一個分段函數。

二、市場需求的變化

市場需求是對特定條件下市場需求量與市場價格關係的概括和描述，當特定的條件發生變化，市場需求就會發生變化。市場需求的變化是指在商品市場價格一定時，影響市場需求量的其他因素改變，引起了市場需求量與市場價格對應關係的變化。

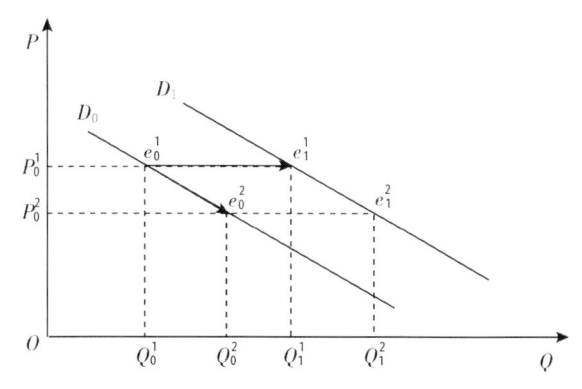

简单地说，市场需求的变化实际上就是市场需求量与市场价格的对应关系改变了。因此，市场需求的变化就表现为市场需求函数的改变，以及市场需求曲线的改变。市场需求增加，意味著在每一价格水平上的购买量增加了，也意味著与每单位商品所对应的需求价格提高了。相应地，市场需求减少，意味著在每一价格水平上的购买量减少了，或者与每商品单位对应的需求价格降低了。引起市场需求改变的因素就是个人需求和消费者人数，或者说是消费者偏好、消费者的货币收入和消费者人数。市场需求变化，意味著在每一价格水平上的需求量变化了，或者意味著每一购买单位的需求价格改变了。市场需求的运动可以用图6.2来表示。

图 6.2　市场需求的运动和需求量的变化

在图6.2中，原来的市场需求为D_0，e_0^1（Q_0^1，P_0^1）、e_0^2（Q_0^2，P_0^2）是D_0上的两个点。由于其他因素发生变化，比如消费者货币收入增加、消费者偏好增强、消费者人数增加，在市场价格P_0^1的时候，市场需求量增加到Q_1^1；在市场价格P_0^2的时候，市场需求量增加到Q_1^2。显然，在原有价格水平上，由于其他因素的变化，市场需求量增加了。这种增加表现为由点e_0^1（Q_0^1，P_0^1）运动到了点e_1^1（Q_1^1，P_0^1），从点e_0^2（Q_0^2，P_0^2）运动到了e_1^2（Q_1^2，P_0^2）。就点e_1^1（Q_1^1，P_0^1）和点e_1^2（Q_1^2，P_0^2）而言，它们意味著具有相同的个人偏好、个人收入和消费者人数，因而连接它们的曲线就构成一条市场需求曲线D_1。很明显，市场价格不变，影响市场需求量的其他因素改变，会引起市场需求的变化，即市场需求函数和市场需求曲线的移动。市场需求曲线向右移动，表明市场需求增加；反之，则表明市场需求减少。

理解市场需求的变化，关键在于把需求曲线的运动与沿著需求曲线的运动区分开来。沿著需求曲线的变化，是指在其他因素不变的条件下，商品市场价格上升或者下降，引起了市场需求量的变化。因此，市场需求曲线的变化与沿著市场需求曲线的变化的异同主要体现在以下几个方面：

第一，市场需求的变化表现为需求曲线移动和需求函数的改变，而沿著市场需求曲线的变化则表现为在同一条需求曲线上点的运动，需求函数没有改变。比如，图6.2中，从Q_0^1增加到Q_0^2，表现为同一需求曲线D_0上的点e_0^1（Q_0^1，P_0^1）到点e_0^2（Q_0^2，P_0^2）的运动，这是沿著市场需求曲线D_0的变化；而从D_0运动到D_1，则是市场需求的变化。

第二，沿著市场需求曲线的变化是在同一需求的不同价格条件水平上的需求量的

差異，而市場需求曲線的變化意味著在不同需求的相同價格水平上的需求量的差異。因此，市場需求的變化與沿著市場需求曲線的變化最終都意味著需求量的改變。

第三，市場需求曲線的變化是消費者偏好、消費者的貨幣收入和消費者人數改變引起的，而沿著市場需求曲線的變化僅由市場價格的變化引起。這意味著，商品價格變化是不可能引起該商品市場需求改變的，直接造成市場需求量變化的因素只有市場價格，儘管其他因素的改變會通過改變市場需求來間接引起市場需求量的變化。

為了區分市場需求曲線的變化與沿著需求曲線的變化，我們以汽車市場為例來說明。如果僅僅是汽車本身的價格降低了，汽車市場銷售出了更多的汽車，這說明汽車市場出現了沿著需求曲線的運動，此時，汽車的市場需求量增加了。如果汽車本身的價格沒有改變，但是因為政府出抬了汽車的強制性保險政策，汽油價格大幅度提高。同時，對汽車污染的嚴格控制，汽車牌照的高價競拍，以及遍布城市大街小巷的電子眼，使人們減少了對汽車的購買，這就是對汽車的市場需求下降了。在競爭市場上，由於政府通常不會直接管理汽車價格，因此政府的有關政策都是影響汽車的市場需求的。

三、市場的需求價格彈性

市場需求表明了市場需求量與市場價格存在一定的關係，市場需求規律進一步說明了市場需求量與市場價格的一般關係是負相關的。在實際生活中，每單位食鹽和住房都漲10美元，或者都漲1倍，市場需求量的減少是大不一樣的。因此，為了從數量上具體說明價格變化對需求量變化的影響，英國經濟學家馬歇爾從物理學中引入了彈性概念。在經濟學中，當兩個經濟因素存在函數關係時，彈性是用來表示自變量的變化所引起的因變量的變化程度的。彈性的大小以彈性系數表示：

$$彈性系數 = \frac{因變量的變化率}{自變量的變化率}$$

1. 需求價格彈性及其公式

從狹義的市場需求函數可知，市場需求量是因變量，而商品市場價格是自變量，市場價格變化必然引起市場需求量的變化。需求價格彈性就是用來表達它們之間的變化關係的。需求價格彈性簡稱為需求彈性，是指市場需求量對市場價格變化的反應靈敏度。有些商品價格的微小變化會引起市場需求量的巨大變化，即反應靈敏；有些商品價格的變化很大，但所引起的市場需求量的變化卻很小，即反應遲鈍。反應靈敏則彈性大，反應遲鈍則彈性小。

需求彈性的大小可以根據需求彈性系數的公式來計算。如果 E_D 代表需求彈性系數，P_1、P_2 分別代表變化前和變化後的價格，ΔP（等於 P_1 和 P_2 的差）代表價格的變化量，Q_1、Q_2 分別代表變化前和變化後的需求量，ΔQ^D（等於 Q_1 和 Q_2 的差）代表需求量的變化量，則需求彈性系數的一般公式為：

$$E_D = \frac{Q_2 - Q_1}{P_2 - P_1} \div \frac{P_1}{Q_1}$$

或

$$E_D = \frac{Q_1 - Q_2}{P_1 - P_2} \div \frac{P_2}{Q_2}$$

或

$$E_D = \frac{\Delta Q}{Q} \div \frac{\Delta P}{P}$$

按照需求規律，需求量與價格負相關，所以需求彈性一般為負值。在經濟學中，數值的正或負僅僅說明兩個因素之間的變化方向，即數值為正說明兩個因素之間的變化方向相同，數值為負說明兩個因素之間的變化方向相反。而數值的大小一般是就其絕對值來說的。通常，我們說需求彈性值的大小時，是就需求彈性系數的絕對值而言的，忽略了需求量與價格的關係。

根據需求彈性的一般公式，需求彈性可以表示為：$E_D = \frac{\Delta Q}{\Delta P} \cdot \frac{P_1}{Q_1}$ 或者 $E_D = \frac{\Delta Q}{\Delta P} \cdot \frac{P_2}{Q_2}$。在直角坐標系中，一般以橫軸代表市場需求量，縱軸代表市場價格，因而 $\frac{\Delta Q}{\Delta P}$ 為需求曲線的斜率 $\frac{\Delta P}{\Delta Q}$ 的倒數。因此，需求價格彈性就等於需求曲線的斜率的倒數與價格數量比值的乘積。在價格數量比值 $\frac{P_1}{Q_1}$ 或者 $\frac{P_2}{Q_2}$ 一定時，斜率越大，彈性就越低；反之，彈性就越高。在一定程度上，我們可以用需求曲線在斜率上的差異來表示它們的彈性差異。

按照彈性（絕對值）的大小分類，彈性有完全彈性（$E_D = +\infty$）、完全無彈性（$E_D = 0$）、單位彈性（$E_D = 1$）、富有彈性（$1 < E_D < +\infty$）和缺乏彈性（$0 < E_D < 1$）五種。

2. 需求價格彈性的主要分類

按照彈性的測定方式，彈性可以分為弧彈性和點彈性。

需求彈性是用來反應價格的變化對需求量變化的影響程度的。在實際生活中，有時候價格的變化非常大，而有時候它的變化又非常小；有些商品價格變化大，而有些商品價格變化小。需求弧彈性就是用來說明在價格變化較大的情況下，需求量對價格變化的靈敏度的。較大的價格變化，在需求曲線上表現為明顯的點的運動，價格變化前後的兩個點就構成需求曲線上的一段弧或者一段線。用來測定需求曲線上某段弧的彈性就要用弧彈性。在價格變化較大的情況下，對於同一需求曲線上的同一段弧，選擇不同的起始點，按照需求彈性的一般公式計算出來的彈性值是不同的。為了使同一段弧的彈性值完全相同，習慣上取價格和數量變化前後的平均值，並用弧的中點彈性來代表弧彈性。因而，弧彈性公式為：

$$E_D = \frac{\Delta Q}{\Delta P} \cdot \frac{\frac{P_1 + P_2}{2}}{\frac{Q_1 + Q_2}{2}}$$

或

$$E_D = \frac{Q_1 - Q_2}{P_1 - P_2} \cdot \frac{P_1 + P_2}{Q_1 + Q_2},$$

或

$$E_D = \frac{Q_2 - Q_1}{P_2 - P_1} \cdot \frac{P_1 + P_2}{Q_1 + Q_2}$$

比如，某乳品企業生產的乳製品，在每盒 3 元時每年賣出 10 億盒，把價格降為每盒 2 元時，每年賣出了 20 億盒。則有：

$$E_D = \frac{20-10}{2-3} \times \frac{3+2}{10+20} = -\frac{5}{3}$$

需求弧彈性的相對大小可以用圖 6.3 中的需求曲線直觀地表示出來。

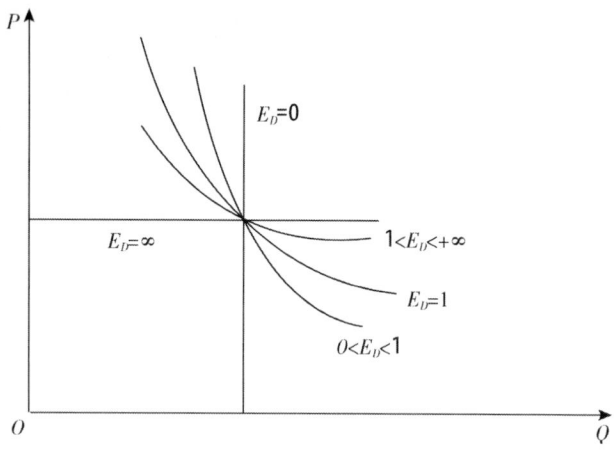

圖 6.3　需求價格的弧彈性

與需求弧彈性相對應，需求點彈性是用來說明在價格微小變化的情況下，需求量對價格變化的靈敏度的。微小的價格變化，帶來的一定是微小的需求量的變化，這樣價格變化前後的那段弧就幾乎是一個點了，其需求的弧彈性就變成需求點彈性了。用來測定需求曲線上某點的彈性就要用點彈性。點彈性公式為：

$$E_D = \frac{dQ}{dP} \cdot \frac{P}{Q}$$

這就是說，點彈性等於需求函數中某點的一階導數（或者一階偏導數）乘以該點上的價格數量比（$\frac{P}{Q}$）。比如，某產品的市場需求函數為 $Q_D = \frac{3,000}{P}$，在其中的點 $(1,000, 3,000)$ 上，需求點彈性 $E_D = -\frac{3,000}{P^2} \times \frac{P^2}{3,000} = \frac{3,000}{1,000^2} \times \frac{1,000^2}{3,000} = -1$。實際上，對於類似 $Q_D = \frac{3,000}{P}$ 的具有等軸雙曲線性質的需求而言，任何一點都是單位彈性的。

按照需求點彈性的意義，線性需求曲線上的每一點的彈性是不相同的。根據彈性的含義和相似三角形原理，我們很容易得到：在線性需求曲線上，某點把需求曲線分為上下兩段，該點的需求彈性就等於下段的長度與上段長度的比值。因此，在圖 6.4 中，在需求曲線 ab 上，a 點（需求曲線與縱軸的交點）的彈性為無窮大，是完全彈性的；b 點（需求曲線與橫軸的交點）的彈性等於 0，屬於完全無彈性；中點 c 的彈性為 1，是單位彈性；介於點 a 和點 c 之間的任何一點都是富有彈性的，而介於點 b 和點 c 之間的任何一點都是缺乏彈性的。

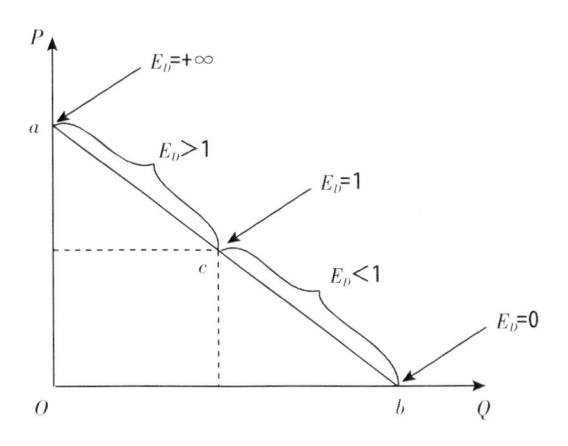

圖 6.4　線性需求的點彈性

3. 需求價格彈性的影響因素

產品需求彈性的大小受很多因素的影響，主要有：

（1）產品的可替代性。替代品多且替代程度高的產品需求彈性充足。因為該產品價格上升時，居民就會購買其他替代品；價格下降時則會用該產品取代其他替代品。比如，據估算，美國居民航空旅行的需求彈性為2.4，主要就是因為航空旅行有汽車旅行、火車旅行等作為替代品。反之，替代品少和替代程度低的產品需求彈性缺乏。例如，法律服務幾乎是不可替代的，所以其需求彈性僅為0.5。

（2）產品的需求強度。一般來說，居民對必需品的需求強度大而穩定，所以必需品的需求彈性小。例如，土豆和食鹽等必需品都缺乏彈性。相反，消費者對奢侈品的需求強度小而易變，因此奢侈品的需求彈性較大。比如，出國旅行這種消費的需求彈性一般都較大。據估計，在20世紀70年代，美國土豆的需求彈性為0.31，而國外旅行的彈性為4。

（3）產品的使用時間。一般來說，使用時間長的耐用消費品需求彈性大，而使用時間短的非耐用消費品需求彈性小。例如，在美國，電冰箱、汽車等耐用品的彈性在1.2~1.6，而報紙雜誌的彈性僅為0.1。

（4）產品的支出比例。在家庭支出中所占比例小的產品，需求彈性小；在家庭支出中所占比例大的產品，需求彈性大。比如，在美國，香菸支出占家庭支出的比重小，其需求彈性為0.3~0.4；而汽車支出占家庭支出的比重大，其需求彈性為1.2~1.5。

總之，影響彈性的因素很多。某種產品需求彈性的具體大小，是由上述因素綜合決定的，而且它還會因時期、地區和消費者收入而不同。

4. 需求價格彈性與銷售收入

在實際經濟生活中，我們常常會看到這樣的現象：有些廠商把自己的商品打折銷售，而有些企業在出售商品過程中還在漲價；有些商品或者服務折扣很高，而有些商品的折扣僅僅是象徵性的。相應地，有些人買折扣的商品，有些人買漲價的商品。這是有些廠商和消費者腦子犯糊塗，還是他們就喜歡自己吃虧？在經濟學家看來，消費者和廠商都是理性的經濟人，因而他們的選擇都是對自己有利的。理解這些現象，需

要研究需求彈性與銷售收入或購買支出的關係。

銷售收入就是廠商生產並銷售一定數量的商品所獲得的收入，它等於商品的市場單價乘以商品的銷售量。在廠商所生產的全部商品都能夠以市場價格賣出的條件下，銷售收入就等於商品的市場單價乘以商品的需求量。因此，廠商的銷售總收入 $R = P \times Q$。其中 R 代表廠商的銷售總收入或者廠商的總收益，P 代表單位商品的市場價格，Q 代表商品的市場需求量。

顯然，廠商銷售收入的變化，取決於商品的單位價格和需求量兩個因素。如果這兩個因素同時增加或者同時減少，總的銷售收入肯定會相應地增加或者減少；如果其中一個因素固定不變，總的銷售收入將隨著另一個因素的上升而增加，也隨著另一個因素的下降而減少。按照需求規律，需求量與價格是反向變化的，那麼，銷售總收入會如何變化呢？仔細分析發現，就價格提高而言，它會從兩個方面影響銷售收入：一方面，在原有需求量的水平上，價格提高會增加一定數量的銷售收入；另一方面，價格提高所造成的需求量的減少，又會減少一定數量的銷售收入。因此，提價究竟會增加還是會減少銷售收入，取決於提價所增加的銷售收入和所減少的銷售收入的相對大小。很明顯，提價所引起的銷售收入增加和減少的相對大小，是與提價所引起的需求減少的程度相關的，也就是與需求價格彈性相關的。因此，銷售收入的變化與需求價格彈性存在密切的關係。按照需求規律，銷售收入的變化與需求彈性（點彈性和弧彈性）的關係可以概括為以下幾個方面：

如果需求富有彈性，則需求量變化的比率大於價格變化的比率。因此，價格提高會導致需求量的明顯減少，從而使總的銷售收入減少；反之，價格下降會導致需求量的明顯增加，從而使總的銷售收入增加。對於富有彈性的商品而言，降價銷售能夠增加廠商的總收益，因而降價也不失為一種理性的選擇。這就是為什麼不少廠商採取打折銷售的原因。

如果需求缺乏彈性，則需求量變化的比率小於價格變化的比率。因此，價格提高不會導致需求量的明顯減少，從而使總的銷售收入增加；反之，價格下降也不會導致需求量的明顯增加，從而使總的銷售收入減少。對於缺乏彈性的商品而言，提價銷售能夠增加廠商的總收益，因而漲價也不失為一種理性的選擇。這就是廠商邊賣邊漲價的原因。

如果需求是單位彈性，則需求量變化的比率等於價格變化的比率。因此，無論提高價格，還是降低價格，總的銷售收入都不會發生變化。比如，我們上面所提到的需求 $Q = \dfrac{3,000}{P}$ 具有單位彈性，它的總收益 $R = P \times Q = P \times \dfrac{3,000}{P} = 3,000$。也就是說，如果是需求單位彈性，那麼，在需求所允許的任何價格水平上，總收入都是等於一個常數。因此，在彈性為1的情況下，價格的任何變動都不會改變廠商的總收入。

如果需求是完全彈性的，這意味著微小的價格變化都會導致需求量的巨大變化。價格微升，需求量就會減少到零；價格微降，需求量就會增加到很大，以至於無窮大。顯然，在需求為完全彈性時，廠商的任何提價行為都會使自己的東西一點都賣不出去，從而使總收益變為零；相反，廠商象徵性的降價，或者保持價格不變，都可以使自己銷售出願意出售的所有商品，從而使銷售收益增加。

如果需求完全無彈性，這意味著無論多大的價格變化都不會導致需求量的變化，即提價不會減少需求量，降價也不會增加需求量。顯然，在需求完全無彈性的情形下，降價必然使廠商總收益減少，而提價肯定使廠商的總收益增加。因此，從理論上講，理性的廠商可以定一個任意高的價格，使自己的總收益盡可能增大。

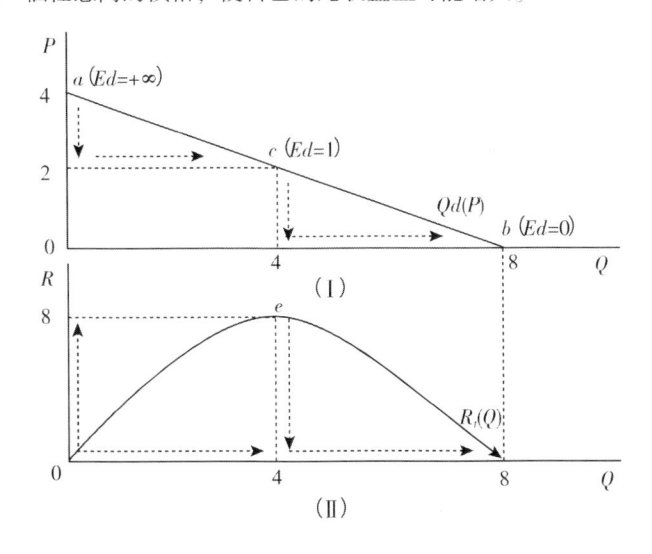

圖 6.5　總收益與需求彈性的關係

總銷售收入與需求彈性之間的簡單關係可以用圖 6.5 來表示。在圖 6.5（Ⅰ）中，ab 是需求函數為 $Q=8-2\times P$ 的線性需求曲線，它與縱軸、橫軸的交點，以及中點的坐標分別為 a (0, 4)、b (8, 0) 和 c (4, 2)。在圖 6.5（Ⅱ）中，$R_t(Q)$ 曲線為銷售收入曲線或者總收益曲線。很明顯，在富於需求彈性時，即在需求曲線的 ac 區間內，隨著價格從 4 下降到 2，需求量就從 0 增加大 4，總收益就從 0 增加到 8。在缺乏需求彈性時，即在需求曲線的 bc 區間內，隨著價格從 2 下降到 0，需求量就從 4 增加到 8，總收益就從 8 減少到 0。在需求為單位彈性時，即在需求曲線的中點，總收入達到最大值 8。

四、消費者剩餘

1. 消費者剩餘的含義

消費者剩餘是指在消費者的購買行為中，對於一定數量的商品，消費者的需求價格總額與實際支付的市場價格總額之間的差值。

對消費者來說，需求價格是他對每一單位商品願意支付的最高價格，主要取決於商品的邊際效用。由於商品的邊際效用遞減，對於某一數量的商品，消費者在每一個商品單位上願意支付的最高價格是不相同的，而且每後一個商品單位的需求價格都低於前一個商品單位。因此，消費者的需求價格總額並不等於單位需求價格與需求量的乘積，而等於消費者在每一個商品單位上的需求價格相加的總和。

在消費者的實際購買行為中，對於某一數量的商品，消費者在每一個商品單位上

實際支付的價格是完全相等的,因而實際支付的市場價格總額就等於商品單價與商品購買量的乘積。比如,每一瓶礦泉水的價格為 1 美元,比爾要購買 10 瓶礦泉水,那麼,他所購買的每一瓶礦泉水都是按照 1 美元來支付的,因此他所支付的市場價格總額就為 10 美元。

對於消費者來說,需求價格與市場價格之間是什麼關係呢?簡單地講,消費者實際支付的市場價格必定等於消費者的需求價格中的最低價格,也就是說,市場價格始終等於人們為最後一個單位商品消費願意支付的最高價格。首先,人們只有願意支付才會實際支付,所以消費者實際支付的市場價格必定是他願意支付的價格;其次,對於一定數量的商品消費,市場價格是唯一的,而需求價格隨著商品量的增加不斷下降,因此市場價格只能是需求價格中的某一個;最後,對於理性的消費者而言,市場價格不可能比任何一個需求價格高,一般條件下都要比需求價格低,最多等於最小的需求價格。

每一個單位商品的市場價格一般低於相應的需求價格,便構成了消費者剩餘。因而,人們購買一定數量的商品總能得到消費者剩餘。消費者剩餘通常用來衡量人們在市場購買中所獲得的經濟福利的大小。在需求價格一定時,消費者福利的大小就僅受市場價格高低的影響。如果消費者能夠以最低的價格購買產品,消費者福利就是最大的。

2. 消費者剩餘的計算

消費者剩餘可以用數學公式表示。令反需求函數為 $P_x^d = f(Q_x)$,價格為 P_e 時,需求量為 Q_e,則消費者剩餘為:

$$CS = \int_0^{Q_e} f(Q_x) \, dQ_x - P_e \cdot Q_e$$

式中,CS 為消費者剩餘的英文簡寫,積分項代表消費者的需求價格總額,等式右邊的第二項表示消費者實際支付的市場價格總額。

消費者剩餘可以用圖 6.6 來表示。在圖 6.6 中,P_e 為市場價格,那麼,消費者剩餘可以用需求曲線、市場價格線和縱軸所圍成的面積來表示,如圖 6.6 中深色面積 A 所示。具體說來,在市場價格為 P_e 時,個人需求量為 Q_e。消費者願意支付的價格總額,實際上就是需求曲線、需求數量線和坐標軸圍成的面積,即 A 和 B 兩部分的和就

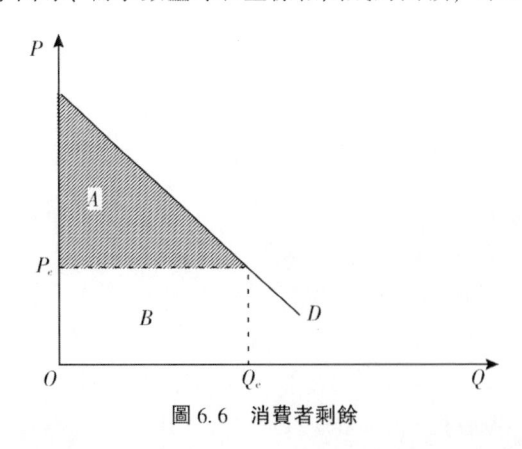

圖 6.6 消費者剩餘

代表需求價格總額。當然，市場價格總額就是 B 部分的面積了。特別地，如果個人需求曲線是條直線，消費者剩餘可以通過計算一個梯形的面積和一個矩形的面積差來得到。

很明顯，人們以市場價格 P_e 購買一定數量 Q_e 的商品，消費者支付了相當於市場價格總額 $P_e \cdot Q_e$ 的貨幣出去，從而放棄了相當於這個市場價格總額的 λ 倍（即 $\lambda \cdot P_e \cdot Q_e$）的效用。但是，消費者同時得到了 Q_e 的商品量。從 Q_e 的商品消費中，消費者不僅得到了與市場價格相當的滿足或者效用（$\lambda \cdot P_e \cdot Q_e$），而且還得到了額外的滿足或效用。這部分超額滿足或效用，反應了消費者通過市場交換所感受到的福利的增加。因此，在經濟學中，消費者剩餘通常用來度量消費者福利，並作為社會福利的一個重要組成部分。

當然，消費者福利的大小要受三個因素影響。一是市場價格的高低，在其他因素一定時，CS 隨著市場價格的提高而減少，也隨著市場價格的降低而增加；二是需求價格的高低，在其他因素一定時，CS 隨需求價格上升而增大，隨需求價格下降而減小；三是實際購買量的多少，在其他因素一定時，CS 隨購買量的增加而增加，也隨著購買量的減少而減小。

第二節　競爭性市場的市場供給

一、產品市場的市場供給

1. 市場供給函數

在一個競爭性市場上，存在許許多多的廠商，他們共同構成市場上的賣方。在一個市場上，對於某一個價格水平，全體廠商的供給量的總和就是在這個價格水平上的市場供給量。比如，在價格為 P_e 時，市場上有 1,000 個賣主的廠商量分別為 Q_1^s，Q_2^s，Q_3^s，…，Q_{1000}^s，則該市場上的商品供給量 Q^s 就可以這樣得到：$Q^s = Q_1^s + Q_2^s + Q_3^s + \cdots + Q_{1000}^s = \sum_1^{1000} Q_n^s$。顯然，直接和間接影響市場供給量的因素主要有商品價格、廠商供給量，以及市場上的廠商數量。但是，直接影響市場供給量的因素只是商品自身的價格。

簡單地講，市場供給就是市場供給量與影響市場供給量的各個因素之間的關係。市場供給既從總體上反應了市場上廠商的生產意願，也從總體上反應了廠商的生產能力，是廠商生產意願和生產能力的統一。市場供給用廣義的市場供給函數表示為：$Q_x^s = f(P_x, Q_x^s, n)$。式中，Q_x^s 代表 x 商品的市場供給量，P_x 為商品 x 的市場價格，Q_x^s 為 x 商品的廠商供給量，n 代表生產 x 商品的廠商的個數。

同廠商供給一樣，我們常說的市場供給，是狹義的或者說是簡化的市場供給。它是指在個人供給量和廠商個數一定的條件下，市場供給量與市場價格之間的關係。用供給函數可以表示為 $Q_x^s = f(P_x)$。比如，某個市場上有 1,000 個完全相同的廠商，每一個廠商的廠商供給為 $Q_x^s = 3P_x$，那麼這個市場的市場供給就是 $Q_x^s = 3,000 P_x$。它表明，對於特定的商品市場，如果其他因素既定不變，當市場價格為 5 時，市場供給量為

15,000；當市場價格為 0 時，市場供給量為 0。即如果市場價格等於或者低於 0，則沒有任何一個廠商會提供商品。

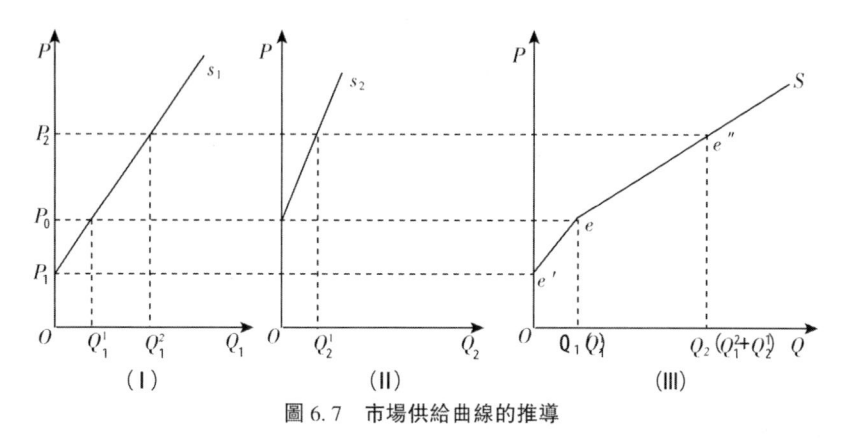

圖 6.7　市場供給曲線的推導

2. 市場供給曲線

市場供給還可以用市場供給曲線來表示。一般來說，市場供給曲線是正相關的。市場供給曲線可以從廠商供給曲線中得到，即把市場上全體廠商的供給曲線加總，也就是把每一個價格水平上各個廠商的廠商供給量加總。加總的一般方法是：先找出某一價格水平上每一個廠商的廠商供給量，從而找到與這個價格對應的市場供給量；然後又找出另一個價格水平上各個廠商的廠商供給量，從而又找到與這個價格對應的市場供給量；按照同樣的道理，找到與每一個價格水平對應的市場供給量；最後把市場供給量與市場價格的組合點描繪在坐標系中就得到市場供給曲線。如圖 6.7 所示，圖 6.7（Ⅰ）、圖 6.7（Ⅱ）中 s_1、s_2 為僅有的兩個廠商的供給曲線。當價格為 P_0 時，廠商供給量分別為 Q_1^1、0，從而市場供給量為 Q_1^1，在圖 6.7（Ⅲ）中表示為 Q_1；當價格為 P_2 時，廠商供給量為 Q_1^2、Q_2^1，從而市場供給量為 $Q_1^2+Q_2^1$，在圖 6.7（Ⅲ）中表示為 Q_2；當價格為 P_1 時，兩個廠商市場供給量均為 0，所以市場供給量為 0。據此，我們得到 e、e''、e' 三個點。同理，也可以得到其他點，從而得到市場供給曲線 S。

從市場供給曲線的推導中，可以得到幾點基本結論：第一，由於廠商供給曲線一般是正相關的，因而市場供給曲線也是正相關的。它說明，市場供給量一般隨著市場價格的變化同向變化，即市場價格越低，市場供給量就越小；市場價格越高，市場供給量就越大。這種基本關係就是常說的市場供給規律，或者供給定理、供給法則。第二，總體上講，市場供給曲線要比廠商供給曲線更加平緩，斜率更小。因為面對市場價格的變化，全體廠商的供給量調整比單個廠商供給量的調整要大。第三，如果廠商供給曲線有不同的價格截距，那麼，市場供給曲線就存在拐點，這樣市場供給函數就是一個分段函數。

二、市場供給的變化

市場供給是對特定條件下市場供給量與市場價格關係的概括和描述，當特定的條件發生變化，市場供給就會發生變化。市場供給的變化是指在商品市場價格一定時，

影響市場供給量的其他因素改變，引起了市場供給量與市場價格對應關係的變化。

簡單地說，市場供給的變化實際上就是市場供給量與市場價格對應關係的改變。因此，市場供給的變化就表現為市場供給函數的改變，以及市場供給曲線的改變。市場供給增加，意味著在每一價格水平上的生產供給量提高了，或者廠商在每單位產品上的最低賣價降低了。相應地，如果市場供給減少，則在每一價格水平上的生產量就降低了，或者廠商在每一單位產品上的供給價格提高了。引起市場供給改變的因素有廠商供給和廠商數目，或者說是生產技術水平、要素價格水平和廠商數目。市場供給的變化，實質上意味著與每一價格水平相對應的供給量改變了，也意味著與每一產品單位對應的供給價格改變了。市場供給的運動可以用圖6.8來表示。

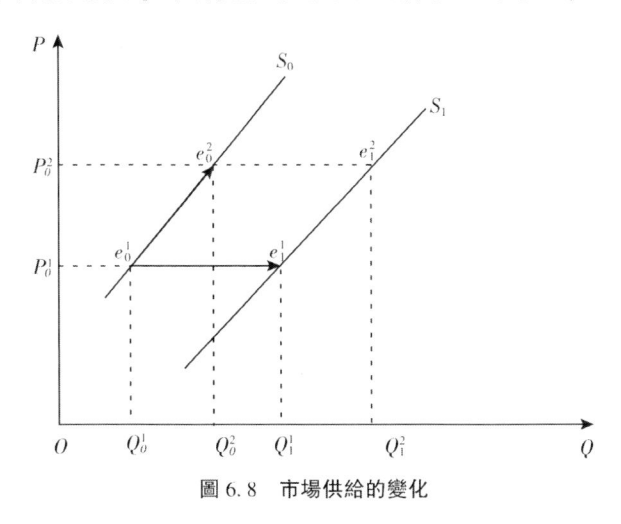

圖6.8　市場供給的變化

在圖6.8中，原來的市場供給為 S_0，e_0^1（Q_0^1, P_0^1）和 e_0^2（Q_0^2, P_0^2）是 S_0 上的兩個點。由於其他因素發生變化，比如廠商的技術進步和創新、勞動工資下降、廠商數目增加，在市場價格為 P_0^1 的時候，市場供給量增加到 Q_1^1；在市場價格為 P_0^2 的時候，市場供給量增加到 Q_1^2。顯然，在原有價格水平上，由於其他因素變化，市場供給量增加了。這種增加表現為由點 e_0^1（Q_0^1, P_0^1）運動到了點 e_1^1（Q_1^1, P_0^1），從點 e_0^2（Q_0^2, P_0^2）運動到了點 e_1^2（Q_1^2, P_0^2）。就點 e_1^1（Q_1^1, P_0^1）和點 e_1^2（Q_1^2, P_0^2）而言，它們意味著具有相同的生產技術水平、要素價格水平和廠商數目，因而連接它們的曲線就構成一條市場供給曲線 S_1。很明顯，市場價格不變，影響市場供給量的其他因素改變，會引起市場供給的變化，即市場供給函數和市場供給曲線的移動。市場供給曲線向右移動，表明市場供給增加；反之，市場供給曲線向左移動，表明市場供給減少。

理解市場供給的變化，關鍵在於把供給曲線的運動與沿著供給曲線的運動區分開來。沿著供給曲線的運動，是指在其他因素不變的條件下，商品市場價格上升或者下降，引起市場供給量的變化。因此，市場供給的變化與沿著市場供給曲線的變化的異同主要體現在以下幾個方面：

第一，市場供給的變化表現為供給曲線移動和供給函數的改變，而沿著市場供給曲線的變化則表現為在同一條供給曲線上點的運動，供給函數沒有改變。比如，從 Q_0^1

增加到 Q_0^2，表現為同一供給曲線 S_0 上的點 e_0^1（Q_0^1，P_0^1）到點 e_0^2（Q_0^2，P_0^2）的運動，這是沿著供給量的變化；而從 S_0 運動到 S_1，是市場供給的變化。

第二，沿著市場供給曲線的變化表現為在同一供給的不同價格條件水平下的供給量的差異，而供給曲線的變化意味著在不同供給的相同價格水平上的供給量的差異，因此市場供給的變化與沿著市場供給曲線的變化最終都意味著供給量的改變。

第三，市場供給的變化是生產技術水平、生產要素價格和廠商數目改變引起的，而沿著市場供給曲線的變化僅由市場價格的變化引起。這意味著，商品價格變化是不可能引起該商品市場供給改變的，直接造成市場供給量的變化的因素只有市場價格，儘管其他因素的改變會通過改變市場供給來間接引起市場供給量的變化。

為了區分市場供給的變化與沿著市場供給曲線的變化，我們以汽車市場為例來說明。如果僅僅是汽車本身的價格上升了，汽車市場有更多的汽車用於出售，這就說明出現了沿著汽車供給曲線的運動。如果汽車本身的價格沒有改變，但是因為政府降低了汽車的進口關稅，鋼材和橡膠價格大幅度下降，汽車的生產技術水平大幅度提高，廠商就會增加汽車的生產。這就是汽車的市場供給增加。

三、市場供給彈性

1. 供給彈性的定義與公式

一般來說，供給彈性包括供給的價格彈性、供給的交叉價格彈性和供給的預期價格彈性等。通常供給彈性僅指供給的價格彈性。

供給（價格）彈性表示在一定時期內一種商品的供給量的相對變動對該商品的價格的相對變動的反應程度。它是商品的供給量變動率與價格變動率之比，即：

$$供給彈性（E_S）= \frac{供給量變動百分比}{價格變動百分比} = \frac{\Delta Q}{Q} \div \frac{\Delta P}{P} = \frac{\Delta Q}{\Delta P} \cdot \frac{P}{Q}$$

式中：E_S 表示供給彈性係數，ΔQ 表示供給量的變動，ΔP 表示價格的變動，Q 表示供給量，P 表示價格。

按照供給定理，供給量與價格一般是同向變化，所以供給彈性一般為正。與需求彈性一樣，供給彈性也用點彈性和弧彈性兩種方式來測定。

供給弧彈性表示某商品供給曲線上兩點之間的供給量的相對變動對於價格的相對變動的反應程度，即供給曲線上兩點之間的彈性。供給弧彈性公式還可用中點公式表示：

$$E_S = \frac{Q_1 - Q_2}{P_1 - P_2} \cdot \frac{P_1 + P_2}{Q_1 + Q_2}$$

或

$$E_S = \frac{Q_2 - Q_1}{P_2 - P_1} \cdot \frac{P_1 + P_2}{Q_1 + Q_2}$$

供給點彈性表示供給曲線上某一點上的供給量的無窮小的變動率對價格的無窮小的變動率的反應程度，即供給曲線上某一點的彈性。供給點彈性的公式為：

$$E_S = \frac{dQ}{dP} \cdot \frac{P}{Q}$$

2. 供給彈性的主要類型

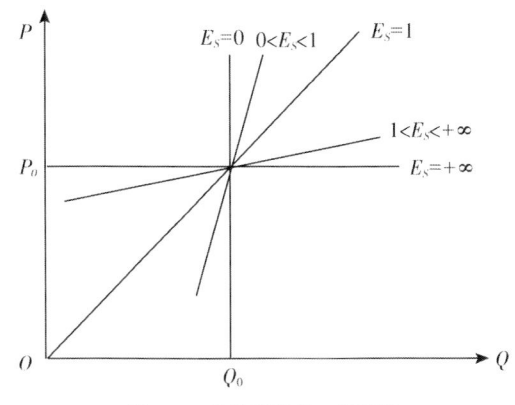

圖 6.9　供給彈性的五種情況

（1）供給完全無彈性，即 $E_s=0$。在這種情況下，無論價格如何變動，供給量都不變。例如，土地、文物、某些藝術品的供給等。

（2）供給缺乏彈性，即 $0<E_s<1$。在這種情況下，供給量變動的幅度小於價格變動的幅度。這時的供給曲線是一條穿過數量軸的向右上方傾斜且較為陡峭的線。

（3）供給單位彈性，即 $E_s=1$。意味著供給變動的比率與價格變動的比率相等。這時的供給曲線是通過原點的一條向右上方傾斜的線。

（4）供給富有彈性，即 $1<E_s<+\infty$。在這種情況下，供給量變動的幅度大於價格變動的幅度。這時的供給曲線是一條穿過價格軸的向右上方傾斜且較為平坦的線。

（5）供給完全彈性，即 $E_s=+\infty$。在這種情況下，價格既定而供給量無限。

需要指出的是：單位彈性的產品供給曲線必過原點，而彈性充足的產品供給曲線一定有正的縱截距，彈性缺乏的產品供給曲線一定有正的橫截距。

3. 影響供給（價格）彈性的因素

（1）生產產品的難易程度。一般來說，在一定時期內，容易生產的產品，其供給量變動速度快，因而供給彈性就大；較難生產的產品，其供給量變動速度慢，因而供給彈性就小。比如汽水的供給彈性大，小麥的供給彈性小。因此，供給價格彈性的大小與商品生產的難易程度呈反向變化。

（2）生產成本增加幅度的大小。如果增加一種產品的產量時所引起的成本增加較大，這意味著增加生產的負擔大，即使產品價格上漲，其增加生產的可能性也小，該產品的供給彈性就小；反之，供給彈性就大。

（3）生產規模的大小與規模變化難易程度。一般來說，生產規模大的企業，當價格發生變化時，其生產規模受既定生產能力和專業化設備的制約，較難變動或調整週期較長，因而其供給彈性小；而生產規模較小的企業，應變能力強，生產規模較易變動或調整週期短，因而供給彈性大。例如，一個食品廠的供給彈性就要比一個飛機製造廠的供給彈性大。所以，生產規模大的資本密集型企業，供給彈性較小；生產規模小的勞動密集型企業，供給彈性較大。

（4）派生供給的難易程度和派生供給彈性的大小。派生供給是對生產最終產品的

原材料、機器設備、半成品和燃料等中間產品的供給。派生供給的彈性大，則最終產品的供給彈性也大，派生供給的彈性小，則最終產品的供給彈性也就小，兩者呈同向變化。

（5）時間的長短。一般在短時期內，廠商只能在固定的廠房設備下增加產量，因而供給量的變動有限，這時供給彈性就小。在長期內，廠商能夠通過調整規模來擴大產量，這時供給彈性將大於同種商品在短期內的供給彈性。同時，在短期內供給彈性的大小還要視庫存能力而定。對於庫存能力較強的商品，當價格下跌時，由於這類商品可以增加庫存量，現時供給就會減少；當價格上漲時，因有前期存貨，就可迅速增加現時供給。所以，庫存能力較強的商品的供給彈性也較大。

四、生產者剩餘

1. 生產者剩餘的含義

生產者剩餘是指在廠商的生產供給行為中，對於一定數量的商品，廠商的供給價格總額與實際接受的市場價格總額之間的差值。

對廠商來說，供給價格是他對每一單位商品願意接受的最低賣價，主要取決於生產商品的邊際成本。根據邊際報酬遞減規律，對於某一數量的商品，廠商在每一個商品單位上願意接受的最低賣價是不相同的，每後一個商品單位的供給價格高於前一個商品單位。因此，廠商的供給價格總額，並不等於單位供給價格與供給量的乘積，而等於廠商在每一個商品單位上的供給價格相加的總和。

在廠商的實際供給行為中，對於某一數量的商品，廠商在每一個商品單位上實際接受的賣價是完全相等的，因而實際接受的市場價格總額就等於商品單價與商品銷售量的乘積。比如，每一瓶礦泉水的價格為1美元，百事可樂公司要銷售10瓶礦泉水，那麼，它所銷售的每一瓶礦泉水都是按照1美元來進行的，因此它實際接受的市場價格總額就為10美元。

對廠商來說，供給價格與市場價格之間是什麼關係呢？簡單地講，廠商實際接受的市場價格必定等於廠商的供給價格中最高的那個價格，也就是說，市場價格始終等於廠商為提供最後一個單位商品所願意接受的最高價格。首先，廠商只有願意接受才會實際接受，如同消費者實際支付的市場價格必定是他願意支付的價格；其次，對於一定數量的商品消費，市場價格是唯一的，而供給價格隨著商品量的增加不斷上升，因此市場價格只能是供給價格中的某一個；最後，對於理性的廠商而言，市場價格不可能比任何一個供給價格低，一般條件下要比供給價格高，最多等於最高的供給價格。每一個單位商品的市場價格一般高於相應的供給價格，這便構成了生產者剩餘。

2. 生產者剩餘的計算

生產者剩餘可以用數學公式表示，令反供給函數為$P_x^s=f(Q_x)$，價格為p_e時，供給量為Q_e。則生產者剩餘為：

$$PS = P_e \cdot Q_e - \int_0^{Q_e} f(Q_x) \mathrm{d}Q_x$$

式中，PS為生產者剩餘的英文縮寫，積分項代表生產者的供給價格總額，而$P_e \cdot Q_e$表示生產者實際得到的市場價格總額。

生產者剩餘通常用市場價格線以下、供給曲線以上的面積（即 SMC 曲線的相應部分）來表示。在圖 6.10 中，產量零到最大產量 Q_0 之間的價格線以下和供給曲線以上的陰影部分面積 A 就表示生產者剩餘。在圖 6.10 中，市場價格線、廠商供給線和坐標軸圍成的面積即為生產者剩餘。因為，廠商實際得到的總收益為 $A+B$，而廠商願意接受的最小總收益為 B，從而 A 就是生產者剩餘。

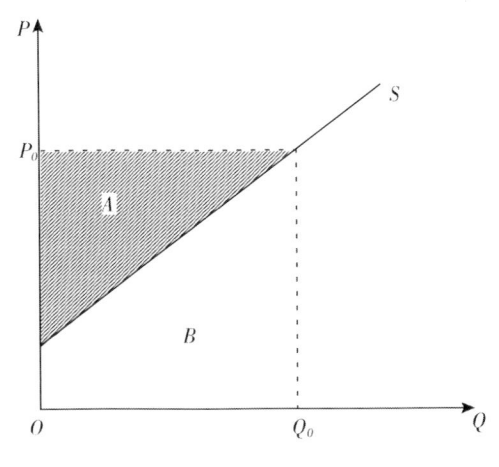

圖 6.10　生產者剩餘

很明顯，廠商以市場價格 P_0 生產和銷售一定數量 Q_0 的商品。廠商讓渡了 Q_0 的商品量，意味著廠商增加了相當於 $AVC \cdot Q_0$ 數額的生產要素或者生產成本。但是，廠商同時實際得到了相當於市場價格總額 $P_0 \cdot Q_0$ 的總收益。由於 AVC 始終大於 P_0，因此從 Q_0 的商品生產和銷售中，廠商不僅得到了與變動成本相當的銷售收入，而且還得到了額外的收入。這部分超額收入，反應了廠商通過市場交換所獲得的福利增加。因此，在經濟學中，生產者剩餘通常用來度量生產者福利，並作為社會福利的一個重要組成部分。

生產者剩餘通常用來衡量廠商在市場供給中所獲得的經濟福利的大小，在供給價格一定時，生產者福利的大小就取決於市場價格的高低，如果廠商能夠以最高的價格出售產品，廠商的福利就是最大的。作為社會福利的一部分，生產者剩餘的大小取決於多個因素。一般來說，在其他因素不變時，市場價格的提高會增加生產者剩餘，供給價格或者邊際成本的降低也會增加生產者剩餘。如果存在商品過剩，即人們只能以市場價格銷售部分商品，生產者剩餘就會降低。當然，生產者福利的大小還要受企業實際銷售產品量的影響，PS 隨產銷量的增加而增長，隨產銷量的減小而減少。

很明顯，市場上全體廠商生產者剩餘之和就構成整個市場的生產者剩餘。在圖形上，應該表現為市場供給曲線、市場價格線與坐標軸所圍成的面積。

第三節　市場供求均衡與經濟效率

一、市場均衡與市場失衡

1. 供求均衡、均衡數量和均衡價格

市場供求均衡就是指某個價格水平上，市場供給和市場需求相等的狀態。在這種狀態下，市場需求量等於市場供給量，市場上既沒有商品過剩，也沒有商品短缺，因而市場是完全出清的。由於市場是出清的，所以市場價格不會因為商品過剩的存在而下降，也不會因為商品短缺的存在而上升。在這種狀態下，需求價格等於供給價格，市場上既不存在消費者願意付出的價格高於廠商（生產者）想要索取的價格，也不存在消費者願意付出的價格低於廠商（生產者）想要索取的價格。因此，廠商的生產量不會因為買方的意願買價偏高而擴大生產，個人的需求量也不會因為賣方的意願賣價偏低而擴大購買量。

市場均衡狀態如圖 6.11 所示。橫軸 Q 表示數量（需求量與供給量），縱軸 P 表示價格；D 是需求曲線，S 是供給曲線；需求曲線與供給曲線相交於 e 點，e 點所代表的狀態就是市場均衡狀態。e 點對應的數量 Q_e 是均衡數量，價格 P_e 就是均衡價格。

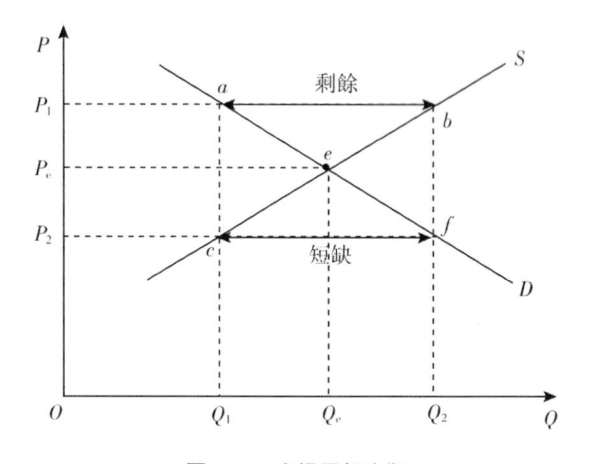

圖 6.11　市場局部均衡

顯然，均衡數量就是市場供給量等於市場需求量時的交易量。在一定的條件下，當市場供給量和市場需求量相等，市場上的所有買者都能夠按照現有價格買到自己所需要的商品，即不存在商品供給短缺；同時，市場上的所有賣者也能夠按照現有價格出售自己想要賣出的東西，即不存在商品過剩。因而他們都不願也不能改變市場交易量，此時的交易量就是均衡數量。由於市場需求量是個人需求量的總和，而個人需求量又是能夠使消費者達到效用極大化的購買量。同時，由於市場供給量是廠商供給量的總和，而廠商供給量又是能夠使廠商達到利潤極大化的生產量。因而在均衡數量水平上，個人的效用極大化購買量剛好等於廠商的利潤極大化生產量。

均衡價格就是市場供給價格與需求價格相等時的交易價格。在一定的條件下，當市場供給價格和市場需求價格相等，市場上的所有買者都能夠按照現有價格買到自己所需要的商品，即不存在調高購買價格的必要，同時市場上的所有賣者也能夠按照現有價格出售自己想要賣出的東西，即不存在降價銷售商品的必要，因而他們都不願也不能改變此時的市場交易價格，即均衡價格。由於市場需求價格是個人購買時願意接受的最高買價，而市場供給價格是個人出售時願意接受的最低賣價，因而在均衡價格水平上，買者的最高意願買價就等於賣者的最低意願賣價。

顯然，在均衡價格 P_e 的水平下，消費者的購買量和廠商的銷售量是相等的；反過來說，在均衡數量 Q_e 的水平，消費者願意支付的價格和廠商願意接受的價格也是相等的。因此，這樣一種狀態便是一種使買賣雙方都感到滿意並願意持續下去的均衡狀態。

市場均衡價格和均衡數量可以根據市場需求函數和市場供給函數求得，即在已知需求函數 $Q_D=f(P)$ 和供給函數 $Q_S=\phi(P)$ 時，可以根據供求均衡的數量條件 $Q_D=Q_S$ 來求出均衡價格和均衡數量，即市場均衡要滿足：

$$\begin{cases} Q_D=f(P) \\ Q_S=\phi(P) \\ Q_D=Q_S \end{cases}$$

當然，市場均衡價格和均衡數量也可以用反市場需求函數和反市場供給函數求得，那就是在已知反需求函數 $P_D=f(Q)$ 和反供給函數 $P_S=\phi(Q)$ 的時候，可以根據供求均衡的價格條件 $P_D=P_S$ 求出。即市場均衡也可以通過聯立下列方程解得：

$$\begin{cases} P_D=f(Q) \\ P_S=\phi(Q) \\ P_D=P_S \end{cases}$$

比如，如果市場需求 $Q_D=26-4P$，市場供給 $Q_S=-4+6P$，那麼，由 $Q_D=26-4P$ 可得反需求函數 $P_D=\frac{13}{2}-\frac{1}{4}Q$，由 $Q_S=-4+6P$ 可得 $P_S=\frac{2}{3}+\frac{1}{6}Q$。根據 $P_D=P_S$ 可得 $Q_E=14$，$P_E=3$。

2. 市場失衡及其類型

市場均衡是商品市場上需求和供給兩種力量共同作用的結果，它是在市場的供求力量的自發調節下形成的。如果市場供給量不等於市場需求量，或者市場供給價格不等於市場需求價格，我們就說市場是失衡的或處於非均衡狀態。在圖 6.11 中，除了 e 點之外的其他任何狀態，都意味著市場供給與市場需求不相等，也就是市場失衡。

在現實生活中，我們大量感受到的是市場失衡而不是市場均衡。比如，計劃經濟國家有嚴重而且長期的商品短缺現象存在，而在市場經濟國家又有比較明顯的商品過剩現象存在。又比如，我們在有些市場感到商品價格在不斷上升，在有些市場又感到商品價格在不斷下降。市場失衡既可以從數量方面看，也可以從價格方面看。

從數量來看，市場失衡包括市場商品過剩和短缺兩個方面。比如，在市場價格等於 P_1 時，市場需求量為 Q_1，而市場供給量為 Q_2，從而市場存在過剩產品 Q_2-Q_1。如果市場價格為 P_2，市場需求量為 Q_2，而市場供給量為 Q_1，從而市場存在產品短缺 Q_1-Q_2。

從價格來看，市場失衡包括生產不足和生產過多兩種情況。在市場交易量為 Q_1 時，此時需求價格為 P_1，而供給價格為 P_2，存在 P_1-P_2 的意願價格差。當一個市場需

求價格高於供給價格時，就意味著廠商的生產量不足，不足量等於 Q_e-Q_1。在交易量為 Q_2 時，此時需求價格為 P_2，而供給價格為 P_1，也存在 P_1-P_2 的意願價格差。當一個市場的供給價格高於需求價格，就說明企業的生產過度，過度產量為 Q_2-Q_e。

3. 價格機制與均衡的實現

從市場失衡運動到市場均衡就是均衡的實現。一般說來，在市場機制的作用下，這種供求不相等的非均衡狀態會逐步消失，偏離的市場價格會自動地恢復到均衡價格水平，偏離的產出也會自動恢復到均衡產量。均衡實現機制，既有馬歇爾的數量調節機制，又有瓦爾拉斯的價格調節機制。在某一個產出水平上，需求價格高於供給價格時，產出就要增加，而需求價格低於供給價格時，產出就要減少，這就是馬歇爾的產出調節機制。在某一價格水平上，存在產品短缺時價格上升，同時也存在產品過剩時價格下降，這就是瓦爾拉斯的價格調節機制。我們以瓦爾拉斯的價格調節機制來說明均衡的實現。

當市場存在商品過剩，意味著在此時的價格水平下市場供給量大於市場需求量，這說明此時的市場價格比市場均衡（出清）時的價格高。在圖 6.11 中，價格為 P_1 時就是這種情況。賣方為了擴大商品銷售不得不降價促銷，買方當然更樂於「落井下石」，買賣雙方的力量共同推動價格下降。不斷下降的價格，作為一種市場信號和機制，會引導消費者和生產者改變自己手中的資源配置。在其他條件不變時，該種商品價格下降，一方面，會增加消費者的實際購買力，即使不減少甚至增加其他商品的購買量，也可能增加該種商品的購買量；另一方面，會改變該種商品與其他商品的相對價格，使得該種商品變得更便宜了。這兩方面都會導致追求效用極大化的消費者增加對該種商品的購買量，即隨著價格從 P_1 向 P_e 運動，會出現從 a 到 e 的沿著需求曲線的運動。同時，在其他條件不變時，該種商品價格下降，一方面，會減少廠商的產品單位的邊際收益；另一方面，也會改變生產該種商品與其他商品的相對成本，使得生產該種商品變得更貴，而生產其他商品變得更便宜，這會降低廠商生產其他商品的損失或者機會成本。這兩方面都會導致追求利潤極大化的廠商將減少該種商品的生產量，即隨著價格從 P_1 向 P_e 運動，出現沿著供給曲線從 b 到 e 的運動。顯然，在價格機制的引導下，消費者和廠商都會調整自己的資源配置，消費者的購買量隨著價格的下降而增加，廠商的生產量隨著價格的下降而減少，原有的過剩商品會逐漸減少直至完全消失，商品價格的變化會最終停止，從而市場均衡就實現了。

當市場存在商品短缺，意味著在此時的價格水平下市場供給量小於市場需求量，這說明此時的市場價格比市場均衡（出清）時的價格低。在圖 6.11 中，價格為 P_2 時就是這種情況。買方為了購買到所需要的商品願意支付更高的價格，賣方當然更樂於以更高的價格來出售商品，買賣雙方的力量共同推動價格上升。不斷上升的價格，作為一種市場信號和機制，會引導消費者和生產者改變自己手中的資源配置。在其他條件不變時，該種商品價格上升，一方面，會減少消費者實際購買力，即使不增加甚至減少其他商品的購買量，也可能減少對該種商品的購買量；另一方面，會改變該種商品與其他商品的相對價格，使得該種商品變得更昂貴了。這兩方面都會導致追求效用極大化的消費者減少該種商品的購買量，即當價格從 P_2 向 P_e 運動，會出現沿著需求曲線從 c 到 e 的運動。同時，在其他條件不變時，該種商品價格上升，一方面，會增加廠商

的產品單位的邊際收益；另一方面，也會改變生產該種商品與其他商品的相對成本，使得生產該種商品變得更便宜，而生產其他商品變得更貴，這會提高廠商生產其他商品的損失或者機會成本。這兩方面都會導致追求利潤極大化的廠商增加對該種商品的生產量，即當價格從 P_2 向 P_e 上升，會出現沿著供給曲線從 f 向 e 的運動。顯然，在價格機制的引導下，消費者和廠商都會調整自己的資源配置，消費者的購買量隨著價格的上升而將少，廠商的生產量隨著價格的上升而增加，原有的商品短缺會逐漸減少直至完全消失，商品價格的變化會最終停止，從而市場均衡就實現了。

4. 均衡實現的前提條件

從上面市場均衡的實現過程來看，市場均衡和均衡價格的形成至少需要兩個條件：一是市場價格及其變化要反應供求關係，即供過於求，市場價格要下降，供不應求，市場價格要上升；二是市場或者價格要成為配置資源的基本信號和手段，即個人要根據價格變化來調整自己手中的商品—貨幣組合，使自己的效用極大化，廠商也要根據價格變化來調整自己手中的資源投入和產出結構，使自己獲得最大化的利潤。

在計劃經濟時代，由於商品價格和要素價格完全由政府來制定，而且信息不完全的政府又沒能根據市場供求狀況及時、準確地調整價格；即使政府能夠及時、準確地調整價格，但由於家庭和廠商的消費決策和產出決策都是通過政府計劃來指揮的，他們也不能夠根據價格變化來調整自己的資源配置，哪怕是商品過剩，廠商也得按照國家計劃提前和超額完成，即使是短缺商品，只要沒有政府指令，廠商也不得擅自生產。顯然，指令性政府計劃破壞了市場機制作用的條件，所以在計劃經濟時期出現長期的、大量的商品短缺就是必然的了。

市場均衡及其形成揭示了市場價格和商品量都是由市場供給和市場需求共同決定的，這為我們理解、認識任何一個市場的價格和數量的決定提供了一種理論工具、理論邏輯和理論框架。可以這樣說，直到目前為止，這個工具是使用最為普遍的。

二、供求變化與均衡的運動

由以上分析可知，均衡是各種經濟力量相互作用，最終達到相對靜止的一種均衡狀態。當市場需求恰好等於市場供給時，市場處於均衡狀態，由此決定市場均衡價格。但市場均衡價格保持不變是以供給和需求保持不變為條件的。當需求或供給任意一方發生變動，則意味著原有的市場均衡被打破，新的均衡又會逐漸形成，從而市場需求或市場供給的變動將導致市場均衡價格的變動。如果把需求和供給用需求曲線和供給曲線加以表示，則由需求曲線和供給曲線的交點所決定的均衡價格和均衡數量會因為需求曲線或者供給曲線的變動而發生改變。

1. 需求變化與均衡的運動

正如我們在分析產品市場需求問題時所述，如果商品價格以外的因素發生變動，如消費者的偏好、收入或其他相關商品的價格等，將會引起整個市場需求的變動，這種變動將最終影響到市場均衡價格和數量的變動。

如圖 6.12 所示，一種商品比如咖啡的市場處於均衡，市場需求 D_1 和市場供給 S 決定的市場均衡處於 e_1 點，此時的均衡價格為 P_1，而均衡數量為 Q_1。此後，供給保持

不變，但由於某種原因，比如人們發現咖啡具有新的藥用價值，使得市場對咖啡的需求增加，則市場需求曲線由 D_1 向右上方移動到 D_2。那麼，新的市場需求 D_2 與原有的市場供給 S 將會在交點 e_2 處實現新的均衡，所對應的均衡價格和均衡數量分別為 P_2 和 Q_2。與原有的均衡相比，在供給保持不變的條件下，需求增加導致均衡價格上升、均衡數量增加。反之，如果由於某種原因，比如人們發現喝咖啡導致精神緊張，使得咖啡的市場需求減少，那麼，市場需求曲線就會向左下方移動，從而均衡價格下降、均衡數量減少。

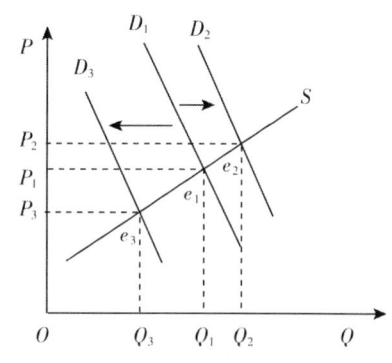

圖 6.12　需求變動對市場均衡的影響

2. 供給變化與均衡的運動

同樣地，生產技術水平、生產成本、預期等因素的影響，會導致廠商的供給發生變動，從而使得市場供給變動。在需求不變的條件下，供給變動也將使得均衡價格和均衡數量發生變動。

如圖 6.13 所示，一種商品的市場均衡也會因為市場供給的變動而被打破。在圖 6.13 中，最初市場在需求曲線 D 和市場供給曲線 S_1 的交點 e_1 處達到均衡，所決定的均衡價格為 P_1，均衡數量為 Q_1。假定由於某種原因，比如生產的技術水平提高，使得市場供給增加，即市場供給曲線由 S_1 向右下方移動到 S_2，那麼，當新的市場需求 D 與新的市場供給 S_2 相等時，市場再次處於均衡狀態，如圖中的 e_2 點。新的均衡價格和均衡數量分別為 P_2 和 Q_2。與原有的均衡相比，在需求保持不變的條件下，供給增加導致

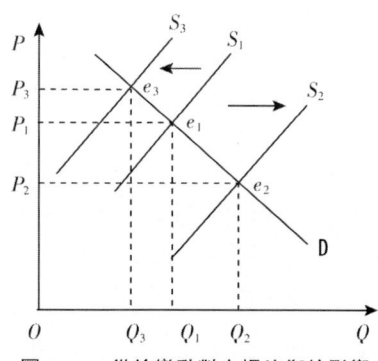

圖 6.13　供給變動對市場均衡的影響

均衡價格下降、均衡數量增加。反之，如果市場供給減少，那麼，市場供給曲線就會向左上方移動，從而導致均衡價格上升、均衡數量減少。

3. 供給和需求同時變動

如果需求和供給同時發生變動，則商品的均衡價格或均衡數量的變化有的是難以肯定的，這要結合需求和供給變化的具體情況來決定。圖6.14所表示的均衡價格或均衡數量的變化結果，至少有一項是無法確定的。

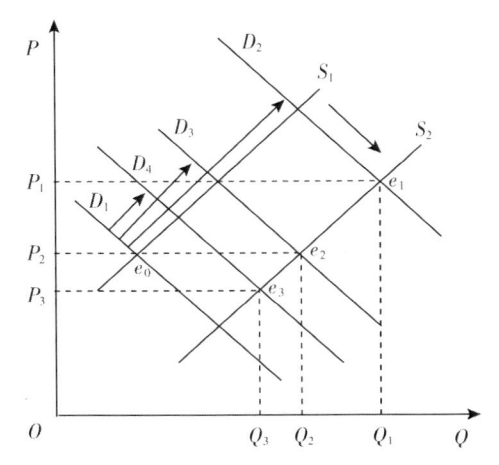

圖6.14 供給和需求的同時變動對均衡的影響

當圖6.14中供給曲線 S_1 右移至 S_2，需求曲線 D_1 也向右移動，與原均衡點 e_0 比較，新均衡點的均衡數量增加了，但均衡價格的變化卻是無法確定的，它可能上升，可能不變，也可能下降。究竟如何變化，取決於需求曲線和供給曲線的相對位置。如果需求曲線 D_1 右移到 D_2，且與 S_2 相交於 e_1 點，在該點均衡價格上升；右移到 D_3，且與 S_2 相交於 e_2 點，則均衡價格不變；右移到 D_4，且與 S_2 相交於 e_3 點，則均衡價格下降。對於其他各種不確定的結果，可以用完全類似的方法去分析。

以上關於需求變動、供給變動及其對均衡的影響分析，歸納起來，內容包括：第一，需求的增加引起均衡價格上升，需求的減少引起均衡價格下降；第二，需求的增加引起均衡數量增加，需求的減少引起均衡數量減少；第三，供給的增加引起均衡價格下降，供給的減少引起均衡價格上升；第四，供給的增加引起均衡數量增加，供給的減少引起均衡數量減少。因此，在其他條件不變的情況下，需求變動分別引起均衡價格與均衡數量同方向變動；供給變動引起均衡價格反方向變動，均衡數量同方向變動。

供求均衡變化的理論，揭示了一個市場的價格和商品量的改變是因為市場供給給或市場需求的改變。這不僅為我們解釋市場價格和商品量的改變提供了有用的工具，而且也為我們預測市場價格和商品量的改變提供了有用的工具。

三、市場均衡的經濟效率

1. 經濟效率和帕累托改進

在經濟學上，經濟效率是指資源配置效率。資源配置是指相對稀缺的資源在各種可能的生產用途之間做出選擇，或是各種資源在不同使用上的分配。如果全社會的資源實現了合理配置就實現了經濟效率。

在經濟學上，資源的最優配置或者經濟效率的判別標準就是我們常說的帕累托標準。帕累托標準是由義大利經濟學家阿爾弗雷多·帕累托在19世紀末20世紀初提出的用以衡量整個社會經濟資源是否達到最有效配置的標準或尺度。

假設一個社會的現有資源配置狀態為A，通過資源的再配置只能把配置狀態變為B，這種從A到B的資源再配置存在六種情況：一是全社會中的每一個人的福利都提高了，也就是每一個人在B中獲得的福利都比A狀態好；二是全社會中有的人福利沒有變化，但是有的人的福利提高了；三是全社會的每一個人的福利都降低了，即每一個人在B中獲得的福利都比A狀態差；四是全社會中有的人福利沒有變化，但是有人的福利降低了；五是全社會中的每一個人的福利都既沒有增加，也沒有減少；六是全社會中雖然有的人福利增加了，但還有的人的福利減少了。很明顯，如果是第一、二種情況，那麼可以肯定B優於A；如果是第三、四種情況，那麼B肯定劣於A；如果是第五種情況，那麼B與A就是完全無差異的；如果是第六種情況，則A與B之間的優劣無法判定，因為社會上不同人的偏好是不同的，從而不同人的福利評價是不能比較大小的。

按照帕累托的觀點，在不使任何人的福利變差的前提下，通過改變既定的資源配置狀態，可以使至少有一人的福利變好，則這種對原資源配置狀況的改變就叫帕累托改進。從這個意義上講，上述的第一、二種情況就是帕累托改進。因此，帕累托改進就是全社會中無人受損有人受益的社會資源再配置。通俗地講，利己不損人、利人不損己，利己利人的資源再配置都是帕累托改進。

2. 帕累托最優

按照帕累托的觀點，當社會資源的配置已經沒有再進一步改進的機會了，那社會資源配置就達到了最優，在經濟學上，習慣地把這種資源配置狀態稱為帕累托最優。具體地說，如果社會的資源配置已經達到這樣的程度，以至於社會無法在不使一部分人福利變差的條件下，通過資源的重新分配來改善另一部分人的福利，那麼，這時的資源配置就達到了最優。

根據這樣的觀點，在上述的第三、四、五和六這幾種情形中，與B狀態相比較，A配置狀態就是一種帕累托最優狀態。通俗地講，如果某種資源配置狀態的改變，或者是利己損人，或者是利人損己，或者是損人損己，那就說明該種資源配置是不能改進了，因而它就是帕累托最優。當一個市場處於帕累托最優狀態時，意味著市場上不可能再有未被利用的、通過交易可以獲得好處的機會，也不再有未被利用的使用相同的投入增加產出的方式。

我們舉一個例子來說明。假如現在甲有一個蘋果，乙有一個梨，這種配置是否是帕累托最優，取決於甲、乙二人對蘋果和梨的喜歡程度。如果甲喜歡蘋果大於梨，乙

喜歡梨大於蘋果，這樣就已經達到了最滿意的結果，也就已經是帕累托最優了。如果是甲喜歡梨大於蘋果，乙喜歡蘋果大於梨，甲和乙之間可以進行交換，交換後的甲和乙的效用都有所增加，這就是帕累托改進。從上面對經濟效率和帕累托最優狀態的界定可以知道，當經濟系統的資源配置達到帕累托最優狀態時，此時的經濟運行是有效率的；反之，不滿足帕累托最優狀態的經濟運行結果就是缺乏效率的。顯然，如果產品是由生產成本最低的企業生產的，這些產品又是由出價最高的家庭購買的，那麼就一定是帕累托最優了。

3. 卡爾多補償原則

實際上，帕累托標準存在嚴重的缺陷。一是它暗含「現實存在的狀態就是最優的狀態」。在現實生活中的任何一種情形的變化，通常都是有人受益，也有人受損，因而任何一種情形的現實改變都不是帕累托改進的。二是它對於上述的第六種情形的判斷過於粗糙和武斷。比較受益者和受損者的損益大小，第六種情形實際上可能包含社會受益額大於受損額、社會受益額小於受損額、社會受益額等於受損額三種類型。其中，當社會受益額大於受損額，可以肯定是帕累托改進。為了改變這種局限性，經濟學家卡爾多在1939年引入「虛擬的補償準則」，即卡爾多補償原則，通過引入受益者和受損者之間的假設補償來拓展帕累托原則的適用範圍。

卡爾多補償原則是指即使資源的再配置讓一部分人受益而讓另一部分人受損，但是只要受益者在充分補償了受損者之後能夠增進自己的福利，這種資源再配置也是有效率的。我們可以這樣來理解卡爾多的思想：假設有A、B、C三種資源配置狀態，從A變到B使其中有些人受益而有些人受損。按照帕累托標準不能夠說B是A的帕累托改進。卡爾多認為，如果通過受益者補償受損者使資源配置由B到C，只要通過補償使受損者的福利恢復到A狀態的水平，而受益者補償別人之後還比A狀態好，那麼就可以認為B是A的帕累托改進了。

比如，在收入的再分配過程中，政府通過累進所得稅從富人那兒聚集了一部分財政資金，然後把這部分錢通過轉移支付的形式用在窮人身上。根據偏好的非飽和性假定，人們的貨幣的邊際效用總是大於零的，因此，富人因為政府徵稅而減少了可支配收入，從而富人的福利下降了；但是窮人因為政府的轉移支付而增加了可支配收入，從而窮人的福利上升了。如果按照帕累托標準，政府的收入再分配政策都是非帕累托改進的，因為政府的再分配政策不僅讓窮人受益，也使富人受損。按照卡爾多的觀點，假設讓窮人（受益者）通過某種方式去補償富人，比如窮人出錢予以公共表揚富人這種善舉，如果富人因為受到公開表揚而增加的福利剛好等於他因納稅而減少的福利，同時窮人因為政府的轉移支付增加的福利又比因為出錢宣傳富人而減少的福利大，那麼我們就可以認為政府的收入再分配是有效率的。因為，引入窮人對富人的「虛擬補償」後，政府的徵稅並沒有使富人的福利變小，但同時窮人卻因為轉移支付而增加了福利。

4. 市場均衡是有效均衡

市場供求均衡被認為是經濟效率最高的，也就是一種帕累托最優狀態，因而可稱為有效均衡。要理解市場均衡的有效性，我們可以設想這樣一種情形：如果現在已經處在市場均衡狀態，我們看從市場均衡變成市場失衡，也就是變成供不應求或供過於求，會不會是帕累托改進。如果從市場均衡變成市場失衡還可以改進，那就說明市場

均衡不是一種帕累托最優,那就不是有效的;如果從市場均衡變成市場失衡不是一種帕累托改進,那就說明市場均衡是一種帕累托最優,那就是有效的。

我們設想一個如圖 6.15 所示的市場。在這個市場中有兩部分人,一類是商品的購買者,他們構成市場需求,買者的福利用消費者剩餘來表示;另一部分是商品的出售者,他們構成市場供給,賣者的福利用生產者剩餘來代表。

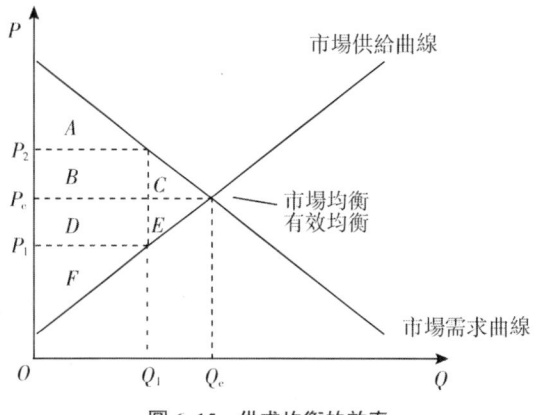

圖 6.15 供求均衡的效率

很明顯,如表 6.1 所示,如果市場是均衡的,此時的消費者剩餘為 $A+B+C$,而生產者剩餘為 $D+E+F$,社會總福利為 $A+B+C+D+E+F$。

但是,如果市場是供過於求的,此時的消費者剩餘為 A,比均衡時減少了 $B+C$;而生產者剩餘為 $B+D+F$,比均衡時變化了 $B-E$,$B-E$ 可能為正,也可能為負,甚至為 0。顯然,如果市場從均衡變成供過於求,即使生產者利益增大了,但是消費者利益減少,所以它不是一種帕累托改進。

同時,如果市場是供不應求的,此時的消費者剩餘為 $A+B+D$,比均衡時改變了 $D-C$,$D-C$ 可能為正,也可能為負,甚至為 0;生產者剩餘為 F,比均衡時減少了 $D+E$。顯然,如果市場從均衡變成供不應求,即使消費者利益增大了,但是生產者利益肯定減少,所以它不也是一種帕累托改進。

表 6.1 供求均衡的福利

福利項目	市場均衡 ($P=P_e$, $Q=Q_e$)	供過於求($P=P_2$, $Q=Q_1$)		供不應求($P=P_1$, $Q=Q_1$)	
		福利水平	福利變化	福利水平	福利變化
消費者剩餘	$A+B+C$	A	$-B-C$	$A+B+D$	$D-C$
生產者剩餘	$D+E+F$	$B+D+F$	$B-E$	F	$-D-E$
市場總福利	$A+B+C+D+E+F$	$A+B+D+F$	$-C-E$	$A+B+D+F$	$-C-E$

總之,無論從市場均衡變成供不應求,還是從市場均衡變成供過於求,社會都無法在不使一部分福利減小的情況下來增加另一部分人的福利;或者說,社會要想增加一部分人的福利,就必須得犧牲另外一部分人的福利。所以市場均衡是一種無法再改進的最優狀態。

此外，判斷市場均衡是否帕累托最優，是否是有效率的，還可以從效率與福利的關係來看。在一個僅有消費者和生產者參與的市場中，社會福利就是由消費者剩餘和生產者剩餘構成，因此有：

社會總福利＝消費者剩餘＋生產者剩餘
　　　　＝（需求價格－市場價格）＋（市場價格－供給價格）
　　　　＝需求價格－供給價格

在圖 6.15 所示的社會中，市場均衡時的社會福利為 $A+B+C+D+E+F$；供過於求時的社會總福利為 $A+B+D+F$；供不應求時的社會總福利也為 $A+B+D+F$。顯然，只要供求失衡，社會就會出現淨福利損失，圖中的淨福利損失為 $C+E$。

很明顯，市場均衡是社會福利最大的狀態。我們已經知道市場均衡是一種帕累托最優，所以我們可以得到這樣的結論：帕累托最優狀態一定是一種社會福利最大的狀態。其實，我們只要想想，如果一種資源配置狀態不是福利最大的，那麼一定存在著在不損害一部分人的福利的前提下來增加另一部分人的福利的可能性。因此，只要社會福利沒有達到最大，社會一定是沒有效率的。

第四節　間接稅的分擔與價格管制

市場機制的自發作用所實現的均衡是福利最大的，這意味著市場失衡狀態的社會福利較小。在本節，我們將運用供求分析工具說明：政府對市場的任何干預都會導致市場偏離均衡，造成社會福利的巨大損失。

一、間接稅的分擔

1. 間接稅對市場均衡的影響

稅收是國家按照法規向個人和廠商索要的價格，具有強制性、無償性和固定性，包括直接稅和間接稅。前者指國家直接向要素報酬的受領者徵收的稅收，比如個人所得稅、公司所得稅和社會保障稅等，一般不能轉嫁，因而納稅人同時是負稅人；後者是國家對商品和勞務徵收的稅，如增值稅、貨物稅和關稅，它本身可以通過價格轉嫁，因而稅收負擔就存在著供求雙方分攤的問題。

我們以政府徵收消費稅為例來說明消費者和生產者的稅負情況。消費稅通常是以商品價格加價的形式徵收的，無論稅收是向消費者徵收還是向生產者徵收，消費者最終支付的價格與生產者提供供給時的價格之間都會存在一個差額，這一差額即為政府徵收的消費稅的稅額（如圖 6.16 所示）。

我們以政府對每單位商品徵收消費稅為例說明。在沒有徵稅時生產者的供給曲線用 S_0 表示，假定政府對每單位商品徵收的消費稅為 7，對單位商品徵稅 7 相當於廠商的每單位商品邊際成本增加了 7，從而廠商的供給價格提高了 7，所以供給曲線左移到 S_1，S_1 與 S_0 之間的差額即為稅收 $ae_1=7$。假定消費者的需求曲線為 D，它不會因政府徵收消費稅而改變。這時，需求曲線與兩條供給曲線相交。假定市場需求曲線 D 與供

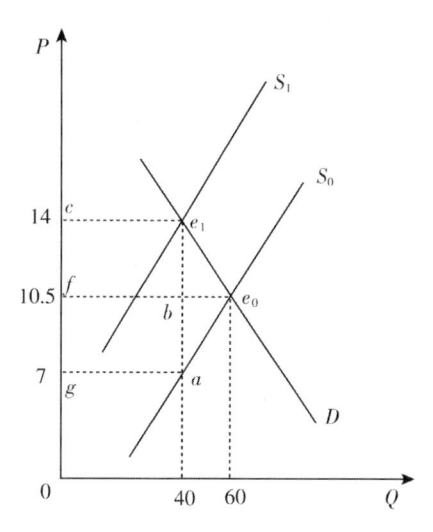

图 6.16 消费税的分摊和福利损失

给曲线 S_0 相交于 e_0，与供给曲线 S_1 相交于 e_1，其中 e_0 点表示在没有税收条件下的市场均衡状况，而 e_1 则是政府征税条件下的市场均衡点。对应于市场均衡点 e_0，均衡价格为 10.5，均衡数量为 60；对应于市场均衡点 e_1，均衡价格为 14，均衡数量为 40。对应于 40，假定供给曲线 S_0 上的点 a 所对应的价格为 7。

此外，图 6.16 还表明了征收间接税所导致的无谓损失。由于买方支付更高的价格，消费者剩余发生变化，与税前相比减少了 ce_1e_0f 所围成的面积；而卖方得到的则是较低的价格，生产者剩余也发生了变化，与税前相比减少了 fe_0ag 所围成的面积。政府的税收收入为 ae_1cg 所围成的面积。e_1e_0a 所围成的三角形面积则为征税所造成的无谓损失，等于 70。

2. 间接税的分摊与供求弹性

比较征税前后的市场均衡我们发现，一方面，从消费者的角度来看，在征税前消费者按价格 10.5 购买数量为 60 的商品，而在征税后消费者按价格 14 购买数量为 40 的商品。结果，消费者以较高的价格消费较少的数量。

另一方面，从生产者的角度来看，因为政府征税而使得生产者的实际得到价格由 10.5 下降到 7。因此，每单位商品消费者负担的消费税的数额为 3.5，而生产者负担的数额为 3.5。正如图 6.16 中线段 ab 与 be_1 之和等于税收 7 一样，消费者和生产者共同负担了这笔消费税，图 6.16 显示买卖双方平均负担税收。

从总量上来看，政府获得的消费税总额为 350，其中消费者负担的总额为 175，生产者负担的部分为 175。

至于消费税在多大程度上由消费者或生产者承担，这将取决于需求的价格弹性和供给的价格弹性。如图 6.17 所示，税收最终在供求双方的分配比例和数额取决于供求弹性的相对大小。当一种商品需求弹性小于供给弹性时，税收负担主要由消费者承担，如图 6.17（Ⅰ）。当一种商品需求弹性大于供给弹性时，税收负担主要由生产者承担，如图 6.17（Ⅱ）。极端的情况是：当 $E_D = 0$ 时，所有税负由消费者承担；当 $E_D = -\infty$

時，生產者承擔全部稅負。因此，彈性大的一方少負擔，而彈性小的一方多負擔。

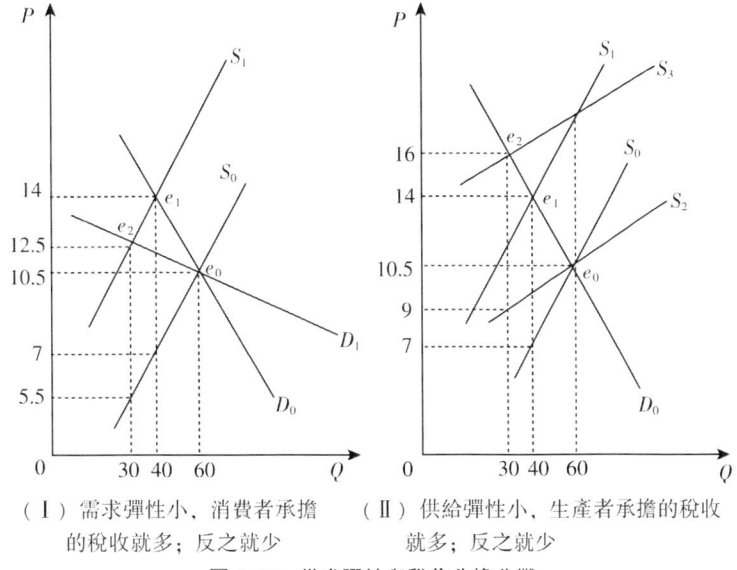

（Ⅰ）需求彈性小，消費者承擔的稅收就多；反之就少　　（Ⅱ）供給彈性小，生產者承擔的稅收就多；反之就少

圖 6.17　供求彈性與稅收分擔分攤

實際上，即使只估計了某點或某區間的供求彈性，我們也能大致確定稅負的分攤狀況。一般而言，我們可以利用下列「稅負轉嫁」公式，計算生產者和消費者負擔的稅收。

$$轉嫁因子 = \frac{供給彈性\ E_S}{供給彈性\ E_S - 需求彈性\ E_D}$$

該式表明以高價形式轉嫁給消費者的稅收份額。比如，$E_D = 0$ 時，轉嫁因子 = 1，全部稅負由消費者承擔；當 $E_D = -\infty$ 時，轉嫁因子 = 0，生產者承擔全部稅負。

3. 是誰負擔了香菸稅

假定政府規定，生產香菸的廠商每生產一條香菸須向政府繳稅 1 元，那麼，這 1 元菸稅最終是由誰來承擔的呢？表面上，政府是向生產香菸的廠商徵稅，當然是廠商支付了這個稅。其實不然，因為香菸的生產者完全有可能通過漲價的辦法把這筆稅的一部分甚至大部分轉嫁到香菸的消費者頭上。他到底能不能轉嫁以及究竟能夠轉嫁多少，則取決於消費者對漲價的反應。如果漲價以後，消費者就決定少買一些甚至根本不買香菸了，則廠商想通過漲價來轉嫁稅負的辦法就行不通；反之，如果漲價後消費者的購買減少得很少甚至根本就不減少，那廠商就可以放心大膽地用提價的辦法來轉嫁稅負。在現實生活中，由於香菸對於菸民，尤其是那些上了癮的菸民來說是缺乏彈性的物品，儘管菸價漲了，這些癮君子該抽的還是得抽。正是由於這一原因，儘管從表面上看政府是對香菸的生產商徵稅，但最後這個稅負還是主要落到了消費者的頭上，吃虧的是老百姓。

二、支持價格及其福利效應

1. 支持價格與市場均衡

支持價格又稱價格下限，是為了保護生產者的利益，扶持某種產品的生產，政府規定的高於市場均衡價格的最低價格。在圖 6.18 中，在市場供給等於市場需求所決定的均衡狀態，此時市場均衡價格為 P_e，均衡數量為 Q_e。這就是說，如果任由市場自發波動，該商品的市場傾向於穩定在均衡狀態。假設政府為了扶持該行業的發展，規定該產品的最低價格為 P_1，它高於市場均衡價格 P_e。結果，在 P_1 的水平上，需求量和供給量分別由該價格水平與需求曲線和供給曲線的交點決定。由於支持價格高於市場均衡價格，因而所對應的需求量 Q_1 小於供給量 Q_2，即市場上供大於求，供給過剩，差額為 Q_2-Q_1。

農產品支持價格和最低工資標準都是典型例子。就農產品支持價格而言，由於農產品是一種生活必需品，而這類產品生產週期較長，同時又極易受到自然因素的影響，因此，對農產品市場實行一定的價格保護對於穩定農業生產、保證農民收入、促進農業投資、調節農產品市場的供給和價格等有一定積極意義。但是，這種支持價格也引起了一些問題。首先是政府因承擔起收購、儲藏、運輸過剩農產品的責任而背上了沉重的財政包袱；其次是形成農產品長期過剩；再次是加劇了農產品市場價格的扭曲；最後是受保護的農業競爭力會受到削弱。

2. 支持價格與社會福利損失

如圖 6.18 所示，在支持價格 P_1 下，消費者需求下降為 Q_1，但供給上升到 Q_2。為了維持 P_1，避免存貨積壓，政府必須購買過剩產品。事實上，政府把它的購買量（Q_2-Q_1）加到了消費者購買量上，生產者才能按 P_1 賣掉他們想賣掉的全部產品。

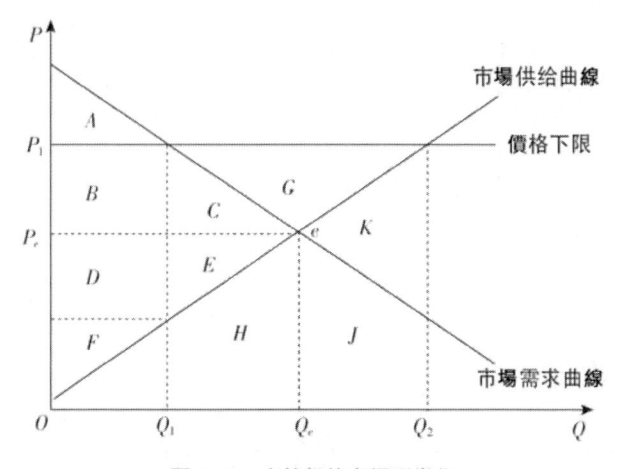

圖 6.18　支持價格與福利變化

那些購買商品的消費者必須支付更高的價格 P_1 而不是 P_e，由此他們遭受的消費者剩餘損失為矩形 B。對於其他不再購買的消費者，剩餘損失為面積 C。因此，消費者損失量為 $B+C$。

因為現在生產者銷售量是 Q_2 而不是 Q_e，並且商品銷售價格為 P_1，生產者剩餘增加了 $B+C+G$，則生產者獲益（這正是政策實施目標）。

這裡，還存在一項政府成本（這部分由稅收支付，所以最終轉嫁給了消費者），該成本為 $(Q_2-Q_1)\cdot P_1$，即政府購買產出必須支付的費用，這部分是一個為 $C+E+G+H+J+K$ 的矩形面積。當然，如果政府將其部分購買品低價「傾銷」到國外，無疑可以降低政府成本，但這將損害國內生產者在國外市場的銷售能力，而國內生產者正是政府首要取悅的對象。

這一政策的總福利成本是多少呢？我們將消費者剩餘的變化與生產者剩餘的變化相加，再減去政府成本。根據圖 6.18，社會整體的境況惡化，福利損失量為 $C+E+H+J+K$。這一福利損失可能非常大。

其實，支持價格政策最不幸之處在於存在更有效的辦法改善生產者的處境。如前所述，支持價格的生產者福利為 $B+C+D+E+F+G$，社會總福利為 $(A+B+C+D+E+F+G)-(C+E+G+H+J+K) = A+B+D+F-H-J-K$。如果我們把支持價格政策僅僅理解為保證農民福利 $B+C+D+E+F+G$，那麼為生產者規定配額（限耕），或者直接給予相應的貨幣補貼，一般能夠保證生產者福利增加 $B+C+D+E+F+G$。同時，政府支出更少，社會福利更大。

3. 限耕政策與福利變化

如果政府不通過支持價格來增加農民收入，而是通過削減供給來使物品價格上升。比如，在農業生產方面通過限制土地耕種面積來削減市場供給，並給予生產者相應的資金刺激。圖 6.19 表明政府通過限制土地耕種面積來削減市場供給，從而提高價格，影響經濟福利。

由於限制耕種畝數，供給曲線在 Q_1 處變得完全缺乏彈性，市場價格從 P_e 上升到 P_1。限耕政策引起消費者和生產者剩餘的變化。與市場均衡相比，消費者剩餘變化為 $\Delta CS=-B-C$。農民的產出 Q_1 得到更高的價格，對應剩餘獲益為矩形 B。但是，因為產量從 Q_e 削減為 Q_1，生產者剩餘的損失為三角形 E。最後，農民還從政府那裡獲得削減生產的獎勵。因此，生產者剩餘的總變化為 $\Delta PS=B-E+$非生產性支付。

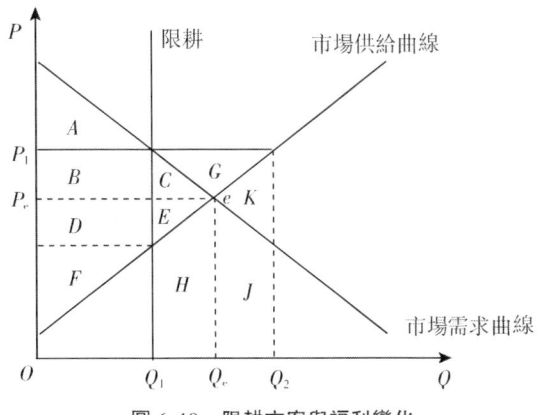

圖 6.19　限耕方案與福利變化

政府的成本是足以激勵農民將產出減至 Q_1 的支付。政府激勵必須至少為 $C+E+G$，即在已知的較高價格 P_1 下耕種賺得的額外利潤。與市場均衡比較，生產者剩餘的總變化為 $\Delta PS=B+C+G$。

生產者剩餘與政府靠購買產出維持的支持價格正好相同。對於農民來說，這兩種政策是無差異的。因為他們各自最終獲得了同量的貨幣。同樣，消費者的貨幣損失也相同。但是，對於政府來說，哪種政策的代價更大呢？這要根據 $C+E+G$ 與 $C+E+G+H+J+K$ 孰大孰小而定。顯然，在圖 6.19 中，前者小於後者。因此，就政府來看，限耕方案較政府靠購買過剩產品來維持的支持價格花費要小。

4. 貨幣補貼政策與福利變化

為了達到支持價格政策對農民福利的效果，如果不實施限耕，而是直接給予生產者補貼，政府代價和福利會有什麼變化呢？對於社會來說，限耕方案的代價又大於直接發錢給農民。

如果政府既不實行價格支持，也不採取限耕政策，由市場自發形成均衡。此時消費者福利為 $A+B+C$，而農民福利為 $D+E+F$。為了保證農民收入增加到 $B+C+D+E+F+G$，政府只要直接給予農民補貼 $B+C+G$ 就可以。

（1）在政府直接補貼 $B+C+G$ 的情況下，把它與均衡比較，消費者福利沒有變化，仍然為 $A+B+C$，農民福利增加了 $B+C+G$，政府成本增加了 $B+C+G$。因而，社會總福利沒有變化。

（2）比較政府補貼與實行支持價格，消費者福利增加 $B+C$，農民福利等於 $B+C+D+E+F+G$，政府成本增加了 $B-E-H-J-K$。因而，社會總福利要大些，在圖 6.19 中，多的福利為 $C+E+H+J+K$ 部分。

（3）比較政府補貼與實行限耕政策，消費者福利增加了 $B+C$，農民福利等於 $B+C+D+E+F+G$，政府成本增加 $(B+C+G)-(C+E+G)=B-E$，社會總福利就是增加了 $C+E$，政府補貼的社會總福利要大於限耕政策。

三、限制價格與社會福利

1. 限制價格與市場均衡

限制價格又稱最高限價，是指政府為了防止某種商品的價格上漲而規定的低於市場均衡價格的最高價格。如果說最低限價政策是保護生產者的利益，那麼，最高限價政策則是保護消費者的利益。限制價格一般在戰爭或自然災害等特殊時期使用。比如，國家處在戰爭狀態時對食品、食鹽、藥品等規定一個最高價格。但也有不少國家即便在平時也對某些生活必需品長期實行限制價格。此外，國家規定一個利率上限，城市房租管制等也屬於限制價格。

在圖 6.20 中，市場均衡價格為 P_e，均衡數量為 Q_e。假設政府規定該商品的最高價格 P_1，它低於市場均衡價格 P_e。結果，在 P_1 的水平上，需求量和供給量分別由該價格水平與需求曲線和供給曲線的交點決定。由於限制價格低於市場均衡價格，因而 P_1 點所對應的需求量 Q_2 大於供給量 Q_1，市場出現供不應求的現象，差額為 (Q_2-Q_1)。如

果任由市場機制自發地發揮作用，市場價格會逐漸上升，並趨向於均衡價格 P_e，因此，為了維持限制價格的有效性，政府必須採取相應的措施。

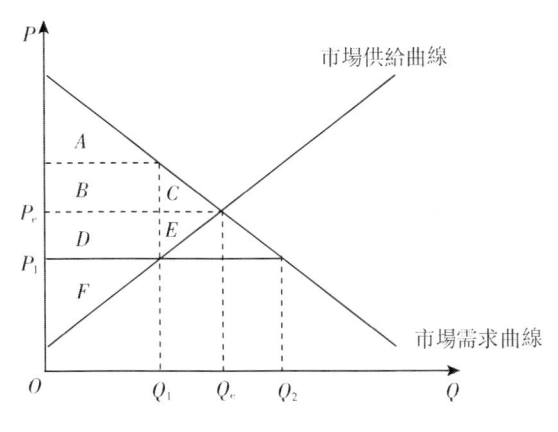

圖 6.20　房租管制與福利變化

2. 限制價格與經濟福利

限制價格的實施有利於特殊時期的價格和社會穩定，可能實現社會產品分配上的平等。但它也存在明顯的缺陷：不利於刺激生產，存在長期的產品短缺；不利於抑制需求，造成資源的浪費和閒置；迫使政府實行配給制，由此可能引起黑市交易、關係買賣、行賄受賄；產生更多更嚴厲的行政管制，嚴重破壞市場機制的作用。

比如，計劃經濟時代，住房短缺是中國城市發展多年來最嚴重的問題之一，其原因是多方面的。從供給來看，由於計劃體制下奉行先生產、後生活的方針，不關心住房建築，住房嚴重短缺。從需求來看，城市人口增加迅速，需求量很大。所以，住房短缺是一個歷史遺留問題，恐怕短時期內難以解決。但是，從價格分析的角度看，住房短缺的形成和加劇與最高租金限制密切相關。在中國，私人住房很少，住房以租房（國家或單位分配，個人付租金）為主，所以可以用房租來代表租房的價格。中國長期以來把住房作為一種福利，國家包住房，消費者只支付微不足道的租金，而且這種租金在相當長時期內是固定不變的。這就是在住房價格上實行了限制價格。這種限制價格產生了如下一些後果：

（1）住房供給嚴重不足。租金過低，甚至比住房的維修費用還低，造成住房部門資金嚴重不足，即使想蓋房子，也心有餘而力不足。在改革之後，儘管政府認識到要通過房改（提高租金或把住房作為商品進入市場）來解決住房問題，但由於低房租與低收入是相關的，在收入不能大幅度提高的情況下，要大幅度提高租金也是不可能的，這就使住房問題難以解決。

（2）黑市與尋租。黑市活動包括兩方面：一是以極高的價格租用私人住房（這種活動嚴格來說並不算違法，我們是在其租金遠遠高於國家住房的意義上把它歸入一種黑市活動）；二是個人把分配到的住房高價出租（這種活動是非法的，嚴重侵犯了國家產權，但只要有些人可以按低價分到住房，而另一些人又急需住房，這種非法的地

下交易就會存在)。在租金受到嚴格限制、住房採用配給（即由單位分配）的情況下，必然產生尋租現象。這表現在，掌握分房權者可為自己獲得更多的住房，或把分配住房作為為自己牟取私利的工具。例如，給有權勢者分配更多、更好的住房，以達到自己晉升的目的。住房不通過市場來分配，而通過權力來分配，難免就會出現腐敗現象。這正是腐敗與各種不正之風的社會經濟基礎之一。

（3）房租控製會損害經濟福利。如圖6.20所示，與市場均衡比較，租金控製造成了生產者剩餘 D 轉化為消費者剩餘，還造成了社會福利的淨損失 $C+E$。

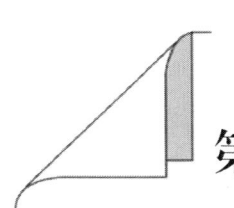

第七章　競爭性市場的一般均衡

　　經濟學不僅要分析個別經濟單位的決策行為和單個市場的運行機制，還要研究個別經濟單位和單個市場間的依存關係，說明整個價格體系是如何把分散的抉擇行為有機地結合起來的。一般均衡理論是對前面各章所述微觀經濟分析的繼續和深化，是對關於消費者和生產者均衡、單個市場均衡的綜合闡述。這種綜合闡述的著眼點是：各種不同的市場之間存在著內在的聯繫，像一張看不見的網一樣，所有影響各種市場上供求關係的因素都被連接在一個相互依存的系統之中，經濟學家把這個系統的均衡稱為一般均衡。

第一節　局部均衡和一般均衡

一、市場局部均衡

　　前面幾章分析的市場均衡，是單一產品市場均衡。比如，在產品市場的分析中，我們通過研究消費者購買行為，推導出單個消費者的需求，進而得出了產品的市場需求；同時，我們又通過研究廠商的生產行為，揭示了單個廠商的供給，進而又推導出了產品的市場供給；然後在產品市場均衡的條件下，分析了對產品價格和數量的決定。這種單一市場均衡的實現，完全被視為由該種產品的供給和需求決定。比如，可樂的價格在它的需求等於其供給時決定；奔馳車的價格在它的需求等於它的供給時決定；工資由勞動的需求與供給的均衡決定；利息由資本的需求與供給的均衡決定。在經濟學中，這種特定市場的均衡就是局部均衡。顯然，在我們分析某一個特定市場時，總是假定其他市場的情況不變，或者總是忽略其他市場的情況，認為該市場的價格取決於市場自身的供給和需求，而市場供求變化又決定於商品或要素自身價格的變化。這種分析方法被稱為局部均衡分析。例如，我們討論豬肉的供給和需求，以及由此而決定的均衡價格與數量及其變動時，則是假定其他市場，包括牛肉、蔬菜、成衣、勞動以至資本等市場的供需與價格都固定不變。這種假定可以簡化我們的分析，對於我們瞭解豬肉市場如何決定其價格及交易量，或者探討豬肉限價或課稅等政策所產生的直接作用，是非常有幫助的。

二、市場的一般均衡

通常情況下，這種局部均衡分析已足以使人理解市場行為。然而實際上，各個市場之間並非相互隔絕的，沒有一個市場能在不影響其他市場的情況下做出自己的調整，也沒有一個市場能在不受其他市場影響的情況下做出自己的調整。在某些情況下，市場間的相互影響可能是很大的。例如豬肉市場，與牛肉市場、羊肉市場、食品市場，甚至相似程度較低的汽車市場都有程度不同的相互聯繫和相互影響。因此，豬肉市場上價格和產量的變動不可能對其他市場沒有影響，也即豬肉市場均衡的調整必然打破其他市場的均衡，而其他市場均衡的調整反過來又會影響豬肉市場均衡的形成。同樣，一種商品市場及其價格，與生產這種商品的生產要素市場及其價格之間，或者生產其他商品的生產要素市場及其價格之間，也存在某種程度的相互聯繫和相互影響。這種由相關市場的價格和數量的調整導致的某一市場的價格和數量的調整就是反饋效應。當各個市場經過調整、反饋、再調整、再反饋，最後全部達到均衡時，就是一般均衡。因此，在充分考慮不同市場和價格之間的相互影響的條件下，分析各個市場共同均衡的實現和變動，就是一般均衡分析。

顯然，局部均衡分析與一般均衡分析存在差異。局部均衡分析重在研究單個市場的價格和產量決定；一般均衡分析則關注所有市場價格和產量的共同決定，尋求在勞動、資本和商品市場同時出清的條件下，工資、利率和價格決定問題的答案。相應地，局部均衡分析不探討反饋效應；而一般均衡分析明確地把反饋效應考慮在內，既易於說明市場體系中各組成部分之間的相互依存性，也為經濟擾動如何打破舊的均衡並在所有市場上產生新的均衡提供了分析框架。當一個市場上的市場條件變化對其他市場的價格影響很小時，適用局部均衡分析；但是，如果一個市場的市場條件變化會對其他市場價格產生重大影響時，則必須使用一般均衡分析。

第二節　生產的帕累托最優

按照一般均衡理論，全社會的資源最優配置包括生產的帕累托最優、消費的帕累托最優以及生產和消費共同的帕累托最優。研究生產的帕累托最優，就是要說明如何把社會上種類繁多且數量有限的經濟資源，通過多個廠商的生產行為（投入-產出行為）配置到社會所需要的多種產品中去，從而實現全社會的經濟效率。

一、廠商生產的最佳要素組合

為了便於理解，我們先說明單個廠商把兩種數量有限的資源用來生產一種產品，以實現自己的資源最優配置。在一定的生產技術條件下，廠商的產量是取決於兩種生產要素的投入量的，也就是依存於兩種生產要素的組合。兩種可變要素的組合是多種多樣的，各種組合生產的產量也是多種多樣的。就產量而言，各種組合之間要麼提供相同的產量，要麼提供不同的產量。這些組合之間的關係是用等產量曲線來描述的。

1. 等產量曲線

產量線，又可以稱為產量無差異曲線，即表示兩種生產要素的不同數量的組合可以帶來相同產量的一條曲線，或者說是表示某一固定數量的產品，可以用所需要的兩種生產要素的不同數量的組合生產出來的一條曲線。

一條等產量曲線代表一定的產量水平，不同的產量水平就必然需要用不同的等產量曲線來代表。兩種可變要素的多種組合可能存在多種產量水平，所以要用多條等產量曲線來表示各種組合之間的關係。

圖7.1顯示了生產某種產品的特定廠商使用勞動 L 和資本 K 這兩種變動要素進行生產的等產量曲線。其中，橫軸代表勞動量 Q_L，縱軸代表資本量 Q_K。在曲線 Q_1 上，勞動和資本的各種數量組合 $a(1,3)$、$b(2,2)$、$c(4,1)$ 都能提供500個單位的產量。比如，該廠商用2個單位的勞動和2個單位資本組合能夠提供 Q_1 水平的產量；它用4個單位勞動和1個單位資本組合也能提供 Q_1 水平的產量。如果兩種要素的更多數量組合總能帶來更大的產量，則等產量曲線 Q_2 代表的產量水平應高於 Q_1。圖中只是顯示了該廠商 Q_1、Q_2 兩種產量水平的等產量曲線，事實上，圖中應有無數條等產量曲線，它們平行鋪滿了整個正象限。但為了簡化分析，我們通常只畫出其中的幾條曲線。

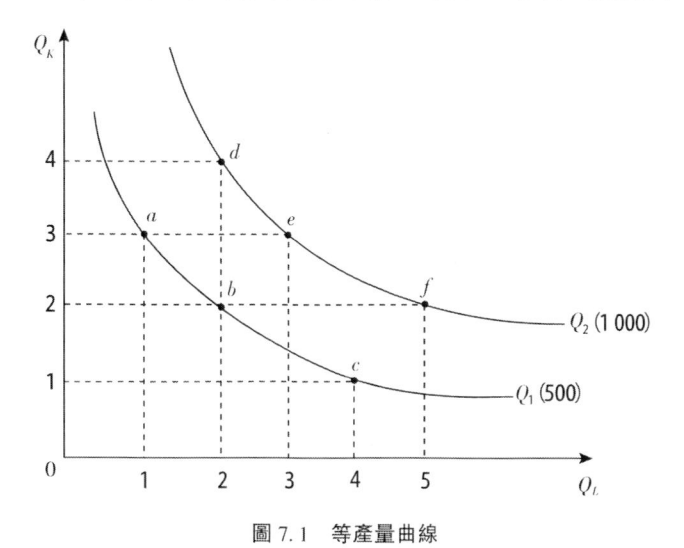

圖7.1 等產量曲線

從等產量曲線的走勢、形狀看，具有以下一些基本特徵：第一，等產量曲線向右下方傾斜，說明等產量曲線上勞動和資本兩種可變要素存在替代關係。第二，等產量曲線凸向坐標原點，就是資源的邊際技術替代率遞減。在一定的技術條件下，為了保持相同產量水平，生產者增加單位勞動量時所必須減少的資本數量，就是勞動對資本的邊際技術替代率，即 $MRTS_{LK} = -\dfrac{\Delta Q_K}{\Delta Q_L}$，或者 $MRTS_{LK} = -\dfrac{dQ_K}{dQ_L}$。由於在同一等產量曲線上的任意兩個要素組合帶來相同的產量，而且要素組合的改變方式是一增一減的，因此增加 ΔQ_L 所能增加的產量就一定等於必須減少的 ΔQ_K 所減少的產量，因此有：$\dfrac{\Delta Q_K}{\Delta Q_L} = \dfrac{MP_L}{MP_K}$。

根據邊際報酬遞減規律，隨著勞動量的增加，勞動的邊際產量（MP_L）必然遞減；相反，因勞動增加而必須減少的資本，其邊際產量（MP_K）卻會相應提高。因此，勞動要素的邊際產量與資本要素的邊際產量之比必然遞減。第三，等產量曲線之間不能相交，距離原點越遠的等產量曲線代表的產量水平越高。

企業的產量要受生產技術和各種要素量的影響，這種關係就是企業的生產函數，一般可以表示為 $Q=f(Q_L, Q_K)$。在技術一定的條件下，一組等產量曲線可以用一個生產函數來表示，它的斜率（邊際技術替代率）可以表示為：$MRTS_{L,K} = \dfrac{\partial Q}{\partial Q_L} \bigg/ \dfrac{\partial Q}{\partial Q_K} = \dfrac{MP_L}{MP_K}$。

2. 等成本曲線

廠商的生產決策也要受到成本支出和要素價格的約束。生產者的生產約束用等成本曲線來描述。在企業成本和要素價格既定的條件下，如果廠商把他的成本預算全部用來購買兩種要素，這兩種要素的最大數量組合的軌跡就稱為等成本曲線。

如果兩種要素分別為勞動 L 和資本 K，它們的價格分別為 P_L 和 P_K，廠商的成本預算為 C。根據等成本曲線的定義，等成本曲線的方程可寫成：

$$C = P_L \cdot Q_L + P_K \cdot Q_K$$

或

$$Q_K = -\dfrac{P_L}{P_K} \cdot Q_L + \dfrac{1}{P_K} \cdot C$$

這是一條線性方程。如果用縱軸代表資本量 Q_K，橫軸代表勞動量 Q_L，等成本曲線就是一條斜率為 $-\dfrac{P_L}{P_K}$、縱截距為 $\dfrac{C}{P_K}$ 的直線。顯然，等成本曲線向右下方傾斜，斜率為負。它反應了在既定成本下兩種要素的替代關係。

設 $C=600$ 元，$P_L=2$ 元，$P_K=1$ 元，則有 $Q_L=0$，$Q_K=600$；$Q_K=0$，$Q_L=300$。由此繪出圖 7.2。在圖 7.2 中，如果用全部貨幣購買勞動，可以購買 300 單位（a 點），如果用全部貨幣購買資本，可以購買 600 單位（b 點），連接 a 和 b 點則為等成本線。等成本曲線把勞動和資本的組合分成兩部分。曲線以外的要素組合（如 e 點）是廠商用既定預算支出不能購買的要素組合，這反應了資源的稀缺性。曲線內（如 d 點）和曲

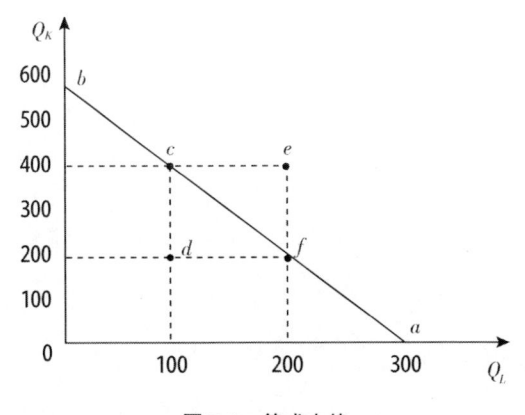

圖 7.2　等成本線

線上（如 c、f 點）的要素組合都是廠商在既定約束下能夠購買的要素組合，但購買曲線內的要素組合就會存在資源閒置。只有購買曲線上的要素組合才達到了資源的充分利用。

如果成本預算和要素價格既定，等成本曲線就是一定的。如果廠商改變成本預算或者要素價格變化，等成本曲線就要發生移動——或者平移，或者旋轉。在要素價格不變時，等成本曲線將隨預算成本支出的增加向遠離原點的方向平移，隨預算成本支出的減少向原點平移；在成本支出一定時，如果兩種要素價格同比例增加或減少，等成本曲線也將平行移動；但如果兩種要素價格發生非同比例變化，等成本曲線則會發生旋轉。

3. 生產要素的最佳組合

廠商為了實現利潤最大化目標，也要力求實現生產者均衡。生產者均衡就是生產要素的最優組合狀態。生產要素的最優組合，是指廠商在既定的生產技術和要素價格條件下，以既定的成本生產最大化的產量，或生產既定產量而耗費的成本最小。簡單地講，生產要素的最優組合就是特定約束條件下生產要素的最小成本組合或最大產量組合。

廠商要如何配置資源才能實現生產要素的最優組合呢？經濟學是利用等產量曲線和等成本曲線這兩個工具來進行分析的。等產量曲線表明了產量對要素組合的依存關係，而等成本曲線則表明了成本對要素組合的依存關係。把等產量曲線與等成本曲線結合起來，就能建立要素組合、產量以及成本三者間的關係。

圖 7.3（Ⅰ）中顯示了既定成本條件下的最大產量組合。在圖中，Q_1、Q_2 和 Q_3 分別代表不同的產量水平，而且有 $Q_1<Q_2<Q_3$。在確定的要素價格和成本預算條件下的等成本曲線為 C。在圖中，等成本曲線與等產量曲線 Q_2 切於 e_0 點，與 Q_1 相交於 e_1 和 e_2 點。切點和交點表示以既定的成本 C 能夠購買到的生產 Q_2 和 Q_1 的要素組合。很明顯，只有切點所對應的要素組合才能在既定的成本條件下實現最大的產量水平，因為表示更高產出水平的等產量曲線（比如 Q_3）是既定成本支出無法生產的，而能夠生產的其他產量水平（比如 Q_1）則低於切點 e_0 所在的產量水平 Q_2。等產量曲線與等成本曲線切點所對應的要素組合，比如（Q_L^0, Q_K^0），是既定成本條件下的最佳要素組合。

以既定成本獲得最大的產量，也意味著以最小的成本生產確定的產量。因此，分析最大產量組合的方法同樣適用於最小成本分析。在圖 7.3（Ⅱ）中，C_1、C_2 和 C_3 分別代表在既定價格下的不同成本支出，而且有 $C_1<C_2<C_3$。曲線 Q 表示既定的等產量曲線，它分別與 C_2 切於 e_0 點，與 C_3 交於 e_1 和 e_2 點。e_0、e_1 和 e_2 表明了 C_2 和 C_3 的成本支出都能達到 Q_0 所代表的產量水平。從圖中可以看出，只有等產量曲線 Q_0 與等成本曲線 C_2 的切點（Q_L^0, Q_K^0）的要素組合才是最低成本組合，因為低於 C_2 的成本支出達不到既定的產量 Q_0，而高於 C_2 的成本支出則意味著廠商要為產量 Q_0 付出比 C_2 更多的成本。

上述分析表明：要素的最佳組合必定是等產量曲線與等成本曲線切點的組合，因而切點就是生產要素的最佳組合點。由於切點處兩條相切曲線的斜率相等，所以等產量曲線與等成本曲線斜率相等就是實現要素最優組合的必要條件。這也稱為最佳要素

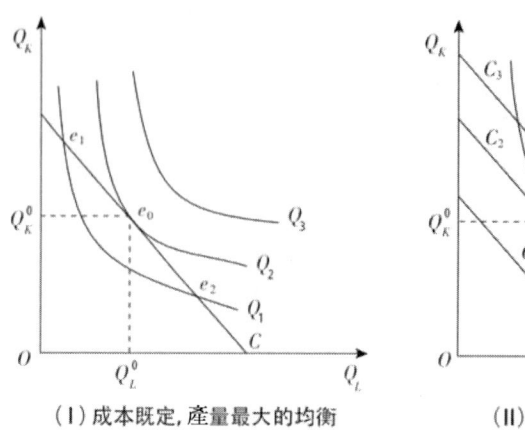

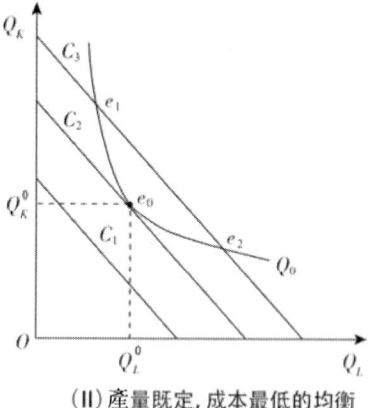

(Ⅰ) 成本既定,產量最大的均衡　　　　(Ⅱ) 產量既定,成本最低的均衡

圖 7.3　生產要素的組合

組合原則,可以表達為：

$$\frac{MP_L}{MP_K}=\frac{P_L}{P_K} \quad 或 \quad \frac{MP_L}{P_L}=\frac{MP_K}{P_K}$$

完整地講,與圖 7.3（Ⅰ）相對應,企業尋找以既定成本生產最大產量的要素組合,實際上可以聯立求解方程（有約束條件下的最大化）：

$$\begin{cases}\dfrac{MP_L}{MP_K}=\dfrac{P_L}{P_K}\\ C=P_L\cdot Q_L+P_K\cdot Q_K\end{cases}$$

與圖 7.3（Ⅱ）相對應,企業尋求以最低成本生產既定產量的要素組合,實際上就是求解聯立方程組：

$$\begin{cases}\dfrac{MP_L}{MP_K}=\dfrac{P_L}{P_K}\\ Q=f(Q_L,Q_K)\end{cases}$$

上式表明：要實現生產要素的最優組合,必須使兩種生產要素的邊際產量之比與它們的市場價格之比相等,或者使用在兩種要素上的最後一單位的貨幣的邊際產量相等。

在存在固定投入的條件下,如果廠商投入多種可變要素 $x,y,\cdots,n$,則其最優組合的必要條件為：

$$\frac{MP_x}{P_x}=\frac{MP_y}{P_y}=\cdots=\frac{MP_n}{P_n}$$

即只要每種要素的邊際產量與價格之比都相等,就能實現多種要素的最優配置。生產要素的最優組合是通過廠商對要素購買比例的反覆調整實現的。如果購買勞動的貨幣邊際產量大於購買資本的貨幣邊際產量,廠商將會增加勞動的購買,同時減少資本的購買。隨勞動投入的增加和資本投入的減少,勞動的邊際產量下降,資本的邊際產量提高,直到兩種投入的邊際產量與價格之比剛好相等為止。此時,廠商不再調整要素組合,要素組合達到最佳。

二、社會生產的最佳要素組合

以上我們考察了單個廠商利用既定的兩種生產要素生產一種產品的最優要素組合情況,下面再考察社會利用既定數量的生產要素生產多種產品處於帕累托最優狀態的情形。

假定社會存在 A、B 兩個廠商,它們都共同使用總量既定的勞動 L 和資本 K 這兩種生產要素,分別生產兩種產品 X 和 Y,於是社會可以將一定數量的兩種生產要素分別配置在兩種產品的生產上。對於一個特定的配置,社會不可能在不影響一種產品產量的條件下使得另外一種產品的產量得到增加,那麼,社會的生產就處於帕累托最優狀態。關於這點,經濟學中通常採用埃奇沃斯盒形圖(如圖 7.4 所示)來加以說明。埃奇沃斯盒形圖是英國經濟學家埃奇沃斯發明的用以研究社會資源配置效率問題的分析方法。

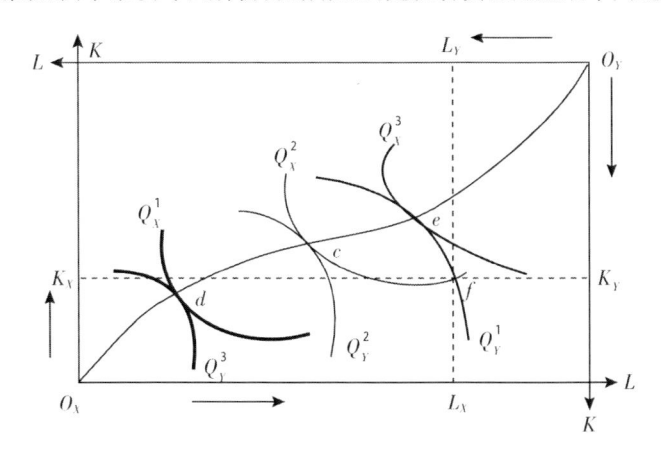

圖 7.4　生產的埃奇沃斯盒形圖

圖 7.4 中,橫軸代表勞動(L)要素的數量 Q_L,縱軸代表資本品(K)要素的數量 Q_K。兩個相對的原點 O_X 和 O_Y 是兩種產品 X 和 Y 的生產出發點。X 產品的生產有三條等產量線,Q_X^1、Q_X^2、Q_X^3 分別代表 X 產品不同的產量水平;Y 商品的生產也有三條等產量線 Q_Y^1、Q_Y^2 和 Q_Y^3,分別代表 Y 商品的不同產量水平。

假定圖中 f 點是等產量線 Q_X^2 和 Q_Y^1 的交點,這時,Q_X^2 產量水平的生產要素組合為 L_X+K_X,Q_Y^1 產量水平的生產要素組合為 L_Y+L_K。從圖中可以直觀地看出,X 商品的 Q_X^2 產出水平和 Y 商品的 Q_Y^1 產出水平並不是既定生產資源勞動要素總和 L_X+L_Y 與資本品要素總和 K_X+K_Y 所能生產出來的最大產量水平組合。因為,在 f 點上顯然還存在著生產的帕累托改進餘地。比如,從 f 點沿等產量線 Q_Y^1 向 e 點移動。在 e 點,由於等產量線 Q_X^3 與等產量線 Q_Y^1 相切,產品 X 的產量水平從等產量線 Q_X^2 提高到 Q_X^3,X 產品的產量增加了,而 Y 產品的產量水平並沒有發生變化,還保持在原等產量線 Q_Y^1 的水平。再比如,從 f 點沿著等產量線 Q_X^2 向 c 點移動。在 c 點,由於等產量線 Q_Y^2 與 Q_X^2 相切,X 產品的產量水平不變,仍保持在等產量線 Q_X^2 的水平上,但是 Y 產品的產量水平卻可以從

等產量線 Q_Y^1 提高到 Q_Y^2。因此，在生產的埃奇沃斯盒形圖中，如果兩種產品的兩條等產量線相交，必定存在生產的帕累托改進。通過帕累托改進，優化勞動和資本這兩種生產要素在兩種產品 X 和 Y 的生產上的配置，可以提高生產的效率，並在兩種產品生產的等產量線相切的切點上達到生產的帕累托最優狀態。因為在切點上已不存在任何帕累托改進的餘地，如在切點 c 上，要使 X 產品增加到 Q_X^3 的產量水平，就必須使 Y 產品的產量水平從 Q_Y^2 減少到 Q_Y^1 的水平，反之亦然。

由於生產的埃奇沃斯盒形圖中有無數條產品 X 和 Y 生產的等產量曲線，因此也有無數個等產量曲線的切點，把這些切點連結起來可以得到一條顯示所有的有效率的生產要素組合的曲線，這條曲線就叫作生產契約曲線或生產效率曲線。

從生產的帕累托最優狀態可以得到生產的帕累托最優條件。由於生產的帕累托最優狀態是兩種產出的等產量線的切點，而兩條等產量線相切的條件是兩條等產量線的斜率相等。根據前面所學知識，等產量線的斜率用兩種生產要素的邊際技術替代率來表示。因此，生產的帕累托最優條件是：兩種生產要素的邊際技術替代率在兩種商品的生產上必須相等。即以 $MRTS_{LK}^X$ 代表 X 商品生產上 L 和 K 兩種生產要素的邊際技術替代率與以 $MRTS_{LK}^Y$ 代表 Y 商品生產上 L 和 K 兩種生產要素的邊際技術替代率要相等。用公式表示為：

$$MRTS_{LK}^X = MRTS_{LK}^Y$$

第三節　交換的帕累托最優

生產的帕累托最優說明了全社會通過合理配置生產要素來生產多種產品，僅僅說明了生產資源的配置效率。實際上，交換的帕累托最優就是研究已經生產出來的各種產品能否合理配置到各個消費者手中，以實現全社會的產品配置效率或者消費效率。

一、單個消費者的最佳消費組合

為了便於理解，我們先說明單個消費者把有限的資源用來購買兩種產品，以實現自己的資源最優配置。在一定的偏好條件下，個人的效用量取決於兩種商品的量，也就是依存於兩種消費品的組合。就產量而言，各種組合之間要麼提供相同的效用，要麼提供不同的效用。研究消費者行為，就是要研究消費者如何在收入和價格既定的條件下，確定並實現最大效用的商品購買組合。為此，經濟學以無差異曲線和消費約束線為分析工具。

1. 無差異曲線

對兩種商品的各種組合，根據偏好程度，消費者總能把它們分成各個系列，各個系列之間的組合是存在偏好差異的，而同一系列內的組合的偏好是無差異的。無差異曲線，又稱為等效用曲線，就是能夠給消費者提供相同效用水平的兩種商品的不同數量的組合點的系列。

顯然，一個偏好系列就形成一條無差異曲線，多個偏好系列就形成多條無差異曲

線。正如地圖上的等高線一樣，無差異曲線表示兩種商品組合的效用高度。同一條無差異曲線上的商品組合效用高度相等，而不同無差異曲線的商品組合效用高度不同。

圖7.5顯示了消費者一週內對麵包（X）與飲料（Y）的消費組合的效用。其中，橫軸代表麵包的數量Q_X，縱軸代表飲料的數量Q_Y。他對在曲線U_1上的各種消費組合$a(2,4)$、$b(4,2)$是無差異的，因為它們都提供同等程度的滿足。例如，消費者從4個麵包和2瓶飲料的消費中獲得的效用，與他從2個麵包和4瓶飲料的消費中獲得的效用一樣。他對曲線U_2與U_1的組合系列$c(3,4)$、$d(4,3)$則存在不同的效用。根據「多比少好」的偏好和效用公理，曲線位置越高的組合效用越大，從而曲線U_2表示的滿足程度高於U_1，即$U_2>U_1$。

圖7.5 偏好與無差異曲線

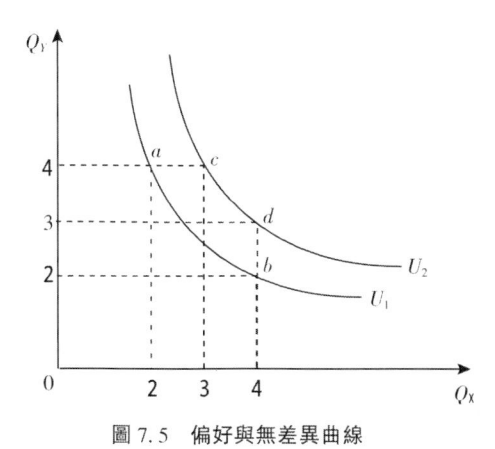

圖7.5中只是顯示了消費者對U_1、U_2的兩種效用水平的評價。事實上，圖中應當有無數條無差異曲線，這些曲線平行鋪滿了整個正象限。但是，為了簡化作圖和分析，我們通常只畫其中的幾條曲線。應當指出的是，曲線U_1和U_2除了說明U_1比U_2效用低之外，並不能說明U_1比U_2效用低多少。從無差異曲線的走勢、形狀以及關係看，它具有三大特徵：

第一，無差異曲線向右下方傾斜。在曲線U_1上的一切商品組合點，比如a、b，都能提供完全相同的滿足程度。根據無差異曲線的定義，消費者在滿足水平不變的條件下可以選擇兩種商品的不同組合。他可以通過放棄一定數量的Y商品的消費，同時又增加一定數量的X商品的消費，使總效用保持不變。因為如果消費者要想保持X商品消費不變而增加Y商品消費（比如由b變為d），或者同時增加X商品和Y商品的消費，都會改變他的滿足水平。所以，等效用曲線上的消費組合改變，兩種商品的數量必須是此消彼長、呈反方向變動的，即無差異曲線是一條負相關的曲線。

第二，無差異曲線向原點凸出。無差異曲線上的組合點的運動，實際上反應了兩種商品之間的替代關係。比如曲線U_1上的b點向a點運動，實際上是消費者用增加2瓶飲料的消費來替代2個麵包的消費。在經濟學上，這種消費者為了保持同等效用水平，在增加單位X商品消費時所必須減少的Y商品消費的數量，被稱為邊際替代率。邊際替代率就是無差異曲線的斜率，通常用商品Y的減少量ΔQ_Y與商品X的增加量ΔQ_X之比來表示。由於同一無差異曲線上任意兩種商品組合帶來的效用相同，增加

ΔQ_X 所增加的效用必然等於減少 ΔQ_Y 所減少的效用。所以有：$\dfrac{\Delta Q_Y}{\Delta Q_X} = \dfrac{MU_X}{MU_Y}$。

根據邊際效用遞減規律，隨著 X 商品數量的增加，Y 商品的數量必然相應地減少，從而 X 商品的邊際效用 MU_X 越來越小，Y 商品的邊際效用 MU_Y 越來越大。這就使得邊際替代率或無差異曲線斜率遞減，即無差異曲線是凸向原點的。

第三，無差異曲線之間不能相交，距離原點越遠的無差異曲線效用越高。同一條無差異曲線反應一種消費偏好和效用評價，不同的無差異曲線則代表不同的消費偏好和效用評價。距離原點越遠的等效用曲線表示效用水平越高，距離原點越近的等效用曲線表示效用水平越低。如果兩條無差異曲線相交，相交點就必然同時處在兩條無差異曲線上，因而就應提供不同的滿足或效用。但是，不同的滿足要由不同的商品組合系列提供，而同一系列的商品組合只能提供相同的滿足，這與無差異曲線本身的定義相矛盾。因此，任意兩條無差異曲線不能相交。

消費者的偏好或無差異曲線可以用效用函數來表示，即 $U=f(Q_x, Q_y)$。當然，無差異曲線的斜率，或者說邊際替代率，就為 X 和 Y 商品的邊際效用之比，即 $MRS_{x,y} = \dfrac{\partial U}{\partial Q_x} \Big/ \dfrac{\partial U}{\partial Q_y} = \dfrac{MU_x}{MU_y}$。

2. 消費約束線

無差異曲線分析只反應了人們在不考慮消費預算和商品價格時的偏好和滿足，但實際上研究消費者抉擇還必須研究消費者預算和價格等約束條件。

人們的現實消費抉擇總要受消費預算和商品價格的約束，消費者只能在消費預算和商品價格允許的範圍內選擇商品組合——因為消費者的貨幣資源是稀缺的，而商品又不能免費享用。如果消費者要選購兩種商品，在消費預算和商品價格既定的條件下，他充分使用其購買預算所能夠購買的兩種商品的最大組合點的軌跡，就是消費約束線。

假設兩種商品為 X 商品（麵包）和 Y 商品（飲料），相應的商品價格分別為 P_X 和 P_Y，購買量用 Q_X 和 Q_Y 表示。如果消費預算為 I，則消費約束線的方程可寫為：

$$I = P_X \cdot Q_X + P_Y \cdot Q_Y$$

或

$$Q_Y = -\dfrac{P_X}{P_Y} \cdot Q_X + \dfrac{1}{P_Y} \cdot I$$

這是一個直線方程。如果用縱軸表示 Q_Y，橫軸表示 Q_X，消費約束線就是一條以 $-\dfrac{P_X}{P_Y}$ 為斜率、以 $\dfrac{I}{P_Y}$ 為縱截距的直線。很明顯，消費約束線向右下方傾斜，斜率為負，它反應了既定約束條件下兩種商品的替代關係。

上述消費約束方程可以用圖 7.6 表示出來。消費約束線具有重要的經濟意義。在圖中，消費約束線以外的點（如 d 點），是消費者在現在的商品價格和消費預算條件下不能購買到的商品組合，它們反應了消費者貨幣資源的稀缺性。消費約束線以內的點（如 c 點），是消費者在現有條件下能夠購買的商品組合，但存在貨幣剩餘，因此它們反應了消費者貨幣資源的閒置。消費約束線上的點（如 a、b 點），都是消費者剛好用完消費預算能夠購買的商品組合，它們反應了消費者貨幣資源的充分利用。

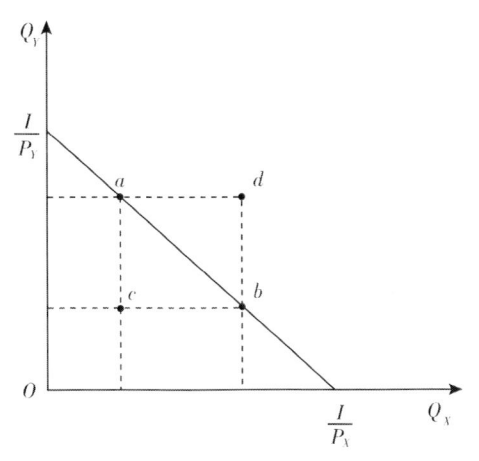

圖 7.6　消費約束線

3. 個人消費品的最佳組合

任何一個理性的消費者在用一定的收入購買商品時，都是為了從中獲得盡可能大的消費滿足。消費者均衡就是消費者在一定的預算收入和商品價格條件下的效用最大化狀態。很明顯，消費者均衡既包含消費偏好或消費意願，即效用最大化；又包含消費約束，即預算收入和商品價格。在序數效用論中，消費者的主觀偏好是用無差異曲線表示的，而消費者的客觀限制又是用消費約束線表示的。因此，研究消費者均衡的實現，就應該把無差異曲線和消費約束線結合起來運用。

在消費約束線既定時，它可能同多條無差異曲線相交，但只能而且一定能與一條無差異曲線相切。消費約束線與無差異曲線相交或相切，表示既定收入可以買到這些交點或切點上的商品組合；反之，如果消費約束線與無差異曲線既不相交也不相切，說明既定收入買不起這些無差異曲線上的商品組合。消費約束線與無差異曲線相交點上的商品組合不是預算約束下滿足水平最高的商品組合，只有消費約束線與無差異曲線切點上的商品組合，才是預算限制條件下使消費者獲得最大滿足的商品組合。為此，序數效用論把預算約束線與無差異曲線的切點稱為消費者均衡點。消費者均衡點表示消費者選擇的商品組合，既在消費約束線上，同時又在一條盡可能高的無差異曲線上，如圖 7.7 所示。

在圖 7.7 中，I 是消費約束線，它反應了既定的預算收入和商品價格。U_1、U_2、U_3 是三條位置越來越高的無差異曲線。I 與 U_1 相交於 e_1、e_2 兩點，這說明消費者的既定預算可以買到 U_1 上的 e_1、e_2 兩組合，但這樣的購買不能給消費者帶來最大效用，因為 U_1 線低於 U_2 線，即 U_1 的效用水平低於 U_2。理性的消費者不會做出這樣的抉擇。雖然 U_3 線位置高於 U_2 線，U_3 比 U_2 能為消費者提供更大的效用，但因消費約束線的限制，消費者不可能選擇 U_3 上的商品組合。只有 I 線與 U_2 線的切點 e_0 上的商品組合，才是理性的消費者應該選擇的能獲得最大效用的商品組合，因為此時不存在既在消費約束線 I 上，同時又處於比 U_2 線位置更高的無差異曲線上的其他商品組合。因此，e_0 點就是消費者均衡點。當富有理性的消費者經過反覆的掂量、比較、搜尋和選擇，找到了

使他遺憾最小而滿足最大的商品組合後，只要購買預算、商品價格和消費偏好不發生變化，消費者就不會改變這一狀態。在這種狀態下，消費者的貨幣資源在兩種商品上的配置比例是最優的，從而兩種商品的組合也是最佳的，實現了最優的消費效率。這時就處於消費者均衡狀態。

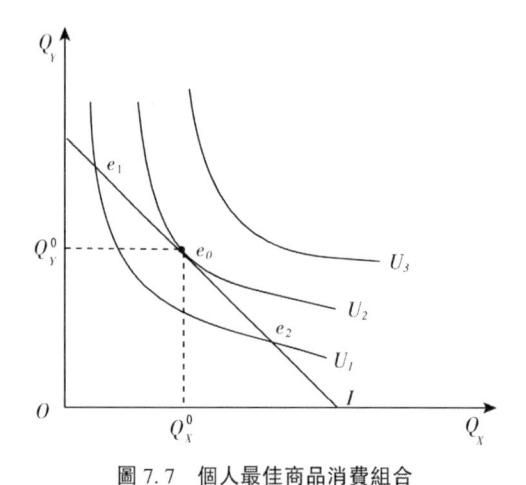

圖7.7　個人最佳商品消費組合

消費約束線與無差異曲線的切點是消費者均衡點，兩條曲線在切點上的斜率一定相等。由於消費約束線的斜率是兩種商品價格之比，而無差異曲線斜率是兩種商品的邊際替代率，它等於兩種商品的邊際效用之比。所以，消費者均衡的必要條件可寫成：

$$\frac{P_X}{P_Y}=\frac{MU_X}{MU_Y} \quad 或 \quad \frac{MU_X}{P_X}=\frac{MU_Y}{P_Y}$$

上式表明，在商品價格既定時，消費者把一定的預算收入全部用來購買 X 和 Y 兩種商品，只要兩種商品的價格比正好等於它們的邊際效用之比，消費者就能獲得最大效用。或者說，只要消費者用於購買兩種商品的最後一個單位的貨幣的邊際效用相等，就實現了消費者均衡。

實際上，消費者的消費可以聯立方程組。如果消費者是追求用最少的成本獲得既定的效用，就聯立解：$\begin{cases}\dfrac{MU_x}{MU_y}=\dfrac{P_x}{P_y} \\ U=f(Q_x, Q_y)\end{cases}$；如果消費者是以既定支出獲得最大效用，則聯立解：

$$\begin{cases}\dfrac{MU_x}{MU_y}=\dfrac{P_x}{P_y} \\ I=P_x \cdot Q_x + P_y \cdot Q_y\end{cases}$$

如果我們用貨幣 M 代替圖7.7中的 Y 商品，用 P_M 代替 P_Y 且 $P_M=1$，用 λ 代替 MU_Y，則上述必要條件可表述為：

$$\frac{MU_X}{P_X}=\frac{\lambda_M}{P_M}=\lambda$$

上式表明：當消費者面臨持有貨幣與購買商品的選擇時，他必須讓用在購買商品上的貨幣的邊際效用等於貨幣自身的邊際效用。

如果消費者不只是購買兩種商品，而是購買多種商品，消費者均衡的條件就可寫成：

$$\frac{MU_X}{P_X} = \frac{MU_Y}{P_Y} = \cdots = \frac{MU_N}{P_N}$$

二、社會的最佳消費組合

以上我們考察了單個消費者在既定的預算約束條件下消費兩種商品的最優組合情況，下面再考察全社會在既定的約束條件下彼此交換多種商品處於帕累托最優狀態的情形。我們知道，消費者進行交換的目的是獲得滿足，因此交換的最優條件也就是能使交換雙方通過交換獲得最大滿足的條件。對於這點，也可以用埃奇沃斯盒形圖來進行說明。

我們假定經濟中只有 A 和 B 兩個消費者，他們消費兩種商品 X 和 Y。假定經濟社會擁有的兩種商品的數量分別為 Q_X 和 Q_Y，於是，社會可以就這兩種商品進行交換和配置。當對於兩個消費者消費既定的商品數量組合，不可能在不影響一個人境況的情況下使得另一個人的境況得到改善，那麼，交換處於帕累托最優狀態。

如圖 7.8 所示，橫軸代表 X 商品的數量，縱軸代表 Y 商品的數量，O_A 和 O_B 分別為兩個消費者 A 和 B 的原點。另外，A 和 B 兩個消費者各有三條無差異曲線。A 的三條無差異曲線分別為 u_A^1、u_A^2、u_A^3；B 的三條無差異曲線分別為 u_B^1、u_B^2、u_B^3。

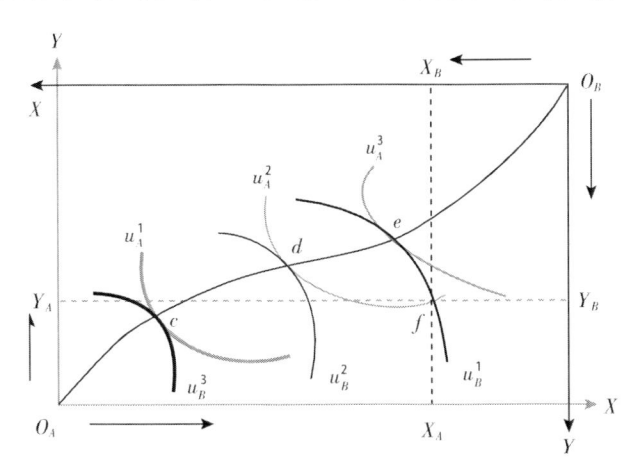

圖 7.8　交換的埃奇沃斯盒形圖

現假定：開始交換之前，A、B 兩個消費者各自擁有的商品組合如 f 點所示，即 A 消費者擁有的 X 商品過多而擁有的 Y 商品過少。與此相反，B 消費者擁有的 X 商品過少而擁有的 Y 商品過多。根據邊際效用遞減規律，A 消費者由於擁有過多的 X 商品而對 X 商品評價低，而對 Y 商品評價高。B 消費者則對 Y 商品的評價低，對 X 商品評價

高。在這種情況下，通過交換，A 消費者用 X 商品與 B 消費者的 Y 商品交換，對兩者都有好處。

現在的問題是，在埃奇沃斯盒形圖中，X 商品和 Y 商品的交換在哪些情況下符合帕累托最優狀態，即交換的效率最大呢？利用圖 7.8 中 A、B 兩個消費者的無差異曲線，從 f 點出發，在圖中可以找到 e 和 d 兩個帕累托最佳交換點。在 f 點，由於無差異曲線 u_A^2 和 u_B^1 相交，容易看出，它不是交換的帕累托最優狀態，因為在 f 點上存在著帕累托改進的餘地。例如，從 f 點運動到 e 點，由於在 e 點上無差異曲線 u_A^3 和 u_B^1 相切，則消費者 A 的效用水平從無差異曲線 u_A^2 提高到 u_A^3，而消費者 B 的效用水平沒有變化，仍停留在無差異曲線 u_B^1 上；再從 f 點變動到 d 點，由於在 d 點上，無差異曲線 u_B^2 和 u_A^2 相切，則消費者 B 的效用水平提高，從無差異曲線 u_B^1 提高到 u_B^2，而消費者 A 的效用水平未變，仍停留在 u_A^2 水平上。由此可見，在交換的埃奇沃斯盒形圖中，如果消費者 A 和 B 的兩條無差異曲線相交，則存在著帕累托改進的餘地；通過帕累托改進，消費者 A 和 B 的兩條無差異曲線相切，在兩條無差異曲線的切點上就實現了交換的帕累托最優狀態，此時，交換的社會效率最大。在實際交換中，消費者 A 和 B 是在 e 點還是 d 點，或是在 e 和 d 之間任選一點進行交換，這要取決於交換雙方的討價還價能力。

由於在交換的埃奇沃斯盒形圖中有無數條消費者 A 和 B 的無差異曲線，因此也有無數個無差異曲線的切點，它們都代表了交換的帕累托最優狀態，把這些無差異曲線的切點連結起來，可以得到一條顯示所有可能的進行互利貿易的有效交易點的曲線，這條曲線叫作交換契約曲線或交換效率曲線。

由於交換的帕累托最優狀態是消費者 A 和消費者 B 的無差異曲線的切點，因而兩條無差異曲線相切的條件就是交換的帕累托最優條件。在切點上兩條無差異曲線的斜率相等。根據前面所學知識，無差異曲線的斜率是兩種商品的邊際替代率。因此，交換的帕累托最優條件是：兩種商品的邊際替代率對兩個消費者必須相等。即以 MRS_{XY}^A 代表 A 消費者的 X 商品與 Y 商品之間的邊際替代率與以 MRS_{XY}^B 代表 B 消費者的 X 商品與 Y 商品之間的邊際替代率要相等。用公式表示則為：

$$MRS_{XY}^A = MRS_{XY}^B$$

第四節 生產和交換的帕累托最優

上面分別介紹了在不考慮交換時的生產的帕累托最優和不考慮生產時的交換的帕累托最優，下面再來考察一下生產和交換相互作用時的帕累托狀態及其條件。

一、生產可能性邊界曲線

生產契約曲線是埃奇沃斯盒形圖中等產量曲線切點的軌跡。生產的埃奇沃斯盒形圖作為要素空間，在生產契約線上首先表示的是兩種要素在兩種產品生產上的配置。同時，借助於要素的不同分配，在生產契約線上的每一點也間接地體現了處於生產的帕累托最優狀態下，運用全部生產要素所能生產的兩種產品的產量組合。當我們把這

些產品產量組合轉到產品空間上，則可以得到表示兩種產品產量關係的生產可能性曲線。生產可能性邊界曲線可根據生產契約線繪制出，如圖7.9所示。

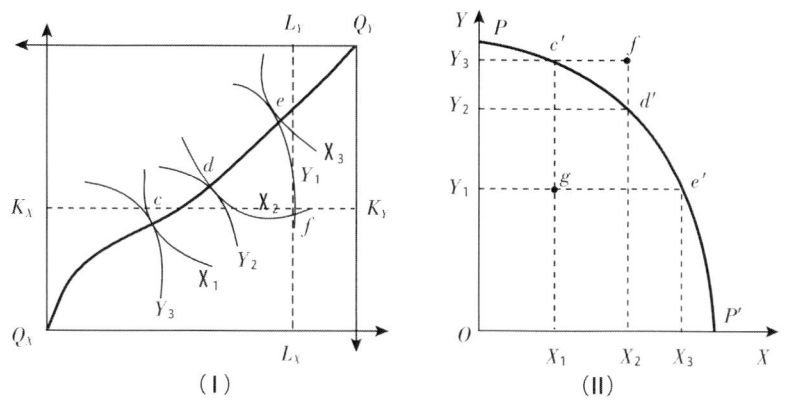

圖 7.9 生產可能性曲線

在圖7.9（Ⅰ）的生產的埃奇沃斯盒形圖中，假定生產契約線上 c 點所表示的兩種產品的產量組合為 $(X_1，Y_3)$，d 點所表示的兩種產品的產量組合為 $(X_2，Y_2)$，e 點所表示的組合為 $(X_3，Y_1)$。現在，將圖7.9（Ⅰ）中的 c、d 和 e 點所代表的產品組合繪制在圖7.9（Ⅱ）中，就可以得到與生產契約線相對應的生產可能性曲線。在圖7.9（Ⅱ）中，橫軸代表 X 產品的數量，縱軸代表 Y 產品的數量，c'、d' 和 e' 分別表示與生產契約線上 c、d 和 e 相對應的兩種產品 X 和 Y 的組合點，PP' 為生產可能性曲線。

生產可能性曲線表示在其他條件不變的情況下社會所能生產的兩種產品產量最大的各種組合。生產可能性曲線以外任意一點是既定生產要素所不能達到的產量組合（如 f 點）。生產可能性曲線以內任意一點是既定要素可以達到的產量組合，但不是最大的產量組合（如 g 點）。

生產可能性曲線也被稱為產品轉換曲線，這是因為在生產可能性曲線上，一種產品產出數量的增加是以另一種產品產出數量的減少為代價的，即只有通過減少一種產品的產出數量才能增加另一種產品的產出數量。生產可能性曲線上兩種產品相互轉換的比率稱為邊際轉換率。用公式表示為：

$$MRT_{XY} = \frac{\Delta Y}{\Delta X}$$

式中：MRT 為邊際轉換率，該式表示在技術條件不變，資源充分利用時，增加一單位 X 產品必須放棄的 Y 產品的數量。在圖7.9（Ⅱ）圖中，當 PP' 線上 c' 點向 d' 點方向移動時，邊際轉換率的值不斷增大，這表明隨著 X 產品的增加，要多生產1單位 X，必須放棄越來越多的 Y。邊際轉換率也是生產可能性曲線的斜率，其遞增的性質決定了轉換曲線凹向原點的特徵。

二、生產和交換的帕累托最優

在給出生產可能性曲線之後，我們可以利用該曲線把生產和交換兩個方面結合在

一起，從而得到在生產和交換達到一般均衡時的帕累托最優。可用圖 7.10 來加以說明。

根據帕累托最優條件要求，只要沿著生產契約線來配置生產要素就能實現生產的帕累托最優狀態。把生產契約線轉變為生產可能性曲線，由生產可能性曲線的性質可知，生產可能性曲線上任意一點都滿足生產的帕累托最優條件。假定在圖 7.10 中 PP' 曲線上任取一點，例如 b 點，則該點完全滿足生產的帕累托最優條件。

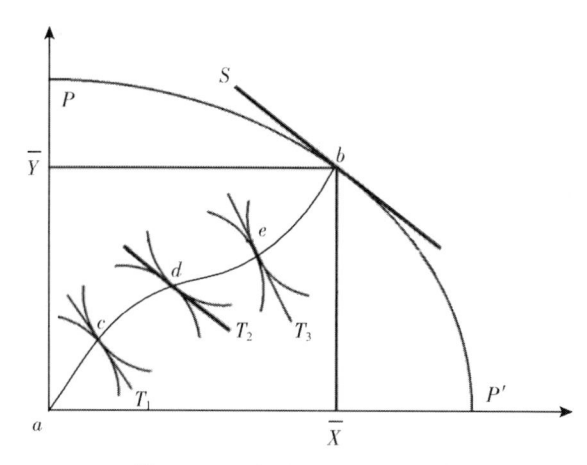

圖 7.10　生產和交換的帕累托最優

生產可能性曲線 PP' 上的 b 點，在滿足生產的帕累托最優條件的同時，又代表了 X 和 Y 兩種商品的最大產出組合。從 b 點出發分別引一條垂線到 $\overline{X}$，一條垂線到 $\overline{Y}$，則得到一個矩形 $a\overline{Y}b\overline{X}$，該矩形構成一個既定產量組合下的埃奇沃斯交換盒形圖。在這個盒形圖中，X 商品的數量為 $\overline{X}$，Y 商品的數量為 $\overline{Y}$，a 和 b 分別為兩個消費者 a 和 b 的原點，ab 線為交換契約線，交換契約線 ab 上任意一點均滿足交換的帕累托最優條件。可見，在生產可能性曲線上一點，給定一個生產的帕累托最優狀態，就有一條交換契約曲線與之對應，即一個生產的帕累托最優狀態面對著無數的交換的帕累托最優狀態。但交換契約線上的哪一點在滿足交換的帕累托最優條件的同時又滿足生產的帕累托最優條件，即在交換契約線上哪一點能夠實現交換與生產的均衡呢？

利用無差異曲線的邊際替代率 MRS_{XY} 和生產可能性曲線的產品轉換率 MRT_{XY}，我們可以證明只有在邊際替代率與產品的邊際轉換率相等時，才能實現交換與生產的均衡。在圖中，S 線是生產可能性線上 b 點的切線，T_1、T_2 和 T_3 線是 a、b 兩個消費者的無差異曲線在 c、d、e 點的切線。其中，只有 T_2 線與 S 線平行，這表明在交換契約線上只有 d 點的斜率與生產可能性曲線上 b 點的斜率相等。而交換契約線上 d 點的斜率由無差異曲線的邊際替代率 MRS_{XY} 表示，生產可能性線上 b 點的斜率由邊際轉換率 MRT_{XY} 表示，因此可以得出，交換與生產同時處於帕累托狀態的均衡條件是邊際替代率與邊際轉換率相等。用公式表示則為：

$$MRS_{XY} = MRT_{XY}$$

如果 $MRS_{XY} \neq MRT_{XY}$，生產者將沿著生產可能性曲線來調整生產要素在兩種產品生

產上的配置，從而調整兩種產品的產量，隨之，交換的盒形圖也發生改變。假定圖7.10中 b 點的邊際轉換率 $MRT_{XY}=0.5$，而 e 點的邊際替代率 $MRS_{XY}=1$，則 $MRT_{XY}<MRS_{XY}$。$MRT_{XY}=0.5$ 表示生產者通過減少 0.5 單位 Y 商品的生產可以增加 1 單位的 X 商品的生產。$MRS_{XY}=1$ 表示消費者通過減少 1 單位 Y 商品的消費來增加 1 單位的 X 商品的消費，其效用程度不變。此時並沒有達到生產與交換的均衡，即沒有使生產和交換同時處於帕累托最優狀態上，因為在這種情況下，生產者改變產品組合，多生產 X 產品，少生產 Y 產品，可使社會淨福利增加。比如生產者少生產 1 單位 Y 商品，從而少給消費者 1 單位 Y 商品，但卻多生產出 2 單位的 X 商品，從多增加的 2 單位 X 中拿出 1 單位給消費者，即可維持消費者的滿足程度不變，餘下的 1 單位 X 商品就代表了社會福利的淨增加。這說明產品的邊際轉換率小於邊際替代率時，仍然存在帕累托改進的餘地。相反，產品的邊際轉換率大於邊際替代率時，也同樣存在著帕累托改進的餘地。

因此，給定生產可能性曲線上一點 b 和與 b 相應的交換契約線上一點 d，只有 b 點的產品邊際轉換率等於 d 點的產品邊際替代率，才能滿足生產與交換的帕累托最優條件。圖中 d 點的無差異曲線的切線 T_2 與過 b 點的生產可能性曲線的切線 S 平行說明了只有 b 點才處於滿足上述條件的生產與交換相均衡的帕累托最優狀態。

第五節　競爭性市場的經濟效率

至此已介紹了三種帕累托最優狀態，那麼，在什麼市場條件下可以全面滿足帕累托最優的三個邊際條件，使整個經濟達到帕累托最優狀態呢？經濟學認為，若規模收益不變，沒有外部經濟或不經濟的影響，完全競爭的市場條件可以同時滿足帕累托最優的三個邊際條件。

一、完全競爭市場符合生產的帕累托最優條件

由已學知識可知，生產者要用既定的貨幣投入獲得最大的產出，必須使其在要素市場上購買的任意兩種生產要素的邊際技術替代率等於這兩種要素的價格之比，即生產者要在成本一定時獲得最大產出，或在產量一定時使成本最小，就必須遵循 $MRTS=\dfrac{P_L}{P_K}$ 原則，這一原則對任何生產者都是適用的。

在完全競爭市場條件下，由於所有的生產者都是價格的被動接受者，因此都面臨同樣的要素價格水平，這就使得任何生產者在實現生產均衡的同時也就實現了生產的帕累托最優條件。比如生產者 C 在達到 $MRTS_{LK}^{C}=\dfrac{P_L}{P_K}$ 時，實現了 C 的均衡；生產者 D 在達到 $MRTS_{LK}^{D}=\dfrac{P_L}{P_K}$ 時，實現了 D 的均衡。由於在完全競爭的要素市場上，生產者 C 和 D 面臨的要素價格完全相等，所以 $MRTS_{LK}^{C}=\dfrac{P_L}{P_K}=MRTS_{LK}^{D}$。可見，完全競爭滿足了生產的帕累托最優條件。

二、完全競爭市場符合交換的帕累托最優條件

由前面所學相關知識可知，消費者要以有限的收入獲得最大的效用，必須使其所消費的任意兩種商品的邊際替代率等於這兩種商品的價格之比，即消費者要實現效用最大化，必須遵循 $MRS_{XY} = \dfrac{P_X}{P_Y}$ 的原則。這一原則對任何消費者都是適用的。

由於完全競爭市場環境中，所有的消費者和生產者一樣，都是市場價格的被動接受者，因此都享有同樣的價格水平。這就使得任何消費者在實現消費均衡的同時也實現了交換的帕累托最優條件。如消費者 A 的均衡條件為 $MRS_{XY}^A = \dfrac{P_X}{P_Y}$，消費者 B 的均衡條件為 $MRS_{XY}^B = \dfrac{P_X}{P_Y}$，由於價格相等，所以 $MRS_{XY}^A = \dfrac{P_X}{P_Y} = MRS_{XY}^B$。可見，完全競爭滿足了交換的帕累托最優條件。

三、完全競爭市場符合交換和生產的帕累托最優條件

在廠商理論中，經濟學家指出，廠商要實現利潤最大化必須使 $MR = MC$，由於在完全競爭的市場條件下，商品價格不變，廠商的 $MR = P$，所以 $P = MC$。在這種情況下，兩種產品的邊際轉換率等於兩種商品的價格之比。

由於產品的邊際轉換率 $MRT_{XY} = \dfrac{\Delta Y}{\Delta X}$，它表示增加 ΔX 就必須減少 ΔY，或者增加 ΔY 就必須減少 ΔX，因此 ΔY 可以看成是 X 的邊際成本（機會成本），而 ΔX 也可看成 Y 的邊際成本。如果用 MC_X 和 MC_Y 分別代表 X 和 Y 的邊際成本，則 X 產品對 Y 產品的邊際轉換率可以表示為兩種產品的邊際成本的比率，即：$MRT_{XY} = \dfrac{\Delta Y}{\Delta X} = \dfrac{MC_X}{MC_Y}$。

根據完全競爭市場中產品價格等於產品邊際成本的利潤最大化原則，對於任意商品 X 和 Y 的生產，其利潤最大化條件為：$P_X = MC_X$，$P_Y = MC_Y$。這樣，兩種產品的邊際轉換率就進一步等於兩種產品的價格之比，即 $MRT_{XY} = \dfrac{MC_X}{MC_Y} = \dfrac{P_X}{P_Y}$。

在完全競爭的市場條件下，要實現生產和交換的帕累托最優狀態，必須使產品的邊際轉換率等於產品的邊際替代率。由於在廠商實現利潤最大化時，兩種產品的邊際轉換率等於兩種產品的價格之比，即 $MRT_{XY} = \dfrac{P_X}{P_Y}$；而在消費者實現效用最大化時，兩種商品的邊際替代率也等於兩種商品的價格之比，即 $MRS_{XY} = \dfrac{P_X}{P_Y}$。因此，如果廠商和消費者面臨的兩種商品的市場價格相等，那麼，廠商的兩種產品的轉換率就與消費者的兩種產品的替代率相等，即 $MRT_{XY} = \dfrac{P_X}{P_Y} = MRS_{XY}$。

由於在完全競爭市場，廠商和消費者都是市場均衡價格的接受者，因此完全競爭也滿足了生產和交換同時的帕累托最優條件。

綜上所述，帕累托最優狀態的三個條件能夠在完全競爭的經濟社會中得到滿足，「在這樣一個體系中，每種商品的價格等於其邊際成本，每種要素的價格等於其邊際產品的價值。當每個生產者都最大化其利潤，每個消費者都最大化其效用時，經濟作為一個整體就是有效率的，沒有一個人的境遇可以在不使另外一個人的境遇更糟的情況下得到改善」。因此，帕累托最優狀態可以在完全競爭的市場中達到，完全競爭的均衡便是帕累托最優狀態。但是，在現實經濟生活中，由於競爭的不完全性，單純依靠不完全競爭的市場調節，很難實現全面的帕累托最優境界。

第六章從局部均衡研究了競爭市場的福利和效率。第七章又從一般均衡分析了競爭市場的福利和效率。分析表明：在競爭市場上，供求雙方基於自身利益的行為選擇實現的均衡，不僅能夠帶來個體利益的極大化，實現私人經濟效率和經濟福利，而且同時實現了社會利益的極大化，實現了社會的經濟效率和福利。

因此，競爭均衡是一種有效均衡。這個概念十分重要，它是我們理解市場失靈的關鍵，因為當我們說壟斷、外部性、不對稱信息會導致市場失靈，實際上是說在那些情況下的市場均衡會偏離或者背離有效均衡。

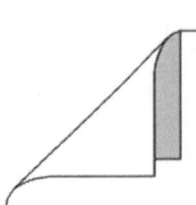

第八章　完全壟斷市場的產出均衡

前面我們學習了完全競爭市場的運行規律，完全競爭市場是一種理想化的市場，它是我們認識現實世界的參照系。在本章，我們就以完全競爭市場作為參照系，來研究現實生活中的完全壟斷市場上企業的價格和產出決策，從而發現壟斷的世界與理想化的競爭世界的差距，並說明縮小差距和實現競爭的政策。

第一節　壟斷市場的特點和廠商收益

研究壟斷市場的均衡，主要就是研究壟斷廠商的價格決定和產量決策。由於我們仍然假設壟斷廠商是追求極大化利潤的，因而必須研究它的成本和收益。由於前面對競爭性廠商成本的分析仍然適合壟斷廠商，所以本章中只需研究它的收益。如前所述，廠商的收益函數是由它所面臨的需求函數決定的，所以研究它的收益必須先研究它所面臨的需求，為此則必須先研究壟斷市場的主要特徵。

一、壟斷市場的主要特徵

壟斷市場又稱為獨占市場，它是指整個行業的市場完全處於受一家企業控制的狀態。簡單地講，就是所謂的「獨家出售」。它是與完全競爭市場相反的一種極端的市場結構。在現實生活中，與此比較接近的是天然氣、自來水等公用事業。根據壟斷市場的判別標準，壟斷市場具有以下幾大特徵：

1. 廠商就是行業

壟斷市場只有一個廠商，它提供整個行業的產品，一個企業就構成整個行業。因此，對壟斷市場的所有分析，就是對壟斷廠商的分析。

2. 進入壁壘高

如果市場上只有一個廠商，但是潛在的競爭者可以無障礙地進入和退出，那麼就是一個可競爭市場。壟斷的形成源於廠商所具有的市場勢力或者壟斷力，這種壟斷力可能源於自然資源或規模的限制，可能源於立法和行政的限制，還可能源於投入要素的限制，甚至還可能源於信息不完全和廠商採取的市場策略的限制。正是這些限制形成了阻止其他廠商進入行業的壁壘。

3. 產品異質

壟斷廠商所提供的產品，沒有相近的替代品，其需求替代彈性為零。因此，壟斷廠商不受任何競爭者的威脅，任何其他企業都不能進入這一行業。

4. 獨自決定價格

壟斷廠商不是價格的接受者，而是價格的制定者。為了獲得最大的壟斷超額利潤，他會盡可能地制定一個高於邊際成本的市場價格，甚至利用包括差別價格在內的各種手段決定價格。

二、壟斷廠商所面臨的需求和收益

1. 壟斷廠商所面臨的需求

與完全競爭廠商面對水平的需求曲線不同，不完全競爭廠商面對向右下方傾斜的需求曲線。我們在前面已經知道，由於邊際效用遞減和消費者的理性選擇，單個消費者對某種產品的個人需求一般是負相關的，即使有些人的產品需求不是負相關的，但由全體消費者構成的市場需求必定是負相關的，符合需求規律。由於壟斷廠商本身就構成一個壟斷市場，全體消費者對壟斷市場的產品需求，實際上就是對壟斷廠商的產品需求。因此，壟斷廠商所面臨的需求就是從左向右傾斜的，如圖 8.1 中的曲線 D。

負相關的需求曲線表明，壟斷廠商作為價格制定者，可以選擇不同的定價。只不過，如果價格定得高一些，則只能銷售較少的數量，而如果價格定得低一些，則可以銷售較多的數量。也就是說，不完全競爭廠商不能同時獨立地選擇價格和產量，對於任何給定的價格，它只能以市場能夠承受的數量出售商品。

2. 壟斷廠商的收益

根據廠商所面臨的需求函數來理解廠商的收益，我們可以依次分析總收益、平均收益和邊際收益。為了簡化分析，我們假設壟斷廠商面臨的需求為線性的。如果反市場需求為 $P=a-bQ$，$a>0$，$b>0$，由此可得：

$$TR(Q) = Q(a-bQ) = aQ-bQ^2$$

$$AR(Q) = \frac{TR(Q)}{Q} = a-bQ$$

$$MR(Q) = \frac{dTR(Q)}{dQ} = a-2bQ$$

比較壟斷廠商的市場需求函數和壟斷廠商的邊際收益函數，我們發現一個十分有用的特徵：兩個函數的右端，常數項相同（均為 a），一次項的系數不同，後者是前者的 2 倍（市場需求函數 Q 前的系數為 b，邊際收益函數 Q 前的系數為 $2b$）。

如果我們把壟斷廠商面臨的需求和邊際收益表示為圖形，可得到圖 8.1。從圖 8.1 中可以直觀地得到：

第一，對於線性的市場需求而言，壟斷廠商平均收益曲線也是線性的，而且平均收益曲線就與需求曲線重合，這是因為在任何數量水平上，平均收益都等於市場價格水平。

第二，當市場需求函數是負相關的線性函數的時候，邊際收益曲線位於需求曲線的下方。也就是說，如果我們已經畫出了市場需求曲線，那麼，邊際收益曲線和市場需求曲線具

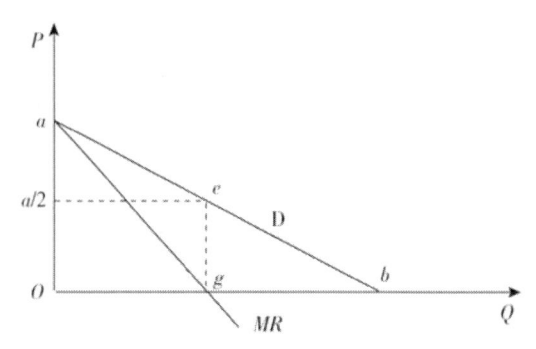

圖 8.1　壟斷廠商面臨的需求與收益

有相同的縱截距,而橫截距是市場需求曲線橫截距的一半。這是因為在單一價格條件下,商品價格下降所引起的產量增大會增大收益,但是由於面對向右下方傾斜的需求曲線,為了能夠銷售更多的產量,所出售的所有商品都只能得到較低的價格。在此,一定要注意的是,消費者的需求約束使得壟斷廠商只有降低價格才能增大銷售量,但是並不僅僅是新增的部分,而是所有的商品都只能按一個較低的價格出售。產生錯誤理解的主要原因是把邊際收益理解為增加的產量所帶來的銷售收入,因此應始終注意,邊際收益是指總收益的變化率。例如,第 100 個單位的商品的邊際收益應該理解為是銷售 100 個單位的商品的收益和銷售 99 個單位的商品的收益的差。不只是增加的商品單位的價格下降,而是包括前面所有商品單位的價格都要下降,從而邊際收益比價格和平均收益下降得更快。

必須指出,上述關於壟斷企業的收益與所面臨的需求的關係,對所有需求是負相關的廠商都是適用的。記住這一點,對今後還要研究的壟斷競爭廠商、寡頭壟斷廠商的產出決策非常重要。

第二節　壟斷廠商的產量和價格決定

利潤最大化仍然是理解壟斷廠商行為的基本假設,因此壟斷廠商仍然要遵循 $MR=MC$ 的原則。根據壟斷廠商不能單獨決定價格和產量的特點,我們既可以認為由壟斷廠商選擇價格,由消費者選擇願意購買的數量,也可以認為壟斷廠商對產量做出選擇,而由消費者選擇支付價格。當然,這兩種方法是等價的。我們下面利用第二種方法來理解壟斷廠商的行為。

一、壟斷廠商的短期均衡

在生產規模既定的短期調整中,壟斷廠商因受市場需求的約束,其短期均衡可能是獲得經濟利潤的均衡,也可能是僅獲得正常利潤的均衡,甚至還可能是虧損條件下的均衡。我們用圖 8.2 來說明壟斷廠商短期均衡的三種情況。

1. 壟斷廠商短期的產量和價格調整

在圖 8.2（Ⅰ）中,假定廠商面臨的需求曲線為 D_0,相應地可以得到廠商的邊際

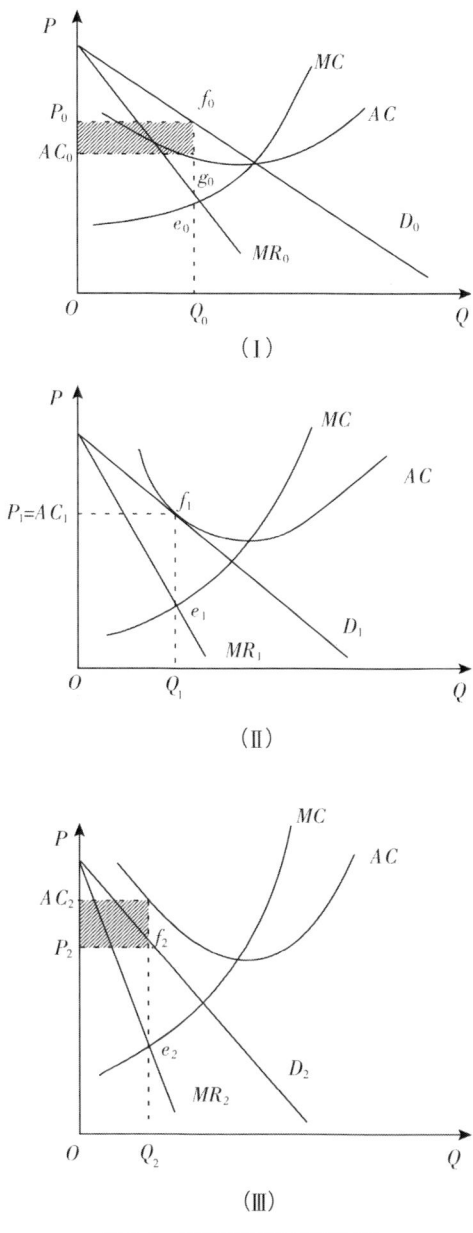

圖 8.2　壟斷廠商的短期均衡

收益曲線 MR_0。MR_0 與既定的邊際成本曲線 MC 交於 e_0 點。根據 $MR=MC$ 原則，廠商將把產量水平選擇在 Q_0 上。在產量為 Q_0 時，廠商的平均成本為 AC_0，價格為 P_0。由於 $P_0>AC_0$，壟斷廠商可獲得陰影面積的經濟利潤。

如果需求由 D_0 下降到 D_1，如圖 8.2（Ⅱ）所示。D_1 在 f_1 點切於平均成本曲線 AC，相應的邊際收益曲線 MR_1 與邊際成本曲線 MC 交於 e_1 點，則對應的廠商均衡產量為 Q_1。在 Q_1 處，廠商的平均成本等於價格，即 $P_1=AC_1$。此時總收益等於總成本，即

$TR=TC$，廠商不能獲得經濟利潤，只能獲得正常利潤。

如果需求水平繼續下降到 D_2，壟斷廠商就會面臨虧損。在圖 8.2（Ⅲ）中，需求曲線 D_2 位於平均成本曲線 AC 下方，相應的邊際收益曲線 MR_2 與邊際成本曲線 MC 交於 e_2 點，廠商的均衡產量為 Q_2。在 Q_2 產量水平上，廠商的平均成本為 AC_2，價格為 P_2。由於 $AC_2>AR_2$，$TR<TC$，廠商存在虧損。

在短期調整中，由於其他廠商不能進入，壟斷廠商將保持其經濟利潤。當其虧損時，廠商可能期待需求在長期調整中上升，以謀求長期利潤，故也可能達到其價格和產量均衡。短期均衡的條件是 $MR=SMC$。所以，壟斷廠商的短期均衡可能是盈利的均衡，也可能是虧損的均衡。

2. 壟斷廠商的供給問題

在完全競爭市場上，廠商的停止生產點之上的 MC 曲線表達了確定的價格—產量組合關係，成為廠商的短期供給曲線。然而，在壟斷市場上，廠商的邊際收益曲線與需求曲線是相互分離的，均衡產量由 MC 和 MR 的交點決定，而價格卻決定於與之相分離的需求曲線。由於需求彈性和需求水平的不同，在不同的價格之下，廠商可能生產相同的產量；而在相同的價格之下，廠商也可能生產不同的產量。

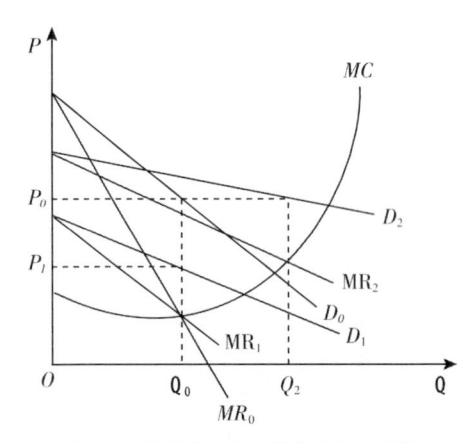

圖 8.3 壟斷廠商的產量與價格的關係

在圖 8.3 中，當壟斷廠商面臨的市場需求為 D_0 時，其均衡價格為 P_0，均衡產量為 Q_0。如果市場需求改變為 D_1，邊際收益曲線為 MR_1，在既定生產成本下，均衡產量仍為 Q_0，但均衡價格為 P_1。可見，在不同價格下，壟斷廠商可能生產相同的產量。相反，如果市場需求變為 D_2，邊際收益曲線為 MR_2，均衡價格仍為 P_0，但均衡產量卻變為 Q_2，這說明了在相同的價格水平下，壟斷廠商可能生產不同的產量。

所以，壟斷廠商的價格與產量之間並不存在唯一的對應關係，因而不可能建立起壟斷廠商的供給曲線。進一步講，壟斷廠商的停止生產點之上的邊際成本曲線也不是其短期供給曲線。上述結論，對於任何一個需求曲線向右下方傾斜的廠商都是適用的。

二、壟斷廠商的長期均衡

分析壟斷廠商的長期均衡，主要分析長期均衡的形成。在短期調整中，壟斷廠商

無法改變其生產規模或成本條件,所以如果市場需求太小,壟斷廠商短期可能無法獲得壟斷利潤,甚至要承擔虧損。但是在長期中,壟斷廠商將根據對其產品的長期需求進行規模調整,建立最適當的工廠規模來生產最適當的長期產量。壟斷廠商還可以通過廣告、提高服務質量等手段擴大產品需求,使需求曲線向右上方移動,當然這樣也會增加產品的成本。如果壟斷廠商經過綜合考慮,發現即使採用優化規模和廣告促銷這些措施仍然不能獲得最低限度的壟斷利潤,就會退出行業。不過,一般而論,壟斷廠商總能通過控製產量而操縱價格,獲得經濟利潤,並可以憑藉其壟斷力將其長期保持下去。所以,壟斷廠商將在至少能獲得最低限度壟斷利潤的條件下達到長期均衡。因此,完全競爭廠商實現長期均衡的條件是 $MR = SMC = LMC$。

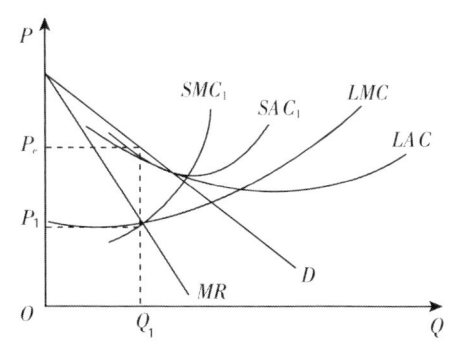

圖 8.4　壟斷條件下長期利潤最大化

圖 8.4 表明了壟斷廠商在需求既定時的長期均衡的情況。從圖 8.4 中可看到,與短期邊際成本曲線 SMC_1 和 MR 相交點對應的產量為 Q_1,價格為 P_1,這時壟斷廠商達到了長期均衡。因為產量為 Q_1 時,$MR = LMC = SMC_1$。所以,$MR = LMC = SMC$ 就是壟斷廠商長期均衡的條件。試想,如果壟斷企業現有規模的短期平均成本曲線不是 SAC_1,而是其他規模的短期平均成本曲線(你可以自己設想),為了實現利潤最大化,該企業的產量就不是 Q_1,銷售價格也不為 P_1。在這種情況下,邊際收益或者大於長期邊際成本,或者小於長期平均成本,即使是壟斷廠商的均衡,也只是短期均衡而不是長期均衡。為此,在長期內,壟斷廠商將調整其生產規模,使短期平均成本曲線為 SAC_1。很明顯,壟斷廠商的長期均衡並未在最低長期平均成本上實現。

三、壟斷市場和廠商的效率評價

評價壟斷廠商或市場的效率,是以完全競爭市場的效率為規範,通過比較完全競爭市場均衡和壟斷市場均衡來進行的。

在圖 8.5 中,假定完全壟斷和完全競爭市場面臨相同的市場需求 D。因為完全競爭市場有 $P = MR$,故需求曲線 D 上任一點的均衡價格都是完全競爭廠商的邊際收益 MR_c,而壟斷廠商的邊際收益曲線 MR_m 位於需求曲線下方。為簡化分析,假定壟斷廠商和完全競爭廠商都有相同的成本函數,且邊際成本和平均成本相等而且不隨產量變動。從圖中可以看出,完全競爭市場的均衡價格和產量分別為 P_c 和 Q_c,而壟斷市場的均衡價格和產量分別為 P_m 和 Q_m,而且 $P_c < P_m$,$Q_c > Q_m$。因此,壟斷廠商均衡的效率和福利特徵是:

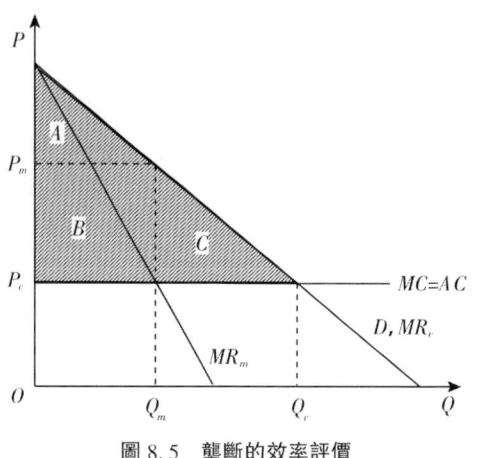

圖 8.5　壟斷的效率評價

（1）資源沒有合理配置。在完全競爭市場上，均衡產量對應於長期平均成本和短期平均成本最低點，此時 $P_c=MC$，產出為最佳產出量 Q_c，這意味著生產是在最有效率的方式下進行的。而壟斷廠商為了獲得利潤最大化，把產量限制在 Q_m，$Q_c>Q_m$，必然使其生產脫離最優生產規模，即長期均衡時長期平均成本沒有處於最低點，喪失生產效率。

同時，在壟斷廠商的利潤最大化的產量水平 Q_m 上，壟斷價格大於邊際成本，即 $P_m>MC$。假設壟斷市場上的成本函數為 $c(Q)=cQ$。利潤最大化產量滿足 $MR(Q)=MC(Q)$，即 $a-2bQ=c$，可得 $Q_m=\dfrac{a-c}{2b}$，且 $a>c$，進而從反市場需求函數可得 $P_m=\dfrac{a+c}{2}$。由於 $a>c$，壟斷廠商制定的價格高於邊際成本。它意味著在該產品上對資源的使用相對不足，不能滿足以價格表示出來的社會需要。

（2）社會淨福利損失。在壟斷廠商的長期均衡上，由於均衡量限制在 Q_m 上，使得長期均衡價格高於平均成本，即 $P_m>AC$。這部分多支付的價格成為壟斷廠商的壟斷利潤，在圖 8.5 中表示為塔洛克四邊形 B 的面積。由於壟斷價格，消費者除了損失矩形 B 面積的剩餘外，還損失了哈伯格三角形 C 的剩餘，只剩下三角形 A 的剩餘或福利了。從整個社會的角度來看，哈伯格三角形 C 的剩餘損失是社會福利的淨損失。表 8.1 給出了兩種市場結構的績效的比較。

表 8.1　　　完全競爭市場與完全壟斷市場的效率比較

市場結構	消費者剩餘	生產者剩餘	總剩餘
完全競爭	$A+B+C$	O	$A+B+C$
完全壟斷	A	B	$A+B$

由表 8.1 中可以看到，壟斷降低了消費者福利，這非常易於理解。因為完全競爭行業在價格等於邊際成本的，壟斷行業在價格高於邊際成本。因此，一般來說，如果一個廠商的行為是壟斷的而不是競爭的話，那麼，他的價格就會更高，而產量則會較

低，因此消費者的福利低於以競爭組織生產的行業。

和完全競爭市場相比，壟斷廠商的境況卻變得更好。那麼，如果同時考慮廠商和消費者，哪一種市場結構更好呢？注意，要回答這個問題，我們並不需要對廠商和消費者的相對福利做出價值判斷，我們可以用總剩餘加以度量。我們可以看到，和完全競爭市場的運行結果相比較，壟斷市場的總剩餘要低。其損失部分可以用陰影面積 C 表示。由於這部分損失是社會福利的淨損失，我們經常稱之為壟斷的無謂損失，我們用它來度量壟斷市場的低效率。

如何理解無謂損失的產生呢？我們知道壟斷廠商不願意提供大於 Q_m 的產量，因為這會降低其利潤，但從社會來看，消費者對 $Q_m \to Q_c$ 這部分產量的評價（P）高於生產成本，從而壟斷阻礙了這部分交易的發生。在此，我們可以看到壟斷廠商的利益和社會利益的差別。生產超過 Q_m 的產量會創造社會價值，增加一個單位的產品的社會價值就是消費者的支付意願和邊際成本之間的差。由於壟斷廠商選擇的利潤最大化產量滿足價格高於邊際成本，因此總是存在增大社會價值的產量安排。但是，由於壟斷廠商關注增大產量對邊際內產品的收益的影響，因而生產超過 Q_m 的產量不符合壟斷廠商的利益。

（3）壟斷的尋租性損失。從壟斷的結果看，似乎社會福利的淨損失僅僅為三角形 C，但是從壟斷的獲得和維持過程上看，壟斷的淨福利損失可能要比三角形 C 大得多，它還要包括塔洛克四邊形的一部分，或者全部，甚至可能更多一些。這是因為，為了獲得和維持壟斷地位，享受由壟斷帶來的高額利潤，廠商常常需要付出一定的成本或者代價，比如廠商向政府官員行賄，或者雇用律師向政府官員遊說，或者選出代表影響法律的制定和修改，等等。由於廠商的這些支出並不是用於生產，沒有創造任何有益的社會財富，因而完全是一種非生產性的，在實質上與三角形 C 沒有什麼區別，都是社會福利的淨損失。在經濟學中，把廠商通過生產性行為而獲得經濟利潤的活動，稱為「尋利」活動，而把廠商為獲得和維持壟斷利潤從事的非生產性活動稱為「尋租」活動。

第三節　壟斷廠商的價格歧視

在完全競爭市場上，同一商品有完全相同的市場價格，也就是說，完全競爭廠商在價格上對任何消費者均是一視同仁的。上一節的所有分析都依賴於一個重要的假設：壟斷廠商對現有的商品收取相同的價格。例如，壟斷廠商是在低效率的產量水平上經營，他之所以不想生產額外的產量，是因為這樣做會降低所有產品的價格。但在現實中，由於壟斷廠商的特殊壟斷地位，壟斷廠商往往可以對相同的商品收取不同的價格，使得他可以實行價格歧視。

一、價格歧視及其實施條件

1. 價格歧視的含義

價格歧視又稱價格差別，是指壟斷廠商對成本基本相同的同種商品在不同的市場上以不同的價格出售。由於同種商品的成本基本相同，這種價格差別並不是因為產品本身成本存在差別，因而帶有歧視的性質。價格歧視是指同一消費者或不同的消費者對相同的商品支付了不同的價格。有時，我們還需要放鬆上面的定義：不同的商品，例如內容相同的書的精裝版和平裝版、飛機上的頭等艙和經濟艙等，如果價格差超過了成本差，我們也認為存在價格歧視。例如，供電部門根據不同時刻的需求確定不同的電價；醫生根據病人的富有程度收取不同的費用；公交公司對公共汽車的盈利線路和虧損線路實行不同的價格；航空公司根據旅遊旺季和淡季實行不同的客運價格；出口商品實行出口價和內銷價；等等。它們都可視為價格歧視。

2. 價格歧視的成因

實施價格歧視的基本思路是：不同的消費者對相同的商品，或同一消費者對不同數量的商品具有不同的邊際支付意願。因此，只有降低價格才能吸引更多的消費者，而實施價格歧視的目的在於用低價格吸引更多的消費者的同時，迫使那些支付意願高的消費者仍然支付高價格。因此，壟斷廠商實施價格歧視，主要在於歧視定價比單一定價能夠獲得更大的生產者剩餘或者利潤（如圖8.6所示）。

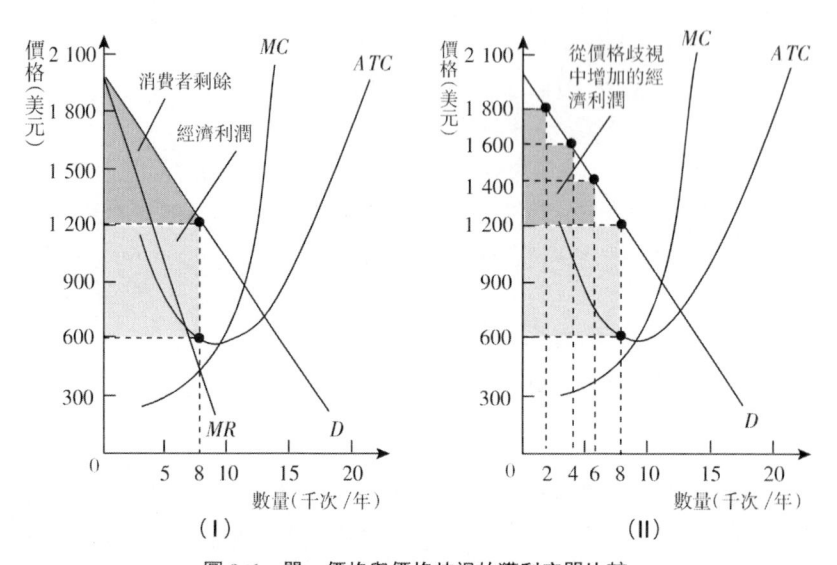

圖8.6　單一價格與價格歧視的獲利空間比較

在圖8.6（Ⅰ）中，制定單一價格的壟斷廠商每年生產8千次的產量，並以每人1,200美元單位的價格來銷售，最終能夠獲得的最大利潤為480萬美元，此時的消費者剩餘為上面深色三角形的面積。即使在不增加產量的情況下，壟斷廠商也可以根據消費者的需求價格，通過對不同消費量的消費者收取不同的價格來侵蝕消費者剩餘。在圖8.6（Ⅱ）中就顯示了這種情況。當他對前0~2單位產量收取1,800美元的價格，

對 2~4 單位收取 1,600 美元的價格，對 4~6 單位收取 1400 美元的價格，對 6~8 單位收取 1,200 美元的價格，廠商可以增加右圖中深色面積的壟斷利潤或者生產者剩餘，相應的消費者剩餘由圖 8.6（Ⅰ）中的大三角形減少為圖 8.6（Ⅱ）中的四個小三角形了。

3. 實行價格歧視的條件

實行價格歧視的目的是要獲得經濟利潤（或稱壟斷利潤）。要使價格歧視得以實行，一般須具備三個條件：

第一，廠商要具有一定的壟斷力。比如，當市場存在競爭信息不通暢，或者由於種種原因被分隔時，壟斷者就可以利用這一點實行價格歧視。例如，美國圖書出版商通常使圖書在美國的銷售價高於在國外的銷售價，這是因為國外的圖書市場競爭更激烈，並且存在盜版複製問題。

第二，廠商掌握消費者需求的信息。比如，廠商要瞭解其所面臨的需求，瞭解需求價格。當購買者分別屬於對某種產品的需求價格彈性差別較大的不同市場，而且壟斷廠商又能以較小的成本把這些市場區分開來，壟斷廠商就可以對需求彈性小的市場實行高價格，以獲得壟斷利潤。

第三，市場之間的有效分割。它是指壟斷廠商能夠根據某些特徵把不同市場或同一市場的各部分有效地分開。比如公司可以根據國籍、膚色、語言的不同來區分中國人和外國人，對他們實行差別工資。市場有效分割的實質就是廠商能夠防止其他人從差別價格中套利。很明顯，完全壟斷市場具備上述條件，所以壟斷廠商可以實行價格歧視。值得注意，不僅是壟斷廠商可以實施價格歧視，只要具有壟斷力的廠商都可以實施價格歧視，比如寡頭廠商和壟斷競爭廠商。

二、價格歧視的分類

1. 一級價格歧視

在經濟學上，根據壟斷廠商掌握的信息的不同，價格歧視往往分為一級價格歧視、二級價格歧視和三級價格歧視。

如果廠商擁有每個消費者對商品需求的全部信息，就可以實施一級價格歧視。一級價格歧視也被稱為完全價格歧視，是指壟斷廠商對每個消費者購進每單位商品都按照消費者願意支付的最高價格來確定不同的售價。例如，一個醫術高超的醫生對每個患者收取不同的費用就是這種情況。實行一級價格歧視，壟斷廠商必須確切知道各個消費者購買每單位商品時願意支付的價格。因此，只有在壟斷廠商面臨少數消費者以及壟斷者機靈到足以發現消費者願意支付的價格時才可能實行。完全價格歧視使得每一單位產品都賣給對其評價最高並願意按最高價格支付的個人。

我們通過下面的例子來瞭解完全價格歧視的實施。假設某消費者的需求表如表 8.2 所示。

表 8.2　　　　　　　　　　某消費者的需求情況表

價格（元）	10	8	6	4	2

| 需求量 | 1 | 2 | 3 | 4 | 5 |

如果壟斷廠商銷售 4 個單位的商品給這個消費者，在沒有價格歧視的時候，價格定為 4 元，則銷售收入為 16 元，消費者剩餘為 12 元（10-4+8-4+6-4＝12）。如何實施價格歧視呢？第一種可選的方法是採取兩部定價。其一般形式為：$A+PQ$。A 為一次性支付的費用，例如電信市場中的月租費、公園的門票、俱樂部的會員費等。在這個例子中，如果 $P=4$，那麼消費者購買 4 個單位的商品，壟斷廠商另外收取 A（$A=12$），銷售收入為 28 元（12+16＝28），這樣就佔有了全部的消費者剩餘。我們用 $CS(P)$ 表示價格為 P 時的消費者剩餘，那麼，利用兩部定價的方法實施一級價格歧視的收費方法是 $CS(P)+PQ$。第二種方法是採取全部收費或全不收費方法實施一級價格歧視。因為消費者願意為 4 個單位的商品最高支付 28 元（10+8+6+4＝28），因此壟斷廠商提供消費方案（28，4）給這個消費者，消費者或者選擇接受，或者選擇拒絕，選擇拒絕則不能得到任何商品。我們知道消費者願意支付的最高費用等於總效用（用貨幣度量），因此這種收費方法可以寫為 $TU(Q)$。顯然，因為 $CS=TU-PQ$，因此這兩種方法是等價的。

為什麼說這種價格安排是價格歧視呢？這是因為消費者為 4 個單位的商品支付的總費用為 28 元（10+8+6+4＝28），而它正是消費者為每個單位的商品的邊際支付意願之和。因此，我們可以理解為消費者為每個單位的商品支付了不同的價格。

如果存在眾多不同的消費者，壟斷廠商就可以分別為每個消費者制訂不同的兩部定價或者採取全部收費或全不收費的收費方案而實施完全價格歧視。

在一級價格差別中，由於壟斷廠商是按消費者願意支付的價格來確定售價的，所以他吞食了全部消費者剩餘，並把這些剩餘變成了壟斷利潤。但是，值得注意的是，雖然完全價格歧視侵占了全部的消費者剩餘，但卻實現了總剩餘最大化。因為這時壟斷廠商的邊際收益等於價格，從而利潤最大化的產量滿足價格等於邊際成本，而這正是總剩餘最大化的條件。因此，正如「完全」這個詞所表明的，完全價格歧視是一個理想化的概念，雖然在現實當中不易發生，但卻具有重要的理論意義，因為它告訴我們一種不同於完全競爭的實現帕累托效率的資源配置機制（如圖 8.7 所示）。

圖 8.7 完全價格歧視的福利和效率

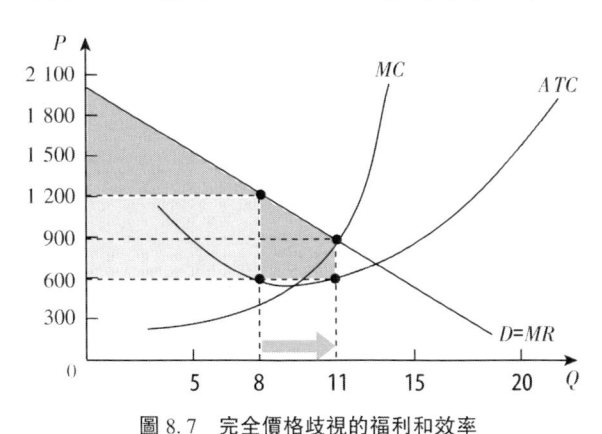

在圖 8.7 中，單一定價時，壟斷企業的產量為 8，賣價為 1,200，獲利為淺色矩形面積 4,800，消費者剩餘為深色大三角形面積 3,200，福利損失為深色小三角形面積

450。實行完全價格歧視時,壟斷企業生產 11 的產量,獲利為陰影面積 9,350,消費者剩餘為 0,福利損失為 0。

2. 二級價格歧視

有時廠商只知道存在不同需求的消費者但無法加以區分,此時,廠商可以提供不同的消費方案,讓消費者自己選擇,消費者的選擇自動地完成了價格歧視,這被稱為二級價格歧視。在某些市場上,各個消費者在給定時期內都要購買許多單位的貨物,而且隨著購買單位數的增加,其需求價格是下降的。比如,各個消費者每月都要購買幾百度電,前 100 度電可能對消費者價值很高——用以開動一個冰箱和提供最低限度的照明,而對額外的單位消費就變得更保守一些。在這種情況下,廠商可以根據消費量實施歧視。這就是二級價格歧視,廠商通過對相同貨物或服務的不同消費量或者「區段」索取不同價格來實施。壟斷廠商把消費量劃分為多個消費區間,然後對同一區間的每單位消費量收取相同的價格,對不同消費量區間的消費者收取不同的價格,這就是二級價格歧視。

二級價格歧視的一個例子是電力公司的分段定價。如果存在規模經濟使平均成本和邊際成本下降,控製公司價格的政府機構可能會鼓勵分段定價。通過擴大產量和實現較大的規模經濟,消費者的福利能夠增加,即使允許公司取得更大的利潤。理由是價格普遍下降了,同時生產原來單位成本的節省使得電力公司仍能夠賺到合理的利潤。圖 8.8 演示了具有遞減的平均成本和邊際成本的二級價格歧視。若定單一價格,則它的價格將是 P_0,產量為 Q_0。但是現在根據購買量定了三個價格,第一段定價 P_1,第二段定價 P_2,第三段定價 P_3。顯然,實行二級價格歧視只是把部分消費者剩餘變成了壟斷利潤。

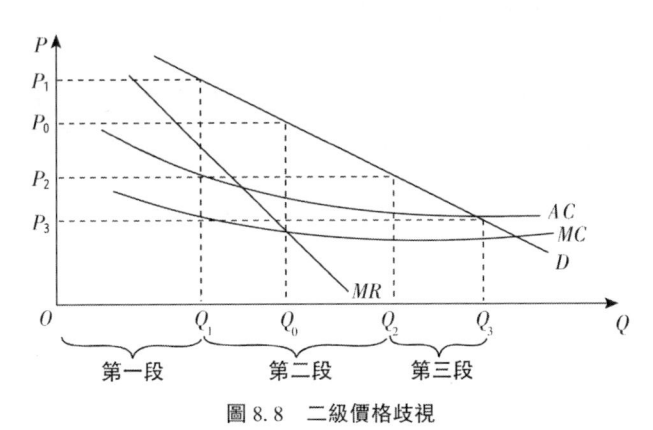

圖 8.8 二級價格歧視

3. 三級價格歧視

如果廠商可以根據某些外在特徵,把消費者分成不同的類別,就可以對不同類的消費者收取不同的價格,這被稱為三級價格歧視。壟斷者需要掌握每個消費者的需求信息才能實施完全價格歧視,但有時壟斷者只能通過年齡、職業、所在地等外在特徵把消費者分成若干群體。壟斷廠商知道每個群體的需求信息,但不知道每個群體內部不同消費者的需求信息,從而無法在每個群體內部進行價格歧視,但如果可以防止不

同群體之間的轉售套利，就可以在不同的群體間進行價格歧視。這種價格安排被稱為三級價格歧視。

三級價格歧視，實際上就是壟斷廠商把非消費量的特徵作為市場細分的標準，並對不同市場的不同消費者實行不同的價格。這是最常見的價格歧視，比如出口和內銷的價格差別、對老年公民的折扣優惠、對大學生的火車票半價優惠、飛機票的多級定價，以及企業經常使用的夾雜在廣告中的優惠券等。

如果三級價格歧視是可行的，我們可以這樣來理解廠商決定對兩個組的消費者的要價。首先，廠商必須根據邊際成本等於他向各組的消費者構成的全體消費者銷售產品的邊際收益來決定產量，即仍然必須堅持 $MC=MR$ 的原則。如果不相等，廠商還可以通過改變總產量來增加利潤。其次，為了獲得最大化利潤，廠商必須按照 $MR_1=MR_2$，把總的產量分配在各組的消費市場上。比如，如果從第一組顧客獲得的 MR_1 大於 MR_2，廠商通過降低對第一組的賣價和提高對第二組的賣價，可以實現增加第一組的產量和減少第二組的產量來獲得更大的收益。因此，廠商實施三級價格歧視應該遵循的基本原則是：$MR_1=MR_2=MC$。

假設壟斷廠商把所有消費者分成兩類，每類消費者構成一個市場，第一類消費者的需求函數為 $Q_1=D_1(P_1)$，第二類消費者的需求函數為 $Q_2=D_2(P_2)$，$C(q_T)$ 是廠商生產產量 $Q_T=Q_1+Q_2$ 的總成本。壟斷者面對的選擇問題是求解下面的優化問題：

$$\max_{P_1,P_2} \pi = P_1 D_1(P_1) + P_2 D_2(P_2) - C[D_1(P_1)+D_2(P_2)]$$

要實現利潤最大化，價格安排要滿足如下條件：

$$D_1(P_1)+P_1\frac{dD_1(P_1)}{dP_1}-C'[D_1(P_1)+D_2(P_2)]\cdot\frac{dD_1(P_1)}{dP_1}=0$$

$$D_2(P_2)+P_2\frac{dD_2(P_2)}{dP_2}-C'[D_1(P_1)+D_2(P_2)]\cdot\frac{dD_2(P_2)}{dP_2}=0$$

由上述條件可以得到 $P_1(1-\frac{1}{|\varepsilon_1|})=P_2(1-\frac{1}{|\varepsilon_2|})$。我們知道等式左邊是在第一個市場上銷售的邊際收益，而右邊是第二個市場上銷售的邊際收益。因此，三級價格歧視的特點是不論產品在哪個市場上銷售，帶來的邊際收益都是相等的，這樣做的目的在於可以實現總收益的最大化。這樣，我們就有 $\frac{P_1}{P_2}=\frac{1-\frac{1}{|\varepsilon_2|}}{1-\frac{1}{|\varepsilon_1|}}$。如果 $|\varepsilon_1|>|\varepsilon_2|$，那麼有 $\frac{1}{|\varepsilon_1|}<\frac{1}{|\varepsilon_2|}$，$1-\frac{1}{|\varepsilon_1|}>1-\frac{1}{|\varepsilon_2|}$，最後有 $P_1<P_2$，即在需求彈性越小的市場制定越高的價格。

圖 8.9 演示了三級價格歧視。注意廠商面臨的第一組消費者的需求曲線比第二組的需求曲線的彈性要小，而對第一組的賣價也較高。總產量 Q_T 是邊際收益 MR_1 和 MR_2 相加所生成的虛線 MR_T 與廠商的邊際成本 MC 曲線的交點得到的。由於 MC 必須等於 MR_1 和 MR_2，我們可以從這個交點向左引一條水平線以找到 Q_1 和 Q_2，而且 $Q_T=Q_1+Q_2$。

圖 8.9　三級價格歧視

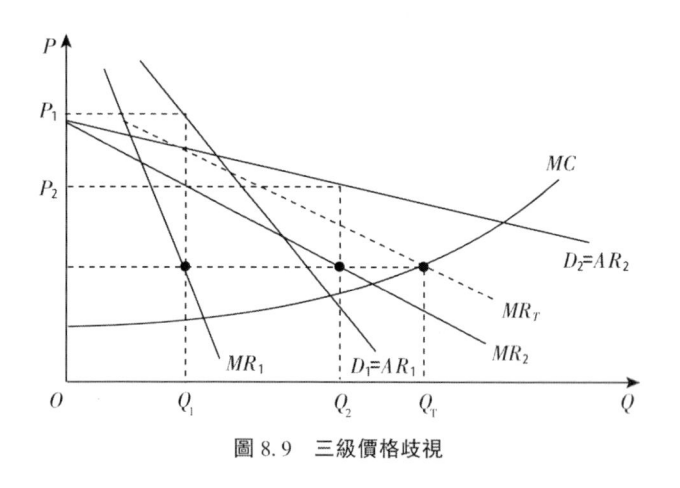

第四節　治理壟斷的基本思路

理解市場結構的一個經典範式是 SCP 範式，即市場結構決定企業行為，企業行為決定市場績效。按照這個範式我們可以理解治理壟斷的兩個思路：一是反壟斷，它通過橫向和縱向拆分的方法改變一個行業的壟斷結構，構建競爭性的市場結構，由此改變企業的行為和市場績效。但是，如果該行業的生產存在規模經濟和範圍經濟，拆分會損害生產效率。一種極端的情況是自然壟斷行業，該行業的規模經濟如此之顯著，以至於引入競爭性廠商會導致嚴重的生產效率損失。對這種行業採取的辦法往往是通過進入管制來限制競爭者的進入，並通過直接的價格管制限制其壟斷力量，這就是治理壟斷的第二種思路：管制。

一、反壟斷中的權衡：生產效率與配置效率

我們前面在分析壟斷的低效率的時候，有一個暗含的假設，即市場結構不會影響生產成本，但有時（例如存在規模經濟效應的行業），廠商數量的增加會帶來生產成本的上升。這時，對壟斷的效率的評價需要加以擴展。給定市場需求，如果該市場是完全競爭的，那麼，不變的平均成本為 C_c，而壟斷廠商的不變平均成本為 C_m，我們假定 $C_m < C_c$。

圖 8.10 繪出了壟斷市場均衡和完全競爭市場均衡。壟斷市場的總剩餘為 $A+B+D$，完全競爭市場的總剩餘為 $A+B+C$。兩種市場結構的福利高低的比較取決於 C 和 D 的陰影面積的大小。如果 $D>C$，也就是說，壟斷帶來的成本的節約超過了壟斷帶來的配置效率的損失，壟斷市場就是可取的。反過來說，對這種市場，引入競爭是不划算的。

圖 8.10 反壟斷中的權衡

二、自然壟斷行業的管制

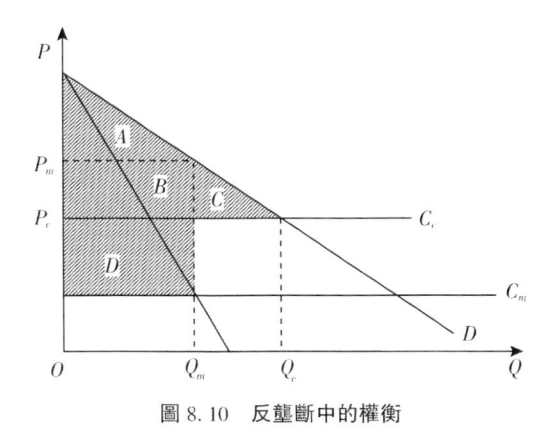

管制主要運用於自然壟斷行業。自然壟斷行業的核心特徵是成本的次可加性。成本次可加性是指越多的廠商生產一個給定的產量會面對一個更高的成本。假設行業內廠商具有相同的成本函數，廠商 i 生產產量 Q_i 的成本為 $C(Q_i)$，那麼成本次可加性是指 $C(\sum Q_i) < \sum C(Q_i)$。成本次可加性可以產生於範圍經濟，但這裡我們主要關心產生於規模經濟的成本次可加性。

規模經濟是成本次可加性的一個充分條件，其邊際成本和平均成本曲線如圖 8.11 中 LMC 和 LAC 所示。

注意，對任意的產量而言，我們都有 $MC(Q) < AC(Q)$。

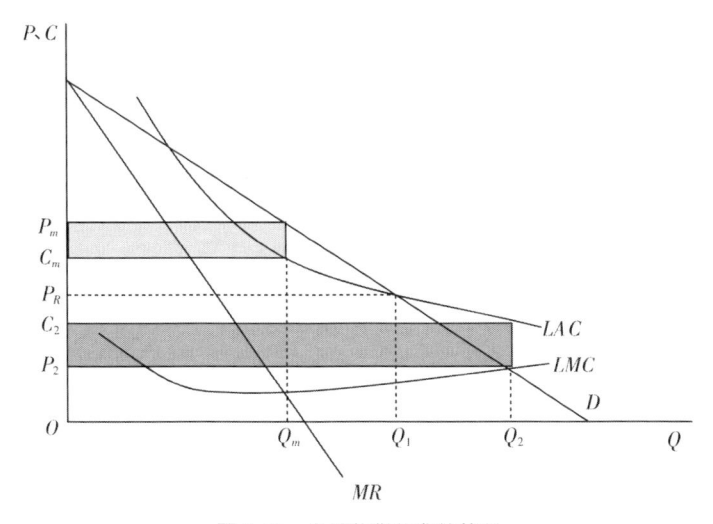

圖 8.11 自然壟斷行業的管制

自然壟斷行業的特殊性在於規模經濟和市場競爭的兩難。引入競爭會損失規模經濟，因此對這種行業一般施加准入限制，並用價格管制這種方法抑制其壟斷力量。根

據前面學過的知識，我們知道當 $P(Q) = MC(Q)$ 的時候，一個行業的資源實現了最優配置，總剩餘最大化。這種價格管制方法稱為邊際成本定價法。但是，這種方法存在一個困難。因為自然壟斷行業的特徵是 $MC(Q) < AC(Q)$，而邊際成本價格管制方法設定價格滿足 $P(Q) = MC(Q)$，因此有 $P(Q) < AC(Q)$。顯然，這會導致廠商虧損。設想這樣的一種成本結構 $TC(Q) = F + CQ$，其中 F 是固定成本、C 是不變邊際成本。按照邊際成本定價法，廠商的虧損數正好是 F。自來水公司就擁有類似的成本結構。

如何解決這一問題呢？一種辦法是通過轉移支付的方式彌補固定成本。另一種辦法是管制者在試圖最大化社會福利的時候考慮企業的生存約束（利潤非負）。這樣就求得了一個次優價格管制方法——平均成本定價法。如圖 8.11 中，P_R 就是平均成本定價水平。當信息經濟學的發展啓發人們考慮決策者所面對的不完全信息的約束之後，人們認識到價格管制存在的更多問題，突出地表現為以下兩個方面：第一，管制者往往並不知道壟斷企業的成本函數，從而必須依靠壟斷企業提供的信息來制定管制價格。這樣壟斷企業就可以通過隱藏信息而獲利，管制者必須設計某種機制以得到真實的信息。為了激勵壟斷企業提供真實的信息，管制者往往對其提供信息租金。第二，即便管制者能夠無成本地獲得壟斷企業的成本信息，但邊際成本取決於壟斷企業的選擇（例如追加一些固定投資就可以降低邊際成本），而邊際成本定價的方法對於降低成本是沒有激勵的，因為管制價格會隨成本的降低相應下降。

認識到價格管制所存在的問題，理論和實踐從兩個方面對其進行了深入探討：一是考慮如何優化管制政策；二是放鬆管制，即通過引入競爭替代價格管制的作用。

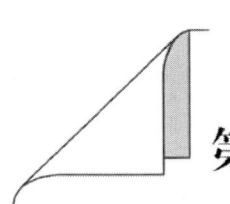

第九章　靜態博弈與同質寡頭市場均衡

前面的章節已經分析了市場結構中的兩種極端情況——完全競爭和完全壟斷。在完全競爭模式中，我們假定有大量的生產同質產品並且對價格沒有影響的廠商，他們是價格接受者。在完全壟斷模式中，我們假定只有一個廠商，他是價格制定者。在很長的一段時間裡，經濟學家們認為他們可以利用這兩個模型分析任何市場，即便有些市場不同於這兩種模型，但是可以把這兩個模型結合起來加以分析。但是，在20世紀20年代和30年代，經濟學家對這兩種極端的市場結構日益感到不滿。許多行業介於這兩種模式之間，更重要的是，這兩種模式似乎都不能提供準確的預測。

因此，從這一章開始，我們將在接下來的三章介紹並分析更為現實的市場。這些市場存在一些新型的決策問題，它們比那些面對既定價格來決定產出的完全競爭廠商的決策問題，或者那些在確定需求情況下決定價格和產出的壟斷企業的決策問題更為複雜。這一章，我們考察寡頭市場上的廠商同時行動的均衡，在第十章，我們考察寡頭市場上的廠商相繼行動以及存在重複性的相互作用時的均衡，而在第十一章則考察產品差異如何影響市場均衡以及市場結構如何影響產品差異。

第一節　不確定需求與策略性行為

寡頭市場的基本特徵是：少數幾家大規模廠商提供整個行業或行業的大部分產出。出現這種情況的一個主要原因是存在生產上的規模經濟效應，規模較小的企業由於面對較高的平均成本而無法參與市場競爭。如果行業內只有兩個廠商，我們稱之為雙寡頭市場，例如中國目前的移動通信市場，聯通和中國移動之間的競爭與合作就可以利用雙寡頭模型加以分析。由於我們仍然假定寡頭廠商是一個理性的決策者，仍然要按照邊際成本等於邊際收益的原則來決定自己的產出，因而我們必須研究寡頭面臨的需求。

一、相互依存與廠商面臨的不確定需求

1. 廠商的相互依存

寡頭市場與完全競爭市場不同，因為在完全競爭市場上每個廠商的產量都只占微不足道的市場份額，從而並不存在這種相互影響的關係，也就可以獨立考察每個廠商

的決策。寡頭市場也不同於壟斷市場，壟斷廠商獨占市場，如果不考慮進入威脅，同樣是獨立決策。但是，實際生活中的情況卻是廠商的決策是相互依存的。相互依存意味著任何一個企業在市場中的行為都將影響到其他企業的銷售和收益情況。每一個企業都知道自己的行為或者變動會對其他企業產生這樣的影響，並且也知道其他企業也將採取行動或者進行改變來影響自己的銷售收入，但是沒有一家企業真正知道其他企業將如何反應。正是因為這種相互依存的關係，一個企業的決策的收益還同時取決於其他企業的行為。所以，一個企業在決策時必須考慮競爭對手的反應。

2. 廠商面臨不確定的市場需求

在完全競爭市場上，廠商作為一個價格接受者，面臨著一個確定的市場需求，銷售量完全由他自己決定，無論其他競爭廠商是提價還是降價。在壟斷市場上，由於廠商本身就構成整個市場，因而廠商面臨的市場需求就是整個市場需求，所以他的銷售量也僅僅取決於自己的行為，面臨的是一個確定的市場需求。但是，寡頭廠商之間的相互依存決定了每一個廠商的銷售量並不完全獨立地取決於他自己的行為，還取決於其他寡頭廠商的行為。比如，如果其他寡頭廠商提價，那麼，每一個寡頭都可能賣出更多；反之，如果其他寡頭廠商降價，那麼每一個寡頭都只能賣出更少。因此，寡頭廠商都面臨著一個不確定的需求。

二、寡頭廠商面臨的需求

為了理解寡頭廠商之間的相互依存和面臨的需求，我們以百事可樂公司的價格決策為例來加以說明。

百事可樂公司的行銷管理者聚在一起，討論公司是否應該改變6罐包裝百事可樂的價格。幾個月來，百事可樂和可口可樂的6罐包裝都賣3美元。在這期間，百事可樂公司平均一天銷售100萬個6罐包裝的百事可樂（如圖9.1中的 C 點所示）。問題是，百事可樂公司為了獲得更多的利潤應該改變價格嗎？

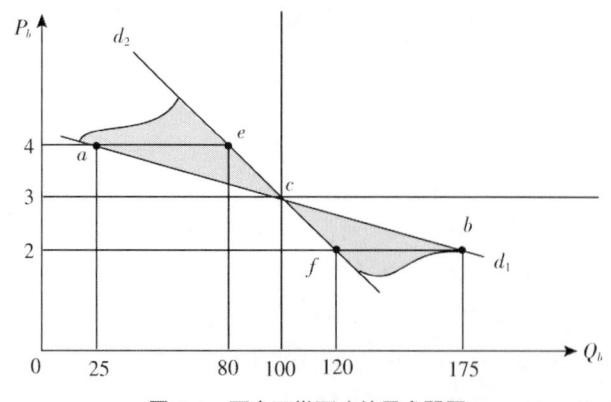

圖9.1 百事可樂面臨的需求問題

第一組的行銷副總裁建議把百事可樂的價格漲到 4 美元，因為他們相信百事可樂的銷售量不會下降太多，所以較高的價格會帶來利潤。當問及可口可樂將如何反應時，他們說可口可樂公司可能也會把價格漲到 4 美元，不會有太多的人用可口可樂代替百事可樂。如果真是這樣的話，百事可樂的銷售只會降到 80 萬個。如果這位副總裁是正確的，在圖中 c 點將沿著需求曲線 d_2 移動到 e 點。你可以看到 1 美元的價格提高導致了 6 罐裝的銷售量下降了 20 萬個。

第二組的副總裁持強烈的反對意見，他們認為可口可樂絕不會跟隨 1 美元的漲價。如果可口可樂把價格保持在 3 美元，百事可樂將失去大量的銷售額，大約下降到每天 25 萬個 6 罐包裝。如果這一組是正確的，c 點將沿著需求曲線 d_1 移動到 a 點。在這種假設下，銷售量將下降 75 萬個。

由於增加 1 美元造成的影響十分混亂，故有些人建議減少 1~2 美元。同樣地，也有人認為可口可樂不會希望失去很大的市場份額，所以將會立即跟進 1 美元的減價，於是百事可樂只能得到 20 萬的銷售增長，達到 120 萬個。如果這是正確的，c 點將會沿著需求曲線 d_2 移動到 f 點。當可口可樂以低價回應時，百事可樂增加了一些銷售量，但增加不多。

接著那些認為可口可樂不會跟隨價格的人提出，從 3 美元到 2 美元的降價將使百事可樂的銷售量大幅度增加。如果這些人的意見正確，c 點將沿著需求曲線 d_1 移動到 b 點。在這種假設下，銷售量將上升 75 萬個至 175 萬個。在這種情況下，百事可樂將獲得大量可口可樂的市場份額。

經過對哪一個需求曲線正確的大量討論後，一個管理實習生問，如果可口可樂以不到 1 美元的提價來回應百事的漲價，或者以降價不到 1 美元來對付百事的價格變動，那又將如何呢？在這樣的假設下，百事可樂的實際需求會不會在需求曲線 d_1 和 d_2 之間的陰影部分的某一處呢？實習生接著問，如果可口可樂選擇在百事可樂漲價時不跟隨漲價，而在百事可樂降價時跟隨降價，那麼百事可樂的需求曲線會不會在高於 3 美元的漲價時為 d_1，在低於 3 美元的降價時為 d_2 呢？最後高級市場副總裁宣布：「除非可口可樂變動價格，百事可樂近期將不變動價格。散會！」

這就是寡頭面臨的需求問題。廠商想知道實際的需求，以便在那樣的需求和邊際收益情況下最大化自己的利潤。然而他們不能這樣做，因為實際的需求依賴於對手將怎樣做。

三、折彎的需求曲線與博弈方法

顯然，研究寡頭廠商的決策，關鍵在於通過對對手反應的期望和估計，或者說對對手行為的推測和假設來消除其所面臨的需求的不確定性。我們以最簡單的斯威齊模型來說明這種研究方法。

對寡頭市場價格的經驗研究表明，這種市場的價格是剛性的或黏性的。對於寡頭壟斷市場中的價格剛性，斯威齊於 1939 年建立了一個著名的理論，對此進行瞭解釋。這個理論就是折彎的需求曲線模型。斯威齊指出：如果寡頭企業降低其價格，可以肯定他的競爭對手也會降價來與之爭奪市場，結果率先降價的廠商並不能擴大他的需求，甚至會減少總收益。因此，寡頭廠商在降價時，面臨一條缺乏彈性的需求曲線。如果

某寡頭企業由於成本增大而提高價格，其他寡頭則可能會維持既定價格，乘機爭奪市場份額，使他的總收益減少。這實際上意味著寡頭廠商在提高價格時，面臨著一條富於彈性的需求曲線。所以，需求曲線在既定的價格和產量所對應的點上被折彎。

如圖9.2所示，假定某寡頭面臨既定的需求曲線 aeb，並有相應的邊際收益曲線 $akhg$。由 $MR=MC$ 原則可知，當成本從 MC_1 降到 MC_2 或 MC_3 後，它似乎應降低價格，擴大產量，使其利潤達到最大化。但是，由於寡頭廠商面臨的需求曲線在既定的價格水平 P^* 和產量水平 Q^* 上被折彎，無論廠商怎樣改變價格，都會減少總收益。只有維持既定的價格，即價格粘住不變，才能實現利潤的最大化。對應於折彎的需求曲線，邊際收益曲線在既定的產量水平 Q^* 上出現了一個垂直的缺口 kh。它表明：在既定的價格—產量水平上，只要成本變化範圍不超過 kh，那麼總有 $MR=MC$，既存的產量 Q^* 和價格 P^* 就是可能的最大化利潤的產量和價格。

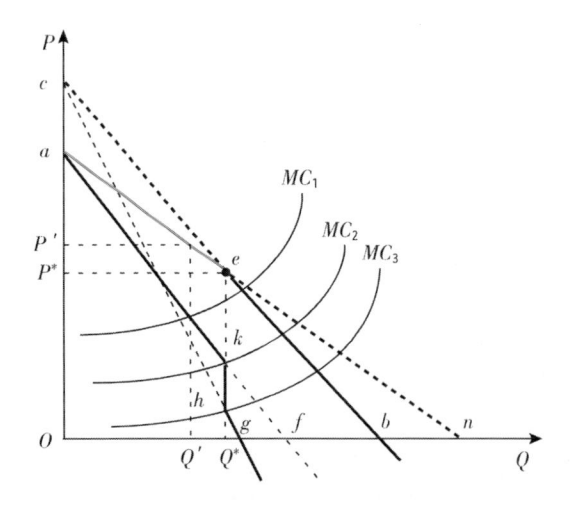

圖9.2　寡頭廠商折彎的需求曲線

折彎的需求曲線說明了黏性價格存在的原因，但它並沒有說明需求曲線為什麼在這一點而不是在其他點被折彎，即價格為何要粘在 P^* 這個價格水平而不是其他價格水平。

斯威齊模型告訴了我們一種研究寡頭廠商行為的方法，即通過假設對手的反應來使廠商原本面臨的不確定需求轉化成確定的需求。但是，由於對手的行為是不能確知的，從而上述方法存在很大的局限性。因而，對於相互依存的廠商行為，不能運用傳統的供求均衡方法分析，而是需要引入新的方法。這種方法就是博弈論，因為博弈論關注的就是意識到其行動將相互影響的決策者們的行為。由於按照博弈的參與者的行動是否存在先後順序，我們可以區分靜態博弈和動態博弈，因此這構成了這一章和下一章區分的方法。在這一章，我們考察寡頭市場靜態博弈，在下一章考察寡頭市場動態博弈。

第二節　完全訊息動態博弈

一、博弈的基本要素與分類

設想兩個人參與一個博弈，博弈的規則規定：每個人在 0 到 9 的 10 個自然數當中選擇 5 個寫下來裝入一個信封，如果兩個人寫的完全一樣，他們可以獲得獎勵。每個人都為了自己利益的實現而希望選擇「正確的」數字組合，但是他必須正確地猜測到另一個人所選擇的數字組合才能贏得獎勵。在這個博弈當中，我們知道參與者是誰，他們需要選擇行動，以及他們不同的行動組合的結果如何。這些都是一個博弈的基本要素。

一般來說，博弈的基本要素包括參與人、行動、信息、策略、支付。

參與人是指做決策的主體，其目標是通過選擇策略得到最偏好的結果，同樣我們可以用最大化自身的效用水平的假設來理解他的選擇。參與人可以是自然人，也可以是團體，如市場競爭中的企業、國際貿易衝突中的國家等。

每個參與人都有一些行動供他選擇。參與人 i 的行動用 a_i 表示，這是他的決策變量。一個行動組合是由博弈中所有參與人（例如 n 個）每人選取一個行動組成的向量，可以表示為 $a = (a_1, a_2, \cdots, a_i, \cdots, a_n)$。

在博弈當中，我們還需要知道行動的順序，也就是需要說明何時何種行動可行。如果所有的參與者同時選擇行動，這被稱為同時行動博弈，這時決策是同時做出的，沒有參與者能夠觀測到其他參與者的行動，並做出相應的決策。而在另一種情況下，參與者的行動有先後順序，後行動的參與者在先行動的參與者選擇了行動之後再選擇自己的行動，這被稱為相繼行動博弈。

但是，有人會馬上指出，即便存在行動上的先後順序，但是後行動的參與者如果無法觀測到先行動的參與者的行動，這種相繼行動博弈和同時行動博弈有什麼區別呢？確實如此，對於同時行動博弈而言，我們關心的是沒有參與者能夠獲得其他參與者的行動信息。在後行動的參與者看來，如果無法觀測到先行動的參與者的行動，那麼，他仍然在玩一場「同時行動」的博弈。因此，區分的關鍵不是時間上的先後順序，而是信息問題，下面我們就來澄清這一點。

如果沒有參與者能夠獲得其他參與者的行動信息，也就是說，當參與者做選擇的時候並不知道其他參與者的選擇，被稱為不完美信息博弈。簡單地說，如果把其他參與者的行動理解為一個參與者做決策的時候所面對的環境，信息不完美是說決策者不知道自己所處的決策環境。顯然，同時行動的博弈一定是信息不完美博弈，而即便存在行動上的先後順序，如果後行動的參與者無法觀測到先行動的參與者的行動，這種博弈同樣是不完美信息博弈。在博弈論當中，我們用「靜態博弈」這一術語表示這兩種情況。

如果存在行動上的先後順序，而且後行動的參與者可以觀測到先行動的參與者的行動，這種博弈被稱為完美信息博弈。但是，需要注意的是，如果後行動的參與者選

擇了自己的行動後，先行動的參與者又可以根據這一行動調整自己的行動，這就會使我們進入一種比較複雜的情況（這樣的一個無限的動態反應過程的穩定狀況將會是靜態博弈的結果）。因此，先行動的參與者的行動是否可以調整同樣重要。我們把先行動的參與者不能調整行動的完美信息博弈稱為動態博弈。因此，靜態博弈和動態博弈是我們對博弈進行分類的基本方法。動態博弈將是下一章介紹的主題，本章只關注靜態博弈。

信息是參與人有關博弈的知識，除了參與者的行動之外，還包括參與者的類型。博弈論中的類型包括所有會影響參與者偏好的內容，例如參與市場競爭的企業的成本是高還是低；參與市場交易的賣者提供的產品是高質量的還是低質量的。每個參與者都知道自己的類型，但是並不一定知道其他參與者的類型。據此，我們可以把博弈分為完全信息博弈和不完全信息博弈。如果每個參與人都瞭解其他參與人的類型，我們稱這種博弈為完全信息博弈，否則為不完全信息博弈。在不完全信息博弈中，一個參與者的不被其他參與者瞭解的類型信息被稱為該參與者的私人信息，如果只有個別參與者擁有私人信息，這種不完全信息博弈被稱為不對稱信息博弈，這是信息經濟學的核心內容。

總結上面的分析，我們可以根據信息結構的不同，把博弈分為四類模型，見表9.1。一般來說，不完全信息博弈屬於更高級的經濟學課程討論的主題，因此我們在這一章和下一章僅僅討論完全信息博弈的特徵以及求解均衡的方法。

表9.1　　　　　　　　　　　博弈分類表

	靜態博弈	動態博弈
完全訊息	完全訊息靜態博弈	完全訊息動態博弈
不完全訊息	不完全訊息靜態博弈	不完全訊息動態博弈

博弈論的核心內容是考察參與者如何根據其他參與者的行動選擇自己的最優行動，這被稱為策略。參與人的策略是一個相機行動方案，它規定參與人如何對其他參與人的行動做出反應。策略分為兩種，如果參與人在每一種可以識別的情況下選擇一種特定的行動，這被稱為純策略，而如果是以某種概率分佈隨機地選擇不同的行動，我們稱之為混合策略。在這裡，我們僅僅介紹純策略。

值得注意的是，策略是針對其他參與者的行動的反應規則。但是在靜態博弈當中，由於沒有參與人能夠觀察到其他參與者的行動，因此策略的概念意義不大，在這種情況下，一個參與者可以選擇的策略就是他可以選擇的行動。舉個例子來說，兩個人分別從1到99個自然數當中選一個寫下來，如果加起來之後為偶數，參與者甲贏得1元錢；如果加起來為奇數，參與者乙贏得1元錢。對於甲來說，如果他知道乙寫的是奇數，則會選擇奇數；如果乙寫的是偶數，則會選擇偶數。但是對於靜態博弈來說，上述的策略沒有意義，因為甲不知道乙的選擇，因此甲的策略就只有兩個，選擇偶數或者奇數。他選擇偶數的策略應該理解為：不論乙選擇奇數還是偶數，甲都選擇偶數。而由於可選擇的策略就是可選的行動，因此在靜態博弈當中，策略和行動是一回事。

為了分析得到每個參與者的最優選擇，我們需要知道每個參與人對所有的行動組

合或策略組合的偏好。為了分析的方便，我們用支付的高低來反應偏好中的排序，支付一般可以理解為參與人的效用。當然，對於市場競爭博弈而言，支付就是企業的利潤。博弈論用於分析相互依存下的決策，因此每個參與人的支付都取決於所有參與人的策略或行動。

在後面對寡頭市場的分析當中，根據寡頭廠商的行動變量是價格還是產量，以及進行的是靜態博弈還是動態博弈可以分為四個基本模型，它們是更深入地理解寡頭市場運行規律的基礎（如表9.2所示）。

表9.2　　　　　　　　　　寡頭市場一次性博弈

	靜態博弈	動態博弈
產量競爭	古諾模型	（斯塔克爾伯格）產量領導模型
價格競爭	伯特蘭模型	（斯塔克爾伯格）價格領導模型

二、完全信息靜態博弈的描述方法：策略式

為了說明一個完全信息靜態博弈，我們需要說明：參與人的集合，即都有哪些參與人；每個參與人的行動集合，即每個參與人都有哪些可供選擇的行動；每個參與人的支付函數。我們可以用策略式（也被稱為標準式）來描述這些內容。因此，完全信息靜態博弈也被稱為策略式博弈。

如果一個博弈中的參與人的個數是有限的，而且每個參與人的可選的行動是有限的，這種博弈被稱為有限博弈。兩個參與人的有限博弈的策略式可以用一個矩陣來表示，我們稱之為支付矩陣。

例如，在圖9.3的博弈中，參與人甲可以選擇的行動是上、下，參與人乙可以選擇的行動是左、右，這樣就可以設定四個方格：左上方、左下方、右上方、右下方，分別表示相應的策略組合。我們在每個方格內標上參與人的支付，其中左邊的數字表示參與人甲的支付、右邊的數字表示參與人乙的支付。例如，如果參與人甲選擇上、參與人乙選擇左，我們在支付矩陣的左上角的方格內得到參與人選擇這個策略組合時參與人甲的支付為1、參與人乙的支付為-1。

	參與人乙	
	左	右
參與人甲　上	1　-1	-1　1
下	-1　1	1　-1

圖9.3　支付矩陣

三、占優策略均衡與重複剔除劣策略均衡

知道如何描述一個博弈之後，我們接下來思考：在一個由理性參與人參加的博弈中，應該預期能夠觀察到什麼結果。也就是說，如果我們知道了一個博弈的必要的信

息之後，我們如何推測每個參與者的策略以及支付。顯然，我們需要理解每個人如何做出自己的選擇。在靜態博弈中，由於每個參與人並不瞭解其他參與人的行動信息，因此必須根據對其他參與人行動的預期來選擇最優的行動。

一般來說，在博弈當中，每個參與者的最優選擇都依賴於其他參與者的策略。但是在一種特殊的情況下，一個參與人的最優選擇獨立於其他參與人的策略。也就是說，不論其他參與人選擇什麼策略，有一個策略能使這個參與人獲得最大的支付，這一策略就被稱為占優策略。如果每個參與人都有占優策略，由這些策略所組成的策略組合，就是這個博弈的均衡，當然，它也應該是我們對這個博弈的參與者行動的推測。

讓我們用經典的囚徒困境博弈來理解這種方法的運用（如圖9.5所示）。兩個犯罪嫌疑人面對審訊，分別有兩個策略供其選擇：坦白、不坦白。警方掌握了一個較輕罪行的證據，但如果要判以重刑，則需要犯罪嫌疑人坦白罪行。警方設定如下制度：坦白從寬、抗拒從嚴。下面的支付給出了不同的策略組合下每個參與人的入獄時間（年）。

		參與人乙		
		坦白		不坦白
參與人甲	坦白	-6 -6		0 -10
	不坦白	-10 0		-1 -1

圖9.4　囚徒困境博弈

有一點需要說明，前面我們講過，博弈參與者的支付一般是指參與者的效用，但是由於我們僅僅關心參與者對不同的結果的偏好順序，因此效用的絕對值並不重要。這裡用入獄的時間度量參與者的效用水平正好符合參與者的偏好順序，參與者總是偏好入獄時間更短的結果。實際上，這正是我們前面學過的序數效用的思想。

這個博弈中，每個參與人都有一個占優策略，即坦白。例如，對參與人甲來說，如果乙選擇坦白，甲選擇坦白優於選擇不坦白（入獄6年優於入獄10年）；如果乙選擇不坦白，甲選擇坦白仍然優於選擇不坦白（不入獄好於入獄1年）。這樣，我們就有一個占優策略均衡（坦白，坦白），兩個人的支付均為-6。

這個模型之所以被稱為囚徒困境，是因為對兩個嫌疑人而言，存在帕累托改善的機會，策略組合（不坦白，不坦白）優於（坦白，坦白）。如果我們把不坦白理解為參與者的合作行為，把坦白理解為參與者的非合作行為，囚徒困境模型就刻畫了這樣一種情況：雖然合作優於不合作，但僅僅根據個體理性，我們無法獲得合作解。因此，囚徒困境模型是理解集體行動無效率的一個重要的思路。

占優策略均衡雖然很自然，但是並不總是存在。在不存在占優策略均衡的時候，我們如何推測參與者的策略選擇呢？我們仍然依靠理性假設來推理。我們知道一個理性的參與人不會選擇劣策略，劣策略是說不論其他參與人選擇什麼策略，對於這個劣策略，總是存在一個可以獲得更高支付的策略。如果博弈中存在劣策略，我們可以用重複剔除劣策略的辦法不斷簡化博弈，如果剔除後只剩下一個策略組合，這個組合就被稱為重複剔除的占優均衡。

我們用下面的智豬博弈來理解這種方法的運用（如圖9.5所示）。豬圈裡有一頭大豬，一頭小豬。在豬圈的一頭是食槽，另一頭是一個按鈕。大豬和小豬按一次按鈕的成本是2個單位的食物，但會有10個單位的食物進入食槽。食物的分配取決於進食的順序和豬的大小。如果大豬先到，大豬得到9個單位，小豬只能得到1個單位的食物；如果同時到，大豬得到7個單位，小豬得到3個單位的食物；如果大豬後到，大豬只能分得6個單位的食物，小豬則得到4個單位的食物。

		小豬			
		等待		按鈕	
大豬	等待	0	0	9	−1
	按鈕	4	4	5	1

圖9.5　智豬博弈

仔細觀察上面的支付矩陣可以發現，大豬並沒有占優策略，它的最優策略依賴於小豬的選擇。如果小豬選擇等待，大豬則選擇按鈕；如果小豬選擇按鈕，大豬則選擇等待。但是按鈕是小豬的劣策略，即如果大豬選擇等待，小豬按鈕的支付小於等待的支付（−1<0）；如果大豬選擇按鈕，小豬選擇按鈕的支付仍然小於等待的支付（1<4）。大豬判斷理性的小豬一定不會選按鈕，這樣大豬就只能選擇按鈕（按鈕的支付為4，大於等待的支付0）。這樣就得到這個博弈的均衡是（大豬按鈕，小豬等待），大豬和小豬的支付均為4。

智豬博弈同樣模型化了一種非常有趣的情況，雖然行動的收益會外溢到其他人，但是能夠在收益中佔有較大份額的參與者仍然有激勵付出成本。例如，股東為了維護自己的利益需要監督經理層，但監督是要支付成本的，而所有的股東都可以分享收益。在這種情況下，一般來說，都是大股東負責監督。大股東就相當於智豬博弈中的大豬。

四、納什[①]均衡

有的博弈當中，參與者既不存在占優策略，也不存在劣策略可以剔除。例如，下面的性別博弈中戀愛中的男女正在為晚上的安排犯愁——看電影還是看足球呢？圖9.6給出了這個博弈的支付矩陣。

		女生			
		看電影		看足球	
男生	看電影	1	2	0	0
	看足球	0	0	2	1

圖9.6　性別博弈

這個博弈沒有占優均衡，男生和女生的選擇都依賴於對方的選擇。但是直觀地來

---

① 約翰·納什是美國的數學家，他因為對博弈論的傑出貢獻而被授予諾貝爾經濟學獎。

看，我們知道他們寧願在一起。仔細觀察，我們可以發現，（看電影，看電影）和（看足球，看足球）的共同特點是：給定對手的行動，沒有任何一個參與人願意單方面改變。

納什把這一直覺模型化為納什均衡。一個策略組合，在其他參與人不會改變策略的前提下，如果沒有參與人有激勵改變自己的策略，則這個策略組合就是納什均衡。

根據這個定義，我們可以通過逐一檢驗所有的策略組合的方法來找到納什均衡。例如，在性別戰中，（看電影，看足球）不是納什均衡，因為給定男生選擇看電影，女生有激勵選擇看電影。同理，（看足球，看電影）也不是納什均衡。

之所以沒有人願意單方面改變，一定是因為給定對手的策略，參與人做出了最佳反應。因此，我們可以用最佳反應的辦法尋找納什均衡。具體的做法是：在最佳反應的支付下畫一橫線；如果一個方格內兩個支付下面都畫了橫線，這個方格所對應的策略組合就是納什均衡。例如，如果男生選擇看電影，女生選擇看電影是最佳反應，因此在左上角的方格內支付數字 2 的下方畫一橫線；而如果女生選擇看電影，男生的最佳反應也是看電影，因此我們應該在左上角的方格內支付數字 1 的下方畫一橫線。由於這個方格內兩個支付數字下面都畫了橫線，因此（看電影，看電影）就是一個納什均衡策略組合。圖 9.7 標出了性別博弈中所有的納什均衡策略組合。

		女生			
		看電影		看足球	
男生	看電影	<u>1</u>	<u>2</u>	0	0
	看足球	0	0	<u>2</u>	<u>1</u>

圖 9.7　納什均衡策略組合

到此為止，我們已經學習了尋找博弈的均衡解的三種方法，下面我們簡要說明它們之間的關係。第一，占優均衡一定是納什均衡，但逆命題並不成立。這是因為在占優均衡中，每個參與者的最優策略都是對其他參與者任何策略的最佳反應，因此必然是對其他參與者最優策略的最佳反應。讀者可以利用畫線的方法驗證囚徒困境博弈的占優策略均衡同樣是納什均衡。但是，納什均衡的策略組合中每個參與者的策略僅僅是對其他參與者最優策略的最佳反應，因此並不一定是對其他參與者所有策略的最佳反應。例如在上面的性別博弈中有兩個納什均衡，但它們都不是占優均衡。第二，劣策略一定不是最佳反應，因此納什均衡中一定不會包括劣策略。也就是說，重複剔除劣策略的方法不會剔除納什均衡的策略組合。

納什均衡是求解完全信息靜態博弈的標準方法，但它存在三個問題。第一，有些博弈不只存在一個納什均衡，這為預測參與人的行動帶來了麻煩。這是因為，如果一個博弈只有唯一的納什均衡，每個參與者都會正確地預期到其他參與者的策略。而如果一個博弈中有多個納什均衡，就有可能出現預期的不一致。在上面的性別博弈中，我們設想男生和女生獨立地購買電影票或者足球票，我們並不能保證他們會做出一致性的選擇。第二，有些博弈沒有純策略納什均衡。例如，兩個人參與這樣一個博弈，每個人選擇1~9之間的一個數，如果加起來後為偶數則甲獲勝，為奇數則乙獲勝。在這樣的博弈中，每

個人都不希望被對方猜到自己的策略。這樣的博弈可以尋找混合策略均衡，即一種策略選擇的隨機安排。第三，納什均衡不一定導致帕累托有效率的結果，例如囚徒困境模型中都選擇坦白就是納什均衡，但和都選擇不坦白相比，這是一個無效率的結果。當然，這時的無效率僅僅對兩個參與人而言，從整個社會來看，犯罪嫌疑人坦白罪行是符合社會利益的。

第三節　古諾模型

古諾的原始模型考察的是兩個相互競爭的礦泉水廠商如何決定產量的問題。在古諾那個年代，並沒有現代的博弈論作為分析工具。古諾採取的辦法是：假設市場上開始的時候只有一個廠商，例如廠商1，選擇壟斷產量；然後一個新的廠商——廠商2進入該市場。古諾假設廠商2做決策的時候，廠商1的產量是給定的，市場需求減去廠商1的產量就得到了廠商2所面對的需求，根據這個需求，廠商2選擇利潤最大化的產量；由於廠商2的加入，廠商1的初始產量不再是最優的，從而廠商1把廠商2的產量視為給定的，根據自己所面對的剩餘需求決定利潤最大化的產量，這反過來又會促使廠商2隨之調整。這樣的過程一直繼續下去，直到沒有廠商願意進一步調整，這種穩定的狀況就是古諾均衡。這時，每個廠商都處在這樣的一種情況：給定其他廠商的產量，每個廠商的生產都是利潤最大化的產量。

一、雙寡頭模型

雖然現在還有人使用古諾的這種推理方法理解這種市場的運行規律，但是現代經濟學已經普遍採用博弈論的方法來推導古諾均衡。由於古諾均衡是典型的納什均衡，因此我們在這一節會把古諾模型的解稱為古諾-納什均衡解。

我們從一個只有兩個廠商的寡頭市場開始分析，在理解了古諾模型的基本思想之後，把模型擴展到廠商數量任意的一般化模型。

假設一個行業內只有兩個廠商，以不變的平均成本 c 生產同質產品，產量分別表示為 Q_1、Q_2。為了分析的簡便，我們假設他們面對的反市場需求函數為 $P=a-b(Q_1+Q_2)$，$a>0$，$b>0$，$a>c$。

古諾模型中廠商之間的競爭的特點可以描述為這樣的博弈規則：兩個廠商同時選擇產量，市場價格由供求均衡決定。用博弈論的術語來說，這是一個同時行動的靜態博弈，我們要求解的是納什均衡。

我們首先分析廠商1的選擇。由於廠商1無法觀測到廠商2的產量，因此只能根據對廠商2產量的預期做出決策，但是由於在最終的均衡這種預期必須是正確的，因此如果我們只關心均衡狀況，我們可以把廠商1的選擇建立在廠商2的實際產量的基礎上，這樣廠商1的目標函數就為：$\pi_1 = [a-b(Q_1+Q_2)]Q_1-cQ_1$。如果我們給定一個

---

① 奧古斯丁·古諾，法國人，生於1801年。他在1838年出版了具有深遠影響的著作《財富理論的數學原理研究》。他提出的寡頭市場均衡在一百多年後被納入了博弈論的分析框架當中。

利潤水平，就可以確定廠商 1 的一條等利潤線。需要注意的是，廠商 1 的任意一條等利潤線都是凹函數，而且在廠商 1 的產量給定的時候，廠商 1 的利潤和廠商 2 的產量負相關。在圖 9.8 中，當廠商 1 的產量為 Q_1^a 時，如果廠商 2 的產量由 Q_2^a 上升為 Q_2^b，那麼廠商 1 的利潤就下降了，即廠商 1 在 a 點的利潤低於在 b 點的利潤。圖 9.8 中畫出了廠商 1 的兩條等利潤線，靠近橫軸的等利潤線具有更高的利潤水平，如 $\pi_a > \pi_b$。

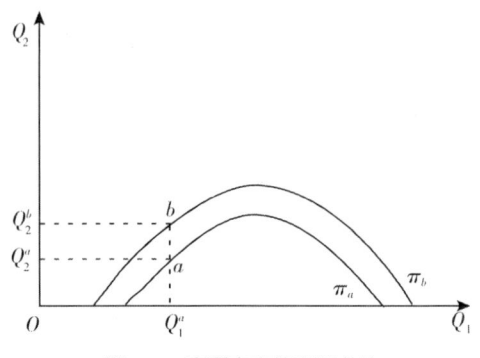

圖 9.8 寡頭廠商的利潤曲線

廠商 1 利潤最大化的產量滿足的一階條件為：$\frac{\partial \pi_1}{\partial Q_1} = a - 2bQ_1 - c = 0$，由此可以得到廠商 1 的反應函數：$R_1(Q_2) = \frac{a - c - bQ_2}{2b}$。在幾何圖形中，廠商 1 的反應曲線正好是廠商 1 的等利潤線最高點的連線。

縱截距是 $\frac{a-c}{b}$，這是說，如果廠商 2 生產競爭性產量，那麼，廠商 1 就不生產，因為生產任何大於零的產量都會虧損。橫截距是 $\frac{a-c}{2b}$，這是說，如果廠商 2 不生產任何產量，那麼廠商 1 生產壟斷產量。

同理，我們可以得到廠商 2 的反應函數 $R_2(Q_1) = \frac{a - c - bQ_1}{2b}$。

古諾均衡產量 (Q_1^*, Q_2^*) 滿足 $Q_1^* = R_1(Q_2^*)$，$Q_2^* = R_2(Q_1^*)$。即給定其他廠商的最優產量，每個廠商都實現了最大利潤，從而也沒有激勵單方面改變，正因為此，古諾均衡是納什均衡。

由 $\begin{cases} Q_1 = \frac{a-c-bQ_2}{2b} \\ Q_2 = \frac{a-c-bQ_1}{2b} \end{cases}$ 可以得到 $Q_1^* = Q_2^* = \frac{a-c}{3b}$，這就是這個簡化模型中的古諾均衡產量。

我們可以用幾何方法理解這一結果。兩個廠商的反應函數可以給出兩條反應曲線，古諾均衡就是兩條曲線的交點（如圖 9.9 所示）。

整個行業總供給量為 $Q = Q_1 + Q_2 = \frac{2(a-c)}{3b}$，市場價格為 $P = \frac{a+2c}{3}$，由於我們限定

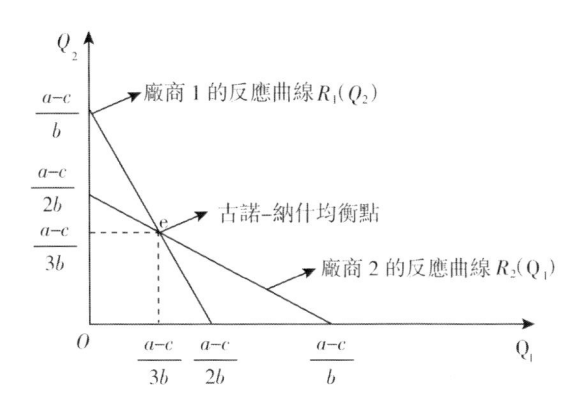

图示：几何方法表示的古诺—纳什均衡点，横轴为 Q_1，纵轴为 Q_2。廠商 1 的反應曲線 $R_1(Q_2)$ 從 $(0, \frac{a-c}{b})$ 到 $(\frac{a-c}{2b}, 0)$；廠商 2 的反應曲線 $R_2(Q_1)$ 從 $(0, \frac{a-c}{2b})$ 到 $(\frac{a-c}{b}, 0)$；兩曲線交於古諾-納什均衡點 e，坐標為 $(\frac{a-c}{3b}, \frac{a-c}{3b})$。

圖 9.9　幾何方法表示的古諾—納什均衡點

$a>c$，因此 $P=\frac{a+2c}{3}>c=MC$。這表明，古諾模型中的產量競爭不同於完全競爭市場，沒有實現總剩餘最大化。但是，古諾模型確實含有兩個寡頭廠商之間的競爭，行業的總供給量也大於壟斷產量 $\frac{a-c}{2b}$。

二、模型的一般化：n 個寡頭古諾模型

古諾模型的思想可以擴展到多個寡頭的情況。假設 n 個寡頭具有相同的不變平均成本 c，反市場需求為 $P=a-b(\sum_{i=1}^{n}Q_i)$，$a>0$，$b>0$，$a>c$。任取一個廠商 i 作代表，其利潤函數為 $\pi_i=(a-b\sum_{j=1}^{n}Q_j)Q_i-cQ_i$，利潤最大化的產量滿足的一階條件為 $\frac{\partial \pi_i}{\partial Q_i}=a-bQ-bQ_i-c=0$，其中 $Q=\sum_{j=1}^{n}Q_j$。所有廠商的均衡產量都需要滿足這一條件，把這一條件相加 n 次，可以得到：$na-bnQ-bQ-nc=0$。由此可以解得 $Q=\frac{n(a-c)}{b(n+1)}$，這就是市場均衡產量。根據反需求函數，市場價格為 $P=\frac{a+nc}{n+1}$。

之所以介紹這個模型，是因為這個模型給出了一個非常一般化的結論。當 $n=1$ 時，我們得到壟斷解：$Q=\frac{a-c}{2b}$，$P=\frac{a+c}{2}$。當 $n=2$ 時，我們得到雙寡頭古諾均衡解：$Q=\frac{2(a-c)}{3b}$，$P=\frac{a+2c}{3}$。當 $n\to+\infty$ 時，我們得到完全競爭解：$Q\to\frac{a-c}{b}$，$P\to c$。

第四節　伯特蘭模型

古諾模型考察的是廠商之間的產量競爭，而伯特蘭①模型試圖說明的是同質廠商之間的價格競爭。

假設兩個寡頭廠商以不變的平均成本生產同質產品，沒有生產能力限制，企業之間只競爭一次，並且同時進行定價決策。市場需求為 $Q=D(P)$。假設兩個廠商價格相同時平分市場需求，那麼，我們可以得到廠商 i 的利潤函數為：

$$\pi_i = \begin{cases} 0 & if \quad P_i > P_j \\ (P_i - c) \dfrac{D(P_i)}{2} & if \quad P_i = P_j \\ (P_i - c) D(P_i) & if \quad P_i < P_j \end{cases}$$

廠商 i 面對的決策是選擇價格 P_i 最大化利潤 π_i，由於目標函數不是連續函數，因此不能使用微積分的方法。我們用逐一排除的方法來尋找此博弈的納什均衡。

第一，$P_i > P_j > c$ 不是納什均衡，因為給定 P_j，廠商 i 制定高於 c 但小於 P_j 的價格可以增大利潤，由於存在單方面改變行動的激動，因此它不可能是納什均衡。

第二，$P_i = P_j > c$ 不是納什均衡，因為任一廠商都可以通過單方面略為降低價格而增大利潤。

第三，$P_i > P_j = c$ 不是納什均衡，因為廠商 j 可以提高價格，增大利潤。

因此，只有 $P_i = P_j = c$ 是納什均衡，每個廠商都沒有激勵單方面改變價格。例如，給定 $P_j = c$，廠商 i 提高價格，利潤仍為零，而降低價格則利潤為負。

伯特蘭第一次發現了這一均衡，因此這一均衡就被稱為伯特蘭均衡。這一雙寡頭模型的均衡結果和完全競爭相同（價格等於邊際成本）。顯然，這與人們的常識有別，傳統上人們認為只有眾多廠商之間的競爭才能使價格等於邊際成本，但伯特蘭的模型則指出哪怕只有兩個廠商，只要產品同質就可以實現完全競爭結果。人們的常識與伯特蘭結果之間的不一致被稱為伯特蘭悖論。

之所以會出現伯特蘭悖論，是因為伯特蘭模型的基本假設在很多方面和現實不符。放鬆這些假設，就可以消除這一悖論，具體來說，有四種辦法。

第一，伯特蘭模型假設了產品同質，因此當一個廠商的價格高於另一廠商時，銷售量為零。但如果存在產品差別，高價格的廠商不會失去所有的顧客，從而高於邊際成本的價格可以獲得正的利潤，等於邊際成本的價格就不再是均衡價格。我們將在後面的章節中介紹產品差異下的價格競爭。

第二，伯特蘭模型假設了任何一個廠商的生產能力都可以供給整個市場的需要，但是如果規模不經濟，一個廠商就存在最大產量限制，例如為 $\bar{Q}$，而且 $\bar{Q} < D(c)$，那麼，一個廠商有激勵選擇 $P > c$，因為它面對的需求為 $\bar{Q} - D(c) > 0$，可以獲得正利潤。

---

① 伯特蘭，法國經濟學家，他在1883年提出了這一模型，並且引起了人們對古諾模型的興趣。

第三，伯特蘭模型暗含了消費者擁有價格分佈的完全信息的假設，因此消費者不會從高價格的廠商處購買產品。如果引入搜尋價格的信息費用，搜尋費用比較高的消費者會選擇隨機購買。同樣，一個廠商選擇高於邊際成本的價格可以獲得正利潤。

第四，伯特蘭模型沒有考慮廠商之間合謀的可能性。如果廠商之間長期重複博弈，由於擔心降價引發價格戰並損失未來的利潤，合謀就成為可能，從而兩個廠商會制定高於平均成本的價格，共同獲得正利潤。

現在我們已經學習了有關寡頭市場的兩個基本模型：古諾模型和伯特蘭模型。同學們容易感到困惑的是，這兩個模型對寡頭市場做出的推測是完全不同的，古諾均衡產量大於壟斷產量但小於競爭性產量，從而兩個寡頭之間既有競爭也有壟斷力量。而在伯特蘭模型中，兩個廠商的價格競爭的結果是完全競爭市場的產量，每個企業都沒有任何市場力量。由於這一顯著的差異，同學們會很自然地問這樣的問題：「企業既要進行價格決策也要進行產量決策，當要選擇一個模型分析寡頭市場的運行的時候，我應該選擇哪個模型呢？」

有一個一般化的原則，即在選擇模型的時候，我們需要區分時間長度。相對於價格決策而言，生產能力和產量決策是長期決策。因此當我們分析長期均衡的時候，我們假設企業先選擇生產能力，再選擇價格，這時適用古諾模型。而如果產量可以在短期內迅速調整，這樣，企業可以先決定價格，再決定產量，這時選擇伯特蘭模型比較適合。因此，選擇合適的模型的關鍵是看哪個模型更符合實際。由於不同產業的實際情況差別比較大，因此在一些產業中，古諾模型更實用些，而在其他的一些產業中，伯特蘭模型則更實用些。

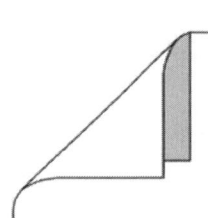

第十章　動態博弈與同質寡頭市場均衡

本章將討論寡頭市場動態博弈，也就是考察當存在行動的時間上的先後順序的時候，寡頭廠商的策略性行為以及市場均衡的特徵。我們將首先介紹動態博弈的基本分析方法，然後考察兩個模型：一是斯塔克爾伯格領導模型，二是卡特爾模型。

第一節　完全信息動態博弈

一、博弈的擴展式：博弈樹

我們還記得動態博弈的基本特徵，博弈的參與者存在行動上的先後順序，後行動的參與者能夠觀察到先行動的參與者的行動，而且先行動的參與者的行動不能逆轉。我們用擴展式描述一個動態博弈，擴展式博弈包括五個要素：參與人集合；參與人的行動順序；每個參與人行動時的行動集合，即有哪些行動可供他選擇；有關對手過去行動的信息，我們總是假設每個參與者記得博弈的歷史；參與人的支付函數。

有限博弈的擴展式可以用博弈樹表示。博弈樹的基本組成要素是結、枝和信息集。

結是在博弈中參與人選擇行動的時點，或者博弈結束的時點。我們在結的旁邊標註相應的決策者，在終點結標註支付向量，支付向量中的順序與行動的順序一致。博弈從初始結開始，並用一個空心圓表示，它表示在此之前沒有任何博弈的歷史。

從一個結到它的直接的後續結的連線被稱為枝，每個枝代表參與人的一個行動選擇，並且給出了從一個決策結到另一個決策結的路徑。

參與人在特定時點的信息用信息集來表示，一個信息集由參與人所認為的可能的決策結的結組成。在完美信息博弈中，每個參與人的信息集都是單結的，即參與人清楚地知道其他參與人的行動歷史和自己所處的決策結。但是在不完美信息博弈中，參與者並不清楚前面的參與者的選擇，從而並不知道自己具體處在哪一個決策結上，這時信息集含有多個決策結。在博弈樹中，用虛線把同一個信息集的決策結連起來。這樣一來，一個靜態博弈也就可以用一個博弈樹來表示。

例如，用博弈樹描述上一章所學過的性別博弈。假設男生處在初始結，選擇看電影或者看足球，這構成了從初始結開始的兩個枝，兩個枝連接的是女生的決策結。但是在靜態博弈中，由於女生並不知道男生的選擇，因此輪到女生選擇的時候，她並不

知道自己所處的具體的決策結，或者說她的信息集只有一個，包含兩個決策結。在圖 10.1 中，用虛線把這兩個決策結連接起來，從而在每一個可能的決策結，女生有相同的行動集合，或者選擇看電影，或者選擇看足球。這樣最終形成了四個終點結，在每個終點結標註兩個人的支付。按照習慣，由於男生先行動，因此在支付向量中，男生的支付放在前面。

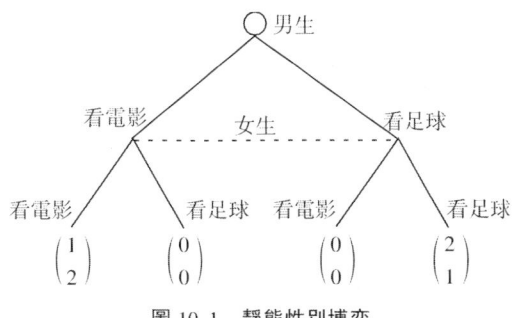

```
              男生
          /        \
       看電影        看足球
      /    \       /    \
   看電影  看足球 看電影  看足球
    (1)    (0)    (0)    (2)
    (2)    (0)    (0)    (1)
```

圖 10.1　靜態性別博弈

對上面的博弈樹稍加變化，去掉連接女生兩個決策結的虛線，這個新的博弈樹（如圖 10.2 所示）描述的已是完全不同的博弈。這時，女生清楚地知道在她之前男生選擇了什麼，從而這是一個動態博弈。

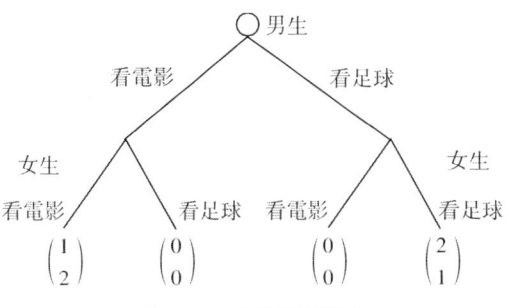

```
              男生
          /        \
       看電影        看足球
       女生          女生
      /    \       /    \
   看電影  看足球 看電影  看足球
    (1)    (0)    (0)    (2)
    (2)    (0)    (0)    (1)
```

圖 10.2　動態性別博弈

二、子博弈精煉納什均衡

和靜態博弈不同，在動態博弈中，後行動的參與人可以觀測到先行動的參與人選擇的行動，這樣，後行動的參與人的決策就是在給定先行動的參與人的行動的前提下，選擇行動最大化自身的支付。因此，後行動的參與人的行動依賴於先行動的參與者的行動，這種相機行動方案被稱為策略，動態博弈中的行動往往被稱為策略性行動。而先行動的參與人在決策時，可理性預期到後行動的參與人的反應，並以此反應為基礎選擇行動最大化自身的支付。

因此，求解動態博弈的思路是：從最後一個決策結開始，得到其最佳反應，然後倒推到倒數第二個決策結，他在已知前面的行動以及後面的反應的基礎上做出最優選擇，重複這一過程直到初始決策結。

根據這種思考問題的順序，這一方法被稱為反向歸納法，運用這種方法求得的均

衡被稱為子博弈精煉納什均衡。通過求解上面的動態性別博弈來理解這個均衡解的特徵。最後的決策結是女生做決策，她的反應模式是：如果男生選擇看電影，她就選擇看電影（支付為 2 高於 0）；如果男生選擇看足球，她就選擇看足球（支付為 1 大於 0）。這樣的反應模式被男生預見到，因此輪到分析男生的選擇了。他所面對的博弈可以簡化為圖 10.3，因此男生的最優選擇是看足球（支付為 2 大於 1）。所以，這個博弈的均衡是：男生選擇看足球，女生也選擇看足球。這個策略組合是納什均衡，因為給定男生選擇看足球，女生沒有激勵改變；給定女生選擇看足球，男生也沒有激勵改變。

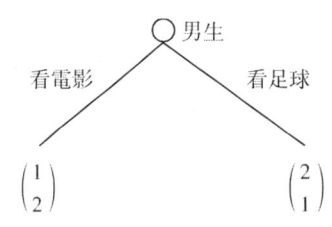

圖 10.3　運用反向歸納法簡化之後的博弈

但是，和上一章裡的靜態博弈中的納什均衡不同，靜態博弈中的一個納什均衡（男生選擇看電影，女生選擇看電影）被排除了。為什麼需要排除這個納什均衡呢？因為這個納什均衡是對該博弈的不合理的預測。之所以利用靜態博弈的納什均衡的方法會得到對動態博弈的不合理的預測，是因為納什均衡假定每一個參與人在選擇自己的最優策略的時候，其他參與人的策略選擇是給定的，參與人並不考慮自己的選擇對其他參與人選擇的影響。但是在動態博弈中，參與人的行動有先後，後行動者的選擇依賴於先行動者的選擇。這樣，先行動的參與人在選擇自己的策略時，不可能不考慮自己的選擇對後行動的參與者的影響。

女生當然希望男生選擇看電影，從而自己選擇看電影的支付為 2，大於 1。為了使得這個結果出現，女生的策略是「如果男生選擇看足球，自己就選擇看電影」。博弈論把這個策略稱為一個威脅，如果男生相信了這個威脅，兩人去看電影就會成為可能的均衡。但是問題是，這個威脅是不可置信的，也就是說男生認識到：如果自己真的選擇了看足球，女生是不會兌現這個威脅的，因為這時女生選擇看電影不理性。通過上面的分析，我們應該已經清楚了動態博弈的子博弈精煉納什均衡的特點，它是剔除了不可置信的威脅策略後的納什均衡。因此，子博弈精煉納什均衡是比納什均衡更強的概念，它的目的就是排除不合理的預測，排除之後的納什均衡就被稱為精煉的。

不可置信的威脅的一個重要特徵是它不是所有決策時點的最優選擇，這被稱為動態的不一致。例如，女生威脅要看電影就不是男生選擇看足球之後的最優選擇。那麼，如何判斷一個策略是否是動態一致的？為此，我們引入了子博弈的概念。

一個擴展式博弈的子博弈是指從一個含有一個決策結的信息集開始，含有這個決策結的所有的後續結並且只含有這些決策結所組成的博弈。因此，可以說一個博弈的子博弈是這個博弈的子集。需要注意的是，每個子博弈都是從一個信息集開始要到達最後的終點結，如果信息總是完美的，那麼，子博弈就從決策結開始。例如，上面介紹的動態性別博弈有三個子博弈：女生的兩個決策結開始了兩個子博弈，而從男生開

始的博弈也是一個子博弈。

子博弈精煉納什均衡要求一個策略組合必須在每一個子博弈中都是納什均衡，由於子博弈包含了從所有可能的時點開始的博弈，從而這一均衡包含的策略是任何時點的最優選擇。而我們前面已經使用過的反向歸納法就是求解子博弈精煉納什均衡的標準方法。但需要注意的是，這種方法只適用於有限博弈。

從上面的求解方法來看，用反向歸納法求解子博弈精煉納什均衡的過程，實質上是重複剔除劣策略在擴展式博弈上的擴展。從最後一個決策結開始，依次剔除每個子博弈的劣策略。顯然，這要求「所有參與人是理性的」這一共識。在動態博弈當中，先行動的決策者確信後行動的決策者會採取理性的行為，而後行動的決策者不僅真的進行理性選擇，而且他知道先行動的決策者會根據他的反應來進行決策。當然，如果後行動的參與者犯錯誤，澤爾滕把它稱為「顫抖」，那麼，反向歸納法就不能保證做出正確的預測。這是這種方法遇到的最大挑戰。

下面我們用上述的方法求解一個稍微複雜一些的動態博弈（如圖10.4所示）。

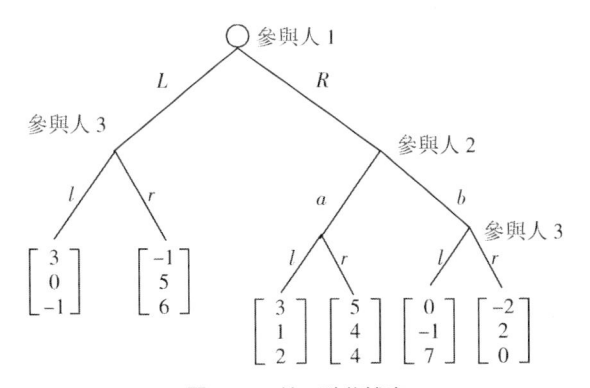

圖10.4　某一動態博弈

我們首先從參與人3的決策開始分析，如果參與人1選擇L，參與人3選擇r，博弈結束。如果參與人1選擇R，參與人2隨後做選擇，然後才是參與人3選擇，分析參與人3的行動，得到如下的反應模式：如果參與人2選擇a，則參與人3選擇r；如果參與人2選擇b，則參與人3選擇l，這樣博弈就可以化簡（如圖10.5所示）。

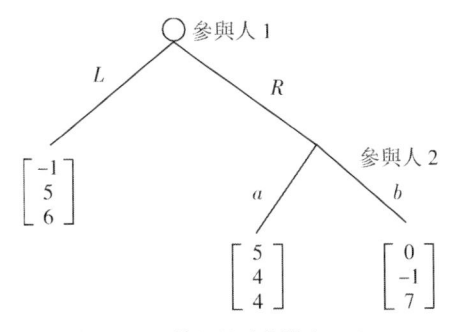

圖10.5　簡化的動態博弈（Ⅰ）

現在又可以繼續考慮參與人 2 開始的子博弈。參與人 2 做選擇的時候面對給定的參與人 1 的行動，而且正確預見到參與人 3 的反應，參與人 2 選擇 a。這樣就可以進行第二次化簡，化簡之後的博弈如圖 10.6 所示。

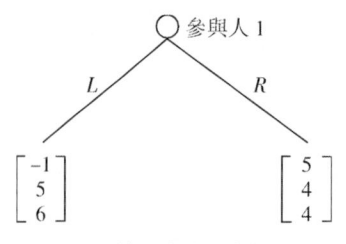

$$\text{參與人 1}$$

$$L \qquad R$$

$$\begin{bmatrix} -1 \\ 5 \\ 6 \end{bmatrix} \qquad \begin{bmatrix} 5 \\ 4 \\ 4 \end{bmatrix}$$

圖 10.6　簡化的動態博弈（Ⅱ）

最後我們來考察參與人 1 的選擇，顯然給定參與人 2 和 3 的反應，參與人 1 的最優選擇是 R，因此這個動態博弈的子博弈精煉納什均衡的結果為：參與人 1 選擇 R，參與人 2 選擇 a，參與人 3 選擇 r。

下面我們考察一個進入博弈的例子。前面的市場結構的考察都沒有考慮潛在進入的問題，而是在給定行業內廠商數量的前提下進行分析。下面我們就考察一個簡單的進入博弈模型，通過這個模型繼續深化對動態博弈的理解。

假設市場上只有一個在位廠商，用 I 表示。有一個潛在進入者用 E 表示。如果進入沒有發生，E 獲得競爭性利潤為零，企業 I 得到壟斷利潤為 2。如果進入發生，在位者可以選擇容納或者鬥爭兩種策略：企業 I 選擇容納則和進入者各自獲得的利潤為 1；如果 I 選擇鬥爭，而且鬥爭的目的是把進入者淘汰出市場，則各自獲得的利潤為 -1。這一博弈的擴展式如圖 10.7 所示。

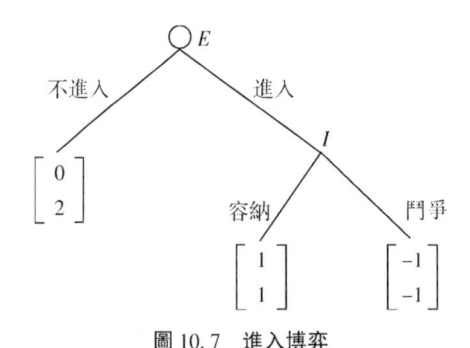

$$\text{○} E$$

不進入　　　進入

$$\qquad\qquad\qquad I$$

$$\begin{bmatrix} 0 \\ 2 \end{bmatrix}$$

容納　　　鬥爭

$$\begin{bmatrix} 1 \\ 1 \end{bmatrix} \qquad \begin{bmatrix} -1 \\ -1 \end{bmatrix}$$

圖 10.7　進入博弈

我們運用反向歸納法求解這個博弈的均衡。首先從倒數第一個決策結，也就是 I 開始。如果 E 進入，企業 I 選擇容納優於鬥爭。接下來，就是 E 的選擇，如果不進入利潤為 0，如果進入利潤為 1，因此企業 E 選擇進入。因此，均衡結果是企業 E 選擇進入，企業 I 選擇容納，各自獲得的利潤為 1。

在這個博弈中，企業 I 的策略「如果進入則鬥爭」就是它向進入者發出的一個威脅，但這個威脅是不可置信的，因此企業 E 知道，自己一旦進入，企業 I 選擇鬥爭是不理性的。納什均衡無法排除這種威脅，而子博弈精煉納什均衡正好是剔除了這些不

可置信的威脅的納什均衡。不可置信的威脅是動態不一致的，它不是博弈的所有時點上的最優策略。例如，鬥爭就不是企業 E 進入後企業 I 的最優策略。

不可置信的威脅是動態不一致的，它不是博弈的所有時點上的最優策略。但是，如果參與人能夠在博弈之前採取某種措施改變自己的行動集或者支付函數，就可能使威脅變得可信，我們把這些措施稱為承諾行動。在很多情況下，一個參與人可以通過減少自己的選擇機會來做出承諾。有意思的是，限制了自己的選擇範圍後卻因為具有策略效應而變得對參與人有利。

承諾行動的經典例子是戰爭中的占島斷橋。這種行動決定了占領了島嶼的軍隊沒有退路，只有固守陣地，結果這種限制了自己的選擇範圍的行動產生了策略效應，因為進攻的一方預見到一旦進攻就會遇到頑強的抵抗。在進入博弈當中，在位企業也可以通過承諾行動來阻止進入。例如，累積大量的過剩生產能力，或者投入沉沒成本來阻止進入，這些都使得鬥爭的威脅變得更加可信。

三、重複博弈

我們前面所考察的動態博弈的一個特徵是從後一個決策結開始的子博弈不同於從前一個決策結開始的子博弈。另一種動態博弈被稱為重複博弈，表現為同樣結構的博弈被重複多次。在這種博弈中，每次博弈被稱為階段博弈。

重複博弈引入了如下的內容：當博弈重複多次的時候，參與人可能會為了長期利益而犧牲眼前利益，這會激勵參與者選擇不同於一次性博弈的策略。而且，每一參與人的選擇都是以前全部博弈歷史的函數，也就是說，參與人的策略選擇取決於以前所有參與人的行動。因此，在博弈結束之前的任一時點，參與人都認識到他的行動具有信號功能，這被稱為聲譽。

讓我們考慮上一章分析過的囚徒困境的例子。為了更具一般性，我們把不坦白稱為合作行為，而把坦白稱為不合作行為。囚徒困境刻畫了這樣一種情況，雖然合作可以改善每個參與者的福利，但是在一次性博弈中，選擇欺騙是納什均衡。現在假設這個囚徒困境的博弈重複有限次，每一次的支付矩陣都是相同的，而且每個參與者都知道博弈結束的時間。我們可以運用反向歸納法求解這個重複博弈的均衡。在最後一個時期，納什均衡是欺騙，因為這時合作行為沒有聲譽價值，博弈已經結束了。在倒數第二個時期，由於每個參與者都知道最後一個時期對方會選擇欺騙，而且關鍵是對方會認為自己在最後一個時期一定會選擇欺騙，因此就算選擇合作，也不會促使對方在最後一個時期選擇合作，因此每個參與者的最優選擇還是欺騙。結果這又使得倒數第二個時期選擇合作行動失去了意義，這樣倒推到第一個時期的決策，每個階段都是重複了一次性博弈的結果，從而有限次數的博弈僅僅是把一次性的同時行動博弈重複了有限次。

但是，如果重複博弈的次數是無限的，或者即使次數有限，但參與者並不清楚博弈結束的時間，情況就發生了變化。這時的博弈的均衡確實不同於一次性博弈，而博弈均衡解則取決於參與人的跨期反應策略。常見的策略有兩種：在「觸發策略」(Trigger Strategy) 中，只要所有的博弈者在第 1 期是合作的，那麼，博弈參與者在第 t 期就採取合作策略。但是，如果任一參與者在第 1 期是不合作的，那麼，博弈參與者

從第 2 期開始並且將永遠採取不合作策略。而在「以牙還牙，以眼還眼」(Tit for Tat) 策略中，參與人則選擇對手在上一時期的策略。這樣一來，如果一個參與者在某個時期選擇了不合作，還可以在以後重新建立聲譽。

下面我們用具體的數字例子來理解上面的分析。下面的支付矩陣描述的是無限次重複博弈的一個時期的支付。如果選擇合作，每個時期每個參與人都可以得到收益 2；如果選擇不合作，收益則都下降為 1。但是如果對手選擇合作，欺騙者可以得到收益就為 3，而收益 1 (3, -2) 就是欺騙的動機。但是，欺騙行為可以隨後被觀察到，從而被欺騙者將採取觸發策略，即一旦受到欺騙，隨後永遠選擇不合作。

我們要回答的問題是在什麼條件下會出現合作解呢？這就需要比較合作的收益和欺騙的收益。假設貼現因子為 δ，那麼合作的收益為 $\frac{2}{1-\delta}$，欺騙的收益為 $3+\delta+\delta^2+\cdots=3+\frac{\delta}{1-\delta}$。合作發生的條件是 $\frac{2}{1-\delta}>3+\frac{\delta}{1-\delta}$，這要求 $\delta>\frac{1}{2}$。這一結果的經濟學含義是，如果博弈的參與者都比較看重未來（貼現因子足夠大），合作就會發生。

第二節　斯塔克爾伯格模型

古諾模型和伯特蘭模型都假設廠商同時行動，但有時廠商之間存在行動上的先後順序，其原因在於競爭廠商之間的不對稱的地位。例如，一個行業內有一個主導企業，其他企業就會把這個主導企業的行為作為給定的，然後相機行事。這種情況下，寡頭廠商之間的競爭屬於動態博弈。由於是斯塔克爾伯格第一次研究這種博弈，所以我們把這一節的模型稱為斯塔克爾伯格模型。在這種動態模型中，我們把先行動的廠商稱為領導者，後行動的廠商稱為追隨者。寡頭廠商之間的競爭既可能是產量博弈也可能是價格博弈，因此我們可以把它們分為產量領導模型和價格領導模型。

一、產量領導模型

領導者的產量表示為 Q_L，追隨者的產量為 Q_F。由於產量一旦提供出來，就不能逆轉，具有承諾價值，因此兩個廠商參與的是動態博弈。

運用反向歸納法求解這一博弈的子博弈精煉納什均衡，先考慮追隨者的選擇，它把領導者的產量視為給定的，選擇產量最大化利潤，仍然假設廠商具有不變平均成本的情況，即求解下面的最大化問題：$\max_{Q_F} [a-b(Q_F+Q_L)-c]Q_F$。一階條件為：$a-2bQ_F-bQ_L-c=0$，由此得到追隨者的反應函數 $Q_F=\frac{a-c-bQ_L}{2b}$。隨後，我們分析領導者的決策，他在預期到追隨者的反應的前提下選擇產量最大化自身的利潤，即面對下面的最大化問題：$\max_{Q_L}[a-b(Q_L+\frac{a-c-bQ_L}{2b})-c]Q_L$。一階條件為 $\frac{a-c}{2}-bQ_L=0$，由此解得 $Q_L=\frac{a-c}{2b}$，並進而得到 $Q_F=\frac{a-c}{4b}$。產量組合 ($\frac{a-c}{2b}$, $\frac{a-c}{4b}$) 就是斯塔克爾伯格均衡的結果。

我們把這一均衡與古諾均衡做一比較。在斯塔克爾伯格模型中，領導者在追隨者的反應的約束下最大化利潤，從幾何上表現為在追隨者的反應曲線上選一點與領導者最高水平的等利潤線相切。假設廠商 1 為領導者，廠商 2 為追隨者，我們在圖 10.8 中同時標出了古諾均衡和斯塔克爾伯格均衡。

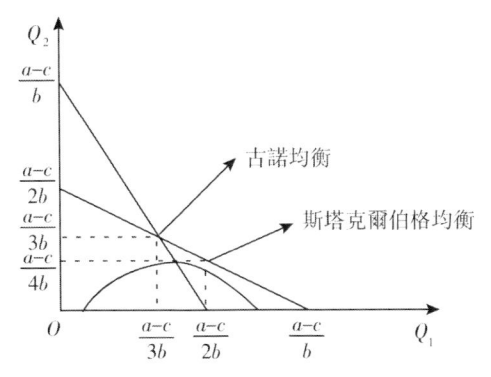

圖 10.8　古諾均衡與斯塔克爾伯格均衡

通過觀察上面的圖形我們發現，先動優勢確實給領導者帶來了更高的利潤。但是，有的讀者會發現，如果給定追隨者選擇 $\frac{a-c}{4b}$，那麼，領導者選擇 $\frac{a-c}{2b}$ 並不能最大化利潤，領導者減少產量可以增大利潤。但是，如果領導者調整了產量，追隨者會進一步調整，最終會達到古諾均衡，領導者只能獲得一個較低的利潤。這就是動態博弈提供的一個非常有意思的啓發，先行者通過限制自己的選擇（做出承諾）反而可以提高自己的支付。

看上去，我們好像發現了一個悖論：一個企業限制自己的產量選擇的可能性，反而會提高利潤，對此應該如何解釋呢？這是因為領導者選擇的產量通過兩種效應影響產量：一是直接效應，二是間接的策略效應。它通過影響對手的行動而影響自己的利潤。限制產量選擇的可能性恰恰起到了策略效應。

二、價格領導模型

這一模型描述了這樣一種情況，價格領導者制定價格，追隨者作為價格接受者選擇利潤最大化的產量。這一模型的適用條件是一個市場中存在一個規模非常大的主導廠商，然後存在一些規模非常小的競爭性企業。

假設企業 L 是領導者，仍然需要運用反向歸納法求解均衡。第一步，得到追隨者的反應函數 $S_F(P)$，它告訴我們追隨者如何在給定的價格下選擇產量；第二步，按照 $D(P) - S_F(P) = R(P) = Q_L$ 的原則得到領導者的剩餘需求曲線；第三步，領導者根據需求和成本確定利潤最大化的產量和價格。

圖 10.9 說明了上面的求解方法。

不論是產量領導模型還是價格領導模型，斯塔克爾伯格模型都可以用於分析行業內廠商阻止進入的策略選擇，這時領導者是在位廠商，追隨者是潛在的進入者，我們

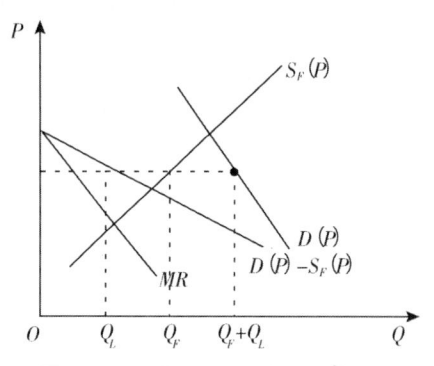

图 10.9　斯塔克尔伯格价格领导模型

需要分析在位企业选择什么样的产量和价格就会阻止进入。显然，求解的思路和上面一样，只是我们需要增加一个条件，即追随者的利润为零。以此为条件，读者可以计算一下限制进入的产量和价格安排。

第三节　卡特尔模型

在讨论伯特兰悖论的时候，我们已经指出两个寡头之间的激烈的价格竞争产生于一次性博弈，而如果寡头厂商处在重复博弈当中，由于认识到降价行为会带来报复性的价格战，企业就可能会约束自己的价格竞争行为而共同维持一个垄断价格水平，这种情况被称为默契合谋。

首先让我们来分析在什么情况下会出现这种合谋。根据前面学过的重复博弈的知识，我们知道如果博弈重复有限次，而且所有企业都知道博弈结束的时间，合谋就无法发生。但是在无限次重复博弈中，就会形成合谋的激励。虽然伯特兰均衡仍然是这个博弈的均衡解，但是在某些策略下，会出现合谋解。

假设每个企业在时期 0 制定垄断价格，对于时期 t 而言，如果以前各时期两个企业都索取垄断价格，那么，在时期 t 每个企业会继续索取垄断价格，否则就永远把价格制定在边际成本水平上。这就是触发策略，它意味着一次的背离就会失去以后合作的全部机会。

用 π_m 表示垄断利润，如果一直合作，那么利润为：$\frac{\pi_m}{2}(1+\delta+\delta^2+\cdots)=\frac{\pi_m}{2(1-\delta)}$，其中 δ 为贴现因子。假设降低价格可以获得全部市场，由于这只需要价格的微小下降，从而可以认为降价企业会得到约等于垄断时的利润，但随后就只能获得零利润。策略选择需要比较 $\frac{\pi_m}{2(1-\delta)}$ 和 π_m，显然，贴现因子会影响到策略的选择。贴现因子越大，说明未来越重要，触发策略对背离合谋的惩罚越严厉，合谋解就越可能会出现。

合谋解只是重复博弈的一种可能性，为了避免伯特兰价格竞争的出现，往往需要某种协调机制，这种协调机制规定所有企业的价格和产量，从而实现总利润的最大化。

這種機制往往由被稱為卡特爾的組織來實施。在某個寡頭市場中，如果幾個主要的廠商聯合起來限制產量、操縱價格，以獲取壟斷利潤，這種聯合組織就被稱為卡特爾。卡特爾的作用是消除廠商之間的競爭。

下面我們就來說明卡特爾的運行規律。

仍然假設有兩個廠商，成本函數分別為 $C_1(Q_1)$ 和 $C_2(Q_2)$，面對反市場需求函數為 $P=P(Q_1+Q_2)$。卡特爾的產量安排是求解下面的最大化問題：

$$\max_{Q_1,Q_2} \pi = P(Q_1+Q_2)(Q_1+Q_2) - C_1(Q_1) - C_2(Q_2)$$ 一階條件為：

$$\begin{cases} \dfrac{\partial P(Q_1+Q_2)}{\partial Q_1} \cdot (Q_1+Q_2) + P(Q_1+Q_2) - C'_1(Q_1) = 0 \\ \dfrac{\partial P(Q_1+Q_2)}{\partial Q_2} \cdot (Q_1+Q_2) + P(Q_1+Q_2) - C'_2(Q_2) = 0 \end{cases}$$

從一階條件可以得到卡特爾內部的產量安排滿足 $C'_1(Q_1) = C'_2(Q_2)$。即不論總的產量是多少，卡特爾內部成員之間的產量份額滿足邊際成本相等的原則，這樣的產量安排可以用最小的成本生產給定的總產量，從而卡特爾內部的生產是有效率的。

由於 $P'(Q_1+Q_2)(Q_1+Q_2) + P(Q_1+Q_2)$ 是卡特爾的邊際收益，因此卡特爾的利潤最大化產量滿足 $MR(Q_1^* + Q_2^*) = C'_1(Q_1^*) = C'_2(Q_2^*)$，卡特爾制定的價格為 $P^* = P(Q_1^* + Q_2^*)$，如圖 10.10 所示。

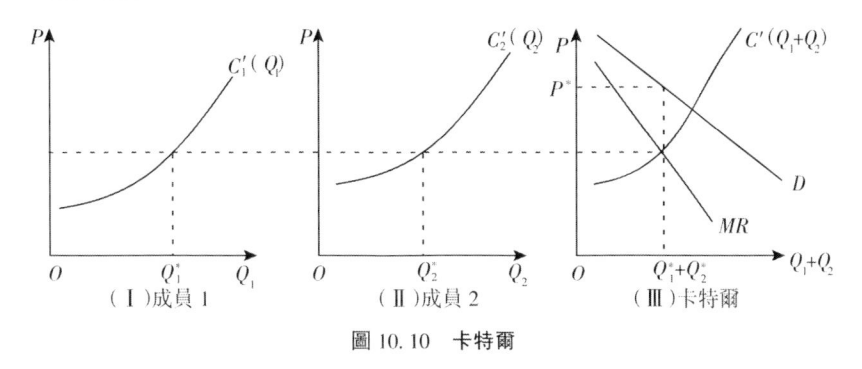

圖 10.10　卡特爾

在歷史上，卡特爾曾經盛極一時，但是所有的卡特爾都壽命不長，並且除了國際石油輸出國組織之外，很少有卡特爾能夠產生重大的經濟影響。卡特爾不能持久的一個原因是因為很多國家的法律限制這種合謀，但是從經濟學的角度來看，卡特爾的失敗則是因為其內在的不穩定性。

首先，卡特爾內部的每個成員都有強烈的欺騙動機。因為卡特爾的高價格需要通過限制產量來維持，但是每個成員都認識到，如果其他廠商遵守卡特爾的協議，自己增大產量則可以在獲得價格提高的好處的同時，又不承擔代價——減少產量。如果只有個別成員增大產量，這並不會帶來很大的問題，但是每個廠商都面對這樣的激勵。因此，如果沒有辦法有效監督和制裁違約的行為，卡特爾就很容易崩潰。

卡特爾的不穩定性是典型的囚徒困境，雖然每個成員都認識到合作限制產量可以共同增大利潤，但這樣的產量安排不是納什均衡，從而並不能自動實施。

因此，卡特爾的維持需要某種顯示價格信息和進行懲罰的機制。這種機制有時以非常巧妙的方式實施。我們舉一個例子，在城市的大型超市中，我們有時可以看到這樣的廣告：「如果顧客在5千米之內的同等規模的超市內發現更低的價格，我們會雙倍返還差價。」實際上，這就是一個懲罰機制。消費者承擔了發現價格下降的信息提供者的職能，而如果一個商場降低了價格，會引來其他商場更大幅度的降價。這種條款可以幫助維持一個卡特爾的運行。

但是即便如此，卡特爾的維持仍然是非常困難的。因為價格信息往往並不易於獲得。例如，對大客戶的批發價格就往往不公開，而且降低價格可以通過提高質量和服務的方式實現。因此，如果存在產品差異，合謀更加難以維持。觀察不到對手價格的企業可以通過觀察自己的市場份額的變化來推斷對手的行為，但這又受到市場需求具有隨機性的變化的限制。這時，參與者會把由於需求降低帶來的銷量下降解讀為對方的暗中銷價行為。

其次，卡特爾成員在產量份額的安排上很難達成一致。前面的分析指出，按照等邊際成本的原則分配產量可以實現卡特爾內部的生產效率，但是如何獲得邊際成本的真實信息呢？每個成員都希望增大自己的份額，從而可以得到更多的利潤，這樣的問題往往在卡特爾內部爭論不休。

最後，卡特爾的高利潤會引來新廠商的進入，如果卡特爾無法阻止進入的發生，那麼，新廠商就會迅速占領完全競爭產量和卡特爾產量之間的市場空白。這樣，卡特爾成員不僅無法獲得壟斷利潤，而且最終會失去市場。有些資源性的行業的進入較為困難，例如國際石油輸出國組織控製了絕大部分的石油儲量。但是即便如此，石油的高價格也會引來替代性的能源的開採和使用。這正是石油輸出國組織在20世紀70年代減少石油開採而短期內大幅提高價格，但隨後價格又下降的原因，因為對天然氣的開採和使用降低了對石油的需求。對替代品的開發的激勵和消費者的替代選擇是石油輸出國組織面對的主要挑戰，也是任何卡特爾要實現長期維持所遇到的困難。

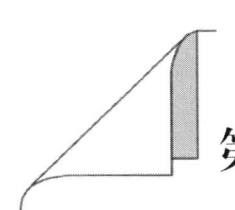

第十一章 存在產品差異的市場均衡

前面已經分別介紹了完全競爭市場、壟斷市場以及寡頭市場，雖然這些具有不同結構的市場上的行為和績效有明顯的不同，但它們有一個共同點，即都沒有考慮產品差異，也就是說我們前面的分析始終假設不同廠商提供的產品是同質的，在消費者看來是完全替代品。產品同質對於前面的分析施加了較強的假設，例如前面學過的伯特蘭模型已經向我們展示了產品同質對激烈的價格競爭的作用。但是，在現實當中，企業為了避免激烈的價格戰，可以為自己的產品增添一些特色，以區別於競爭對手的產品，這樣的產品就被稱為差異產品。

在很多時候，產品差異都是比產品同質更現實的假設，各種類型的市場上都有多個不同品牌的供應商。在消費者看來，不同品牌的產品不論在技術和物質上多麼接近，也屬於差異產品，消費者的這種主觀判斷可能僅僅來自於這些廠商的廣告宣傳的不同。我們在這一章考察產品差異的作用，以試圖回答產品差異對價格競爭和產量競爭會產生什麼樣的影響。

首先我們需要回答產品差異指的是什麼。一般我們把產品差異分為兩種——橫向差異和縱向差異。橫向差異是指不同的消費者具有不同的偏好的產品差異，從而在相同的約束下，不同的消費者會做出不同的選擇。例如，汽車的顏色、衣服的款式、商場的位置等都屬於橫向差異。而縱向差異是指所有的消費者都具有相同的偏好的產品差異，例如產品的質量、技術水平等，所有的消費者都會更偏好高質量的產品。有時產品既含有橫向差異，也包括縱向差異，例如歌手的演唱技巧屬於縱向差異，而演唱風格則屬於橫向差異。簡單來說，如果以相同的價格出售不同的產品，消費者偏好不同的產品，這就是橫向差異；如果以相同的價格出售不同品牌的產品，不同消費者的選擇是不一樣的，這些產品就具有縱向差異。

需要說明兩點，在這一章中，我們分別考察寡頭市場放鬆產品同質假設後的市場競爭和完全競爭市場放鬆產品同質假設後的市場績效。當我們給出這些分析的時候，我們都假設消費者獲得了不同廠商提供的產品的差異信息。而我們將在後面的章節中討論當消費者並不擁有不同廠商的產品差異（尤其是縱向差異）的信息的時候，市場運行的特徵。

第一節　異質雙寡頭市場的均衡

一、代表性消費者方法

所謂的代表性消費者是指這個消費者的需求就是市場需求。顯然，這種方法考察的是縱向差異，它無法考察橫向差異的情況。這種方法也無法考慮廠商如何選擇產品的差異性，因此，我們假設產品差異是外生給定的，我們考慮在產品差異給定的前提下廠商之間的競爭。同樣我們需要分別考察產量競爭和價格競爭。

1. 差異產品產量競爭

仍然假設兩個廠商提供的差異產品的產量分別為 Q_1、Q_2，消費者對廠商 1 提供的產品的反需求函數為 $P_1=\alpha-\beta Q_1-\gamma Q_2$。需要注意的是，$\beta>0$，這是由需求定律決定的。在高度一般化的情況下，我們不需要限定 γ 的符號，因為它將隨兩種產品是替代品還是互補品而變化。但是，我們在此要考察的是雖然存在差異但仍然具有良好替代性的產品之間的競爭關係，因此我們限定 $\gamma>0$。而且由於兩個廠商提供的產品是有差異的，因此我們應該設定 $\beta>\gamma$，這表明一種產品自身的產出對價格的影響更大。當然，同質產品的情況可以用 $\beta=\gamma$ 來描述。同學們可以和前面學過的古諾模型做一對照，就會發現古諾模型中的反需求函數是這裡的需求函數的一個特例。當然，如果 $\gamma=0$，這表明兩個廠商提供的是高度差別產品，屬於互不相關的產品。

為了簡單分析，我們給出一個對稱的對第二個廠商提供的產品的反需求函數為 $P_2=\alpha-\beta Q_2-\gamma Q_1$，而且我們假設兩個廠商的生產成本都為零。

廠商的決策是選擇最大化利潤的產量，即求解下面的問題：

$$\max_{Q_i} \pi_i(Q_i, Q_j) = (\alpha-\beta Q_i-\gamma Q_j)Q_i \quad (i, j=1, 2; i\neq j)$$

一階條件為 $\dfrac{\partial \pi_i}{\partial Q_i}=\alpha-2\beta Q_i-\gamma Q_j=0$，由此可以得到廠商 i 的反應函數為：

$$Q_i=R_i(Q_j)=\frac{\alpha-\gamma Q_j}{2\beta}$$

讀者可以發現產品差異程度對反應曲線斜率的影響：當產品差異越小時，即 $\dfrac{\gamma}{\beta}$ 更接近於 1 的時候，反應曲線更為平坦，這表明兩個廠商之間的相互作用的效應更顯著；而極端地，如果兩個廠商提供的產品沒有任何替代性，也就是說 $\gamma=0$，反應曲線將會成為一條水平線或者豎直線，這表明這時沒有策略效應。

通過反應函數構成的聯立方程組可以解出納什均衡解為：$Q_1^*=Q_2^*=\dfrac{\alpha}{2\beta+\gamma}$，產品價格為：$P_1^*=P_2^*=\dfrac{\alpha\beta}{2\beta+\gamma}$，利潤為：$\pi_1=\pi_2=\dfrac{\alpha^2\beta}{(2\beta+\gamma)^2}$。由此我們可以得出的基本結論是：隨著 γ 提高趨近於 β，產品趨於同質，單個廠商的產出以及總產出、價格、利潤都將下降；反之，隨著產品差異的增大，產出、價格和利潤都會上升。讀者可以驗證，產品同質的結

果和前面學過的古諾模型的結果是一樣的。

2. 差異產品價格競爭

為了分析差異產品的價格競爭，我們需要使用直接需求函數，而且為了分析產品差異程度對價格競爭的影響，我們仍然需要用 $\frac{\gamma}{\beta}$ 反應產品差異的程度。為此，我們從上面的反需求函數中解出直接的需求函數。通過簡單的運算可以得到，兩種產品的直接的需求函數為：$Q_1 = a - bP_1 + cP_2$，$Q_2 = a + cP_1 - bP_2$，其中，$a = \frac{\alpha(\beta-\gamma)}{\beta^2 - \gamma^2}$，$b = \frac{\beta}{\beta^2 - \gamma^2} > 0$，$c = \frac{\gamma}{\beta^2 - \gamma^2} > 0$。

我們仍然首先求解企業的反應函數。注意，這時的行動是價格。對廠商 i 求解下面的最大化問題：

$$\max_{P_i} \pi_i(P_i, P_j) = (a - bP_i + cP_j)P_i \quad (i, j = 1, 2; i \neq j)$$

利潤最大化的價格需要滿足一階條件：$\frac{\partial \pi_i}{\partial P_i} = a - 2bP_i + cP_j = 0$，由此可以得到廠商 i 的反應函數為：

$$P_i = R_i(P_j) = \frac{a}{2b} + \frac{cP_j}{2b} \quad (i = 1, 2; i \neq j)$$

兩個廠商的反應曲線如圖 11.1 所示。

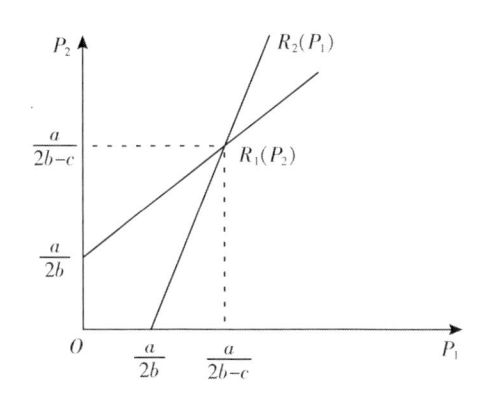

圖 11.1　差異產品的價格競爭

上圖中兩條反應曲線的交點就是這個價格博弈的納什均衡，我們可以通過求解兩個廠商的反應函數組成的方程組得到均衡價格為：

$$P_1 = P_2 = \frac{a}{2b-c} = \frac{\alpha(\beta-\gamma)}{2\beta-\gamma}$$

進而有：

$$Q_1 = Q_2 = \frac{ab}{2b-c} = \frac{\alpha\beta}{(2\beta-\gamma)(\beta+\gamma)}$$

$$\pi_1 = \pi_2 = \frac{a^2 b}{(2b-c)^2} = \frac{\alpha^2 \beta (\beta-\gamma)}{(2\beta-\gamma)^2 (\beta+\gamma)}$$

分析上面的結論，我們發現，當 γ 等於 β 的時候，也就是產品同質的時候，均衡價格為零，企業利潤為零，這正好是伯特蘭模型的結果。而在存在產品差異的情況下，均衡價格為 $P_1 = P_2 > 0 = MC$，從而產品差異弱化了價格競爭，也消除了伯特蘭悖論。

二、豪泰林[①]（Hotelling）模型

在1929年，豪泰林建立了一個後來被廣泛使用的模型化橫向差異的簡單方法。他用商品距離消費者的距離表示消費者所關心的某種商品的特性，產品差異就表現為距離消費者位置的不同。[②] 當然，如果兩個廠商同處於一個相同的位置，這就屬於產品同質的情況。

1. 模型化橫向差異的方法

假設一個長度為1的「線性城市」，消費者沿著城市均勻分佈[③]。有兩個廠商分別位於城市的兩端，銷售物質上相同的商品，廠商1的位置是 $x=0$，廠商2的位置是 $x=1$。這樣，我們就給定了兩個廠商的差異。顯然，這種方法是用空間中的位置反應產品的差異，而對於不同位置上的消費者而言，由於距離兩個廠商的距離不同，因此屬於橫向差異的情況。

產品差異對消費者意味著什麼呢？一般來說，我們知道消費者願意為更偏好的商品性質支付更高的價格，如何模型化這一思想呢？我們假設消費者每一單位距離的運輸成本是 t（這一成本包括消費者的時間價值），並且他們有單位需求，即他們消費0個或1個單位的該種商品。以 P_1、P_2 代表這兩個廠商提供的產品的價格。坐標為 x 的消費者去廠商1（廠商2）處購買的「總價格」是 P_1+tx 或 $P_2+t(1-x)$。這樣，我們就理解了產品差異對消費者的意義，消費者更偏好距離近的廠商，這表現為他願意為距離更近的廠商支付更高的價格。

為了能夠分析產品差異如何影響價格競爭，我們需要知道如何求解需求函數。求解的方法是首先尋找一個在給定價格和產品差異下的對兩個廠商無差異的消費者。如果位於 $\bar{x}$ 的消費者從廠商1購買和從廠商2購買是無差異的，則滿足：$P_1+tx = P_2+t(1-x)$，這樣我們可求得 $\bar{x} = (P_2-P_1+t)/2t$。

下面我們來區分不同的情況。

第一種情況，如果兩家廠商之間的價格差不超過沿整個城市的運輸成本 t，也就是說不會發生 $\bar{x}>1$ 的情況。這樣，兩個廠商的需求分別為：

$D_1(P_1, P_2) = N\bar{x}(P_1, P_2)$

$D_2(P_1, P_2) = N[1-\bar{x}(P_1, P_2)]$

其中，N 是消費者總數。

---

① 豪泰林，美國經濟學家，首創用空間中的不同位置表示產品特性和產品差異的空間方法。
② Hotelling. Stability in Competition [J]. Economic Journal, 1929 (39)：41-57.
③ 如果消費者分佈在兩個產品空間位置的某一側，例如消費者的分佈是 $(1, +\infty)$，就構造了一個縱向差異的情況。

第二種情況，如果兩家廠商之間的價格差超過 t，那麼，高價格的廠商就沒有需求了。例如在 $P_2>P_1$ 的情況下，消費者如果購買就只會買廠商 1 提供的產品。這時，我們需要分析到底有多少消費者會選擇購買。假設消費者購買一個單位的商品的效用幣值為 s，如果 $P_1 \leq s-t$，意味著所有的消費者都可以通過購買商品獲得消費者剩餘，這樣，$D_1(P_1,P_2)=N$。如果 $P_1>s-t$，那麼，廠商 1 的需求為：$D_1(P_1,P_2)=N(s-P_1)/t$。在這種情況下，市場沒有被覆蓋，有一部分消費者沒有購買，只有 $s-P_1 \geq t$ 的消費者才會購買。

第三種情況是每一家商店都有地區壟斷勢力，而且並沒有提供產品給所有的消費者，市場沒有被完全覆蓋。

用圖 11.2 可以清晰地描述上述的思想。用橫軸表示消費者的區位，縱軸表示消費者淨剩餘，斜率表示單位距離的運輸成本。圖形表明：不同的消費者由於區位不同，對商品有不同的偏好。消費者購買商品的條件是淨剩餘大於零，選擇廠商的條件是淨剩餘更大的商店。在圖 11.2（Ⅰ）中，市場被完全覆蓋，$\bar{x}$ 左邊的消費者選擇購買廠商 1 提供的產品，右邊的消費者選擇購買廠商 2 提供的產品。在圖 11.2（Ⅱ）中，所有的消費者都只購買廠商 1 提供的產品。在圖 11.2（Ⅲ）中，中間一部分消費者不購買任何一個廠商提供的產品。

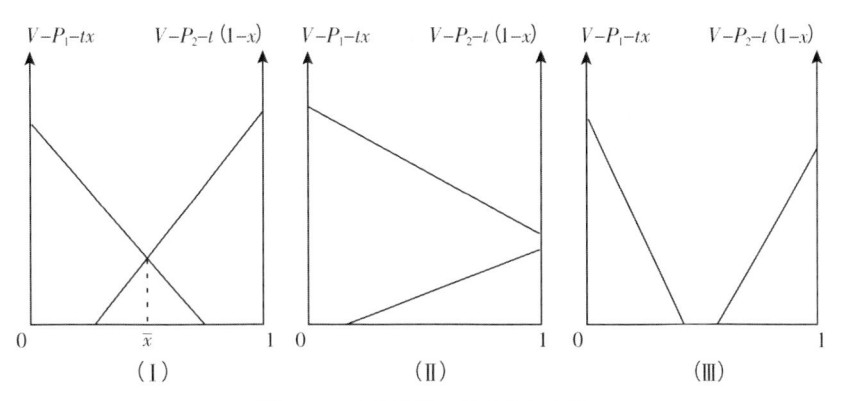

圖 11.2 產品差異下的消費者決策

2. 產品差異與價格競爭

下面我們把廠商的位置視為固定的，也就是給定外生的產品差異，考察價格競爭的納什均衡。出於技術上的考慮，我們假設運輸費用是二次的，而不是線性的，即住在 x 的消費者購買廠商 1 的產品的運輸費用為 tx^2，購買廠商 2 的產品的運輸費用為 $t(1-x)^2$。按照這種模式，邊際運輸成本隨去商店的距離增長而增長。

假定兩廠商同時選擇價格，我們首先來推導二次運輸成本下的需求函數。一個在兩個廠商間無差異的消費者居住的位置滿足：$P_1+tx^2=P_2+t(1-x)^2$，我們假設價格滿足前面所述的第一種情況，這樣，兩個廠商所面對的需求分別為：

$$D_1(P_1,P_2)=x=\frac{P_2-P_1+t}{2t}$$

$$D_2(P_1, P_2) = 1-x = \frac{P_1-P_2+t}{2t}$$

廠商 i 要求解的問題為：

$$\max_{P_i} \pi_i(P_i, P_j) = (P_i-c)\frac{P_j-P_i+t}{2t}$$

利潤最大化的價格滿足一階條件：$P_j+c+t-2P_i=0$，由此可以得到廠商的反應函數，並進而可以求得納什均衡為：$P_1=P_2=c+t$，利潤為 $\pi_1=\pi_2=t/2$。

讓我們來理解這個結果的一般性。當 $t=0$ 時，消費者對廠商的位置的偏好是無差異的，這正好刻畫的是產品同質的情況。同樣，我們得到了伯特蘭結果：均衡價格等於邊際成本，利潤為零。而當 t 增大的時候，產品變得更具差異性，從而一個廠商附近的消費者（也就是更偏好這個廠商提供的產品特性的消費者）變得更可能被俘獲，並給予這個廠商更強的壟斷力量，這種壟斷力量作用的結果就是更高的價格。

3. 模型的一般化

上面的分析給定廠商在兩個端點，這是非常特殊的情況。更一般化的情況是，我們可以任意給定廠商的位置，然後考察價格競爭如何受到廠商位置（也就是產品差異）的影響。

正式地，讓我們假定：廠商 1 坐落於 $a \geq 0$ 點上，廠商 2 坐落於 $1-b$ 點上，這裡 $b>0$。不失一般性，假定 $1-a-b \geq 0$，這是說廠商 1 在廠商 2 的左邊。而我們前面介紹的最大差異化的情況要求 $a=b=0$，而如果 $a+b=1$，表示兩個廠商定位於相同的位置，這是產品同質的情況。

仍然假設運輸成本是二次性的，運用和上面相同的方法得到需求如下：

$$D_1(P_1, P_2) = x = a + \frac{1-a-b}{2} + \frac{P_2-P_1}{2t(1-a-b)}$$

$$D_2(P_1, P_2) = 1-x = b + \frac{1-a-b}{2} + \frac{P_1-P_2}{2t(1-a-b)}$$

如何理解這兩個需求函數呢？它告訴我們，在同一價格下，廠商 1 控製著它自己的領地（等於 a），並且提供產品給住在兩個廠商之間靠近廠商 1 的半數消費者〔數量等於 $(1-a-b)/2$〕，而需求函數中的第三項表示需求對價格差別的敏感性。

運用和上面相同的方法，我們可以求得價格競爭的納什均衡為：

$$P_1(a, b) = c+t(1-a-b)\left(1+\frac{a-b}{3}\right)$$

$$P_2(a, b) = c+t(1-a-b)\left(1+\frac{b-a}{3}\right)$$

這是一個更為一般化的模型，從而前面我們所學習過的理論就變成了特例。如果兩個廠商定位於線性城市的兩端，也就是差異最大化的情況，這時 $a=b=0$，而均衡價格為 $P_1=P_2=c+t$，這就是我們前面介紹過的結論。同樣，$1-a-b=0$ 表示產品同質的情況，這時均衡價格為零，這正好是伯特蘭模型的結果。

4. 產品差異的選擇

前面的分析都是事先給定產品，分析價格競爭的結果。下面我們簡要說明廠商如

何選擇產品差異，也就是把產品差異內生化。

首先我們考慮最簡單的一種情況，即價格是給定的，並且我們假設兩個廠商制定相同的價格，這時廠商需要確定自己的產品的性質，也就是確定自己的位置。什麼樣的位置會是均衡結果呢？

兩個廠商如果定位於不同的位置，那就不可能是均衡的。因為給定另外一個廠商的位置不變，一個廠商總是可以通過去靠近另一個廠商而增大自己的市場份額，從而增大利潤。

在圖 11.3 中，廠商 1 在廠商 2 的左邊，廠商 1 壟斷了自己左邊的消費者，並且分得兩個廠商之間的一半消費者。如果廠商 1 把自己的位置向右邊移動 Δx，它的市場份額就會增大 $\Delta x/2$。

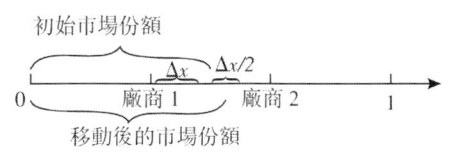

圖 11.3　產品差異內生化後的廠商定位（Ⅰ）

而且，如果兩個廠商不是定位於線性城市的中間，也不可能均衡。因為其中任何一個廠商都可以通過略微靠向中間而增大自己的市場份額。

在圖 11.4 中，兩個廠商定位於線性城市的左半部，每個廠商分得一半市場份額，任何一個廠商向城市的中間略微的移動，就會壟斷自己右邊的所有消費者，顯然，這時的市場份額大於一半。

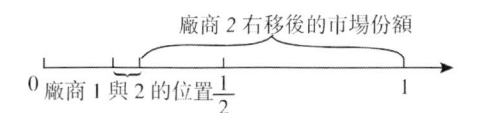

圖 11.4　產品差異內生化後的廠商定位（Ⅱ）

因此，在給定價格的前提下，產品差異的選址模型的均衡結果是兩個廠商定位於城市的中間。對此，經濟學的解釋是兩個廠商的產品的屬性符合中間消費者的偏好。這個簡單的模型有著廣泛的應用。例如，在城市的街道上，我們經常看到商場或銀行以及餐館聚集在一起。而且，如果把兩個廠商理解為兩個政黨，把選址理解為確定競選綱領，我們用豪泰林的模型就可以解釋競選綱領趨同的情況。

上面的模型有一個簡化之處，即假設了價格事先給定，也就是抽象了價格競爭。我們可以考慮一個更一般化的模型，即把依存於產品差異的價格競爭包括進來。這樣一來，理解產品差異的選擇就需要考慮兩個階段的靜態博弈：在第一階段，兩個企業同時選擇產品差異，在模型中就是選擇自己的位置；在第二階段，在給定產品差異的前提下進行靜態價格競爭博弈。顯然，在第一階段選擇位置的時候，每個企業都會意識到產品差異程度對價格競爭的影響，因此求解這個博弈可以採取這樣的步驟：首先，求解第二階段的價格競爭如何依賴於產品差異；其次，假設企業能夠正確地預期到價格對產品差異的依賴關係，求解第一階段的位置選擇。

对于这个模型,我们不打算在此进行详细的求解,有兴趣的同学可以尝试一下。值得说明的是,每个企业在决定自己的位置的时候需要考虑两个效应:一是直接效应,越靠近竞争对手,越有更高的市场份额,由此可以增大利润;二是间接效应,也是策略效应,越靠近竞争对手,产品差异越小,从而会面对更激烈的价格竞争。因此,产品差异的选择需要权衡直接效应和策略效应,一般的结论可以由此得出:企业选择产品差异可以避免激烈的价格竞争。

第二节 垄断竞争市场

一、垄断竞争市场的特征

在上一节的分析中,产品差异发生在寡头市场上,显然,厂商的数量限制了产品差异的作用。实际上,厂商数量也是影响市场结构的重要因素,厂商数量不同的市场上,产品差异的作用也有所不同。在这一节,我们考察一种不同的市场结构,和寡头市场相比,这个市场上有众多的厂商,和完全竞争市场相比,这些厂商生产的是存在差别的产品,这种市场结构被称为垄断竞争市场,最早由爱德华·张伯伦在1933年出版的《垄断竞争理论》一书中提出。

简单来说,垄断竞争市场是指众多的厂商生产具有良好替代性但又有差别的产品的市场。具体来说,有以下特点:

第一,行业内存在众多的厂商。这包含三个含义:一是由于厂商数量众多,每一个厂商都只有非常小的市场份额,从而对市场价格只有微不足道的控制力量。二是在寡头市场上,厂商数量较少,可能会出现寡头之间的合谋。但是,在垄断竞争市场上,数量众多的厂商要形成合谋是非常困难的,厂商数量众多使得合谋的成本非常高。三是厂商的行为是独立的。即每个厂商的产量和价格变化不会引起其他厂商的反应,从而我们可以忽略厂商之间的相互影响。这就和寡头市场不同,我们不需要考虑厂商行为的策略效应。

第二,存在产品差异。这使得在消费者看来,不同厂商提供的产品不是完全替代品,这构成了垄断竞争厂商垄断力量的来源:他有一定的制定价格的能力,面对一条向右下方倾斜的需求曲线,一个垄断竞争厂商制定的价格可以高于其他厂商。当他这样做的时候,并不需要担心会失去所有的顾客,因为有些顾客偏好这产品的某种特性,从而愿意支付更高的价格。

但是产品差异也不能过大,它需要被限定为在消费者看来仍然是良好的替代品,否则这些厂商就应该属于不同的行业。但是即便如此,产品差异也为定义市场的边界带来了困难,什么样的替代性是良好的,只能是一个主观的判断。而且,由于产品差异的存在,我们几乎很难定义一个产业,张伯伦就建议使用「产品集团」来代替产业这一概念。我们仍然沿用产业一词,但是需要注意的是,由于产品差异的存在,我们没有良好意义的市场需求和市场供给,而只能通过研究代表性厂商的行为特征来理解整个行业的特征。

第三，和完全競爭市場相同，壟斷競爭市場不存在進入壁壘和退出壁壘，廠商可以自由進入和退出該行業。這意味著，當實現長期均衡的時候，行業利潤應該為零。

零售行業通常被認為是典型的壟斷競爭行業，例如加油站和商場，在消費者看來，它們僅僅因為位置不同而存在差異。

二、壟斷競爭市場的短期均衡

1. 壟斷競爭廠商面對的需求曲線

由於分析代表性廠商的必要性，因此我們假設所有的廠商生產條件與成本狀況都一樣，並且如果價格相等，每個廠商的銷售量都相等。也就是說，價格相等的時候，所有的壟斷競爭廠商平分市場。

壟斷競爭廠商面對兩條需求曲線，分別為自需求曲線和比例需求曲線。其中自需求曲線（Own Demand Curve）建立在其他廠商總是保持價格不變的前提下，這樣沿著這條需求曲線移動，我們得到的是，當此廠商改變價格而其他廠商保持價格不變時，該廠商的銷售量的變化。在圖11.5中我們用 d 表示自需求曲線。由於其他廠商價格不變的時候，此廠商提高價格會失去大量的顧客，降低價格則會吸引到大量的顧客，因此這條需求曲線是比較富於彈性的。

比例需求曲線（Proportional Demand Curve）是假設所有廠商總是同比例改變價格而得到的，這條需求曲線用 D 表示。在這條需求曲線上的點的移動告訴我們：當所有廠商總是同比例改變價格的時候，代表性廠商銷售量的變化。由於一個廠商改變價格會引來其他廠商同比例的價格調整，因此不同廠商提供的產品的相對價格不變，價格變化就沒有替代效應，而只有收入效應，因此這條需求曲線相對缺乏彈性。

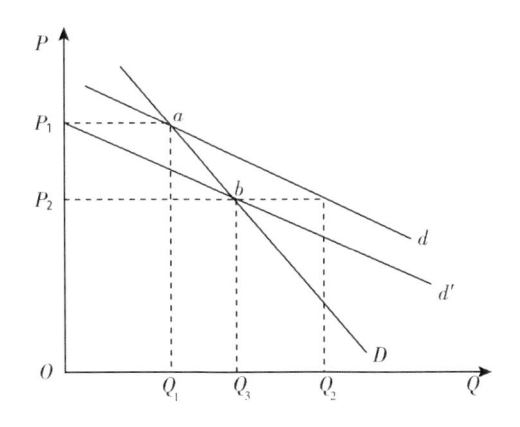

圖11.5 自需求曲線與比例需求曲線

這兩條需求曲線之間是什麼關係呢？在圖11.5中，假設初始價格為 P_1，廠商的銷售量為 Q_1，假設其他廠商價格不變，此廠商把價格降低到 P_2，銷售量則沿需求曲線 d 增加到 Q_2，但是由於市場競爭，其他廠商也隨之同比例降低價格，這使得 d 左移到 d'（替代品的價格下降會使得需求曲線左移），結果銷售量就只能增加到 Q_3，聯結圖中的

a、b 兩點，就是比例需求曲線。因此，比例需求曲線是市場競爭的結果。

2. 壟斷競爭市場短期均衡

壟斷競爭市場的短期均衡需要滿足三個條件：一是產量滿足 $MR(Q) = MC(Q)$，邊際收益由壟斷競爭廠商所面對的自需求曲線決定，邊際收益等於邊際成本的產量保證壟斷競爭廠商實現利潤最大化。二是 $AR(Q) \geq AVC(Q)$，也就是說，價格高於平均變動成本，這保證了繼續經營是劃算的。三是所有廠商制定的價格穩定不變。我們知道，市場競爭的過程是壟斷競爭廠商相繼調整價格的過程，因此只有在比例需求曲線上經營，才不會有進一步的價格調整，所以短期均衡要求壟斷競爭廠商的產量和價格組合落在比例需求曲線上。

壟斷競爭廠商根據自需求曲線確定利潤最大化的產量和價格，而市場均衡又要求在比例需求上經營，因此在壟斷競爭市場實現短期均衡時，代表性廠商的產量和價格一定如圖 11.6 所示：

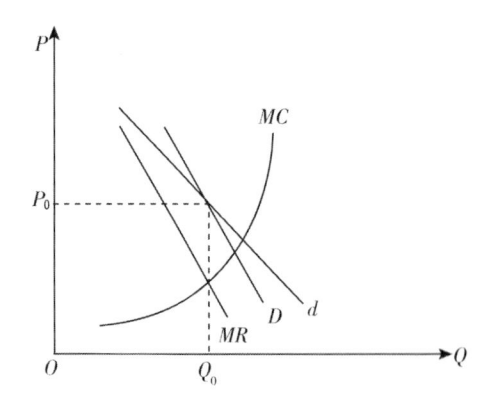

圖 11.6　壟斷競爭廠商短期均衡

在短期均衡的時候，壟斷競爭廠商的利潤水平可以有多種情況，既可能有正的利潤，也可能是盈虧相抵，也可能是虧損，但虧損額小於固定成本。

三、壟斷競爭市場長期均衡

同完全競爭市場一樣，長期內行業內廠商可以改變其規模，在虧損的情況下可以退出該行業，而且在行業盈利的時候，新的廠商也可以進入該行業。因此，只有經濟利潤為零的時候，才能實現長期均衡，即廠商數量不變，價格穩定不變。

和短期均衡一樣，壟斷競爭廠商根據自需求曲線決定價格和產量，均衡的時候，在比例需求曲線上經營。但和短期均衡不同的是，長期均衡必須是零利潤均衡，也就是說利潤最大化的價格和平均成本相等，在幾何圖形中，表現為廠商所面對的自需求曲線和平均成本曲線相切。

故在壟斷競爭市場實現長期均衡時，代表性廠商的價格和產量如圖 11.7 所示。

同完全競爭市場類似，長期均衡的實現依靠廠商的進入和退出，廠商數量變化影響壟斷競爭廠商所面對的需求，直到經濟利潤為零。我們用圖 11.8 做一簡要說明。

當市場價格為 P_1 時，壟斷競爭廠商的產量為 Q_1，這時經濟利潤為正。正的經濟利

图 11.7　垄断竞争厂商长期均衡

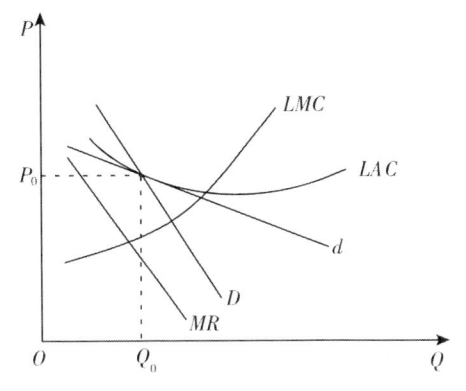

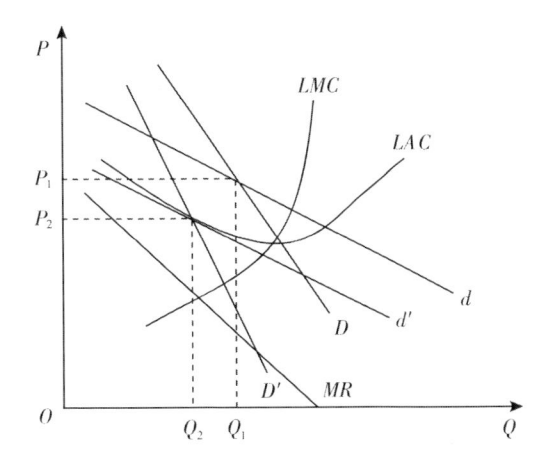

图 11.8　垄断竞争市场长期均衡的实现过程

润引来新厂商的进入，新厂商的进入使代表性厂商所面对的需求曲线左移（也就是使每个厂商面对的需求减少），直到与 LAC 曲线相切为止。这时，厂商的产量为 Q_2，价格为 P_2，利润为零。读者可以自己画图分析，如果初始的价格较低使得行业内厂商亏损的话，在长期就会有厂商的退出，厂商的退出使得留下来的厂商所面对的自需求曲线右移，这使得价格上升，利润上升，同样当厂商所面对的自需求曲线和长期平均成本曲线相切的时候，市场实现长期均衡。

四、垄断竞争市场的效率

垄断竞争市场和完全竞争市场相对照，两者之间仅仅存在产品差异，所以当我们比较垄断竞争市场的长期均衡和完全竞争市场的长期均衡时，这两个市场的长期均衡的资源配置的特征的不同就都可以归结为产品差异作用的结果。

我们仍然假设市场结构不会影响生产成本，完全竞争市场实现长期均衡的时候，$P=LAC=LMC$。但是，垄断竞争市场实现长期均衡的时候，$P=LAC>LMC$。之所以有这

樣的結果，正好是產品差異的作用。當實現長期均衡的時候，這兩個市場都要求廠商所面對的需求和平均成本曲線相切，這樣才能實現零利潤均衡。但是在完全競爭市場上，產品同質，廠商所面對的需求曲線是水平線，這使得價格在等於平均成本的時候也等於邊際成本。但壟斷競爭廠商提供的是差別產品，從而所面對的需求曲線向右下方傾斜，這樣當它與平均成本曲線相切的時候就不可能又等於邊際成本。因此，這兩個市場的主要差別，即產品差異的作用結果就表現在：壟斷競爭市場上的資源配置的特徵是長期平均成本大於長期邊際成本。這到底意味著什麼呢？

第一，壟斷競爭市場達到長期均衡時，平均成本高於邊際成本，從而沒有在平均成本曲線的最低點經營。從生產能力利用角度來講，壟斷競爭市場的長期均衡存在過剩的生產能力和沒有利用的規模經濟。

第二，從資源配置效率來講，總剩餘的最大化要求價格等於邊際成本，由於壟斷競爭市場實現長期均衡的時候，價格高於邊際成本，因此存在社會福利的淨損失，具體來說，也即這個行業提供了較少的產量。

總結上面的分析，我們會認為和完全競爭市場相比，壟斷競爭市場存在效率損失。但是，壟斷競爭市場也有一可取之處，即產品差異能夠滿足消費者的多樣化的偏好。讀者可以設想，如果所有的人都穿相同的衣服，就不會有產品差異。這樣，為了生產衣服，我們只需要相同的材料和相同的機器。顯然，每件衣服的平均成本會大幅度下降，但是這無法滿足人們的多樣化的偏好。因此總的來看，完全競爭市場低效率的結論並不是那麼確定，因為人們願意為了式樣的多樣化而承擔生產成本的上升。如果要進行評價，我們應該分析多少產品差異是符合社會利益的，而不是比較是否應該存在產品差異。

有時人們批評一個行業內有太多的品牌，一位化學家會說，不同品牌的飲料在化學成分上是完全相同的，區別僅僅是不同的牌子，這樣的品牌有什麼意義呢？實際上，這時不同品牌的意義在於顯示質量信息。如果沒有類似品牌這樣的信號來顯示信息，消費者就並不瞭解一個產品的質量到底如何，而這往往會抑制市場交易的發生。

但是，和完全壟斷市場相比，壟斷競爭市場更有效率，這是因為壟斷競爭廠商面對的需求更加富於彈性。根據 $\frac{P-MC}{P}=\frac{1}{|\varepsilon|}$，我們知道，壟斷競爭廠商價格超過邊際成本的程度低於壟斷市場，從而社會福利的淨損失較小。

第三節 廣告是非論

壟斷競爭市場提出了一個不同於前面所有市場分析的內容，即廠商之間既有價格競爭，也有非價格競爭，非價格競爭的一種重要的方式就是廣告宣傳。在這一節，我們簡單地討論一下廣告的作用。

一般來說，人們把廣告分為兩種：信息型廣告（Informative Advertising）和勸說型廣告（Persuasive Advertising）。

信息型廣告向消費者提供與商品有關的信息，宣布一個產品的存在，標明它的價

格，告訴消費者購買的詳細地址，並且描述產品的質量。這種廣告的存在在於幫助消費者降低搜尋費用，對廠商而言，則使得他所面對的需求曲線向右邊移動，也就是說廣告宣傳會增加潛在的顧客。從整個社會來說，這種廣告使得一個市場更接近「信息充分」的條件，使市場的運行更有效率。是的，經濟學家支持這種廣告，按照這一理論，報紙是經濟學家鍾愛的傳播媒介，因為它常常提供關於價格、供應者和零售地點的信息。

但是，勸說型廣告則不同，它試圖影響消費者的偏好，使消費者更忠誠於某個品牌，或者更偏好於某種產品特性。而在經濟學家看來，這些特性並不一定具有真實的效用。例如，電視上的廣告往往以形象為內容，除了產品的存在以外傳播很少的信息，在很多人看來，這種廣告是一種浪費。但是，讀者不要在此就輕易下結論，信息經濟學家認為這種廣告同樣重要，因為它會傳遞商品的質量信息。簡單來說，如果消費者無法直接獲得商品的質量信息，廠商可以通過廣告來傳遞信息，因為廣告投入是無法回收的，只有具有較高質量產品的生產者才願意投入，他可以通過大量的重複銷售獲得的利潤補償這一成本。

除了關注廣告是否傳遞有價值的信息之外，人們也經常討論廣告是弱化進入壁壘還是強化進入壁壘，也就是討論廣告對市場競爭的作用。對此，人們仍然沒有統一的結論。

一種觀點認為，廣告有利於新企業進入市場，這種觀點往往針對的是信息型廣告，因為這種廣告告訴消費者一種新的品牌的出現。另一種觀點則認為，廣告創造產品差異，提高了市場上的壟斷力量，不利於市場上的競爭，而且它還會構成進入壁壘。廣告是如何加強了進入壁壘的呢？一種理解認為，廣告只有投入到一定的數額才有效果，所以一個新的企業在進入市場的時候面對一個更高的必要資本量的要求。另一個理解是，廣告的效果不僅取決於投入的絕對值，更取決於投入的相對值。舉例來說，就是你要想讓人聽到你的聲音，在一個充滿噪音的環境裡，你就必須喊得更大聲。因此，一個新進入的企業必須投入更多的廣告，才能吸引消費者。

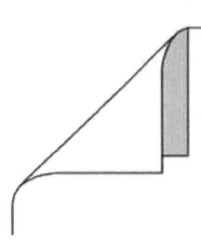

第十二章　產權不完全與經濟效率

第一節　外部性與產權

一、外部性的定義

完全競爭市場能夠實現資源的最優配置，隱含著這樣的假設：某種生產或消費行為，只會給生產者或消費者自身帶來收益或成本，而且這種收益或成本能夠完全反應在市場交易當中，不會給市場交易以外的經濟主體帶來任何正面或者負面的直接影響。換句話說，完全競爭市場經濟效率的實現是建立在如下假定之上的：生產產品的成本及其銷售收益全部歸賣主，而獲得這種產品的收益以及購買它的成本全部歸買主。不過，現實經濟卻並非總是如此，在現實經濟中普遍存在著未被市場交易包括在內的額外收益和額外成本，比如最常見的吸菸者和被動吸菸者的問題，就是典型的存在外部效應的例子。正是這種外部效應的存在，使得資源不能得到有效配置，造成市場失靈。

外部性是指一個經濟主體的行為對其他經濟主體的福利（消費者的效用水平或廠商的利潤水平）產生影響，而這種影響沒有在市場交易中完全反應出來的一種市場失靈的現象。這時消費者或企業沒有承擔其行為的全部成本或沒有享受到其行為的全部收益，從而造成私人收益和社會收益的不一致或者私人成本和社會成本的不一致。私人（邊際）成本是指由單個經濟主體承擔的（邊際）成本，私人（邊際）收益是指單個經濟主體從其自身行動中獲得的收益。我們前面所指的成本或收益都是指的私人（邊際）成本或私人（邊際）收益，更準確地說，以前我們沒有考慮外部性現象，私人收益（成本）和社會收益（成本）是一致的，所以沒有區分私人收益（成本）和社會收益（成本）的概念。一旦經濟中出現外部性，那麼，私人收益（成本）和社會收益（成本）就會出現不一致，因此我們就必須明白什麼是社會成本和社會收益。社會（邊際）成本是指由社會中所有經濟主體（包括造成外部性的經濟主體和受外部性影響的所有經濟主體）共同承擔的（邊際）成本。社會（邊際）收益指社會中所有經濟主體（包括造成外部性的經濟主體和受外部性影響的所有經濟主體）從私人行動中所共同獲得的（邊際）收益。

二、外部性的分類

外部性從其性質上來看，可分為正的外部性和負的外部性。正外部性，又叫外部經濟或積極外部性，是指一個經濟主體的行為給社會上其他經濟主體帶來了好處，而自身沒有得到足夠的補償，這時，這個經濟主體從其行動中得到的私人收益往往小於社會收益。負外部性，又叫外部不經濟、消極外部性，是指一個經濟主體的行為給社會上其他經濟主體帶來了危害，而沒有對社會給予足夠的補償或承擔相應的成本，這時，這個經濟主體的行動中帶來的社會成本往往大於私人成本。外部性從其產生的來源看，有生產過程中的外部性，也有消費過程中的外部性。在社會經濟中，經常出現以下四類外部性：

1. 生產中的負外部性

當一個生產者的經濟行為給社會上其他經濟主體帶來了危害，而沒有對其他經濟主體給予足夠的補償時，便產生了生產中的負外部性。生產中的負外部性的現象相當普遍，最常見的是企業在生產過程中向空氣中排放的廢氣、向河流中排放的污水，給社會環境造成污染。

現在我們以一個例子來解釋一下生產中的負外部性。假設一個企業生產鋼鐵，當不存在外部性的時候，正如以前章節所分析的那樣，市場能夠很好地發揮作用。我們知道，在一個競爭性的市場中，市場的需求曲線反應的是消費者的私人（邊際）收益，供給曲線反應的是生產者的私人（邊際）成本（由於沒有外部性，實際上這時私人收益和社會收益以及私人成本和社會成本是一致的），在供求關係和價格的調整下，市場最終處在均衡狀態，這時的市場均衡實現了經濟的效率。當企業為生產鋼鐵而排放出廢水廢氣等污染時，企業的經濟行為給社會造成了負面影響，帶來了負的外部性。此時，企業的供給曲線只反應出了企業自身的私人成本，而沒有完全反應出帶給社會的成本，因此生產鋼鐵的私人成本小於社會成本。

2. 生產中的正外部性

當一個生產者的經濟行為給社會上其他經濟主體帶來了益處，而他自身沒有得到足夠的回報時，便產生了生產中的正外部性。比如一個私人林場，其植樹的目的是賣木材，但在植樹過程中，樹木淨化了空氣，而企業並沒有得到相應的回報，於是產生了正外部性。此時，社會成本小於私人成本。①

3. 消費中的負外部性

當一個消費者的經濟行為給社會上其他經濟主體帶來了危害，而他自身沒有對其他經濟主體給予足夠的補償時，便產生了消費中的負外部性。吸菸是最常見的消費中的負外部性的例子。當吸菸者造成不吸菸者被動吸菸，影響了不吸菸者的身體健康而又沒給不吸菸者補償的時候，便產生了消費中的負外部性。

4. 消費中的正外部性

當一個消費者的經濟行為給社會上其他經濟主體帶來了益處，而沒有得到足夠的

---

① 也可認為私人收益小於社會收益。

回報時，便產生了消費中的正外部性。教育是一個比較典型的消費中的正外部性。接受教育不但有利於受教育者本人，而且接受了良好教育的人往往會給社會帶來極大的好處。

三、外部性與產權

1. 產權與市場交易

產權是人們對資源或產品的排他性權利，它是所有權、收益權和處置權等一系列權利的集合體。完全的產權（Property Rights）總是以複數名詞出現的，它允許個人在權利所允許的範圍內以各種方法使用權利，即使用權；在不損害他人的情況下可以享受從事物中所獲得的各種利益，即收益權；改變事物的形狀和內容，即決策權；通過出租可以把收益權轉讓給別人或把所有權出售給別人，即讓渡權。

顯然，在經濟學家看來，市場交易，無論是要素市場的要素交易，還是產品市場的產品交易，本質上都是所有者之間的產權交易。正是因此，產權建立是市場交易的前提。

2. 外部性與產權不完全

經濟學認為，外部性之所以產生，原因就在於產權不完全，即某些有價值的東西缺乏在法律上有權控製它的所有者。

鋼鐵企業的生產、公共場合吸菸之所以產生負外部性，是因為環境是沒有所有者的，沒有人能因為它們對環境的污染而對它們收費。同樣地，私人林場的植樹行為和大學提供教育之所以帶來正外部性，還是因為沒有人能因為它們對自然環境和社會環境的美化而給它們定價。

第二節　外部性與經濟效率

外部性是一種典型的市場失靈的現象，無論是負的外部性還是正的外部性，帶來的一個嚴重後果就是市場缺乏效率，資源沒有實現帕累托最優配置。從前面的分析中我們可以看到，對於負外部性來說（無論是生產中的還是消費中的），市場量都大於社會最優量，這說明資源被過度投入到這些產生負外部性的地方；而對於正外部性來說，市場量都小於社會最優量，這說明資源在有利於社會的地方的投入是不足的。現在我們就對這兩種現象做一個更理論化的探討。

一、負外部性與資源投入過多

假設某經濟主體給社會帶來了負的外部性，其經濟活動的私人成本和社會成本分別是 C_p 和 C_s。當存在負外部性時，私人成本小於社會成本，即 $C_p < C_s$。如果該經濟主體從事這項經濟活動所得到的私人收益 R_p 大於其私人成本而小於社會成本，即 $C_p < R_p < C_s$，從該經濟主體的角度來看，採取這項經濟活動是有利的，其淨收益為 $R_p - C_p$；而從社會的角度來看，該經濟行為是不利的，社會有 $C_s - C_p$ 的淨損失。因此，當該經濟主體採取該項經濟活動時，資源被過度使用到具有負外部性的地方，經濟沒有實現帕累

托最優，當然也就存在帕累托改進的餘地。如果該經濟主體不採取這項經濟活動，則他放棄該行動的損失為 R_p-C_p，而社會避免的損失為 C_s-C_p，顯然有 $C_s-C_p > R_p-C_p$。這意味著以某些方式重新分配損失，就可以使每個人的損失都減少，即可以使社會中的每個經濟主體的福利水平都增加，從而社會得到帕累托改進。圖 12.1 表示的是生產中的負外部性[1]，在圖中我們可以看到市場最優量 Q_p 大於社會最優量 Q_s，表明資源被過度使用。圖中陰影部分 $e_s e_p e$ 面積表示負外部性造成的社會福利的淨損失。

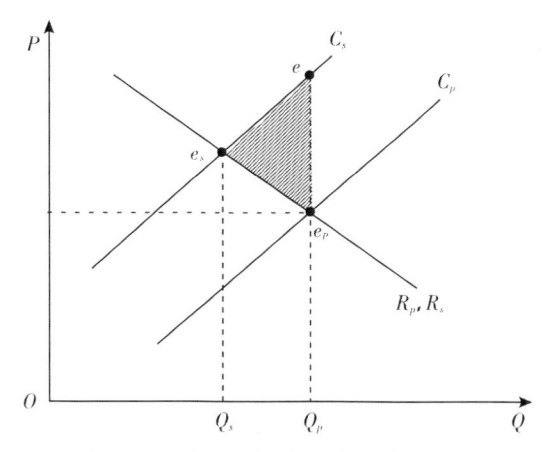

圖 12.1　生產中的負外部性的福利分析

二、正外部性與資源投入不足

假設某經濟主體給社會帶來了正的外部性，其經濟活動的私人收益和社會收益分別是 R_p 和 R_s。當存在正外部性時，私人收益小於社會收益，即 $R_p < R_s$。如果該經濟主體從事這項經濟活動所得到的私人成本 C_p 大於其私人收益而小於社會收益，即 $R_p < C_p < R_s$，從該經濟主體的角度來看，不採取這項經濟活動是有利的；而從社會的角度來看，實施該經濟行為則是有利的，這時社會有 R_s-R_p 的淨收益。因此，當該經濟主體不採取該項經濟活動時，資源就沒有投入到具有正外部性的地方，經濟則沒有實現帕累托最優，當然也就存在帕累托改進的餘地。如果該經濟主體採取這項經濟活動，則他遭受的損失為 C_p-R_p，而社會得到的淨收益為 R_s-R_p，顯然有 $R_s-R_p > C_p-R_p$。這意味著從社會得到的淨好處中拿出一部分來彌補給該經濟主體的損失，就可以使社會中的每個經濟主體的福利水平都增加，從而社會得到帕累托改進。圖 12.2 表示的是生產中的正外部性[2]，在圖中我們可以看到市場最優量小於社會最優量，表明資源投入不足。圖中陰影部分 $e_s e_p e$ 面積表示正外部性造成的社會福利的淨損失。

---

[1]　消費中的負外部性的福利損失也可以用類似的圖形表示。
[2]　消費中的正外部性的福利損失也可以用類似的圖形表示。

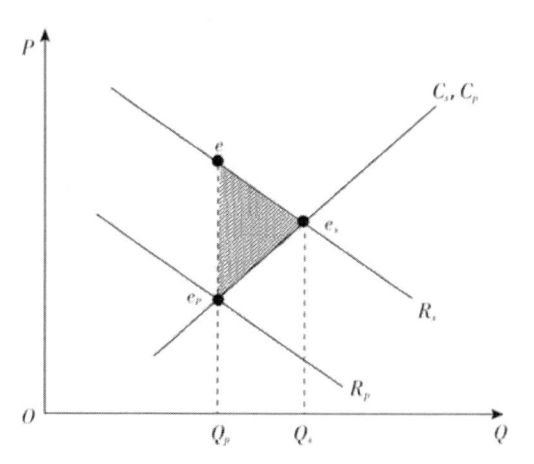

图 12.2　生產中的正外部性的福利分析

第三節　解決外部性的政府政策

從前面的分析中我們可以看出，外部性產生的主要原因在於私人經濟主體在做出決策的時候，只會考慮自身的私人收益和私人成本，而忽視了社會收益和社會成本，從而使得私人收益和社會收益的不一致或者私人成本和社會成本的不一致，最終造成市場最優量和社會最優量不一致，出現市場失靈。要解決外部性，一個很重要的思路就是讓私人經濟主體在做決策時，不但要考慮自身的私人收益和私人成本，還要考慮社會收益和社會成本，或者說讓私人收益和社會收益或者私人成本和社會成本統一起來，這樣市場最優量和社會最優量就會趨於一致，外部性就會得到解決，資源得到有效配置。這就是所謂的「外部性內部化」的解決思路。以下就是常見的一些解決外部性的方法。

一、管制或排污標準

排污標準是對企業可以排放多少污染物的法定限制，是政府對外部性進行管制的一種措施。如果廠商超過限制，他就會面臨嚴厲的經濟和法律的懲罰。政府把排污標準定在社會最優量的水平上，如果企業超標就會受到嚴厲懲罰。該標準可以保證社會在有效率的狀態下生產。廠商只有通過安裝減少污染的設備來達到排污標準，而這意味著企業的成本增加，私人成本向社會成本靠攏，最終達到有效率的污染量，外部性得到消除（如圖 12.3 所示）。

二、政府徵稅和提供補貼

對負外部性徵稅或對正外部性提供補貼是解決外部性的一種常見方法。這一方法的基本思想是調整私人成本使之包含社會成本，調整私人收益使之包含社會收益。這

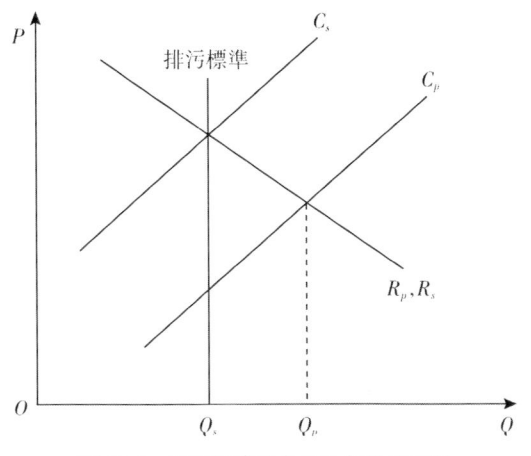

图 12.3 排污标准对负的外部性的控制

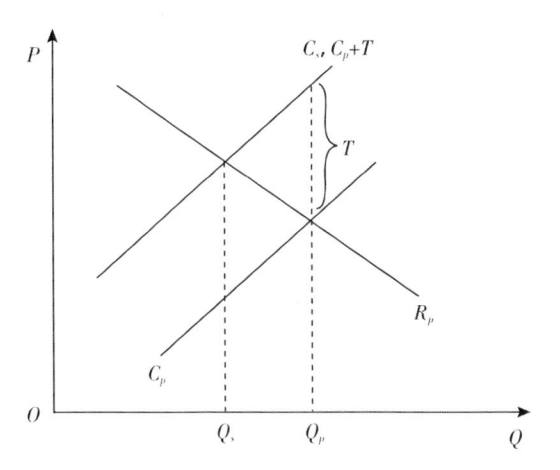

一方法最初是由庇古在 1920 年提出的。按照庇古的观点①，如果对负外部性的生产者徵收相当于负外部性价值的税，则他的私人成本就会与社会成本一致，即私人成本＋税收＝社会成本，那么，利润最大化的原则就会使生产者将其产出水平限制在价格等于社会边际成本之处，而这正好符合了资源有效配置的条件（如图 12.4 所示）。相应地，对产生正外部性的经济主体，政府应该给予相当于正外部性价值的补贴 T，即使得私人收益＋补贴＝社会收益，从而鼓励市场量的扩大，使资源达到帕累托有效配置（如图 12.5 所示）。

图 12.4 纠正负外部性：庇古税

---

① 用于纠正负外部性的税收被称为庇古税，以纪念最早提出此用法的英国经济学家亚瑟·庇古（Arthur Pigou）。

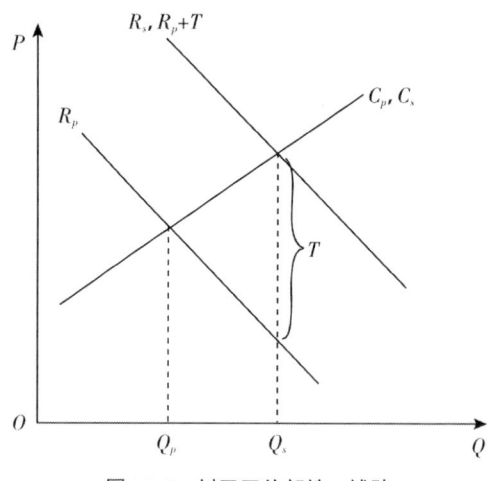

圖 12.5　糾正正外部性：補貼

三、合併

我們通過一個例子來說明合併是如何解決外部性問題的。假設一個企業 A 生產一定數量鋼鐵的同時產生一定量的污染物，並排放到一條河流中。企業 B 是一個漁場，在這條河裡養魚，受到企業 A 排除的污染物的不利影響。這是一個典型的負外部性的例子。企業 A 在生產鋼鐵，追求利潤最大化的時候，只計算了生產鋼鐵的成本，而沒有考慮他加在企業 B 上的成本。隨著污染增加而增加的企業 B 的成本，是生產鋼的一部分社會成本，可企業 A 對這種成本是忽略不計的，於是負外部性產生。從社會的角度看，企業 A 產生了太多的污染，因為企業 A 忽略了這種污染對企業 B 的影響。如何消除這種外部性呢？一個很自然的想法就是讓企業 A 必須考慮這種污染對企業 B 的影響。那如何做到這一點呢？一個很簡單的辦法就是讓 A、B 兩個企業合併成一個新的企業 C，這樣外部效應就消除了。因為外部效應只在一個企業的行為影響到另一個企業的生產時才會發生。如果這兩個企業合二為一，那麼，新的企業在追求利潤最大化的時候就會將內部「不同部門」間的相互影響考慮在內。也就是說，新企業在行動時考慮的是整個社會成本，此時外部性被內部化，外部性自然就消失了。

四、可交易的許可證制度

在現代社會中，可交易的許可證制度是一種行之有效的解決污染等負外部性的方法。在這種制度下，政府給企業發放污染許可證，政府選擇的許可證的數目是達到社會的最優水平的污染數量。許可證在企業之間分配，擁有許可證的企業才能排放污染，擁有多少數量的許可證才能排放相應數量的污染，超出此數量，企業會受到嚴厲的懲罰（這有點類似於排污標準）。但這種制度的一個最大特點就是，這些許可證可以在企業間進行買賣交易，所以叫作可交易的許可證制度。一旦一個競爭性的許可證市場發展起來，「看不見的手」就會保證這種新市場有效配置排污權。那些只能以高成本才能降低污染的企業願意以一定的價格購買許可證，而那些能以較低成本降低污染的企業

也願意出售其擁有的許可證。最終市場達到均衡，許可證的價格就等於所有廠商減污的成本，政府選擇的排放水平就會以最低的成本實現。可交易的許可證制度產生了一個新的外部性市場，由於這一市場方法結合了排污標準和庇古稅的優點，因此非常具有吸引力。政府決定了總的許可證數量，從而決定了總的排污量，這就像排污標準制度那樣。同時，排污企業購買許可證而進行支付時，又類似於政府徵稅，使企業在決策時必須考慮到所有的成本。

第四節　外部性與市場方法：科斯定理

正如前面所分析的，我們看到外部性的出現，是由於市場在污染等問題上不能很好地發揮作用，而之所以會出現這樣一些市場失靈的現象，一個根本的原因在於產權的不清晰。比如在吸菸者和被動吸菸者的例子中，我們之所以把這種現象稱為負外部性，是由於吸菸者給被動吸菸者帶來了危害，而吸菸者沒有給被動吸菸者賠償。其中關鍵的原因在於清潔的空氣這種稀缺資源的產權是不清晰的（它似乎屬於所有人，卻不屬於具體的某個人），吸菸者沒有必要賠償，被動吸菸者也沒有權力要求賠償，於是外部性產生，資源沒有得到有效利用。又如我們常見的企業排放污染物到河流帶來的負外部性問題，其關鍵原因也在於河流產權界定是不明晰的。那麼，如果產權界定清楚了，私人市場又能否解決外部性問題，而不必像前幾種方法那樣借助政府力量呢？答案是肯定的。科斯①最早對這個問題進行了研究，其後的經濟學家在科斯的基礎上繼續研究，總結出了我們常見的科斯定理：當產權清晰，交易成本很低甚至為零，無論把初始產權賦予誰，私人市場總能解決外部性問題，並且實現資源的帕累托有效配置。為了更好地理解科斯定理，我們先看看下面這個例子。

假設一個企業 A 生產一定數量的鋼鐵可以獲得 1,000 元的收益，但與此同時產生一定量的污染物，並排放到一條河流中。企業 B 是一個漁場，在這條河裡養魚，受到企業 A 排放的污染物的不利影響，會產生 600 元的損失。這是一個典型的生產中的負外部性的例子。我們從社會的角度來看看是否應該讓企業 A 生產並同時排放污染呢？很明顯，讓企業 A 進行生產對整個社會是有利的，此時社會可以獲得 400 元（1,000 元 -600 元）的淨收益，而禁止企業 A 生產，社會就會虧損 400 元。因此，企業 A 進行生產，從社會角度來看才是有效率的結果，資源才得到了有效配置。當然，我們可以用前面介紹的方法，即借助政府的力量消除外部性，實現經濟效率。但根據科斯定理，私人市場也能消除外部性，實現資源的有效配置，只要產權是清晰的。現在我們做一個具體分析：

如果我們把河流的產權界定給企業 B，企業 B 可以禁止也可以允許企業 A 排放污染。如果企業 B 禁止企業 A 排放，此時 A 沒有任何產出和收益，雖然 B 可以避免 600 元的損失，但社會卻喪失了 1,000 元的收益，這是一個沒有效率的結果。實際上，企

---

① 科斯（Ronald Coase），因發現和澄清了交易成本和產權對制度結構和機制的重要性而榮獲 1991 年諾貝爾經濟學獎。

業 B 和企業 A 有更好的辦法來解決此外部性問題。企業 B 可以和企業 A 進行協商，企業 B 可以出售河流的產權，允許企業 A 排放污染，只要企業 A 能夠支付足夠高的價格。比如企業 B 可以要求企業 A 支付 750 元，B 就允許企業 A 排放污染。此時企業 B 可以獲得 750 元的收益，比禁止的時候多 150 元（750 元-600 元），企業 A 可以獲得 250 元的收益（1,000 元-750 元），比禁止的時候多 250 元。我們看到，通過協商和交易，在企業 B 和企業 A 之間建立起一個關於河流產權的市場，兩個企業都能獲得更大的好處。同時，整個社會也實現了資源的有效配置，企業 A 進行生產，社會得到 400 元的淨收益，外部性也由於企業 B 得到足夠的補償而消失。

如果我們把河流的產權界定給企業 A 會出現什麼結果呢？企業 A 可以生產並同時排放污染物，也可以應企業 B 的要求不排放污染。但是，由於企業 B 不願或不能支付足夠的價格購買河流的產權（因為企業 B 最多願意支付 600 元，而企業 A 至少要求 1,000 元），於是企業 A 生產，但此時社會也達到了有效率的結果，社會獲得 400 元的淨收益。

從上面的分析中可以看出，無論把產權界定給企業 A 還是企業 B，只要產權清晰，那麼，私人可以通過討價還價來消除外部性，實現資源的最優配置。科斯定理擴大了我們對市場作用的認識，也在理論上指出了解決外部性的私人途徑，但在現實經濟中，科斯定理的運用有很大的局限性：

第一，科斯定理存在的重要前提是，產權是清晰的。而在現實生活中，由於歷史、文化、經濟、技術等原因，很多東西的產權是無法界定清楚的，比如空氣。

第二，科斯定理存在的另一個重要前提是要求交易成本很低甚至為零。交易成本簡單來說就是指交易各方在達成交易或協議以及實施交易或協議過程中所發生的成本。如果交易成本過高，那麼，有關的交易或市場就無法達成，外部性就無法解決，經濟也就沒有效率。在上面的例子中，假如河流的產權屬於企業 B，如果企業 A 和企業 B 協商會發生 500 元的律師費（這就是一種交易成本），那麼，企業 A 和企業 B 肯定無法達成協議（如果由 A 支付律師費，那麼，企業 A 最多支付給 B 企業 500 元，但企業 B 至少要 600 元；同理，如果由 B 支付律師費，那麼，企業 B 至少要 1,100 元，而企業 A 最多只能支付 1,000 元），於是企業 B 禁止企業 A 生產和排放污染物，此時社會沒有實現經濟效率。

第三，科斯定理要求涉及外部性的經濟主體能以較低的成本進行談判和協商，並達成協議。但隨著涉及外部性的經濟主體的數量的增加，談判的成本會越來越高（交易成本會增加），同時可能會出現嚴重的「搭便車」現象，最後的結果就是交易無法達成，社會處在一種低效率的狀態。

所以，在現實經濟中，很多外部性問題還是依靠政府來解決的。

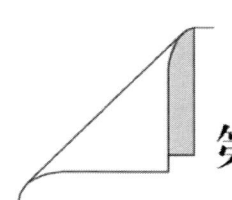

第十三章　公共物品和共有資源

上一章我們論述了，對於某些外部效應，我們只要界定清楚初始產權，各經濟主體就能通過正常方式交易產生外部性的產權，市場就能發揮作用，消除外部性，實現資源的有效配置。但是，並非所有的外部性都能用這種方法加以處理，特別是當外部性影響的人數眾多時。比如，上游某企業排放污染物進入河流，污染了河水，影響到了下游的眾多企業和消費者。由於這些企業和消費者的偏好、能力各不相同，要達成一項一致性的協議就非常困難，於是這種外部性通過私人的手段就很難解決。最後通常是由政府進行干預。這樣一種外部性非常特殊，這是一種被稱為公共物品的現象。那什麼是公共物品，它有什麼樣的特殊性？它會產生什麼樣的問題？在討論這些問題之前，我們必須對物品的性質做一個分類和解釋。

第一節　非排他性和非競爭性

我們這裡主要從物品是否具有非排他性（或排他性），是否具有非競爭性（或競爭性）來對物品進行區分。

一、非排他性與排他性

非排他性是指當一種物品被提供出來之後，沒有一個經濟主體可以被排除在該物品的消費過程之外，或者說，為排除某經濟主體對該物品的消費而需付出的成本或代價無窮大。關於非排他性我們有兩點需要注意：一是非排他性也意味著這樣的含義，即某種物品一旦提供出來，即使對某些社會成員來說是不必要的甚至是有害的，但這些社會成員也別無選擇，只能接受或消費這類物品。比如「溫室效應」，一旦產生，社會上的所有人都必須忍受它。二是非排他性意味著如果某個經濟主體提供出來了這樣的物品，因為無法排除其他經濟主體對此類物品的使用，那麼，就存在著其他經濟主體不花成本而免費使用的可能性，也就是通常所說的「搭便車」現象。

和非排他性相對應的就是所謂的排他性，排他性是指如果物品被提供出來，可以比較容易把某個經濟主體從該商品的獲益中排除出去。在現代社會中，是通過付費的方式來阻止或排除他人對某些物品的使用的。如果消費者付費就可以享用該物品，不付費就不得享用。比如，商店裡出售的商品都是具有排他性的物品，而像路燈、國防

這些物品，則不需消費者付費就可使用，所以是具有非排他性的物品。

二、非競爭性和競爭性

非競爭性是指一種產品一旦被提供出來，其他經濟主體消費它的額外成本為零。即某經濟主體對該物品的消費不會減少或影響其他經濟主體對該物品的消費和使用。「非競爭性」意味著：增加一個經濟主體的消費，因增加消費而發生的社會邊際成本為零；經濟主體之間對這種物品的消費和使用是互不干擾和互不影響的，每一個經濟主體都能享受到整個物品帶來的益處，而不只是享受到其中的一部分。例如，路燈就是最常見的具有非競爭性的物品。

而現實生活中，絕大多數的物品都是具有競爭性的物品，比如像麵包這樣的物品。競爭性是指某個人消費或使用了該物品時，其他人就不能同時使用該物品。

在實際生活中，有些物品由於「擁擠程度」的變化，可以由「非競爭性」而轉變為「競爭性」。比如，一條很少人走的道路，消費者在行走時相互不影響，此時就具有「非競爭性」。而當行人越來越多的時候，道路會越來越擁擠，比如會出現交通堵塞的現象，此時消費者之間就會相互影響，道路就會由「非競爭性」轉為「競爭性」了。

三、公共物品和私人物品

按照非排他性和排他性、非競爭性和競爭性的區分，我們可以把物品分為以下四類。

第一類：既有排他性又有競爭性的物品，我們稱之為私人物品。這實際上是我們前面大多數章節研究和討論的物品，也是經濟中最常見的物品。比如商店出售的衣服，你必須付費才能使用，而且你使用的時候，其他人就不能同時使用了。

第二類：既有非排他性又有非競爭性的物品，我們稱之為公共物品。例如國防，就不可能排除任何一個人不享有國防的好處；同時，當一個人享受到國防的好處時，並不會減少其他人得到的好處。

第三類：具有非排他性但具有競爭性的物品，我們稱之為共有資源。這種物品不能排除其他人使用，但在使用時，經濟主體間會相互影響。比如公共圖書館的書，大家都有權借閱，但一旦某人借閱後，其他人就無法同時借閱了。

第四類：具有排他性但具有非競爭性的物品，我們稱這種物品為俱樂部物品。這種物品必須付費才能使用，但經濟主體之間不存在相互影響。比如有線電視。

表 13.1 是對四種類型物品的一個總結。

表 13.1　　　　　　　　　　　　物品的分類

	非競爭性	競爭性
非排他性	公共物品： 國防、路燈 不擁擠不收費道路	共有資源： 圖書館的書 擁擠但不收費道路
排他性	俱樂部物品： 有線電視、網路 收費但不擁擠道路	私人物品： 麵包、衣服 擁擠且收費道路

第二節　公共物品的供給與效率

在以前討論私人物品的時候，我們知道通過私人的決策（消費者購買、生產者生產），一個競爭性的市場可以使私人物品達到帕累托有效配置。但這種分析的一個重要假設前提是一個人的消費不會影響到其他人的效用，即不存在外部性問題。此時每個人使自身消費達到最優，同時也實現消費的社會最優化。但對公共物品而言，私人市場就不能很好地實現公共物品的最優配置。因為在消費公共物品的時候，每個人消費的是完全相同數量和質量的公共物品。因此，個人之間的效用是相互聯繫和相互影響的，此時就存在著明顯的外部性問題。像最常見的公共物品比如國防、路燈等，一旦提供出來，會帶給社會極大的正外部性。由前面的分析可知，正外部性會使得經濟中對該物品的投入和產出不足，使得資源不能得到有效利用，對於公共物品這種特殊的正外部性的物品，經濟中會產生很多特殊的問題。

一、非排他性與「搭便車」問題

我們知道公共物品具有非排他性，是指一旦公共物品由某個經濟主體提供出來，就不能排除其他經濟主體對該物品的享用。有的經濟主體不花成本而獲得了收益，這就是所謂的「搭便車」問題。如果每個經濟主體都希望別人提供公共物品，而自己「搭便車」，則整個社會公共品的提供必然不足，甚至為零，即使公共物品提供出來對整個社會是有利的。我們來看這樣一個例子：在一個甲、乙兩人的寢室裡，同室的兩人決定是否購買空調。我們假設任何人都不能阻止其他人享受空調，那麼，實際上空調就是一種公共物品了。如果兩個人中每個人對空調的評價都是 800 元，空調的成本是 1,000 元，從社會的角度看，購買空調是有利的（因為空調帶來的收益為 1,600 元，而成本只有 1,000 元）。但由甲、乙兩人分別做出決策時，甲、乙都會做出不購買的決策，因為甲、乙兩人的私人收益都小於空調的成本（800 元<1,000 元）。同時，兩人都會希望對方購買，一旦對方購買了，自己就會只享受好處，而不用付出成本。這就是所謂的「搭便車」現象。但最後的結果卻是無效率，空調最終不會被購買，即使購買空調是一種有效率的結果。我們可以把上面的例子轉化為圖 13.1 中的博弈。

		乙方	
		買	不買
甲方	買	−200, −200	−200, 800
	不買	800, −200	0, 0

圖 13.1　是否購買的博弈

我們看到此博弈的納什均衡是（不買、不買），實際上這也是占優策略均衡，也意味著，無論甲買還是不買，「搭便車」（即不買）是乙的最優選擇；同理，無論乙買還是不買，「搭便車」（即不買）也是甲的最優選擇。由於「搭便車」問題的出現，甲乙

雙方都決定不購買，使得經濟中本來可以出現的有效率的結果沒有發生，經濟就沒有實現帕累托最優狀態。

二、非競爭性與零價格問題

接下來我們分析公共物品的非競爭性帶來的問題。我們知道，如果是私人物品，則市場均衡時資源配置是最優的，這時的市場價格反應出消費者消費或生產者生產每單位私人物品時的邊際機會成本。但對於公共物品而言，由於其具有非競爭性，因此每增加一個消費者消費所增加的成本為零。如果按照市場定價方式，消費者知道自己消費的機會成本為零，他就會以盡量少的價格支付給生產者以換取對公共物品的消費，在均衡時，市場價格為零。此時，消費者的支付將不足以彌補公共物品的生產成本，企業缺乏動力進行生產，不願意提供（生產）公共物品，使得公共物品的產出低於社會所要求的最優數量，經濟缺乏效率。

總之，由於公共物品的非排他性和非競爭性，公共物品由私人市場來供給往往是不足的，缺乏效率的。因此，在現實生活中，公共物品的供給常常需要借助政府的力量。

三、公共物品的最優數量

在討論公共物品的最優數量前，我們先討論私人物品的最優數量。假定社會上只有兩個消費者 A、B，其對商品的要求曲線分別為 D_A 和 D_B，這反應了商品帶給消費者的邊際收益，商品市場的供給曲線為 S。私人物品的市場需求曲線 D_{A+B} 由 A、B 的需求曲線 D_A 和 D_B 水平加總得到，此時市場均衡價格為 P^*，每個消費者分別消費 Q_A^*、Q_B^*，均衡數量為 Q_{A+B}^*（$Q_{A+B}^* = Q_A^* + Q_B^*$）。均衡價格 P^* 反應了每個消費者的邊際收益，也反應（等於）了企業的邊際成本（如圖 13.2 所示）。

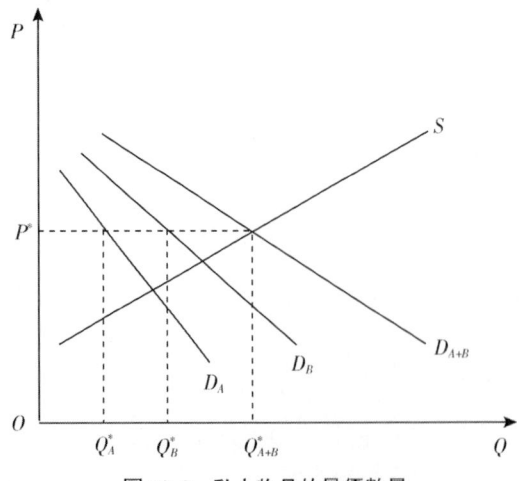

圖 13.2　私人物品的最優數量

現在我們來討論公共物品的最優數量。假設消費者的需求曲線還是 D_A、D_B，公共物品的市場供給曲線為 S（如圖 13.3 所示）。這裡和私人物品不一樣的是，對公共物品的需求曲線不是個人需求曲線的水平加總，而是個人需求曲線的垂直加總。這是因為公共物品具有非競爭性，每個消費者都消費相同數量和質量的公共物品，同一數量的公共物品帶給社會的（邊際）收益是所有消費者得到的（邊際）收益的總和。此時形成的需求曲線為 D_{A+B}，均衡價格為 P^*_{A+B}，均衡數量為 Q^*。所有的消費者能消費公共物品的共同數量為 Q^*，P^* 既反應了社會的邊際收益，又反應了社會的邊際成本。此時的公共物品量 Q^* 為社會最優量，實現了資源的有效配置。均衡價格 P^*_{A+B} 反應出的社會邊際收益，實際上由兩部分構成，即 P^*_A、P^*_B（$P^*_{A+B}=P^*_A+P^*_B$）。P^*_A 反應出公共物品 Q^* 帶給 A 的（邊際）收益，P^*_B 反應出公共物品 Q^* 帶給 B 的（邊際）收益。這裡需要注意的是，對於私人物品，最優標準是每個消費者的邊際收益等於邊際成本，而對於公共物品，最優標準是每個消費者的邊際收益之和等於邊際成本。

圖 13.3 公共物品的最優數量

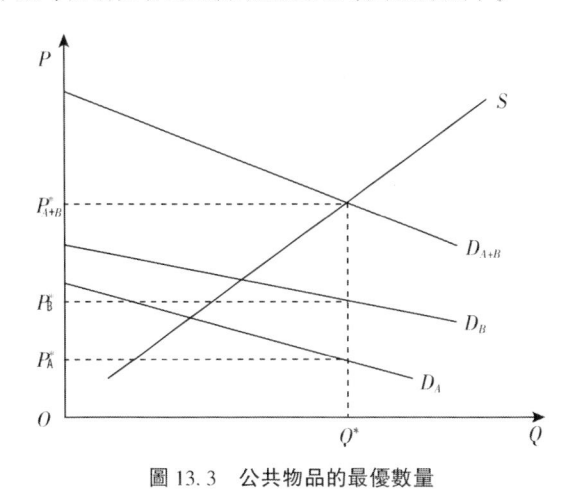

在討論公共物品的最優數量的同時，也為公共物品的提供找到了一條思路。很明顯，只要讓消費者 A 支付 P^*_A 的費用，讓消費者 B 支付 P^*_B 的費用，或者讓企業得到 P^* 的收益，那麼，社會就能夠得到數量為 Q^* 的公共物品。那要如何保證消費者願意支付 P^*_A、P^*_B 的費用，如何保證企業願意生產 Q^* 的公共物品呢？在現實經濟中，政府可以通過徵稅、補貼、直接生產等方式來實現。

四、公共物品的政府供給機制

公共物品的非排他性和非競爭性，很容易引發「搭便車」現象，且市場機制不能有效配置公共物品的數量，造成市場失靈。因此，長期以來經濟學認為公共物品只能由政府供給。我們這裡討論的公共物品的政府供給機制，政府不僅負責提供和安排而且直接生產公共物品。政府提供公共物品的資金來源主要通過政府的財政，即政府通過徵稅來補償公共物品供給的成本。政府的直接生產是指政府通過其擁有的國有企業來生產公共物品。在現實經濟中，許多國家的國防、教育等公共物品都採取的是這種

供給方式。政府可以通過其擁有的公共權力，動員各種公共資源，實現公共物品的有效供給和社會福利的最大化。在圖13.3中，政府可以對消費者A徵收價值P_A^*的稅收，對消費者B徵收價值P_B^*的稅收，就可以使得邊際社會收益等於邊際社會成本，從而實現公共物品的帕累托最優配置。

但由政府直接提供或直接生產公共物品，也會出現很多問題：一是政府提供公共物品，會產生高昂的行政費用，同時徵稅造成激勵扭曲，導致經濟效率的下降和社會福利的損失；二是政府直接生產公共物品，由於缺乏相應的激勵競爭機制，往往出現的結果就是公共物品的生產成本居高不下，產品質量低劣，企業嚴重虧損，造成大量的浪費和效率損失；三是政治家和政府官員也是「理性人」，其自利行為與公共物品供給的公益行為往往不能完全一致，這也會使得公共物品的供給不能達到帕累托最優。因此，在現實經濟中，還出現了很多其他的公共物品供給機制。

五、公共物品的市場供給機制

公共物品由政府來供給會產生一些問題，而這些問題都是市場擅長解決的。政府能否借助市場的力量來提供公共物品，使得公共物品的提供更有效率呢？隨著社會經濟技術的發展，人們對市場、政府作用的更深入的瞭解，通過市場機制供給公共物品已越來越普遍。從公共交通的商業化經營到高等教育的民營化經營，政府利用市場機制來提供公共物品的手段也越來越成熟，方式也越來越多樣化，其中最常見的做法有：

1. 政府購買模式

政府購買是指政府通過合約將公共物品的生產委託給一個私人企業。這可以看作是政府向這個私人企業購買某產品，當然這種購買不同於一般買賣關係，它是以政府與企業簽訂合約為前提的。政府購買時，一般會採用競爭性的招投標方法，通過引入競爭機制，提高財政支出的效率。

2. 特許經營模式

特許是指一種私人團體為提供服務而服從政府長期租賃資產的安排的模式，私人團體在此期間有責任為特定的新固定投資提供資金，這些新的資產在合同期滿時將返回給政府或公共部門。目前，很多公共物品項目中常採用一種叫作BOT（建設-經營-轉讓）的經營方式，這是特許經營方式的一個創新。在政府監管下的BOT中，一般是由私人團體（或國際財團）提供資金，從事公共物品的生產或經營，並在一定時期內負責設施的維修，特許期結束後再將這些設施轉讓給政府機構。

在具體的實踐中，BOT模式還變形為了BOOT（建設-擁有-經營-轉讓）模式和BOO（建設-擁有-經營）模式。

3. 政府經濟資助模式

當政府考慮到某些公共物品的社會收益和私人收益之間的不對稱時，會有選擇地對提供這些公共物品的企業給予經濟資助，以確保其提供對全體公民有效的公共服務。這種方式主要適用於那些盈利不高或只有在未來才能盈利、風險大的公共物品。資助方式包括補貼、優惠貸款、減免稅等。基礎研究或應用技術的超前研究以及教育事業是政府資助的主要領域。

4. 政府參股模式

在私人投資生產的某些公共物品領域，政府以不同的比例參股。政府參股分為政府控股和政府入股。這種方式主要適用於初始投入較大的基礎設施類公共物品項目，比如橋樑、道路、電站等。

總之，政府利用市場間接提供公共物品，不僅有效地彌補了公共物品供給資金單一的不足，而且也大大提高了公共物品生產資金的使用效率。它一方面發揮了市場的效率優勢，另一方面，政府基於其所有者和管理監督者的地位，也在一定程度上實現了公平，使效率和公平有機地結合在一起。

第三節　共有資源的使用與效率

一、共有資源與「公地的悲劇」

同公共物品類似，共有資源也是一種具有非排他性的物品，非排他性往往意味著外部性，只不過共有資源的外部性不同於公共物品的外部性。因為共有資源具有的是競爭性，而不是非競爭性。共有資源帶來的特殊問題，我們稱為「公地的悲劇」。下面我們以一個常見的例子來分析。

假設有這樣一個鄉村：村民在村裡的一塊草地上牧羊，這個草地為村民共同所有，任何村民均可在草地上免費且沒有限制地放牧，即這塊草地具有了所謂的「非排他性」。如果一個村民在這塊草地上多放養一只羊，那必然會影響到其他村民在這塊草地上養羊的數量和質量，則這塊草地具有了「競爭性」。因此，這塊草地是一種典型的共有資源。由於這種非排他性和競爭性，每個村民所養的羊在共有的草地上吃草時，降低了其他村民的羊能得到的草的數量和質量，給其他村民帶來了一種負外部性。但是，每個村民都會忽略這種負外部性，而只考慮自身的利益，盡量多養羊，結果羊的數量過多，土地和草場失去自我維持的能力，最終造成養羊的不可能，這就是所謂的「公地的悲劇」。更具體一點，我們假設養一只羊花費的成本為 C，如果在這塊共有的草地上羊的數量有 Q，其總的價值為 $f(Q)$，$f(Q)/Q$ 為每只羊的平均收益。首先我們討論一下，最優的養羊數量是多少。很明顯，從整個村子的角度看，就是要實現 $f(Q)-C\cdot Q$ 的最大化，即當養羊的邊際成本等於養羊的邊際收益時，即 $f'(Q)=C$ 時，整個村子實現了利益最大化，此時最優的養羊數量為 Q^*。接下來，我們看看每個村民是如何決策的。當一個村民決定多養一只羊時，此時羊的總價值變為 $f(Q+1)$，羊的數量變為 $Q+1$，每只羊的平均收益為 $f(Q+1)/(Q+1)$。如果 $f(Q+1)/(Q+1)>C$，多養一只羊就是有利可圖的。換句話說，只要養羊的平均收益高於養羊的成本，對單一的村民來說，養羊就是划算的，從而每個村民都會盡量養羊。只有當 $f(Q)/Q=C$ 時，村民才不會養更多的羊。此時，羊的數量為 Q'。由於每個村民在決定放牧的時候，只考慮了養羊帶給自身的收益，忽略了其行為對其他村民的負外部性，忽略了其行為的社會成本，最終使得公共草地上所放牧的羊多於社會所

要求的最優量，即 $Q'>Q^*$。圖 13.4 對此做了說明。最後造成的結果就是草地被過度放牧，植被被嚴重破壞，社會經濟環境不能有效持續發展。

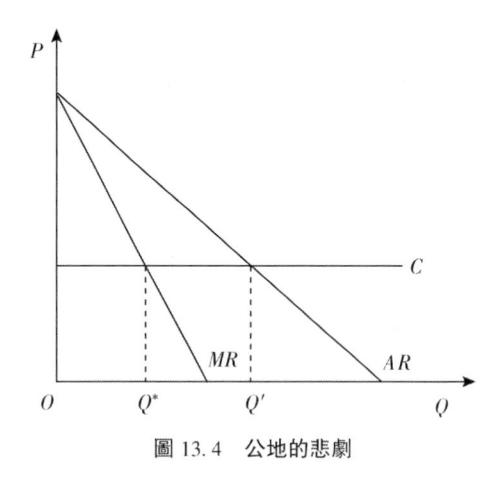

圖 13.4　公地的悲劇

二、「公地的悲劇」的解決思路

從上面的分析中我們可以看到，共有資源被過度使用，「公地的悲劇」就產生了，這樣的例子在現代社會也屢見不鮮，比如清潔的空氣和水、海洋的魚類資源都是典型的共有資源。因此，它們也存在著「公地的悲劇」的問題，如空氣和水被過度污染，魚類被過度捕撈等。如何才能有效阻止這些問題發生呢？外部性的分析已給我們提供了相應的思路。

1. 政府的干預

比如政府通過立法或強制的手段使得村民養羊的數量不能越過社會最優的數量 Q^*。或者政府可以通過收稅的方式，提高養羊的成本，使得每個村民在自利的決策下，使養羊的數量達到 Q^*。

2. 明晰產權的辦法

由於共有資源具有非排他性，所以產生了外部性問題或「公地的悲劇」，究其原因，在於公地的產權是不清晰的，每個人都可以免費且不受限制地使用。解決這一問題的辦法就是重新界定產權，使產權明晰化。比如，把共有的草地以某種方式分發給每個村民，每個村民只能在自己的土地上養羊，於是草地就變為一種排他性、競爭性物品，即由共有資源變為了私人物品，於是私人的決策或者市場的方式就能有效地配置這樣一種資源，使羊的數量達到最優數量，「公地的悲劇」也就消失了。

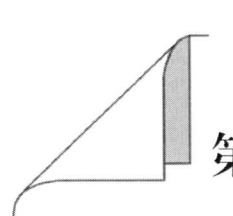

第十四章　公共選擇與政府失靈

在前面的分析中我們看到，對於外部性問題、公共物品問題和「公地的悲劇」等問題，私人市場不能充分地發揮作用，實現資源的有效配置。因此，社會往往就會借助政府的力量來糾正和解決上述問題。但政府應該生產哪一種公共物品，該生產多少？政府應該在什麼條件和場合下，採用什麼手段和方式來解決外部性問題？政府在糾正這些問題的時候，是否會產生新的問題，是否會出現政府失靈的現象？理解政府為什麼做出決策、如何做出決策以及這些決策對社會經濟有何影響，成為經濟學研究的一個重要領域。另一方面，政策和規則是最大的公共物品，政府制定法律法規、政策就是供給公共物品。對這個方面的研究被稱為公共選擇理論。

第一節　法律市場理論

一、法律的公共物品特性

法律與市場一樣，都是人類社會經濟演進過程的產物——都源於人類自身發展的需要。生產分配與交換產生早期的市場，在此基礎上產生的社會生產生活關係和資源配置模式，經過國家權力的合法化和秩序化形成法律。市場是一種資源配置機制，法律也是一種資源配置機制，只不過商品市場中交換的是商品，而在法律市場上交換的卻是法律權利、法律義務、法律權力和法律責任以及相關信息資源。在法律市場裡，法律生產者是通過立法、司法、執法活動從而供給各種法律產品的國家機構，法律消費者是對一定數量、質量和體系化的法律產品及其相應秩序產生有效需求的個人和組織。這樣一來，法律就被看作是一種由國家提供而得到社會公眾普遍遵守的公共產品。因此，法律通常被理解為人們在長期的社會歷史發展中集體選擇的產物，是在一定領域內強制實施並由國民一體遵循的公共產品。法律制度在經濟學視角中有如下五個特點：

1. 法律資源的稀缺性

法律的供給與需求受特定歷史時期社會經濟、文化、政治等條件的約束，具有稀缺性。社會生活中人們彼此「爭權奪利」，便是法律資源或者說權利資源稀缺的真實寫照。法律的稀缺性通常與法律公共品供給的非營利性相聯繫，即由於生產法律規範和

維護法律秩序需要支付大量的費用，供給者的私人成本大於社會成本，其私人收益小於社會收益，也即在經費不變的前提下，供給量愈大，支出負擔愈重。因此，按照市場價格機制來配置法律資源，私人生產者沒有積極性，從而使有效率的公共品供給難以實現，為此需要一個特殊的主體——國家機關來負責法律的供給，並採用一種特殊的機制——強制收費（財政收入、稅金）來組織法律資源的生產和實施，並通過規模經濟（壟斷法律活動）來實現。即使如此，由於國家機關（法律生產者）及其組成人員缺乏向社會提供「優質適量」法律產品的內在動機，加之其立法執法意願和能力水平所限，致使「善法」資源十分稀缺。

2. 法律供給的壟斷性

國家壟斷法律及其秩序的供給，一是法律資源的稀缺性，以及社會利益衝突與合作關係的特點，使得國家作為「秩序和秩序構成的共同體」，獨占立法、司法、行政執法權力資源，有利於秩序的形成和穩定；二是由於用一個機構建立一套保護產權與社會發展的大規模武力系統比建立許多小規模的私人武力系統，即用國家的公力救濟取代私力救濟更能帶來規模經濟效益。

3. 法律消費的非競爭性

相對於國家機構從事法律生產經營的壟斷性而言，社會成員對法律的消費則是公開、均等地進行，守法者對同種法律的需求和消費量的增加，一般說來不會引起立法成本的增加，個人消費法律的行為也不會導致他人法律消費量的減少。由此可見，守法者愈多，法律收益愈大，而法律生產成本卻基本保持不變。在既定數量的法律供給條件下，法律服務的對象越多，就越值得立法；反之，則要控製甚至減少立法數量和規模。

4. 法律的利益一致性

代議民主政治的國家理論，普遍宣稱政府服務於全社會的利益，除全民利益之外無任何特殊利益追求，政府官員是人民公僕，法律的制定、頒布和實施是為了人民的和平、安全和公眾福利，政府為社會公眾的利益制定並執行法律。這些憲政民主理論作為法律道義權威性的基礎，其經濟學含義便是法律生產者和法律消費者之間的利益是一致的。

5. 法律的普遍適用性

對法律的消費只能在保持其完整性的前提下，由眾多的守法者共同享受，具體的法律規範不能單獨產生法律效力。換言之，非市場經濟活動中的法律產品本身是渾然一體的，不能割裂使用或任意歪曲解釋。

二、法律供求的靜態均衡

法律市場區別於其他市場的一個顯著特點，是法律市場的形成必須依賴媒介物，這個媒介就是法律行為。法律行為包括合法行為與違法行為，如果所有人的行為都是合法的，那麼法律也就沒有存在的必要，反之亦然。

法律規則所產生的激勵是主體選擇法律行為的「參照物」。它認為，法律規則的存

在事實上為主體的不同行為產生了不同的隱含「價格」，這樣就可以把主體的行為（如守法或違法）視為對這些價格參數做出反應的結果。可以把主體對法律的態度當成主體對商品的偏好來看待。主體守法或違法代表著主體對法律的選擇和偏好，每個主體都有一個以此來定義的效用函數。當然，主體對法律的態度並非完全一樣，對大多數主體來說，守法是優等品，而違法可能是個劣等品。在這種情況下，要讓這部分主體「消費」更多的劣等品，必須向他們支付更高的「收入」才行。對另外一些主體而言，守法和違法都是優等品，但兩者的邊際替代率呈遞減趨勢。在此情形下，該主體消費商品的相對價格，如果相對於守法而言違法的價格高，他們將趨於減少對違法的需求而更加守法；反之亦然。

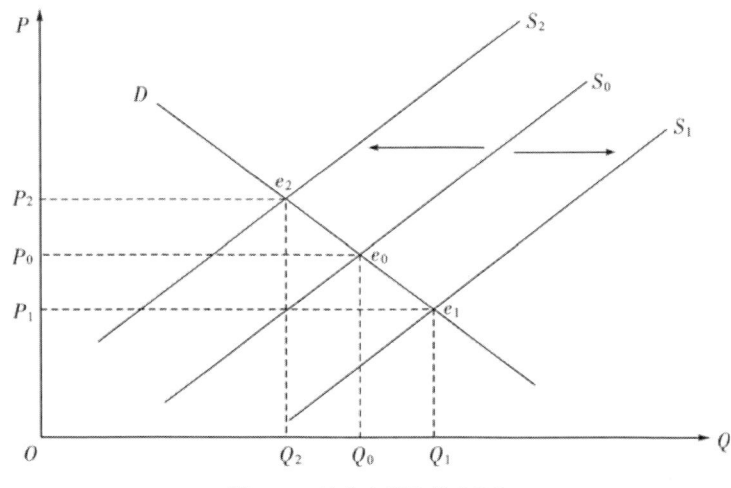

圖 14.1 法律市場的供求均衡

在圖 14.1 中，法律供給線 S_0 與法律需求線 D 的交點 e_0，是一定的法律環境下法律供求的靜態均衡點（Q_0，P_0）。在其他條件不變時，隨著法律供給的增加或減少，S_0 線會向右或向左平移到 S_1 或 S_2，對法律的需求線 D 可進行類似的分析。法律供給或需求的變化，會引起法律市場均衡價格和均衡數量的變化，從而使主體改變心理預期。例如，「嚴打」就是法律供給者主動增大法律供給，在法律需求不變的條件下，均衡點將從 e_0 變動到 e_1（Q_1，P_1）。此時，相對守法價格來說，違法價格增加了，這樣違法犯罪者將趨於減少。

法律供給和法律需求共同決定法律的均衡價格。這裡，我們只分析守法價格，守法價格與違法價格呈反向關係。影響法律供給或法律需求的變量，都將影響法律的均衡價格。在比較靜態的模型中，社會法制環境，尤其是執法和司法變量的變動將對法律均衡價格的改變產生根本影響，因為一定時期經濟活動主體的素質較為穩定，主體對法律的需求不會發生劇烈變動，其需求彈性較小，相比之下，法律的供給則更易波動，其供給彈性也較大。

低的守法均衡價格，或者說高的違法均衡價格意味著「硬法制」；相反，高的守法均衡價格或者低的違法均衡價格意味著「軟法制」。可見，從均衡價格的決定過程中，

我們不難領會：中國社會治安的綜合治理，重點在於盡快從「軟法制」過渡到「硬法制」，而不能總在法律供給左右波動的環境裡，過分要求民眾增強法律意識，增大法律需求。

三、法律市場的動態均衡

預期是決策主體對於那些與其決策相關的不確定的環境變量所做的預測。預期直接來源於未來的不確定性，對企業、組織或者個人而言，只要存在未來的不確定性，就會對未來的環境情勢形成一定的預期。理性預期假說的提出，減弱了任何不利於自身利益的法律供給效應。

作為理性的經濟人的理性預期行為，對政府或執法、立法及司法部門決策的科學化具有極為重要的意義。一般地，決策有兩個層次：第一個是政府或執法、立法及司法部門層次的決策，第二個是公眾層次的決策。不論哪個層次的決策，都必須考慮理性預期的作用。對前者來講，當其做出某項決策或者提供某個法律法規時，應在公眾做出反應之前對該項政策或法律規範的實際效果等預先進行理性預期。對後者而言，當他們進行某項決策的時候，以及應根據現有的環境情勢預測政府或執法、立法及司法部門將做出什麼樣的決策，此項決策對自己的經濟活動將會產生什麼樣的影響。因此，政府或執法、立法及司法部門決策的效果如何，一方面取決於決策本身的科學性，另一方面取決於公眾的反應。

蛛網模型是價格形成的動態模型，反應跨時期的產品需求、供給和價格之間的變動關係。相對於理性預期模型來說，蛛網模型描述的是經濟當事人簡單的預期行為。兩者的差別體現在：第一，理性預期模型中設有隨機變量，而蛛網模型中沒有這一隨機變量；第二，在理性預期模型中，預期價格是根據經濟體系結構內生決定的變量，它等於均衡價格加隨機且獨立的擾動因素，而在蛛網模型中，預期價格是前期市場的實際價格。

儘管如此，簡單的蛛網模型對研究法律市場動態均衡極富啟發意義。在下面三種情形中，P 代表法律價格，Q 代表法律數量，D 代表法律需求曲線，S 代表法律供給曲線，它們的交點代表均衡法律價格。法律價格將分別收斂於均衡價格、發散於均衡價格和始終與均衡價格保持一定距離的循環價格。價格究竟是收斂、發散還是循環取決於法律供求曲線的相對傾斜程度，即斜率的大小。

在圖 14.2 中，供給曲線斜率較需求曲線斜率大，即法律供給缺乏彈性（「硬法制」）。比較來說，民眾對法律的需求富有彈性，即民眾素質高，對法律變動較敏感。此種情形下法律市場的實際價格將趨於均衡價格，經過一定時期，最後收斂於均衡價格。此時的經濟主體會預期實際價格將等於均衡價格，從而不會改變自己的行為，整個社會較為和諧。

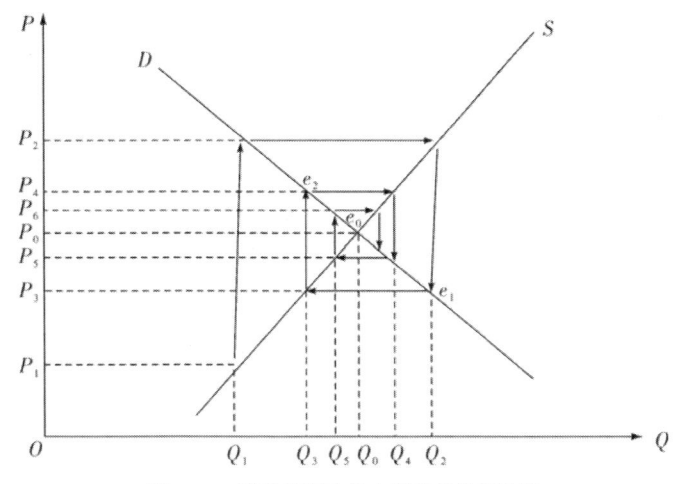

圖 14.2　硬法制與法律市場的收斂型蛛網

在圖 14.3 中，供給曲線斜率比需求曲線斜率小，即法律的供給富有彈性，而民眾的法律需求相對缺乏彈性，這樣法律的均衡價格是發散的、無法達到均衡，這種情況屬於動盪時期的法律市場。

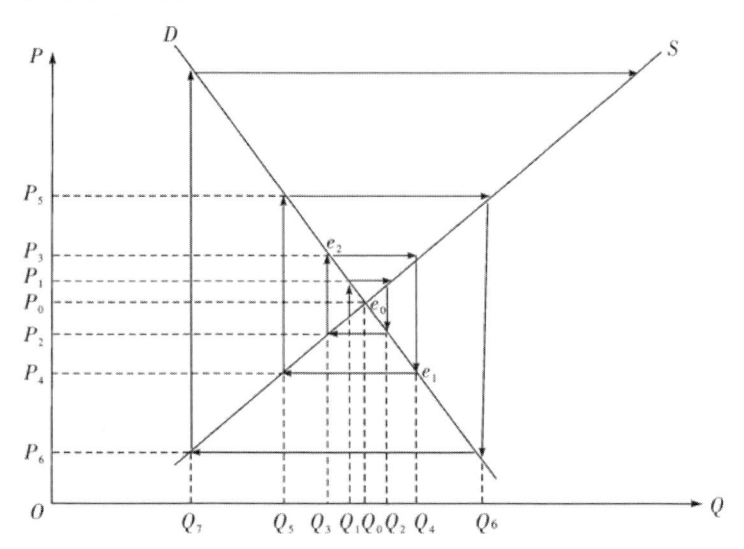

圖 14.3　軟法律與法律市場的發散型蛛網

在圖 14.4 中，供給曲線斜率和需求曲線斜率大小一樣，即法律的供給彈性和需求彈性一致。在這種條件下，當法律市場受到外力的干擾偏離均衡狀態時，法律的供給和需求始終按照同一幅度圍繞均衡點上下波動，不偏離均衡點，也不趨向均衡點，這種市場是專制國家的法律市場。

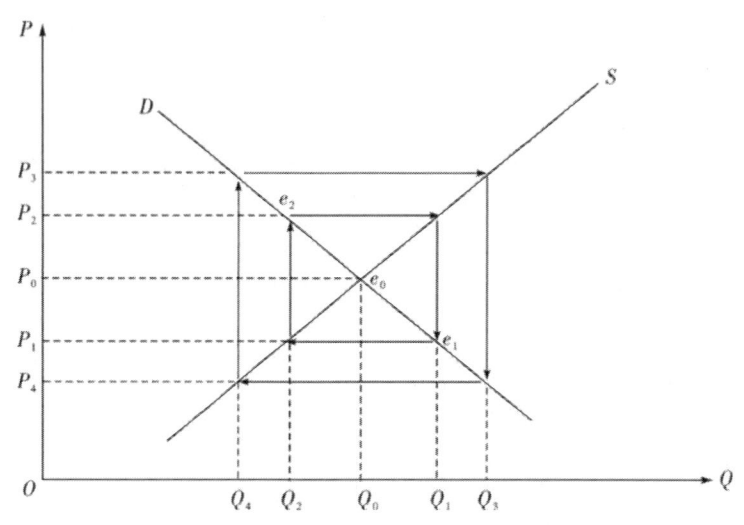

圖 14.4　專制國家與法律市場的穩定型蛛網

第二節　憲法和憲法經濟理論

一、憲法和憲法機制

「憲法」就是「更高的法律」，也就是制定遊戲規則的規則。民主社會中，最根本的決策規則是憲法。制定決策規則，就是制憲，經集體決定後統一的規則就是憲法。改革規則就是修憲。憲法不但是整個政治制度取得合法性的基礎，也是其他法律得以制定的基礎。換句話說，它不但限制法律的執行者，還限制立法者和法律本身。從這個意義上說，憲法是一種「元法律」。憲法產生的根據是人民的一致同意，它具有最高的權威。

憲法對政府權力的制約機制有四種：一是通過分配權力，實現「以權力制約權力」；二是通過賦予立法機關以制定行政法規的權力和司法機關以執行這種法規的權力，從而實現法律對政府行為的限制；三是通過設立正當程序使所有權力的濫用都有可能得到糾正；四是賦予公民個人一些「基本的權利」，即不受任何權力侵害的權利，從而保留一塊權力無法觸及的領域，以形成另一種對權力的約束。因此，布坎南、塔洛克認為只有通過憲法改革才能從根本上解決政府失靈問題。憲法是一個國家的根本法，是一個國家統一的法律體系的核心，是制定規則的規則，是法治的前提和出發點。

二、憲法的經濟學解釋

傳統的經濟學家認為對稀缺資源的最優配置是他們的研究重點，政治法律就不在他們的研究範圍之內。憲法經濟學則是研究約束人們行為的規則的選擇，由於規則決定了選擇的結果，因此，憲法經濟學是以規則為研究對象，討論了集體決策的兩個階段：立憲階段和後立憲階段。前者屬於制定規則的階段，涉及對規則的選擇；後者屬於規則制定之後的選擇，涉及規則下的選擇。主流經濟學試圖在現存的政治–法律–制

度規則下研究經濟行為人的選擇,並根據外在的效率標準對這種選擇進行評價。而憲法經濟學則試圖對經濟行為人和政治行為人選擇不同的政治-法律-制度規則的運行性質做出解釋。規則之所以存在,是因為人們需要規則,希望在一個共同認知的和諧環境下生活,沒有規則,人們就會生活在「孤獨、貧窮、骯髒、殘酷、匱乏」之中。

以囚徒困境為例,該模型表現出了個人理性與集體理性之間的衝突。個人獨立地進行效用最大化的行為,然而行為的結果對每個人來說都不是最優的,個人理性和最大化將必然導致次優的結果,除非有某種規則或習俗促使他們採取這個行動。這個博弈中包含著一個清晰而又簡單的信息,即博弈雙方需要一種規則,一種具有社會約束力的規範,它將阻止個人的行為最終導致大家都不願看到的結果。與社會和政治背景下人們的行為模式相比,囚徒困境是高度簡化的,但是卻包含了理解社會秩序的核心問題所需要的大部分要素,即協調有不同動機的人的行為的要素、潛在的可以優化人的行為的規則的存在、人們達成協議的可能性和願望。因此,通過它可以簡要地解釋規則存在的必要性。

布坎南的用意是把經濟學的運用擴展到政治學領域,關注政治經濟制度的正確目標和借以達到目標的各種制度性手段。布坎南的目標就是契約自由,而達到這些目標的手段是一些憲法規則,它們能夠有效地約束關於為自我利益而談判的一般政治活動。

政治活動和經濟活動都是在一定規則下進行的。政治上的腐敗、不平等,經濟上的低效率、停滯不前都可以在規則上找到原因。因此要改善政治和經濟,改革的重點是改革規則,是憲法的改革。憲法經濟學認為,改革的努力應當放在那些約束決策或政策制定的規則上,而不是放在通過對行為人的行為施加影響來改變預期結果上。由於憲法是根本性的規則,因此改革的最高階段是憲法改革,是制定政策的憲法而不是政策成為改革的對象。憲法的目的是制約政府與個人,防止各種形式的掠奪行為。憲法約束可以形成一種憲法秩序,出現有秩序的社會、組織和活動,從而為自由交易和個人自由提供保證。

第三節 投票規則和投票悖論

一、政治市場和公共選擇

布坎南認為,經濟學不是一門選擇科學或資源配置理論,而是一門交易科學或市場理論。經濟學的主題本來是研究個人的交易傾向、交易過程和個人在自由交易中自發產生的秩序。經濟學的基本命題是個人之間的交易。政治市場上的基本活動也是交易,政治是個人、集團之間出於自利動機而進行的一系列交易過程。政治過程和經濟過程一樣,其基礎是交易動機、交易行為,是利益的交換。集體行動是以個人行為為基礎的,集體行動可以看作是一個集團(或組織)全體成員之間的複雜交易或契約。市場是自動交易過程的制度體現,個人是按照各自的交易能力進入自動交易過程的。經濟學就是研究具有不同利益的個人之間的交易或協商的關係。人們在不同的社會組織下通過交易來謀取相互利益,而不同的社會組織就是人們進行合作行動的結果。

不過，政治市場上的交易和經濟市場上的交易有以下的差別：①經濟市場上交易的是私人物品，交易媒介是貨幣；政治市場上交易的是規章、政策、議題等公共物品，決定公共物品「生產什麼」「生產多少」和「如何生產」，且必須通過集體選擇，因而需要通過一些特殊的媒介，如投票、利益集團、代議制、政黨和政府等。②經濟市場上的交易主要在個人或單個廠商之間進行，而政治市場上的交易主要是集團（或組織）、政黨之間的交易。個人通過政治過程實現他無法通過獨立的個人行動所實現的目標，獲得他所需要的但又無法通過個人行動獲得的交易對象。③經濟市場上的交易基本上是一種自願的、平等的和等價的交易，而政治市場上的交易具有一定程度的非自願性、不平等性和強制性。在多數票規則下，少數必須服從多數。少數的大型利益集團通過遊說使國會立法，這項立法即便體現的是少數人的偏好，也會強加給全社會成員。政治市場上個人與政府的交易是「服從與統治」的交易。在個人獨立地維護自己的利益成本過高時，理性的經濟人必將以服從換取政府提供的安全。

二、投票規則

公共選擇理論的基本主張是決策規則決定決策效果，決策規則重於決策效果。公共選擇理論認為決策規則有很多種，但大致可以分為以下幾類：

（1）一致同意規則。它是指一項集體行動方案，只有在所有參與者都同意，或者至少沒有任何一個人反對的前提下才能實現的一種表達方式，此時每一個人都對將要達成的集體決策享有否決權。它是一種符合帕累托改善條件的制度安排，經一致同意得出的決定最為公平，不會對任何個人的權益造成危害，也是最有效率的。但其缺點是該規則十分複雜，行動起來費時，更為嚴重的是，一旦其中某一個人認識到自己具有可以否決整個方案的威力，他可以敲詐那些支持該議案的人而使自己及那些支持者都獲益。所以，達成一致的可能性很小，而且成本過高。

在現實生活中，我們有不少機會運用或感知一致同意規則。例如趙、錢、孫、李四人傾其所有合辦了一家小公司，公司的生存、發展對每一個人自然都十分重要，因此在涉及該公司的利潤分配與風險承擔等重大問題上，需要四人協商，達成一致意見。有一個人不願意甚至反對，事情就不好辦了。這裡的決策規則就是一致同意規則。

再舉一個典型的例子，聯合國安理會的任何決議的實施都必須事先得到安理會五個常任理事國——美國、俄羅斯、英國、法國、中國——的一致認可（這裡的認可指不反對）。如果有一個常任理事國反對，就意味著相關議案被否決。1990年海灣戰爭爆發時，聯合國安理會曾就是否出兵干涉進行過投票表決，最終以四票贊成、一票棄權（不同意，但也不反對）而獲一致通過。

（2）多數票制規則。俗話說，眾口難調。主婦要做出一頓適合家中每個人口味的飯菜，也不是件容易的事，更別說在人數眾多的團體中統一所有人的意願了。每個人的愛好各有差別，如果每個人都有充分的自由表達自己的意願，要達到一致同意自然比較困難，有時甚至是不可能的。因此，在現實中，人們通常退讓一步，尋求一種能按多數人意願來進行集體決策的多數投票規則。

多數票規則是指一項集體行動方案，必須由所有參與者中超過半數以上的某一比例，比如三分之二的認可才能實施。所謂認同是指贊成或者不反對。如果我們以參與

者中剛好一半的人數為取舍標準，規定所有參與者中有一半以上的人同意，或者反對的人數低於所有參與者的一半，某議案就作為集體決策結果付諸實施，那麼我們就稱該項集體決策是按簡單多數規則做出的。類似地，我們可以定義 2/3、4/5 多數制等。

按照多數票制來進行集體決策，最終的結果體現的是參與者中多數派的利益，而少數派參與者的利益則被忽略了，因而最終決策的事實會使多數派的福利增加，而少數派的福利則可能受到損害。多數票制選擇出的方案都具有內在的強制性，因為最終的集體決策是按多數派成員的意願決定的，而決策結果又要求全體成員服從，這就意味著，多數派成員無形中將自己的意願強加給了那些投票遭到否決的少數派成員。同時，由於單個參與者的選擇行為在多數票制中有可忽略性，無形中讓參與者不重視投票權的行為。因此有人可能會這樣想：既然我的選票對最後的選舉結果幾乎沒有什麼影響，那我何必勞神費力去投票呢？當許多人都這麼想而且這麼做時，便會出現一種危險的傾向：選舉結果被利益集團操縱。利益集團可以通過一定的小代價，收買這些不重視自己的選舉權而打算棄選票的選民，讓他們按利益集團的意願投票，從而使利益集團擁有更強的能力顯示自身偏好。這是多數票制規則中值得引起重視的收買選票的現象。在實行民主政治的初期，這種行為更值得關注。

多數票制規則下，集體決策要比全體一致同意情形容易做出。因為顧及大多數人的偏好，總比照顧全體偏好要好辦些，所以人們在多數票制規則下，做出集體決策所需花費的時間、精力等大大降低了。但是對單個選民而言，特別是那些預期到自己的選票可能被否決的參與者，因為集體決策結果與他們個體的偏好差異很大，使多數票制規則強加給他們的外在成本（即集體結果與個人願望不一致時對個人造成的損失）增加了。

三、投票悖論和阿羅不可能定理

美國的大多數立法和慣例都是根據多數票規則制定的。歐盟的決策機構——部長理事會在對財政政策、人員的自由流動和雇員的權利（有關這三方面的決策需要獲得「一致同意」）以外的議題進行表決時採用的是「合格多數票」。歐洲中央銀行進行貨幣政策決策採用的是 2/3 多數票規則，即在 6 位董事局成員中至少有 4 位投讚成票，一項決策才能獲得通過。在大多數西方國家的立法機構、俱樂部和委員會中，通行的都是多數票制規則。

但是，在多數票制規則中，存在投票悖論，也稱為孔多塞悖論，即在多個備選方案中，社會選擇不能達成一個穩定的均衡，而是處在無窮無盡的循環之中，多數票結果取決於投票順序。通俗地說，週期多數現象或「投票悖論現象」，即在運用簡單多數制進行集體選擇時，容易出現投票結果隨投票次序的不同而變化，大部分甚至全部備選方案在特定的分步驟的部分方案比較過程中，都有機會當選的循環現象。

現在舉例說明週期多數現象，假設有同屬一個系統的三家企業正準備合併成一家大公司，而總經理將從三家企業的廠長中產生。總經理的產生存在三種可供選擇的方案：職工普選（A）、上級主管部門任命（B）、按各自擁有的資金額決定權力分配（C）。如果要由三位廠長從三種供選方案中挑出一個作為最終決策方案，那麼由於牛廠長、楊廠長、馬廠長分別擁有職工規模大、與上級關係好、資金豐厚的相對優勢，他們對三種選擇方案的偏好次序自然不同：

牛廠長：A>B>C　　　（A 優先於 B，B 優先於 C）
楊廠長：B>C>A　　　（B 優先於 C，C 優先於 A）
馬廠長：C>A>B　　　（C 優先於 A，A 優先於 B）

　　如果從 A、B、C 三個方案中任意挑選兩個，按照簡單多數制，即三人中有兩個或兩個以上的人支持某方案，該方案就當選。將此方案與餘下的第三個方案相比較，並依據同樣的簡單多數規則產生最終結果，這時便出現了一個奇怪而有趣的現象。若先比較 A 與 B，相對來說，牛廠長與馬廠長更偏愛 A，故 A 方案當選。然後將 A 與 C 比較，因為楊廠長與馬廠長更偏好 C，最後 C 方案當選。若從對 A 與 C 的比較開始，最終獲勝的將不是 C 而是 B；從 B 與 C 的比較開始，最終當選的方案又變成了 A。

　　由此我們看到，這時的最終投票結果完全取決於各方案的排列次序，而不是方案本身的優劣。如果排出簡單多數制下集體對三個供選方案的偏好次序，就會產生 A>B>C>A 的循環或週期，這就是週期多數一詞的來源。

　　既然多數票規則往往導致投票循環，那麼是否存在一種政治機制的社會決策規則能夠消除這種投票悖論現象呢？美國斯坦福大學教授阿羅對此進行了研究，他得出的結論是：如果我們排除效用人際比較的可能性，各種各樣的個人偏好次序都有定義，那麼把個人偏好總合成表達社會偏好的最理想的方法，要麼是強加的，要麼是獨裁的。阿羅的意思是說，不可能存在一種能夠把個人對多種備選方案的偏好次序轉換成社會偏好次序，並且準確表達社會全體成員的各種各樣的個人偏好的社會選擇機制。阿羅的這個結論後來被稱為阿羅不可能定理，又稱作「阿羅悖論」。

第四節　官僚理論和利益集團理論

一、預算擴大與官僚理論

1. 官員或者官僚

　　政治市場上的需求者是個人和利益集團，政治市場上的供給者是政治家（立法者）和官僚，他們負責公共物品的供給。公共選擇理論中的官僚指公共經濟活動中的公共部門。在現代民主國家，政府官員一般都由兩部分人組成，極少的一部分是由選舉產生的，叫作「政務員」或其他；另一部分占絕大多數，是政府聘任的人員，通常稱作「公務員」。在美國，學者們稱前一種人為「政客」（politicians），而稱後一種人為「官僚」。實際上，官僚可以定義為一組司、局，即負責提供政府服務的各個部門。因此，這裡的 bureaucracy 不是指具體的政府官員，而是指「官員機構」，是一個被人格化了的機構。

　　尼斯卡蘭（William A. Jr Niskanen）認為，官員具有以下四個特徵：①官員是一個非營利性的組織或機構中的一員，他的資金主要來自一次性撥款，而不是他的產出銷售（他所提供的服務）。②官員機構中的主管和雇員不會將預算撥款扣除支出費用後的餘額私分裝入腰包。③官員追求的目標是在他的任期內獲得最大化預算。官員的效用函數包括薪金、機構或職員的規模、社會名望、額外所得、權力或地位，因此，作為

效用最大化者的官員將也是預算最大化者。④官員只把他的服務賣給政府，而政府只從官員那裡購買服務，官僚和政府之間的關係是一種雙邊壟斷關係。

2. 官員預算極大化模型

尼斯卡蘭在《官員與代議制政府》一書中，試圖用官員供給理論來彌補公共選擇理論中只有對代議制政府服務需求的理論。該書試圖對現代社會普遍存在的一個現象做出解釋：為什麼政府機構愈來愈臃腫、政府預算規模愈來愈大？

官員的預算是由政治家確定的。那麼，政治家又根據什麼來決定預算規模呢？政治家主要是通過預期官員提供的產出量的大小來決定他所偏好的預算額的，也就是說，政治家批准給官員的預算額是官員預期產出的函數。分析結果表明：在一定的預算約束下，官員生產的產量會超過完全競爭下廠商生產的均衡產量。也就是說，在多數票制規則下，官員提供的產量比中間投票人（消費者）所願意消費的數量大得多。因此，在給定預算下，官員過多供給這種物品，會造成福利損失，在這種情況下，消費者（選民）傾向於消減預算規模。

另一方面，如果政治家提供給官員的預算小於官員生產的總成本，那麼官員的產出水平將低於消費者所需要的產出水平。在這種情況下，政府將處於消費者（選民）要求增加預算規模以滿足需求的壓力之下。

這樣，在官員、政治家和選民之間形成了三角博弈，官員為了追求自己的利益最大化，將從政治家那裡尋求預算規模最大化；而政治家為了獲得政治支持或選票最大化，將盡可能擴大預算規模以滿足選民的需求，只要這種預算規模在選民的可承受範圍之內。

在官員與政治家的博弈中，最終的結果取決於權力分配和兩方在交易方面的影響。雖然政治家擁有立法權和法律賦予的其他職權，但是他們常常要依靠官員提供與服務供給有關的信息。這些信息包括有關服務供給狀況、各種投入的價格、對公共服務需求的趨勢等。由於存在信息不對稱，因此，這些官員實際上是通過他們的政治上司來提出預算請求，而政治家往往因缺乏充分的信息不能對官員的預算請求提出異議。這就出現了這樣的結果：政治家對撥出使產量最大化的預算感興趣，因為這將有助於保證他再次當選。另一方面，官員希望最大化他的預算規模，因為這為他提供了使他的效用最大化的資源。由於與政治家相比，官員對公共物品的生產函數和成本函數具備更多的知識，因此，在對預算進行討價還價談判時，官員能更多地榨取消費者剩餘，並把這種剩餘轉化為更多的產出以及由此而來的更大的預算。既然官員的效用是預算規模的增函數，那麼官員就有擴大預算規模的刺激。

二、尋租與利益集團理論

1. 利益和利益集團

利益集團又稱壓力集團，是指那些有某種共同目的並試圖對公共政策施加影響的個人的有組織的實體。它既包括由自願的成員構成的組織，也包括由非自願的成員構成的組織，前者如美國的青年人俱樂部，後者如禁止非工會會員雇用的工會組織。利益集團可以由普通公民、非營利性組織、公共部門組織組成，也可以由尋利的廠商組成。不同的利益集團在其規模、資源、權力和政治傾向等方面存在明顯的差別。

為什麼會存在利益集團？特別是，當公民或廠商可以「逃票乘車」時，為什麼還

需要有利益集團呢？集團（或組織）的存在是為了增進其利益，有共同利益的個人或企業組成的集團總是具有進一步增進這種共同利益的傾向，個人可以通過代表其利益的集團來實現或增進他個人利益。工會的目的是為工會會員爭取更高的工資和更好的工作條件，農場主協會謀求的是保護農產品價格的法律和政策，卡特爾是為其成員企業爭取更高的價格，股份公司的存在是為了增進股東的利益，國家則被認為是為了增進全體國民的共同利益。理性的經濟人可以通過純粹個人的、沒有組織的行動來有效地增進他個人利益。但是，如果僅僅依靠沒有組織的個人行動，要麼根本無法增進共同利益，要麼不能有效地增進共同利益。尤其當社會變得更複雜、更動態且政府經常干預經濟時，人們對集體行動的需要進一步提高了。於是，理性的經濟人便結成利益集團來追求和實現他們的共同利益要求。集團或組織的存在是為了謀求個人不能通過他的純粹個人行動來增進的那一部分利益。

社會中的每一個人總是歸屬於某一或幾個利益集團，這些利益集團的目的是各不相同的，而這些相互競爭的集團所施加的壓力匯總起來就決定了社會政治活動的進行。社會決策或公共選擇是通過許多強大的特殊利益集團的相互作用做出的，這些集團可能通過競選捐款、友情、對特殊議題的較多知識，或者通過直接的賄賂手段，對政治家產生影響。

2. 奧爾森的集體行動理論

奧爾森認為，集團或組織的基本功能是向其全體成員提供不可分的、普遍的利益，這種利益是一種具有非排他性的公共物品或集體物品。這種集團利益的共有性意味著，任何單個成員為這種共同利益做出的貢獻或犧牲，其收益必然由集團中的所有成員所分享。因此，即使一個大集團中的所有個人都是有理性的和尋求自身利益的，而且作為一個集團，他們採取行動實現他們共同的利益或目標後都能獲益，他們仍然不會自願地採取行動來實現共同的或集團的利益。正是由於這個原因，集團的規模大小與其成員的個人行為和集團行動的效果密切相關。

奧爾森認為，就集團行動的效果——提供的公共物品數量接近最優水平或增進集團利益來說，小集團比大集團更有效。奧爾森是根據獲取集體物品所需的成本與分配給集團成員的利益的關係，以及集團成員對這種關係的認知程度來分析集團規模與其行動效果的。對於小集團來說，每個成員不難發現他從集體物品中獲得的個人收益會超過他為這種集體物品所付出的總成本，即便有些成員要承擔提供集體物品的全部成本，他們得到的利益也比不提供集體物品時多。所以，在一個小集團中，由於成員人數很少，每個成員都可以得到總收益的相當大的一部分。在這種場合，集體物品可以通過集團成員自發自利的行為來提供。但是，奧爾森認為，這不意味著小集團的集體物品總是可以達到最優水平。相反，小集團提供的公共物品通常會低於最優水平，這是因為公共物品的非排他性會導致搭便車行為。

奧爾森認為，由於以下三個因素，大集團提供的集體物品離最優水平更遠，集團越大，就越不可能去增進其成員的共同利益。第一，集團越大，增進集團利益的個人在集團總收益中佔有的利益份額就越小，增進集團利益的行動所獲得的報酬就越少，這樣即使集團能夠獲得一定量的集體物品，其數量也會大大低於其最優水平。第二，由於集團越大，任意一個成員在集團總收益中佔有的利益份額就越小，他們從集體物

品中獲得的收益就越不足以補償他們為集體物品所付出的成本。第三，集團成員的數量越大，組織成本就越高，因而為獲得集體物品所需要跨越的障礙越大。根據以上分析，奧爾森得出結論：「集團或『潛在』集團不會受到激勵為獲取集體物品而採取行動，因為不管集體物品對集團整體是多麼珍貴，它不能給個體成員任何激勵，使他們承擔實現潛在集團利益所需的組織成本，或以任何其他方式承擔必要的集體行動的成本。」

因此，大集團的行動一般都不是依靠它所提供的集體利益來取得成員的支持，而是通過採用「選擇性的刺激手段」來驅使單個成員採取有利於集團的行動。這裡的選擇性的刺激手段是指集團或組織有權根據成員有無貢獻來決定是否向他提供集體利益。選擇性的刺激手段既可以是積極的，也可以是消極的。積極的刺激手段是指通過正面的獎勵來引導個人對集體利益做出貢獻，例如，加入工會的會員與非工會會員相比，前者在就業機會和工資待遇等方面都享有更多的好處。消極的刺激手段是指通過反面的懲罰來對沒有或不願意承擔集團行動成本的個人進行懲處或停止其權利。國家稅收就是一種反面的選擇性刺激手段，逃稅的個人將受到補稅和罰款的雙重懲罰。顯然有選擇性刺激手段的集團比沒有這種手段的集團能更容易、更有效地組織集體行動。

在一個多元社會裡往往存在幾類壓力集團操縱國家權力的局面，尤其是會出現代表狹隘的特殊利益的壓力集團，而代表「公共利益」的壓力集團要麼是力量弱小，要麼就根本不可能存在。這種情況存在的原因，在於壓力集團向其成員提供集體物品的性質。在一個組織嚴密的集團內，每個成員都能認識到集團行動的利益所在，而且存在一種強有力的約束來阻止其成員成為「逃票乘車」者，因而這類集團會獲得相當大的成功。因為這類集團的每個成員將從參與壓力集團活動中看到他或她的利益所在。另一方面，鬆散的公共利益集團獲得成功的可能性極小，因為這類集團的單個成員不能指望獲得他們活動的大部分利益，如果對其成員沒有一種有效的約束的話，這類集團的集體行動往往不可能發生。

3. 政治企業家理論

根據奧爾森的理論，大集團獲得集體利益相當困難，但是現實情況並非如此。許多人經常做的恰恰是奧爾森模型認為不可能做的事情，如人們去投票，人們願意做出犧牲，人們願意參加集體行動，甚至可以「逃票乘車」時人們還願意為集體行動做出貢獻。繼奧爾森以後，羅伯特·薩利茲伯里（Robert Salisbur）等人提出政治企業家模型，用來彌補奧爾森理論的不足。

薩利茲伯里等人把利益集團的組織看作政治企業家，這種政治企業家一方面願意為集體行動負擔所必要的成本，另一方面期望從集體行動中獲得利潤和利益。他們強調這種政治企業家在集團形成和集團有所行動方面的重要性，強調政治企業家在集體行動中戰勝成員「逃票乘車」問題的能力。

薩利茲伯里把利益集團提供給成員的利益歸納為三種：第一種是物質利益，第二種是觀念利益，第三種是團結一致的利益，即參加集體行動可以獲得一種歸屬感、享受社會化的利益。這種利益與集團行動獲得的社會報酬聯繫在一起，只有獻身集體行動的人才能獲得這種利益。薩利茲伯里認為，奧爾森模型強調的是物質利益，而忽視了後兩種利益。但是，只向成員提供一種利益的集團畢竟很少，大多數集團同時提供

的是多種利益。薩利茲伯里認為大多是與參與集體行動聯繫在一起的，因此，大集團可以通過利益誘導有效地行動，並不一定需要採取刺激性的手段或強制性的措施。在薩利茲伯里看來，政治企業家之所以願意作為集團行動的組織者，是因為政治企業家不但可以從集體行動中獲得物質利益，而且可以從集體行動過程中獲得非物質利益。政治企業家既可以向其成員收費和徵收其他資源，也可以通過集團的有效行動從政府那裡獲得利益（例如通過遊說使政府制定對本集團有利的政策），還可以通過組織集團行動獲得成就感、名聲和榮譽等非物質利益。

這樣，政治企業家也好，集團成員也好，在集團行動過程中，都有一個承擔成本和分享利益的關係問題。集團的績效和發展方向就取決於集團成員和政治企業家對這種成本分攤和利益分配的關係的認可程度。如果雙方對這種關係不滿意，這種關係將會發生調整。

4. 利益集團與尋租和避租

租金是指超出資源所有者機會成本的報酬。這種租金可以有兩種來源：一種是在價格制度中自然產生的，例如，需求曲線和供給曲線的移動會產生租金；另一種是人為創造的，例如，政府可以通過幫助創造、提高或保護某個集團的壟斷地位，提高他所偏愛的那個集團的壟斷租金。

通常把對自然產生的租金的追求稱為尋利，而把對人為產生的租金的追求稱為尋租。尋租與尋利的主要區別是：尋利是一種生產性的活動，這種活動會通過生產新產品或重新配置資源來創造價值；尋租則是一種非生產性活動，這種活動通過浪費有價值的資源來消滅價值。租金是無所不在的，哪裡有壟斷、特權和管制，哪裡就存在租金；哪裡有信息和流動性不對稱阻礙資源流動，哪裡就存在租金。租金既存在於私人物品市場、要素市場和資產市場，也存在於公共物品市場和政治市場。哪裡有租金存在，哪裡就有尋租活動存在。

布坎南認為，尋租活動至少可以劃分為三個層次。他認為，一旦政府創造出一種認為的稀缺性，例如市政府限制出租車的數量，尋租便會發生。如果獲取租金的權利既不是在所有的人中間平等地或隨機地分配，也不是公開拍賣，那麼，潛在的進入者將會通過遊說政府給他們優惠的差別待遇來進行尋租，這便是尋租的第一層次。如果政府職位的薪水和額外收入包含有經濟租金，而且這些薪水和額外收入高於私人部門類似職位的待遇，潛在的政治家和官員將會花費大量的資源來謀取這種政府職位，這便是尋租的第二層次。第三層次的尋租是指個人和集團為保護對自己有利的差別待遇或者避免對自己不利的差別待遇而展開的活動，例如通過政治程序制定對本集團有利的稅收政策。

尋租通常表現為通過遊說政府和院外活動來獲得某種壟斷、限制和特權。尋租過程中往往會出現這種情況：一個利益集團為了獲得某種租金展開遊說活動，試圖從政治家或政府那裡獲得某種對自己有利的限制，而另一個或者一些集團為了避免這種限制損害自己的利益展開反對這種限制的活動。這後一種行動稱為避租。避租也要浪費社會資源，避租由尋租引起。

第五節　公共選擇中的政府失靈

政府失靈是指因為政府計劃不能有效配置社會資源，實現經濟效率、公平、穩定和增長的現象。薩繆爾森給出的定義是：「當國家行動不能改善經濟效率或者當政府把收入再分配給不恰當的人時，政府失效就產生了。」由於社會經濟的三大基本經濟問題中，生產什麼、如何生產主要是資源配置效率問題，而為誰生產主要是分配公平問題，所以薩繆爾森所說的政府失效就是指政府干預不能改進效率和公平的現象，或者說政府干預不能解決三大基本經濟問題的現象。

一、政府失靈的原因

為什麼會出現上述「政府失靈」呢？歸納起來大致有以下幾個方面的原因：

第一，理性預期。西方新古典主義經濟學家們認為，在人們沒有預料到政府政策的作用的條件下，政府干預經濟的政策能夠奏效，但在人們預料到政府政策的作用時，政府干預經濟的政策就不可能奏效。他們認為人們在進行經濟決策時依據當時所取得的信息，能夠對有關變量的未來變動做出正確的預測，也就是說具有所謂的「理性」預期，這樣政府的政策的運行結果處在人們的預期之內，因此也就無法實現其預期目標。儘管他們過分誇大了人們預期的「理性」，但是人們的確可以根據過去的經驗和政策運行的軌跡在一定程度上預測到政府政策作用的後果，從而採取相應的對策，使政府政策失去或部分失去效力。

第二，政府並不是一個沒有自身利益的超利益的組織，而是將政府官員和職員的利益內在化為政府的利益。政府政策奏效的一個隱含前提是政府是完全「大公無私」的組織，但是實際上並非如此。政府機構有自己的利益，這種利益乃是政府機構工作人員（官員與職員）個人利益的內在化，這樣政府機構就往往借公眾利益之名行私利之實，產生了諸如提供不正確的信息等問題。這樣不僅會造成政府政策本身的不合理，而且會產生低效率。

第三，政府往往為一些有影響的特殊利益集團所左右。西方國家政體從形式上來看是「民主」政體，政治家是通過民主程序選舉出來的，但是實際上他們並不代表公眾的利益。他們在拉選票時的承諾與在當選後的實際行為並不一致，他們實際上是為某些具有影響力的特殊利益集團所左右的，政府的政策是為這些特殊利益集團服務的，這樣政府政策要想解決公眾所期望解決的問題就成為不可能的事情。

第四，政府搜集信息的困難。政府要制定正確的政策，必須要獲得全面、準確的經濟信息，但是由於廣泛的私人利益的存在，政府要得到全面、準確的經濟信息是十分困難的，而且獲得信息的成本也是非常高的，這也限制了政府的信息獲取。這樣，依據並不全面、也不準確的信息制定的經濟政策也就很難產生預期效果。

第五，提高政府效率存在著內在的障礙。首先，政府是一個非市場機構，其收入來源於稅收，支出則用於提供公共開支等，政府實際上只是一個仲介分配機構，收支狀況如何對政府來說並不很重要，政府缺乏像企業那樣的市場硬約束。對企業來說，

若其收不抵支，就要倒閉、破產，因此企業必須要精打細算、提高效率、降低成本，但對政府來說則不存在這個問題，這樣政府也就缺乏提高效率、降低成本的動力。其次，政府機構沒有競爭壓力，政府實際上是一個壟斷性組織，它提供的服務往往是唯一的，不像企業那樣面臨著別的企業的競爭。由於政府機構缺乏競爭壓力，因此失去了提高效率的重要刺激。再次，對政府機構績效的評判標準的確定十分困難。對企業來說，利潤是評判企業績效的根本性標準，但是對政府機構的績效卻不存在這樣的單一的具體的標準。由於不同利益集團的利益影響，標準的設定十分複雜和困難，這樣也就很難對政府行為進行有效監督，這也不利於政府效率的提高。最後，西方國家的「民主」程序本身也制約了政府效率的提高。西方國家的「民主」程序往往造成一件事一議再議，議而不決，而且由於所謂「民主」只是不同利益集團經過討價還價後的利益折中，不同的利益集團為了自身的利益各不相讓、爭吵不休，導致政府的低效率。

第六，政府政策目標和政策手段相矛盾，各種政策的作用互相抵消。西方國家政府制定的許多政策所要達到的目標互相矛盾，例如西方國家政府將經濟增長、充分就業、物價穩定以及國際收支平衡作為四項基本目標，但是這四項目標並不是能互相協調的。政府實行所謂擴張性財政和貨幣政策，雖可增加就業，但卻導致通貨膨脹，而且對國際收支平衡產生不利影響。政府採取的一些政策手段往往互相抵觸，例如增加貨幣供應量會刺激經濟擴張，但同時實行增稅政策則又抑制了經濟擴張，這樣政府實施的政策就不可能實現預期目標。

二、解決政府失靈的思路

經濟學者認為，在處理政策問題方面，應區別三種利用私人交換的一般方法，即解放市場、促進市場和模擬市場。

第一，在經濟學者看來，解放市場一般包含三個方面，即放鬆管制、合法化、私有化。

首先，放鬆管制。歷史上在美國和許多其他國家，其政府都曾對競爭市場的價格、申報和出口進行管制。像對競爭市場的政府管制的主要解釋一樣，我們通常能夠識別各種形式的政府失效。在其他情況下，技術或需求格局的變革可能已根本改變產業結構，從而需要管制。在這些情況下，管制的效率及合理性可能不再適用於某個時刻。被稱為管制的合理性不管什麼樣，放鬆管制幾乎必然含著複雜的效率和分配上的問題。在只有少數企業運轉的那些行業裡，從效率前景來看，放鬆管制可能是成問題的。既得利益集團（受保護企業的工人和管理人，享受交叉津貼的消費者，有時還有管制者他們自己）都得到鼓勵要為保留在管制下他們享有的利益而奮鬥。所以，成功地放鬆管制往往需要強有力的辯護，即詳細說明受規章限制的制度的失效和減輕關於擴大分配效果的憂慮。

其次，合法化。合法化涉及通過消除犯罪懲罰以解放市場，合法化的推動往往基於變革中的社會觀念，例如，關於性行為和麻醉劑使用。有時，非犯罪行為被鼓吹為合法化的部分形式：犯罪懲罰用法律規定的罰款來取代。非犯罪行為減輕了與以前犯罪活動有關聯的污點和懲罰，但不完全認同社會上可接受的活動。

最後，私有化。私有化包括非國有化（即國有企業出售給私營企業）和非壟斷化

（阻止私營企業同政府部門或國有企業競爭的種種限制，政府對其予以放寬或消除），這兩種類別的私有化才直接與市場的解放有關係。但是，如果其他私營企業本身就限制同新的私有企業競爭，即使非國有化也不可能產生自由市場的成果。

第二，促進市場。所謂「促進市場」，意指通過或者確立現有物品的產權或者創造新的有銷路的物品而促進市場運行的產生的過程。

首先，分配現有物品。科斯定理暗示，從事後效率觀點看，誰得到產權，這是無關緊要的（只要產權是可靠的和可實施的）。可是，從分配觀點來看，誰取得產權，這確是至關重要的。所以，人們可能花費財力到政治活動上以增加更多分配（即他們從事於尋租）。從事前效率觀點看，我們需要那些限制新產權的政治競爭的分配機制，拍賣和獎券有時就是服務於這個目的。在美國西部，產權分配是用水政策的一個重要問題。西部各州立法機關已日益認識到確立用水的產權的重要性。最近許多研究成果已證明對這種產權的確立，還存在法律的、行政的、政治的、社會的和分配的障礙。

其次，新的有銷路的物品的創造。這些物品的最通常形式就是可交易的許可證（通常對環境排泄物的許可）。在這種可交易的許可制度下，廠商通過限制排泄物達到追加排泄物許可等於邊際失效成本這一點來使利潤最大化。如果行業中所有廠商都能買賣許可證（包括潛在的新加入者），那麼每個廠商都面臨所生產的最後一單位污染物的同一價格，而且將會不可能找到滿足總排泄物的特定水平的更低代價的方法。

顯然，可交易的許可證，從效率觀點來看，有著直觀的要求，可是在環境領域內卻很少存在貫徹執行的例子。近來好些評論者都強調可交易的許可證的實際運用存在難對付的制度障礙，例如買賣者很少的市場。

第三，模擬市場。在有效市場不能起作用的情況下，政府可通過模擬市場。埃德溫·查德威克早在一百三十多年前就指出，即使在市場內的競爭不可能得到保證時，這個市場的競爭也是可能的。換言之，通過拍賣，可以出售提供產品的權利。

拍賣經營自然壟斷權給出價最高的投標人，這不是高效率的。在競爭拍賣中，獲勝的投標人會對經營自然壟斷的超額利潤的預期價格全部付清。於是，獲勝的投標人被迫照此定價，這就造成分配的低效率。相反地，更有效率的方法是要求投標人服從於按他們將供給顧客的最低零售價格定價。雖然沒有投標人能表示要按邊際成本供給產品（這樣將導致負利潤），但是獲勝的投標人會被迫出價接近於平均成本。

奧利弗·威廉森指出，利用拍賣來分配經營自然壟斷的權利，存在著一個潛在的嚴重問題。獲勝的投標人具有通過降低產品質量來進行欺騙的動機和機會。為避免這種後果，就必須完全規定和實施產品規格的說明書。可是，要預見到一切意外事故和付出高代價以監督契約的履行是困難的。拍賣被廣泛地用於對公有自然資源的權利分配。這些資源往往產生稀少性租金。如果政府單純地放棄開發權利，那麼租金就由開發者得到，而不歸於公眾了。

相對於確定開發權利的固定價格來說，拍賣也是有利的。最重要地，按固定價格出售，就需要政府估計資源的價值，而這就依次要求對資源質量、資源的將來需求和價格，以及替代品的將來需求和價格，都做出估計。另一方面，拍賣則允許市場，從而允許市場上可得到的一切信息來決定適當的價值。可是，如果投標人很少，那就會產生一些問題。如果投標人的數目是微不足道的，那麼就存在投標人將串通在一起來

限制價格的威脅。即使投標的數目是相當大的，如果被提供出售的單位數目是眾多的，投標人也不可能發生競爭的投標出價。

在政府必須分配稀少性資源的情況下，拍賣也許是有用的分配工具。例如，讚比亞銀行就分配外匯給出價最高的投標人。當 1985 年第一次開始拍賣時，獲勝的投標人必須支付約超過 50% 的克瓦查對每一美元的兌換價，這就暗示以前的分配體制實際上對本地通貨定價過高。

三、市場失靈和政府規制

在西方經濟學家看來，有效市場應該是一個完全競爭市場。在這個市場上，個人都是效用極大化的追求者，廠商都是利潤極大化的追求者。同時，由於存在大量的市場參與者、產品完全同質、信息充分、資源流動自由，所以人們都是既定價格的接受者。此外，競爭性市場沒有交易成本。在經濟學家眼中，完全競爭市場是效率最高和福利最大的。在實際經濟生活中，由於壟斷、外部性、公共物品、信息不對稱等原因，市場機制的作用無法實現經濟資源的合理配置，而且會導致貧富分化和經濟波動，從而出現市場失靈。因此，就需要依靠政府來彌補市場失靈。

競爭市場上，廠商都是價格接受者，按照邊際成本來定價。但是，壟斷廠商具有把價格制定在高於邊際成本的水平而又不失去全部市場的壟斷力，因而其資源投入量和產出量均低於社會最優水平，存在經濟效率和社會福利的損失。

在完全競爭市場上，僅僅依靠價格就能夠合理配置經濟資源了，因為價格幾乎反應了市場決策所需要的全部信息，自然每個行為主體的全部成本和全部收益都包含在價格之中。但是在實際生產和生活中，有些成本沒有或無法包含在相應的成本中，也有些收益沒有或無法包含在相應的收益之中，這就存在外部性。顯然，外部性的存在就意味著市場是不完善的。如果一種行為會產生外部經濟，那麼市場就會對私人行為產生過度激勵，私人的市場投入將超過社會的最佳投入，相應的產品和服務量也就要超過社會的最佳產出量。反之，如果一種行為會產生外部不經濟，那麼由市場激勵的私人行為就會偏少和不足，私人的市場投入就達不到社會的最佳投入，相應的產品和服務量也達不到社會的最佳產出量。換句話說，由於存在外部性，經濟主體對社會有利的行為就會減少，對社會有害的行為就會增加，最終使市場行為偏離社會最佳狀態，不僅大大地降低了經濟效率，而且還嚴重地損害了社會福利。

市場機制對資源的合理配置，是在經濟利益的誘惑和驅動下，直接依靠買賣雙方的自願選擇來實現的。在完全競爭市場上，如果產品或者服務都是具有排他性的和競爭性的私人產品，市場機制就能夠有效地激勵生產者合理配置資源。但是，公共物品市場並不是一個完全競爭性的市場，它的經濟效率遠遠低於競爭性市場。一方面，由於公共物品的消費存在明顯的非排他性，人們可以「免費乘車」，因此它的生產者就不能夠直接從市場交易中得到補償和獲利；另一方面，公共物品還具有非競爭性，不僅人們可以同時消費同一物品，而且一個人消費的多少對其他人的消費量沒有影響，生產者的邊際成本等於零，從而公共產品的生產者也不應該直接從市場交易中來補償耗費和獲得利潤。既然公共物品的生產者不能夠也不應該從交易中獲得利益，市場就無法有效地激勵人們充分地、長期地把資源配置到它的生產上來。公共物品的市場供給

短缺，不只是無法滿足人們的合理需要，還會進一步導致政府在生產公共物品上的壟斷、尋租和低效率。

無論是競爭性市場還是壟斷性市場，在買賣雙方信息充分對稱的條件下，商品價格與商品質量是正向相關的——質量越好的商品價格就越高，質量越差的商品價格就越低，質量相同的商品價格就相同。按照這樣的供給法則，社會就會把更多的資源配置到高質量和高效率的廠商和產品中去，而只會把更少的資源用於低效率和低質量的廠商和產品上去，從而實現經濟效率。然而，現實的市場質量信息是嚴重不對稱的，哪怕是質量不同的商品，勞動和管理也只能以相同的價格交易，結果就會出現「劣品驅逐良品」的逆向選擇，就會存在動機的「時間不一致性」的道德風險。逆向選擇和道德風險的存在，使得市場參與者和市場交易量明顯減少，這不僅會大大增加交易成本，還可能會導致市場的完全消失，甚至出現完全依靠非市場的手段來配置資源的現象，比如依靠地緣、親緣和血緣關係或者通過自給自足的方式來分配資源。

在競爭性市場中，由各個要素的市場供給和市場需求均衡決定的要素價格構成各個要素所有者的收入。收入是按照要素的貢獻來進行分配的。儘管競爭市場保證了最優效率，但是帕累托最優也可能是收入分配極為不公的，更何況由於各個個體之間因為資源的稟賦等因素的差異、資源壟斷性和競爭性的差異，以及其他不同，收入分配出現極端分化在所難免。

根據亞當·斯密「看不見的手」定理，20世紀30年代以前，在西方經濟學界居於正統地位的新古典派經濟學堅信「薩伊定律」，即「供給本身會創造自己的需求」。據此，從古典派到新古典派的傳統經濟學始終宣揚資本主義經濟通過市場上的自由競爭總會自動調節以達到充分就業均衡境地，從而不可能發生普遍性生產過剩或生產不足的經濟危機和經濟蕭條。然而，不僅20世紀30年代的大危機用事實給了古典和新古典經濟學一記耳光，凱恩斯主義理論證明總供給和總需求並不能自動實現充分就業均衡，週期性或者非自願失業可能存在，真正意義的通貨膨脹也可能存在，所以經濟波動不可避免。

在壟斷損失效率和社會福利不能通過市場來解決的條件下，政府可以通過價格管制、進入管制、國有化和反壟斷法來保護和加強市場的競爭性；在市場不能內部化外部性的條件下，政府可以通過對造成外部性的個體徵收庇護稅和補貼、強制性的合併以及在明確界定和保護產權的方式下把外部行為內部化；在市場不能提供充分的公共物品的時候，也可以通過政府生產和政府提供、私人生產和政府提供、私人生產提供但是政府進行相應的管理來增加公共物品的供給；在存在信息不對稱的時候，政府還可以通過生產和提供信息、優化制度及機制等方式來克服信息不對稱，減少交易成本並提高交易效率。政府不僅可以彌補市場在資源配置效率上的不足，還可以通過稅收、轉移支付以及其他收入再分配手段實現經濟公平，通過宏觀財政政策、貨幣政策、國際貿易和國際金融政策、經濟增長政策實現經濟穩定。

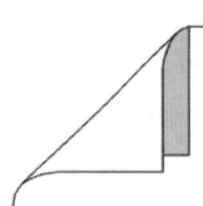

第十五章　信息不完全與風險下的選擇

到目前為止，我們在書中對個體決策所做出的各種分析都基於一個假設之上，那就是：決策者確切地知道關於每一個決策的邊際效益與邊際成本。儘管對於許多決策，決策者後來確實掌握了大量信息，但是他們常常要在事先並不確定後果的情況下做出決策。舉個例子，一位經理可能投資一項新的生產設備，他希望這項新技術可以降低生產成本。但是，即使研究過幾百份技術報告，經理仍然不能確切知曉這個新設備到底能節約多少成本，直到此設備建成並投入使用。換句話說，建設新設備決策的後果是隨機的，因為在做出決策的時候，成本減少（後果）並不是確定的。

在介紹不確定條件下的選擇之前，我們想先強調一個可能會困惑你的問題：既然很清楚大部分選擇是在不完全信息——也就是在風險和不確定下做出的，為什麼我們還要用如此大量篇幅來討論在確定和完全信息下的決策呢？原因有二：其一，無論一個決策者掌握的關於各種行動潛在後果的信息量是多是少，我們在前面闡述的權衡邊際效益與邊際成本的最優化原理，為所有決策都提供了最根本的基礎。要想學會在非理想條件下做一件事情，必須首先學會在理想條件下完成它。其二，即使一個決策者並未掌握關於某行動或選擇變量所有水平的邊際效益與邊際成本的全部信息，前面的 $MR=MC$ 規則仍是很多相關條件下做出利潤最大化決策的最有效方法。

第一節　風險和風險的測量

一、風險與不確定性

1. 風險

當一個決策的後果並非確定獲知時，人們就會面對一個決策問題，或是在風險條件下，或是在不確定條件下。若一個決策是在風險下做出的，則意味著決策者可以列出一個決策的所有可能後果，以及與之相關的後果出現的可能性或者概率。為各種後果確定概率的過程有時涉及相當複雜的分析，這種分析基於決策者在相同情況下豐富的經驗或其他數據，以這種方式確定的概率被稱為客觀概率。反之，當決策者對某特定決策情況有較少經驗或無相關歷史數據時，分配於各種後果的概率就是通過主觀方式獲得的，這被稱為主觀概率。主觀概率主要基於預感、直覺和個人經驗，而非科學

的數據。

不管是普通的消費者，還是公司經理，都會面臨在風險下進行決策。比如，小王受聘於一家實行佣金制的銷售公司，他的收入取決於他的銷售業績，業績好時月收入為 2,000 元，業績平平時月收入為 1,000 元，而且根據歷史和市場資料顯示，業績好的可能性為 60%，而業績一般的可能性占 40%。

又比如，一個經理決定花 1,000 美元在雜誌上做廣告，他相信有三種可能後果：20% 的機會是廣告對銷售只會有較小影響，60% 的機會是適中影響，還有 20% 的機會是非常大的影響。這就是一個風險下的決策，因為該經理可以列出所有潛在後果，並決定每種後果出現的概率。

2. 不確定性

與風險不同，不確定性意味著決策者不能列出全部可能後果，或者不能確定各種後果出現的可能性。在不確定情況下，決策者只知道不同的可選決策方案及其可能的自然狀態。自然狀態是可影響最終決策後果或決策報酬但不為決策者所控製的未來事件或情況。儘管在風險和不確定下均不存在完全信息，但是風險下的信息畢竟多於不確定的情況。比如，對於一個制藥公司的經理來說，是否值得花費 300 萬元研製開發一種治療高血壓的新藥，就是一個不確定決策的例子，此研發費的收益取決於政府的新健康方案是否對新藥品的價格加以限制。在這個問題中，制藥公司經理面臨的兩種自然狀態為：一種是政府加以價格限制，另一種是政府不加以價格限制。儘管經理知道不同自然狀態下的報酬是多少，但卻不知道政府對制藥公司加以價格限制的概率有多大。類似這樣的情況，決策就是在不確定條件下做出的。

本章的大部分內容將用來分析風險下的決策，而不是不確定的情況。因為，就像你們將看到的，經理面臨隨機效益與成本時，更多碰到的是涉及風險的情況，而非不確定性。你們也將會發現，我們在本章介紹的在風險與不確定下決策的方法，僅是提供了決策後果不定時的指導方針，因為沒有那種可直接做出決策（可被所有經理在任何時候所通用的決策）的單一法則。儘管如此，我們介紹的這些規則仍然給出了一個分析風險與不確定時有效方法的概要。

二、風險概率分佈的測量

消費者在進行消費或投資時，怎樣把風險考慮進去呢？在討論風險下決策的規則之前，我們要首先討論一下風險是如何衡量的，以便在不同的選擇之間進行比較。最直接的衡量方法涉及特定決策相關後果的概率分佈的特徵。量化風險的指標很多，概率、期望值、方差、離差、標準差等都可以在一定程度上反應風險的大小，而且每一種指標都有自己的優缺點。

1. 概率分佈的期望值

概率分佈就是一個決策所有可能結果（報酬）及其相應概率的圖表。概率就是某種選擇所面臨的各種可能性的大小。每一種後果都有大於 0 而小於 1 的概率，所以概率是 0~1 的某個數。如果某種後果必然出現，其概率就為 1；如果某種後果肯定不會出現，它的概率就為 0；介於二者之間的後果出現的概率介於 0~1，因為沒有其他可能後果。對於特定的選擇來說，各種後果的概率之和等於 1。

為了說明概率分佈，我們假設一個大公司的廣告部主任相信目前該公司的廣告攻勢對銷售額存在五種可能影響，其概率分佈如表 15.1 和圖 15.1 所示。

表 15.1　　　　　　　　廣告攻勢對銷售量影響的概率分佈表

後果（銷售量 Q）	概率 P（%）	後果（銷售量 Q）	概率 P（%）
47,500	10	55,000	25
50,000	20	57,500	15
52,500	30		

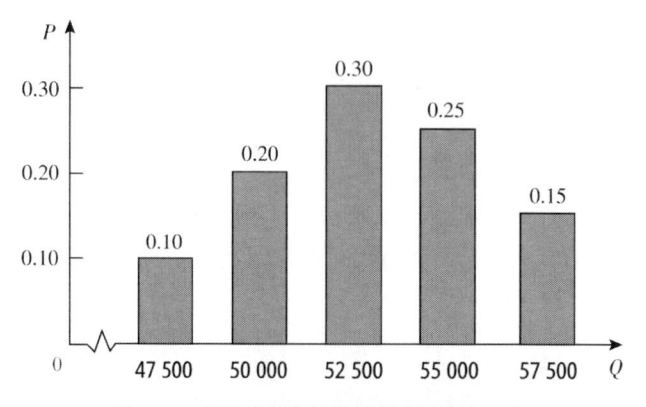

圖 15.1　廣告攻勢對銷售量影響的概率分佈

從概率分佈的角度，決策風險是通過不同後果的出現概率來反應的。為了做出正確的決策，經理們經常依據概率分佈的數學屬性來進行正式的風險分析。通過研究以期望值衡量的概率分佈的中心強度，以及標準差和離差系數衡量的分佈離散性，可以總結出風險的性質。我們先討論概率分佈中心強度的測量。

從一般意義上說，把存在風險事件的所有可能性結果按其發生的概率進行加權平均，即得到期望值。期望值用於衡量一個總體趨勢，即平均結果。也就是說，以每種後果的概率為相應權重，計算出所有後果的加權平均，即為決策後果概率分佈的期望值。注意在計算期望值時，概率 P_i 的取值為分數或小數，而非百分比。概率分佈的期望值也常常被稱為分佈的均值。

如果以 X_i 表示某決策的第 i 種後果，P_i 表示第 i 種後果的概率，n 表示概率分佈中所有可能後果的總數，那麼，X 的期望值 $E(X)$ 就為 $\sum_{i=1}^{n} P_i X_i$。如圖 15.1 中概率分佈所示，該廣告攻勢的期望銷售量就為：

$E(Q) = 0.10 \times 47,500 + 0.20 \times 50,000 + 0.30 \times 52,500 + 0.25 \times 55,000 + 0.15 \times 57,500$
$\qquad = 4,750 + 10,000 + 15,750 + 13,750 + 8,625$
$\qquad = 52,875$

儘管廣告攻勢結果的實際銷售量是在 47,500、50,000、52,500、55,000 及 57,500 間隨機取值的變量，而該銷售水平的期望值是 52,875 件，如果 5 個銷售水平只有 1 個會出現，那麼，實際出現的結果就不會等於期望值 52,875，但是期望值確實反應了風

險決策大量重複時後果的平均值。

2. 概率分佈的離散程度

概率分佈的一般特徵不僅有期望值（均值），還有方差。方差用於衡量概率分佈圍繞均值的離散程度。圖 15.2 展示了兩個不同決策 A、B 的利潤後果的概率分佈。如圖 15.2 所示，兩個決策有相同的預期利潤 π，但具有不同的方差。決策 B 的較大方差可由其較大離散程度（取值圍繞均值分佈更廣泛）中看出，由於分佈 A 更緊密（較少分散開），A 就具有較小的方差。

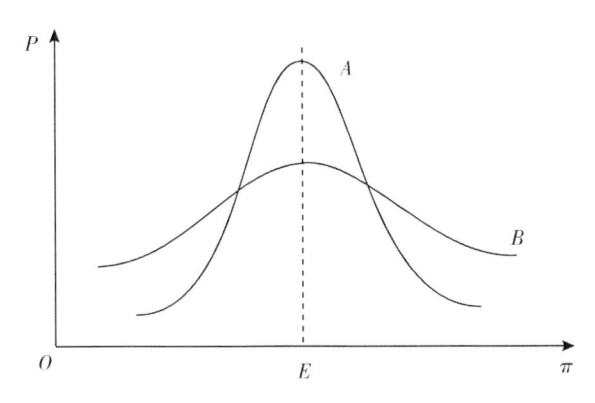

圖 15.2　均值相同方差不同的兩個概率分佈

某決策後果概率分佈的方差常常用來表示與該決策相關的風險水平或程度。如果兩個分佈的期望值相同，則方差越大，風險也越大。如圖 15.2 所示，決策 B 的風險就大於決策 A。甚至當分佈的期望值不同時，也常常用方差來比較兩個決策的風險大小。

從數學上講，用 σ_X^2 表示後果 X_i 概率分佈的方差，是以概率為權重的關於 X 期望值的偏差平方和：

$$方差(X) = \sigma_X^2 = \sum_{i=1}^{n} P_i [X_i - E(X)]^2$$

以圖 15.3 中的兩個分佈為例，結合表 15.2 可知，這兩個分佈的均值相同，均為 50，但它們的方差不同。決策 A 的方差小於決策 B，因此就有較小風險。每個分佈的期望值及方差的計算如表 15.2 所示。

表 15.2　期望值及方差的計算

利潤(X_i)	決策 A			決策 B		
	概率(P_i)	$P_i X_i$	$[X_i-E(X)]^2 P_i$	概率(P_i)	$P_i X_i$	$[X_i-E(X)]^2 P_i$
30	0.05	1.5	20	0.10	3	40
40	0.20	8	20	0.25	10	25
50	0.50	25	0	0.30	15	0
60	0.20	12	20	0.25	15	25
70	0.05	3.5	20	0.10	7	40
		$E(X)=50$	$\sigma_A^2=80$		$E(X)=50$	$\sigma_B^2=130$

(Ⅰ)分佈 A　　　　　　　　(Ⅱ)分佈 B

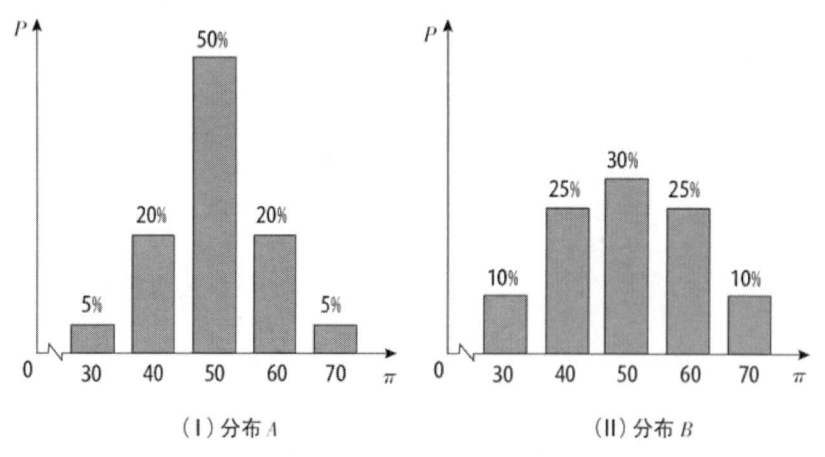

圖 15.3　方差不同的概率分佈

因為方差是平方，所以通常比均值大得多。為了避免這個問題，常常用概率分佈的標準差來衡量離散程度。概率分佈的標準差用 σ_X 表示，它是方差的平方根，即：

$$\sigma_X = \sqrt{方差\ (X)}$$

如圖 15.3 所示，經表 15.2 計算，概率分佈的標準差為 $\sigma_A = 8.94$，$\sigma_B = 11.40$。與概率分佈的方差一樣，標準差越大，決策的風險也越高。

當期望值相近時，經理可通過比較標準差，來比較不同決策的風險程度。比如說，如果決策 C 和 D 的標準差均為 52.5，如果他們的期望值相近，他們的風險程度就可以看作是等同的。但是，如果他們的期望值相差很遠，則只考慮標準差就可能產生誤導。假設決策 C 的後果均值為 400 美元，決策 D 的均值為 5,000 美元，但標準差仍然是 52.5 不變，則決策 D 後果的離散度相對於它的均值 5,000 美元來說，就大大小於決策 C 後果的離散度相對於其均值 400 美元。

當後果的期望值相差很遠時，經理應以相對期望值來衡量決策的風險。相對風險的測量方法之一，就是決策分佈的離差系數。用 v 表示離差系數，它等於決策後果概率分佈的標準差除以期望值，即：

$$v = \frac{標準差}{期望值} = \frac{\sigma_X}{E\ (X)}$$

離差系數可衡量相對於概率分佈均值的風險水平。在上面的例子中，離差系數分別是 $v_C = 52.5/400 = 0.131$，$v_D = 52.5/5,000 = 0.010,5$。

第二節　風險和不確定下的決策原則

我們已經介紹了特定決策下衡量風險的方法，下面將討論這些方法如何幫助人們（經理）在風險條件下決策。我們先提出三條指導人們（經理）進行風險決策的原則。

一、期望值最大化

儘管各種後果出現可能性的信息在進行決策時很有用，但卻不能解決經理的決策問題。在不同決策中，每種決策又具有多種可能後果的情況下，經理該如何選擇呢？期望值法是一個解決這個問題的規則或方法，即選擇具有最高期望值的決策。

這個方法應用起來很簡單。但這個方法只使用了關於後果分佈的一個特徵——均值的信息，而沒有把與後果的概率分佈相關的風險（離散度）考慮在內（這種決策者被稱為風險中性，這個概念將在本章後面討論）。並且，期望值法也僅在不同決策有不同期望值時有用。顯然，當決策的期望值恰巧相等時，期望值法就不能在決策中指導選擇。或者說，只考慮均值時決策者就無法做出決定。除了上文提到的情況，期望值法在決策的期望值相同時不能使用，且在決策風險水平不同時也不應使用。

舉個例子來說明期望值法（也為方便以後討論其他方法）。我們來看看一位正在選擇開設新疆羊肉串燒烤店地點的經理兼所有人。圖15.4顯示了可選擇的三個地點，並預期每週利潤的概率分佈。這三個地點分別是北京、廣州和成都。每個分佈的期望值、標準方差和離差系數均在圖上標明。

在過去經驗的基礎上，這位經理計算出，北京的週利潤 π 會有四種取值：每週3,000元或4,000元的情況各有30%的機會；每週2,000元或5,000元的情況各有20%的機會，北京的預期週利潤為3,500元。如果在廣州開店，週利潤 π 根據所示概率在1,000~6,000元有6種取值，其期望值為3,750元。在成都，週利潤 π 為1,000元或6,000元時各有30%的概率，其他2,000元、3,000元、4,000元和5,000元的概率各為10%，且分佈的期望值為3,500元。如果這位經理不考慮風險（為風險中性）並使用期望值法，新店的開設地點將為廣州，因為其具有最高的預期利潤3,750元。請注意，如果經理只能在北京和成都兩個地點間做出選擇，則期望值法失效，因為這兩個地點均具有3,500元的期望值。在這種情況下就要考慮使用其他方法了。

二、均方差

在風險選擇下使用期望值法的經理，實際上只考慮了均值後果而忽略了風險（離散程度）。另一種在風險下決策的方法同時使用了概率分佈的均值和方差，即把關於風險的信息納入了考慮。這種方法通常被稱為均方差分析的方法，運用了均值和方差（或標準差）進行決策，即已知兩個風險決策（以 A 和 B 表示），其風險下決策的均方差法的法則為：如果決策 A 的預期後果高於決策 B，而方差低於決策 B，則應選擇決策 A；如果決策 A、B 的方差（或標準差）相等，則選擇具有較高期望值的決策；如果決策 A、B 的期望值相等，則選擇具有較小方差（標準差）的決策。

均方差法建立在一個假設之上，那就是在其他條件相等時，決策者偏好高預期回報；或在其他條件相等時，偏好低風險水平。因此，預期後果越高、方差（風險）越小，決策越好。根據法則一，經理永遠會選擇比其他所有決策期望值都大，同時方差都小的某個決策。法則二說明當風險水平相同時，經理應選擇具有較高期望值的決策。

根據法則三，如果決策的期望值相等，則經理選擇較低風險（較小標準差）的決策。

回到新疆羊肉串燒烤店的例子，依據均方差分析的三個法則，沒有哪個地點是最優的。廣州優於成都，因為它的期望值更高且風險更小（法則一）；北京也優於成都，因為根據法則三，兩個地點期望值相等（3,500 元），但北京的標準差更小，從而具有更低風險（$\sigma_A = 1,025 < 2,062 = \sigma_C$）。

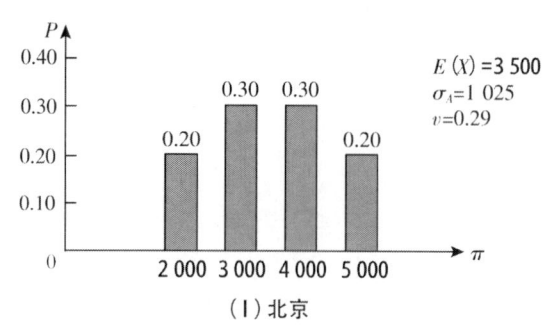

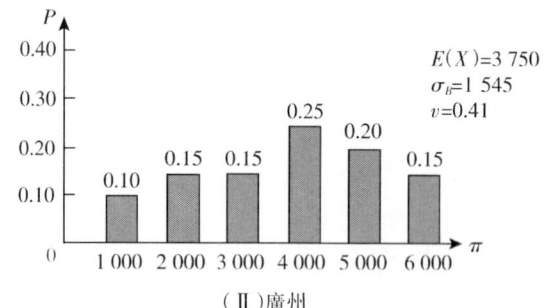

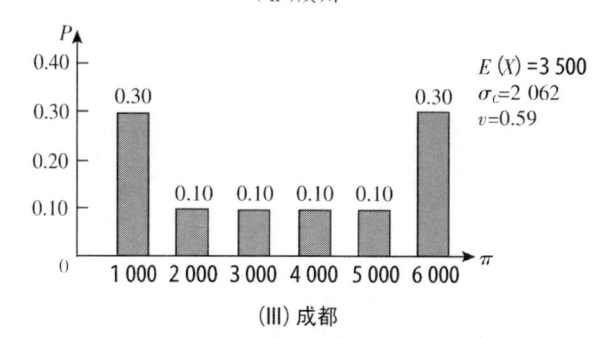

圖 15.4　三個地點燒烤店週利潤的概率分佈

如果經理再比較北京與廣州，則均方差法無法應用。廣州有較高的週預期利潤（3,750 元 > 3,500 元），而北京風險更小（$\sigma_A = 1,025 < 1,545 = \sigma_B$）。因此，在做這個選擇時，經理必須權衡風險與預期回報。而最終選擇將依賴於該經理對較高回報與較低風險的價值判斷。

下面，我們將設定一條補充決策法則，它同時使用了期望值與離散度的信息，並可以在涉及預期回報與風險的權衡時幫助決策。

三、離差系數

我們在前面測量概率分佈的風險討論中已提到，方差和標準差可以衡量絕對風險。與之相對，離差系數可衡量相對於分佈期望值的風險。因此，離差系數能夠幫助經理們在相對風險而非絕對風險的基礎上決策。離差系數法提出：「在風險下決策時，選擇離差系數最小的決策。」這個法則既考慮了分佈的期望值，也考慮了標準差，標準差越小、期望值越大，則離差系數越小。因此，概率分佈這兩種好的變化可使離差系數更加如人所願。

我們再次回到新疆羊肉串燒烤店經理所面臨的問題。每種可能決策地點的離差系數為：$v_{北京} = 1,025/3,500 = 0.29$；$v_{廣州} = 1,545/3,750 = 0.41$；$v_{成都} = 2,062/3,500 = 0.59$。具有最小離差系數的地點是北京，其系數為 0.29。現在，用均方差法無法解決的在廣州與北京之間決策的問題，用離差系數法解決了。北京優於廣州，因其離差系數更小（0.29<0.41），而成都則落在末選。

到現在，你可能已搞不清這三種風險下決策的方法，哪一個才是「正確」的方法。畢竟，新疆羊肉串燒烤店經理依據不同的方法可做出不同的決定，或無法做出選擇。運用期望值法，廣州為上選；運用離差系數法，北京為上選；而運用均方差法時，成都被排除了，但在廣州與北京間無法做出選擇。如果不同的決策方法不能得出同樣的結論，則決策者必須決定使用哪種方法。

如果一種決策被反覆做出，且每次概率都相等時，期望值法是經理最大化（預期）利潤的最可靠方法，其風險行為的平均回報將高於其他具有較低期望值行為的平均回報。舉個例子，一個公司總經理做決策指揮幾十個、甚至幾百個國內或世界各地分部的活動，當這個決策重複很多遍時，公司總部的經理有理由相信：每種決策選擇將很可能得出等於預期利潤的平均利潤水平，儘管每個分部的回報或高或低。並且，在實際中，當一個決策在同等條件下重複很多次時，期望值法也是可證實的且有效的。

當經理要做一個一次性風險決策時，接下來將沒有可抵消壞結果（或好結果）的重複決策。在決策為非重複性時，沒有最好的方法可遵從。我們為風險決策介紹的方法，將可用來幫助經理分析和指引決策過程。最終，在風險（或不確定）下決策將既是一門科學也是一門藝術。

第三節　預期效用理論和風險規避

風險和不確定下決策的「藝術」是與決策者對待風險的態度緊密相關的。經理在決策中願意承擔風險的程度是有很大差別的。有些人非常謹慎，而另一些人則四處尋找高風險的機會，因為通常情況下高風險可能有高收益。在本節中，我們將介紹一種風險下決策的理論，而非法則，它可以在形式上解釋經理對待風險的態度。這個理論通常被稱為預期效用理論，它假定經理以利潤的預期效用最大化為目的進行決策。預期效用理論適合於個人和廠商在風險或者不確定下進行選擇，本節以經理的決策為例來說明。

我們剛剛提到，經理願意承擔風險的態度不同。一些經理盡可能迴避風險，而另一些則在決策中偏好更多風險。為了把對待風險的不同態度融入決策過程，現代決策理論認為，經理能從他們公司掙得的利潤中得到效用或滿意度。就像消費者可以從物品消費中得到效用一樣，預期效用理論假定經理可以從利潤中得到效用。預期效用理論認為，經理以利潤的預期效用最大化為目的進行風險決策。儘管預期效用理論為風險下決策提供了工具，但這個理論的主要目的和在此介紹它的原因，是要解釋在涉及風險時，經理為何要選擇他們所做出的決策。必須強調的是，預期效用理論是一個風險下經理如何決策的經濟模型，而不是一個風險下經理應該如何決策的方法。

一、經理的利潤效用函數

假設一個經理面臨一個風險項目的決策，或更一般地說，必須決定採取一種會產生一系列可能利潤後果 π_1，π_2，$\cdots$，π_n 的行動，且每種後果出現的概率分別為 p_1，p_2，$\cdots$，p_n。這種風險決策的預期效用是每種可能利潤後果的效用以概率為權重的加權和：

$$E[U(\pi)] = p_1 U(\pi_1) + p_2 U(\pi_2) + \cdots + p_n U(\pi_n)$$

式中，$U(\pi)$ 是衡量特定利潤水平的效用函數。注意，預期效用與預期利潤的概念不同。預期利潤是以概率為權重的加權利潤。要理解預期效用理論，你應先理解經理對待風險的態度是如何在利潤的效用函數中反應出來的。我們先討論經理的利潤效用的概念，再演示如何推導利潤的效用函數，然後再說明經理如何利用利潤的效用進行風險決策。

既然預期效用理論是建立在經理從獲利中得到效用或滿意度的基礎之上，那麼，在解釋經理在風險下決策時，經理的效用與獲利水平間關係的性質就十分重要了。我們要說明，經理對待風險的態度是由經理的利潤邊際效用決定的。

當利潤增長時，若經理不期待一個更高水平的總效用將是很不尋常的。所以，效用指數與公司獲利水平之間的關係應該呈現為一條上升趨勢的曲線（凹曲線）。如果 $U(\pi)$ 是經理對於利潤的效用函數，那麼，公司每增加 1 美元的利潤，其總效用的增長量就是利潤的邊際效用：$MU_{利潤} = \Delta U(\pi) / \Delta \pi$。

當掙得給定數量的利潤，利潤效用函數給出的指標值就可以用來衡量此時的效用水平。舉個例子，假設利潤邊際效用是 8，這就意味著：公司掙得的利潤增長 1 美元，可使經理的效用指數增長 8 個單位。關於風險的研究發現：大多數經營決策者的利潤邊際效用遞減。儘管每 1 美元的利潤增長，依然可以增加經理們的總滿意程度，但對於他們中的大多數人來說，典型的情況是，額外利潤帶來的附加效用下降了。

在預期效用理論中，利潤效用曲線的形狀起著決定性的作用。因為 $U(\pi)$ 的形狀決定了經理對待風險的態度，從而也決定了最終的選擇。對待風險的態度可分為風險厭惡、風險喜好和風險中性三類。在面臨兩個具有相同預期利潤的風險決策時，選擇風險較小的決策的態度為風險厭惡。反之，同樣在預期利潤相等的情況下，選擇風險較高的決策則被稱為風險喜好。第三種對待風險的態度，就是對上述兩種情況沒有偏好，經理在做出決策時忽略風險，即被稱為風險中性。

圖 15.5 顯示了與三種不同風險偏好相關的效用函數的形狀。

(Ⅰ)風險厭惡：MU 遞減

(Ⅱ)風險中性：MU 是常數

(Ⅲ)風險喜好：MU 遞增

圖 15.5　經理對待風險的態度

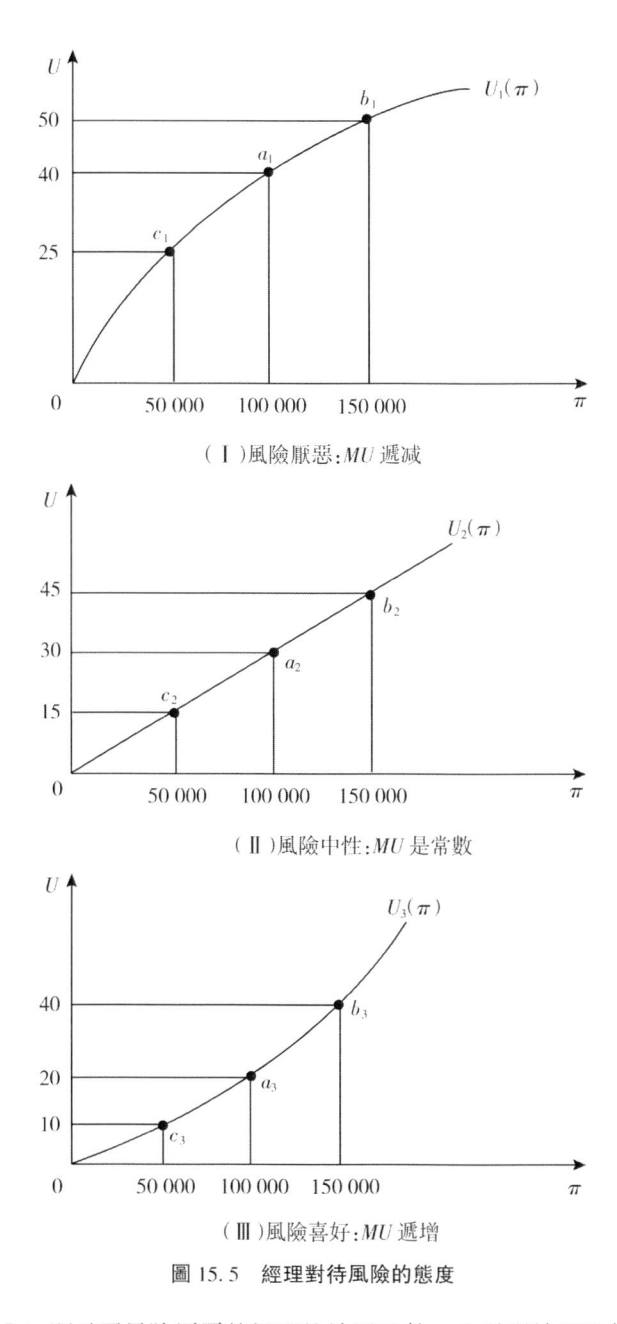

　　圖 15.5（Ⅰ）顯示了風險厭惡的經理的效用函數。此利潤效用函數的趨勢是上升的，但其斜率隨利潤增加而遞減。這符合邊際效用遞減的情況。當利潤從點 a 到點 b 增加 50,000 美元時，經理的效用增長 10 個單位。當利潤從點 a 到點 c 下降 50,000 美元時，效用減少 15 個單位。也就是說，50,000 美元的損失產生的效用增加，50,000 美元收益帶來的效用減少。所以，迴避風險的經理們對每 1 美元的損失比對每 1 美元的收益更敏感，他們也將會把決策重點放在避免損失帶來的風險上。

在圖 15.5（Ⅱ）中，利潤的邊際效用是個常數（$\Delta U/\Delta \pi = 15/50 = 0.3$），50,000 美元損失減少的效用與 50,000 美元收益增加的效用一樣大。在這種情況下，經理對防止損失與尋求受益的重視程度是一樣的。當利潤的效用函數是線性的，或等同地講，利潤邊際效用是個常數時，經理們是風險中性的。

圖 15.5（Ⅲ）顯示的是喜好風險方式決策的經理的效用函數。利潤增加 50,000 美元帶來的額外效用（20 個單位），大於利潤下降 50,000 美元時產生的效用損失（10 個單位）。因此，喜好風險的決策者會把更多的力量放在收益潛力的研究上。

簡而言之，經理對於風險決策的態度與他（或她）的利潤邊際效用相關：具有利潤邊際效用遞減（遞增）的人就會是一位迴避風險（喜好風險）的決策者，若某人的利潤邊際效用為常數則他（或她）是風險中性的。

二、利潤效用函數的推導

像上面討論的，當經理們風險下決策的目的是使預期效用最大化時，正是利潤的效用函數決定了經理將如何選擇。我們現在演示一下經理可遵循並可推導出自己的利潤效用函數的步驟。再強調一下，效用函數不能直接衡量效用。但是，它確實提供了一個數字或是一個指標值，正是這個指標值的大小反應了對於某特定利潤後果的渴望程度。

推導利潤效用函數的過程在理論上是很直觀的，然而，它確實也涉及相當數量的主觀評價。為了演示一下這個程序，我們又回到新疆羊肉串燒烤店經理面臨的決策問題。回想一下，這個問題就是：新疆羊肉串燒烤店經理必須決定在哪裡建立下一個新的餐館。三個地點的利潤後果分佈為從每星期 1,000 元到 6,000 元。在計算每個地點的預期效用之前，經理必須先推導出其對於從 1,000 元到 6,000 元利潤的效用函數。

新疆羊肉串燒烤店經理推導 $U(\pi)$ 的第一步是確定指標允許取的最小和最大值。作為指標的下限，假設經理確定的效用指標值為 0——儘管對於最低利潤後果 1,000 元來說，任何數字，或正或負，都是可以選定的。作為上限，假設確定的效用指標值為 1——對於最高利潤後果 6,000 元來說，任何大於下限制的數值都是可以選定的。我們再次強調，選 1 和 0 作為上下限是完全因人而異的，只要上限的代數值大於下限就可以。舉個例子，上下限分別為 50 和 -12.5 的作用與上述 1 和 0 的情況是一樣的。經理的利潤效用函數在這兩點上的值為：$U(1,000 元) = 0$ 和 $U(6,000 元) = 1$。

下面，必須決定 1,000 元到 6,000 元之間每種可能利潤後果的效用指標值。在這個例子中，對每 1,000 元利潤增量進行一下分析是很方便的。經理運用下面的主觀分析來確定 5,000 元的效用指標值：從兩個決策選擇開始，決策 A 為收到 5,000 元的肯定利潤；而風險決策 B 包含兩種可能性，收到 6,000 元的利潤的概率為 P，或收到 1,000 元的利潤的概率為 $1-P$。決策 A 和 B 均顯示在圖 15.6 中。現在必須決定使經理對兩種方案 A 和 B 偏好無差異的概率 P。這是一個主觀的決定，不同的經理依賴於他們對於風險的個人偏好很可能有不同的取值。

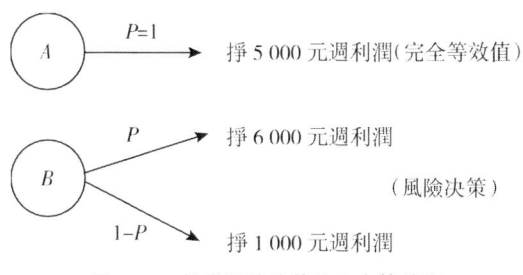

```
     ┌───┐  P=1
     │ A │─────────→ 掙 5 000 元週利潤（完全等效值）
     └───┘

            P
     ┌───┐─────────→ 掙 6 000 元週利潤
     │ B │
     └───┘                    （風險決策）
         \
          \ 1-P
           ──────→ 掙 1 000 元週利潤
```

圖 15.6　推導風險決策的完全等效值

假設新疆羊肉串燒烤店的經理的決定使 A 和 B 同等吸引的概率 P 為 0.95，從作用上看，這位經理在宣稱決策 A 的預期效用與決策 B 的預期效用相等。既然 A、B 具有相等的預期效用，則根據 $E(U_A) = E(U_B)$ 可得：

$1 \times U(5,000 元) = 0.95 \times U(6,000 元) + 0.05 \times U(1,000 元)$

在這個等式中只有 U（5,000 元）是未知的，所以經理可以解出 5,000 元利潤的效用指標為：

$U(5,000 元) = (0.95 \times 1) + (0.05 \times 0) = 0.95$

這個 0.95 的效用指標值是一種對 5,000 元利潤的間接衡量。這個步驟得出了利潤效用函數中的另一點。這 5,000 元被稱為風險決策 B 的確定性等效值，因為這是經理剛剛願意用來換取從事風險決策 B 的機會的值。換句話說，經理在肯定得到 5,000 元利潤和做一個風險決策——具有 95% 機會賺 6,000 元及 5% 機會賺 1,000 元——之間得到的效用是無差異的。4,000 元、3,000 元和 2,000 元的效用指標建立方法完全與上述方法相同。

這種得出利潤效用函數的方法被稱為完全等效法。我們總結一下得到利潤效用函數的步驟：首先，設立最高可能利潤（π_H）的效用值為 1，最低可能利潤（π_L）的效用值為 0；其次，定義風險決策利潤後果 π_H 的概率為 P_0，π_L 的概率為 $1-P_0$。對於每一種可能的利潤後果 π_0（$\pi_L < \pi_0 < \pi_H$），經理主觀決定概率 P_0，使風險決策的預期效用與確定收到 π_0 的效用相同，即 $P_0 U(\pi_0) + (1-P_0) U(\pi_L) = U(\pi_0)$。這個特定數目 π_0 被稱為風險決策的完全等效值，並以主觀概率 P_0 作為衡量利潤為 π_0 時經理滿意度的效用指標。

圖 15.7 即為新疆羊肉串燒烤店經理的利潤效用函數。在所有可能的利潤後果分佈中（1,000~6,000 元），經理的利潤邊際效用是遞減的，所以他是一位迴避風險的決策者。

三、預期效用最大化

當經理們依賴預期效用理論在風險決策中選擇時，最終選中的是預期效用最大的決策。與預期利潤最大化不同，預期效用最大化考慮到了經理對風險的偏好。你將會在下面的例子中看到：預期效用最大化可能會產生一個與預期利潤最大化原理下不同的決策。

圖 15.7 經理的利潤效用函數

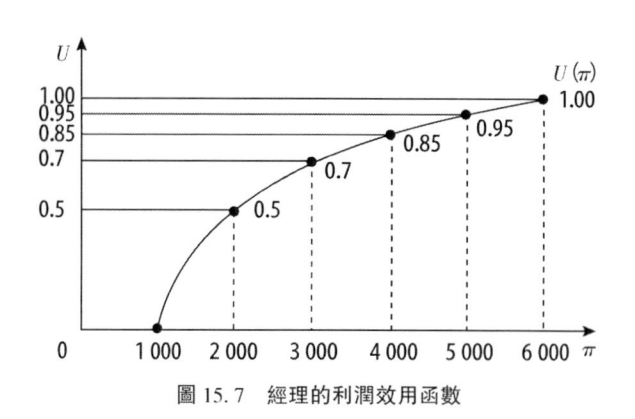

再次回到新疆羊肉串燒烤店經理面臨的地點決策問題。該經理用其自己的利潤效用函數（見圖 15.7）計算出三個風險地點決策的預期效用，其計算過程如下：

北京 $E(U_A) = 0U(1,000) + 0.2U(2,000) + 0.3U(3,000) + 0.3U(4,000) + 0.2U(5,000)$
$+ 0U(6,000)$
$= 0 + 0.2 \times 0.5 + 0.3 \times 0.7 + 0.3 \times 0.85 + 0.2 \times 0.95 + 0$
$= 0.755$

廣州 $E(U_B) = 0.1U(1,000) + 0.15U(2,000) + 0.15U(3,000) + 0.25U(4,000) + 0.2U(5,000) + 0.15U(6,000)$
$= 0.1 \times 0 + 0.15 \times 0.5 + 0.15 \times 0.7 + 0.25 \times 0.85 + 0.2 \times 0.95 + 0.15 \times 1$
$= 0.733$

成都 $E(U_C) = 0.3U(1,000) + 0.1U(2,000) + 0.1U(3,000) + 0.1U(4,000) + 0.1U(5,000)$
$+ 0.3U(6,000)$
$= 0.3 \times 0 + 0.1 \times 0.5 + 0.1 \times 0.7 + 0.1 \times 0.85 + 0.1 \times 0.95 + 0.3 \times 1$
$= 0.600$

為了演示一下風險中性的決策者將如何選擇，我們構造一個邊際效用為常數（像前面解釋的，這是風險中性的條件）的利潤效用函數。這個風險中性的效用函數顯示在表 15.3 的第（1）、（2）列中。作為滿足風險中性的必需條件，第（3）列的利潤邊際效用為常數。從這個表中你可以看到北京、廣州、成都的利潤的預期效用分別為 0.50、0.55 和 0.50。對於一個風險中性的決策者，把地點定在廣州是使預期效用最大化的決策。我們還記得廣州也是具有最大預期利潤 [$E(\pi) = 3,750$ 元] 的城市，這不是一個巧合。像我們解釋過的，風險中性的決策者在決策時忽略風險而完全依賴於預期利潤。在風險中性的條件下，無論是利潤的預期值 $E(\pi)$ 最大化，還是利潤的預期效用 $E[U(\pi)]$ 最大化，經理做出的決策是相同的。

表 15.3　　　　　　　　　利潤的預期效用：風險中性的經理

(1) 利潤 π	(2) 效用 $U(\pi)$	(3) 邊際效用 $\Delta(\pi)/\Delta\pi$	(4) 北京(P_A)	(5) 概率 廣州(P_B)	(6) 成都(P_C)	(7) $P_A \cdot U$	(8) 概率為權重的效用 $P_B \cdot U$	(9) $P_C \cdot U$
1,000	0	—	0	0.1	0.3	0	0	0
2,000	0.2	0.000,2	0.2	0.15	0.1	0.04	0.03	0.02
3,000	0.4	0.000,2	0.3	0.15	0.1	0.12	0.06	0.04
4,000	0.6	0.000,2	0.3	0.25	0.1	0.18	0.15	0.06
5,000	0.8	0.000,2	0.2	0.2	0.1	0.16	0.16	0.08
6,000	1.0	0.000,2	0	0.15	0.3	0	0.15	0.3
					預期效用=	0.50	0.55	0.50

　　最後，考慮一下喜好風險的決策者如何決定新店的開設地點。如表 15.4 所示，第 (1)、(2) 列是利潤邊際效用增長時的效用函數，第 (3) 列顯示利潤邊際效用隨利潤增長而增長（對於一個喜好風險的經理來說，這是必需的）。北京、廣州、成都的利潤後果的預期效用分別為 0.32、0.41 和 0.43，在決策者喜好風險的情況下，成都是使預期效用最大化的決策。如果可選擇地點只有北京和成都，那麼，喜好風險的決策者會選擇成都。這個決策是與喜好風險的定義相一致的。

　　總之，如果經理的行為遵循預期效用理論，決策就會使經理的利潤預期效用最大化。按照利潤預期效用最大化做出的決策反應了經理承擔風險的態度，通常這與依照不考慮風險的決策法則做出的決策是不同的。對於一個風險中性的經理，其在預期效用最大化或預期利潤最大化下的決策是相同的。

表 15.4　　　　　　　　　利潤的預期效用：喜好風險的經理

(1) 利潤 π	(2) 效用 $U(\pi)$	(3) 邊際效用 $\Delta(\pi)/\Delta\pi$	(4) 北京(P_A)	(5) 概率 廣州(P_B)	(6) 成都(P_C)	(7) $P_A \cdot U$	(8) 概率為權重的效用 $P_B \cdot U$	(9) $P_C \cdot U$
1,000	0	—	0	0.1	0.3	0	0	0
2,000	0.08	0.000,08	0.2	0.15	0.1	0.016	0.012	0.008
3,000	0.2	0.000,12	0.3	0.15	0.1	0.06	0.03	0.02
4,000	0.38	0.000,18	0.3	0.25	0.1	0.114	0.095	0.038
5,000	0.63	0.000,25	0.2	0.2	0.1	0.126	0.126	0.036
6,000	1.0	0.000,37	0	0.15	0.3	0	0.15	0.3
					預期效用=	0.32	0.41	0.43

四、風險規避的基本思路

1. 保險

　　假設你現有財產為 w，你有概率為 ρ 的可能性損失 L。假設保險市場的保險費率為 p，如果你投保金額為 x（$x \leq L$），則需支付的保險費用為 px。假設不存在運營費用，則保險公司從投保人得到的期望利潤為 $E(\pi) = px - \rho x$。假設保險市場是完全競爭市場，這樣 $E(\pi) = 0$，即 $p = \rho$，保險費率等於損失發生的概率，這被稱為公平的保險費率。

下面我們要分析的是，如果保險費率是公平的，即 $p=\rho$，那麼，投保人會為多少財產投保呢？投保人的目標是期望效用最大化，即：

$$\max_x E(u) = \rho u(w-L-px+x) + (1-\rho) u(w-px)$$

一階條件為：

$$(1-\rho)\rho [u'(w-L-px+x) - u'(w-px)] = 0$$

滿足此條件要求 $u'(w-L-px+x) = u'(w-px)$。我們知道等式左邊是損失發生時的邊際效用，等式右邊是損失沒有發生時的邊際效用。因此，這個表達式告訴我們投保人的最優選擇是使得損失發生時1元錢的額外收入的邊際效用等於不發生損失時1元錢額外收入的邊際效用。

要滿足等邊際效用的原則，就要求 $w-L-px+x=w-px$，由此可以得到 $x=L$。即公平的保險費率下，風險厭惡者會選擇全額保險。不論損失是否會發生，投保人都可確定得到 $w-\rho L$。那麼，保險如何增進投保人的福利呢？如果沒有投保，財產的期望值同樣為 $w-\rho L$，但是通過保險，現在可以確定得到 $w-\rho L$。對於風險厭惡者來說，顯然，效用水平會上升。

保險是風險分擔的主要手段之一，每個人通過保險公司把自己的風險分散到所有相關的投保人身上，從而將自己的風險降到最低限度。因此，並不是保險公司真正提供了保險或賠償了損失。例如，在火災保險的情況下，失火的風險通過許多面臨著該風險的投保人的分擔而分散了，也即那些沒有遭受損失的投保人為遭受損失的投保人支付了賠償。

正是這種風險分擔性質，使得保險市場要有效運作，必須滿足兩個前提條件：一是分擔風險的人必須是相互獨立的，否則就無法分擔風險，例如一個地方性的保險公司是無法獨立承擔自然災害業務的；二是不存在嚴重的逆選擇和道德風險行為，這兩個問題會在下章中介紹。

2. 資產多樣化

假如你準備投資100元，可供選擇的行業有兩個：太陽鏡或雨傘。顯然利潤取決於天氣狀況。如果你只投資於一個行業，不同天氣情況下的利潤如表15.5所示。

表15.5　　　　　　　　　　投資利潤情況表

	太陽鏡	雨傘
雨天	-50	+100
晴天	+100	-50

假如雨天和晴天的概率各為50%，如果只投資於一種行業，期望利潤為 $E(\pi) = \frac{1}{2}\times(-50) + \frac{1}{2}\times(100) = 25$。但是，如果你分散投資，每個行業投資50元，雨天的利潤為25，晴天的利潤也為25。這樣，你總是可以獲得25元利潤，風險就被規避了。

但是，如果每個行業的最低投資額為100，你只有100元，又如何分散風險呢？證券市場中最重要的一個發明——股票就可以解決這一問題。通過把公司總值劃分為一

些面額較小的股份，就可以滿足分散投資降低風險的需要。

3. 期貨市場的作用

農產品、金屬產品、金融資產等商品除了現貨市場外，還存在一個期貨市場，即買賣雙方簽訂一份標準化的合約，規定賣方有義務在事先約定的將來某一特定時間按事先約定的協議價格，向買方交付一定數量的商品，買方則有義務按合約規定的價格付款。

期貨市場同樣可以規避風險。例如，一個存在生產週期的生產過程，現在需要投下成本，半年後才能獲得銷售收入，但半年後產品的價格可能會發生變化，並進而影響利潤水平。為了規避這一風險，期貨合同可以現在就規定未來的價格，這樣價格變動的不確定性就被消除了。

4. 信息收集

當存在風險時，消費者是基於有限信息進行決策的。如果他能夠收集到更多的信息，就一定能夠進行更好的預計，風險也可以降低。獲取信息可以改變選擇結果的概率分佈，從而減少主觀不確定性。也就是說，消費者獲取的信息越多，他越能做出更好的預測，從而減少風險。從這個意義上說，信息是有價值的商品，使用信息應當向信息所有者支付費用，信息的價值也就來自信息所減少的風險。那麼，信息的價值如何確定呢？或者說，一個風險規避者願意支付多少信息費用來收集信息以規避風險呢？為了簡化分析，我們在此主要研究完全信息的價值。完全信息的價值是指一種選擇結果在完全信息下的期望價值與不完全信息下的期望價值之差。下面，我們舉例來說明信息的價值。

某商店經理需要決定訂購多少件秋季服裝。如果訂購 100 套，每套定價 180 元；如果訂購 50 套，每套定價 200 元。每套服裝的售價為 300 元，售不出去可以退還，但只能返還定價的一半。假若沒有更多的信息，該商店經理只能相信售出量為 100 套的概率是 0.5，售出量為 50 套的概率也是 0.5。

表 15.6 給出了兩種情況下商店的利潤情況。

表 15.6　　　　　　　　　　信息的價值

	銷售 50 套	銷售 100 套	期望利潤
訂購 50 套	5,000 元	5,000 元	5,000 元
訂購 100 套	1,500 元	12,000 元	6,750 元

在完全信息的情況下，不論銷售量是 50 套還是 100 套，商店經理都能正確地做出訂購件數的選擇。如果銷售量是 50 套，他就訂購 50 套，得到 5,000 元利潤；如果銷售量為 100 套，他就訂購 100 套，獲得 12,000 元利潤。由於銷售 50 套和銷售 100 套的概率都是 0.5，因此完全信息情況下商店的預期利潤為 8,500 元（ $0.5 \times 50 \times 100 + 0.5 \times 100 \times 120 = 8,500$ ）。

在信息不完全的情況下，如果該商店經理是一個風險中立者（或風險喜好者），那麼他會選擇訂購 100 套，他的利潤可能是 12,000 元（ $300 \times 100 - 180 \times 100 = 12,000$ ），也可能是 1,500 元（ $50 \times 300 - 50 \times 180 + 50 \times 90 - 50 \times 180 = 1,500$ ）。但是，如果他是風險厭惡

者，就可能會選擇訂購 50 套，因為這樣他可以確保 5,000 元（$50 \times 300 - 50 \times 200 = 5,000$）的利潤。

按照不完全信息下的最高預期利潤計算，訂購 100 套時，完全信息的價值為 1,750 元（$8,500 - 6,750 = 1,750$）。因此，為了得到對銷售量的準確預測，值得付出 1,750 元的代價。即使預測並不完美，也值得對這樣的能夠提供更好的來年預測的市場行銷研究進行投資。

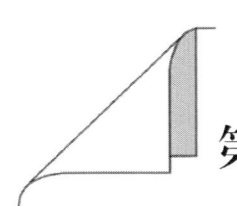

第十六章　隱藏知識與逆向選擇

第一節　不完全信息與不對稱信息

在前面的對市場的研究中，我們始終隱含著這樣一個重要的假設，即信息是完全的，可以無成本地獲得，信息都集中地反應在市場價格上。因此，信息不會給市場機制帶來任何麻煩和問題。在這樣一種假設下，消費者和生產者對市場上交易的商品、服務、要素的質量和特點都擁有完全的信息，於是市場力量通過供求法則實現市場均衡時，均衡價格就能充分反應資源的稀缺程度。具體來講，對消費者而言，均衡價格可以反應消費者的偏好，並把資源配置給對其評價最高的人。對生產者而言，均衡價格反應了企業的生產成本，企業就必須按照成本最小、利潤最大化的原則行事，因此最終的結果就是市場實現了經濟的效率。

但在現實經濟中，信息往往是不完全的，很多時候，消費者對商品的質量並不是完全瞭解的。比如在二手車、二手電腦交易過程中，消費者往往搞不清楚這些商品真正的質量。在勞動市場上，企業也往往難以確定招聘的員工的能力和才干。同時，雇主很難掌握或確定員工工作的積極性和努力程度。而且，在現實世界中，人們為了獲取這些信息要花費大量的成本，信息在獲取和傳遞過程中還會出現失真的現象。總之，在現實生活中，信息不完全的現象是廣泛存在的，使得市場不能充分發揮有效配置資源的作用，出現市場失靈的問題。

在「不完全信息」中有一種非常特殊但又非常重要的情形，我們稱之為「不對稱信息」，這也是現代經濟學和信息經濟學研究的重要內容。本章重點討論的就是由於信息不對稱造成的效率的損失以及通過什麼樣的方法和機制來減輕這種效率的損失。在討論「信息不對稱」的問題之前，我們要先瞭解一些基本概念。

所有的不對稱信息問題都涉及一個重要概念——「私人信息」。簡單地說，私人信息就是指在訂立契約或執行契約過程中，有些信息為一方所知道而另一方卻並不清楚。這些信息被擁有它們的個人所觀察到，而對於其他人而言卻是不可觀察的或者觀測到這些信息的成本非常高。與「私人信息」相對應的概念是「公共信息」，公共信息是指人人都可以觀察或掌握的信息。由於私人信息的存在使得在訂立契約或契約執行中，一部分人比其他人擁有更多的信息，我們將這種行為人之間在信息佔有上不同的現象稱為「信息不對稱」。通常我們把擁有私人信息的一方稱為「代理人」，而處於信息劣

勢的一方稱為「委託人」①。任何一項交易總是與特定的契約聯繫在一起的，因此我們也常常將不對稱信息情形下的交易視為委託人和代理人之間簽訂的某種契約。

在不對稱信息中，代理人擁有的私人信息各種各樣、千差萬別，但歸納起來主要有兩種。一種是代理人擁有委託人所不知道的某種知識。例如，參加健康保險的投保人往往比保險公司更加清楚自己的健康狀況、家族病史等資料，此時，投保人為「代理人」，而保險公司為「委託人」。又比如在二手電腦的買賣中，賣方擁有更多的關於二手電腦質量和使用情況的信息，而買方往往很難掌握這些知識。我們將以上的這些情況稱為「隱藏知識」造成的不對稱信息。另一種信息不對稱我們稱為「隱藏行動」的信息不對稱。這時候代理人擁有的私人信息是他的某種行為或行動的具體情況。比如，企業的經理是否嚴格按照企業股東的要求和利益努力經營和管理企業，又如健康保險人在投保以後，是否在從事一些不利於自身健康的工作或活動。這樣一些行為或行動，企業和保險公司很難觀察得到。這就造成所謂「隱藏行動」的信息不對稱。

由於信息不對稱，市場就會失靈，從而會出現很多問題。由「隱藏知識」造成的問題，我們稱之為「逆向選擇」，逆向選擇往往發生在契約訂立之前。由「隱藏行動」造成的問題，我們稱之為「道德風險」，道德風險往往發生在契約訂立之後。接下來，我們就對這兩種信息不對稱帶來的問題進行詳細的討論。

第二節　舊車市場隱藏知識與逆向選擇

一、信息對稱市場的均衡

對產品質量信息不對稱的分析首先是由美國經濟學家喬治·阿克洛夫做出的，他講述了一個非常經典的例子——「舊車市場」，並通過這個例子來考察信息不對稱所引起的逆向選擇如何干擾市場的有效運轉。

讓我們先看看沒有隱藏信息的市場吧。在一個信息對稱的市場中，消費者能夠把低質量的產品與高質量的產品區分開來，並在他們之間進行選擇。有些人會選擇低質量的，因為它們的價格低，有些人會選擇高質量的，因為他們願意付高價格。從而高質量的車和低質量的車各自會有一定的成交量。

比如設想某個舊車市場有100個賣者，每個賣者出售一輛舊車，共有100輛舊車待出售。市場上恰好有100個車輛購買者，每個買者購買一輛舊車。假定100輛舊車中質量較好的車為20輛，質量一般的為50輛，質量較差的為30輛。假定購買者對質量較好的車願意出20萬元的價格購買，對質量一般的車願意出10萬元的價格購買，對質量較差的車願意出5萬元的價格購買。出售者對質量較好的車願意接受的最低價格為16萬元，對質量一般的車願意接受的最低價格為8萬元，對質量較差的車願意接受的最低價格為4萬元。

若買賣雙方的信息是對稱的，即買者與賣者雙方都知道進行交易的車的質量，則

---

① 這裡的委託人和代理人的概念和法律上的概念不太一樣。

市場達到供求相等的有效均衡是沒有問題的。20 輛質量較好的車的供給 S_1 和需求 D_1 決定它將在 16 萬~20 萬元的價格成交,50 輛質量一般的車的供給 S_2 和需求 D_2 決定每輛都將在 8 萬~10 萬元的價格成交,30 輛質量較差的車的供給 S_3 和需求 D_3 決定每輛都將在 4 萬~5 萬元的價格成交。市場既不存在過剩的供給,也不存在過剩的需求。如圖 16.1 所示。

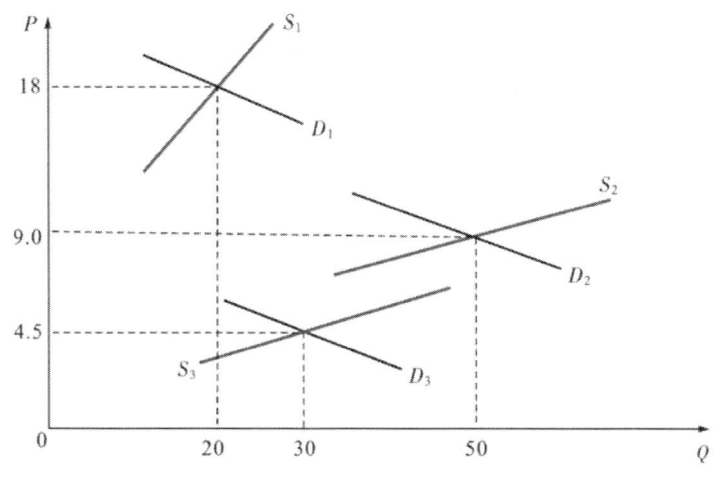

圖 16.1 信息對稱市場的市場均衡和效率

二、不對稱信息:高質量舊車被中低質量舊車淘汰

實際上情況並非如前文所述,因為舊車的賣主比潛在的買者更加瞭解舊車的質量。實際上,買賣雙方關於舊車質量的信息是不對稱的:賣者知道自己車的質量,買者只知道待出售的 100 輛舊車中有 20% 質量是較好的,質量一般有 50%,還有 30% 的質量較差,但是買者並不知道每一輛舊車的具體質量,也就是買者無法區分舊車的質量優劣。在這種情況下,每一位買者對所購的舊車願意支出的價格肯定是介於 5 萬元和 20 萬元之間的一個價格,按照加權平均價格計算是 10.5 萬元(20×20%+10×50%+5×30% = 10.5)。

我們看看 10.5 萬元的價格對供給會產生什麼影響。哪一個賣者願意以 10 萬元的價格出售舊車?由於擁有較好質量舊車的出售者願意接受的最低價格是 16 萬元,只有那些擁有一般質量和較差質量車的人願意按 10.5 萬元的價格出售舊車。因此在 10.5 萬元的價格水平,不會有一輛質量較好的舊車成交,可能成交的只有一般質量和低質量的舊車。因此,高質量的舊車市場就不復存在了,還存在的只有中低質量的舊車市場。如圖 16.2 所示。

三、中等質量舊車被低質量舊車淘汰

如果舊車的購買者知道,在 10 萬元的價格水平不會有一個出售者出售質量較好的舊車,而只有質量一般和較差的舊車可供購買。在這種情況下,每一位買者對所購的舊車願意支出的價格就不是 10.5 萬元,而是介於 5 萬元和 10 萬元之間的一個價格,按

照加權平均計算為 7.5 萬元（10×0.5+5×0.5＝7.5）。

我們再看看 7.5 萬元的價格對供給會產生什麼影響。哪一個賣者願意以 7.5 萬元的價格出售舊車？由於擁有中等質量舊車的出售者願意接受的最低價格是 8 萬元，只有那些擁有較差質量車的人願意按 7.5 萬元的價格出售舊車。因此在 7.5 萬元的價格水平，不會有中等質量的舊車成交。

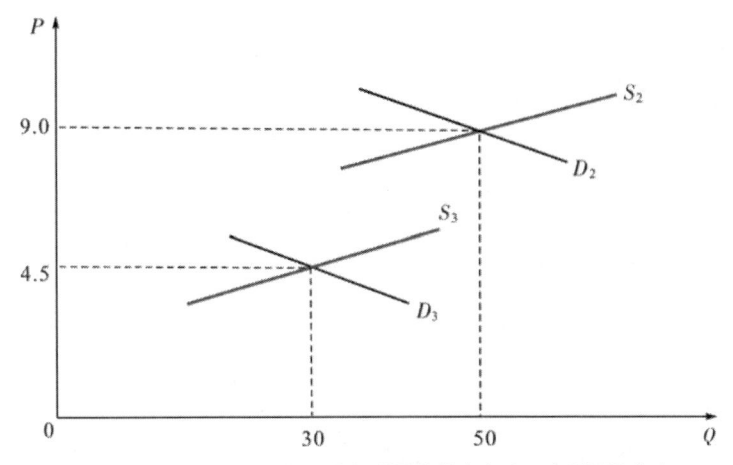

圖 16.2 第一輪逆向選擇：中低質量的舊車淘汰了高質量的舊車

如果舊車的購買者知道，在 7.5 萬元的價格水平不會有一個出售者出售中等質量的舊車，而只有質量較差的舊車可供購買，他願意支付的價格就不是 7.5 萬元，而是 5.0 萬元。

所以舊車市場最終可能只是 30 輛質量較差的車在 4.0 萬元到 5.0 萬元的價格間成交，次品充斥市場，如圖 16.3 所示。也許還有更為嚴重的情況，那就是沒有什麼車能夠成交。

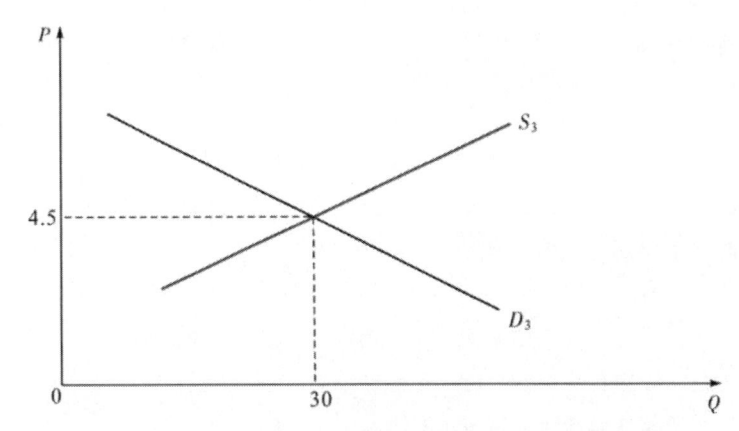

圖 16.3 第二輪逆向選擇：低質量的舊車淘汰了中等質量的舊車

逆向選擇是指在信息不對稱的情況下，由於交易的一方無法觀察到另一方重要的外部特徵，交易市場上出現的「劣幣驅逐良幣」或劣質品驅逐優質品的現象。如在跳蚤市場（舊貨市場）買東西，特別是一些貴重的物品（電視、冰箱），人們多不願意出高價，對舊貨的質量總有疑慮或擔心，覺得舊貨市場上的商品沒有好貨。為什麼消費者普遍對二手貨的質量沒有信心呢？因為買賣雙方存在信息不對稱，也就是賣者對所售舊貨質量的瞭解要遠遠多於買者。

考慮更加一般的情況，將市場上的舊車質量從高到低分出 A、B、C、D、E 等多個檔次。根據上面的例子可知，當消費者以平均出價買車時，一部分價格被低估的車會退出市場，其結果是舊車市場中好車的比例變得更低。當消費者開始明白市場上的這種變化後，他對舊車的平均評價就會調整得更低，那麼又有另一部分價格被低估的車退出市場，消費者將評價再一次調低，再有一部分車退出市場，那麼經過很多個回合後，有可能舊車市場上只存在最次質量的車，稍好一點的車都不會在市場上出現。

該例子十分生動地描述了存在信息不對稱時，市場上某些商品交易受到的巨大干擾，也就是市場失靈了。在舊車市場上如果信息是完全的、對稱的，消費者本來是可以根據自己的預算約束在不同質量、不同價格的舊車之間進行自由挑選的，可是只要存在信息的不對稱，消費者就無法在市場上買到質量較好的商品。

信息不對稱引起的逆向選擇不僅僅只存在於舊貨市場，保險市場、勞動力市場、信貸市場也很常見。對於市場機制來說，逆向選擇的存在是一個麻煩，因為它意味著市場的低效率以及市場的失靈，導致市場不能很好地運行甚至消失，市場賣者和買者都很少，成交量也很少，甚至根本不能成交，市場交易量會少於信息對稱市場的均衡量。即使有交易發生，交易成本也很高，因為雙方要經過反覆的討價還價過程。優質產品和要素不可能在市場上成交，也會造成資源的浪費。

第三節　勞動力市場的逆向選擇與信號

一、勞動市場上的「逆向選擇」

我們首先來看一個勞動市場上的逆向選擇的例子。假設企業招聘員工，在勞動市場上有三類應聘者：能力強的、能力中等的和能力差的，每種類型的人各佔 1/3。這三類應聘者都清楚地知道自己能力的強弱，而企業卻不清楚某個應聘者到底屬於哪一類型。這就是一個典型的在契約訂立之前的「隱藏知識」的信息不對稱的現象。應聘者是「代理人」，擁有私人信息，即關於自身能力的信息，而企業是「委託人」，處於信息的弱勢方。我們再假設，能力強的應聘者要求的工資水平為 5,000 元，能力中等的應聘者要求的工資水平為 2,500 元，能力差的應聘者要求的工資水平為 1,500 元。

如果企業能確切地知道應聘者的能力水平，即不存在信息不對稱的問題，那麼，勞動市場就能良好運行，企業也能招到所需要的類型的員工。但現實中，企業往往不能確切知道應聘者的能力，即信息往往是不對稱的。那麼，情況會怎麼樣呢？首先我們能肯定的是企業一定不願意出 5,000 元的工資來招聘員工。因為企業知道如果出

5,000元的工資,由於其不能區分應聘者的能力類型,那麼,招聘到的員工中就會有很多能力中等或能力差的,企業會得不償失。在這種情況下,企業肯定會降低工資水平。另外,企業不知道某個應聘者具體的能力強弱,但企業知道在勞動市場上三類應聘者各占1/3,企業的一個很自然的想法就是出一個平均工資來招聘員工,即企業開出的工資水平為3,000元(1/3×5 000+1/3×2 500+1/3×1 500=3 000)。

企業之所以開出這種工資水平,是由於其處於信息的劣勢,不能區分員工的能力。企業期望在3,000元的工資水平下招到的員工中,能力強的、中等的和差的各占1/3,這時企業就可以正常運營下去。然而,現實與企業的期望卻是不一致的。顯然,在3,000元的工資水平下,能力強的應聘者是不會來應聘的,因為企業開出的工資低於其要求的5,000元的工資水平,而應聘的都是能力中等和能力差的(因為3 000元的工資大於能力中等的人所要求的2 500元的工資,也大於能力差的人要求的1 500元的工資)。由於企業的信息劣勢,企業最後招到的都是能力中等和能力差的應聘者。當企業意識到這個問題時,它知道3,000元工資水平過高,企業得不償失,於是企業又會進一步降低工資。由於現在勞動市場上只剩下兩類應聘者,即能力中等的和能力差的,並各占1/2。於是企業會開出新的平均工資水平,該工資水平為2,000元(1/2×2 500+1/2×1 500=2 000)。但此時企業會發現能力中等的人也不會來應聘了,因為2,000元低於能力中等的人所要求的2500元的工資水平。那麼,企業招聘到的應聘者就只可能是能力差的應聘者,但企業開出的工資水平2,000元大於1,500元,企業又得不償失了,那麼,企業又會再一次降低工資。最後我們會看到這樣的勞動市場的均衡,企業開出1,500元的工資,招聘到能力差的員工,在勞動市場能力強的和能力中等的應聘者都被排除在市場交易之外。

在上面分析過程中我們看到,由於信息不對稱的問題,企業不會開出很高的工資,同時隨著工資水平的下降,能力越強的人就越早被淘汰出市場,留下的都是能力較弱的應聘者。而企業最終招聘到的都是能力差的人。這顯然不是帕累托最優的。因為如果企業能招聘到能力強的應聘者,能力強的人也得到相應的工資水平,則雙方都有利,換句話說,這就是一種帕累托改進。但由於信息的不對稱,這種帕累托改進不能發生,造成效率的損失。

二、勞動力市場上的信號發送與信號甄別

從前面的分析中可以看到,逆向選擇的存在導致市場嚴重失靈。那麼,可以通過什麼樣的手段和方法來糾正和減少這種市場失靈對社會經濟的不利影響呢?政府可以發揮相應的作用,如通過強制性的手段來阻止逆向選擇行為的發生。比如,政府可以規定商品的質量標準,那麼,商品市場上信息不對稱的問題和逆向選擇的行為就可以得到緩解和糾正。

在現實經濟中,逆向選擇的問題也可以通過私人的行為得到部分或完全解決。因為逆向選擇產生於信息的不對稱,那麼,一個直接的解決方法就是降低信息不對稱的程度。那誰會去這樣做呢?我們來看看商品市場的例子中誰會想法解決信息不對稱的問題。首先是擁有高質量商品的賣方,他們手頭上的商品會由於信息不對稱的問題而賣不出去,所以他們希望通過各種方式讓買方能夠瞭解商品的質量信息;其次是想購

買高質量商品的消費者，由於信息不對稱，他們買不到高質量的商品，因此他們也希望通過各種方法盡量多瞭解一些商品的質量。實際上這就為我們提供瞭解決逆向選擇的的兩個途徑。第一種途徑，我們稱之為「信號發送」的方式。信號發送是指擁有私人信息的一方（代理人）通過採取可被觀測的行為（即發送信號）來向另一方（委託人）顯示自己的真實信息。另一種途徑，我們稱之為「信號甄別」方式。信號甄別是指沒有私人信息的一方（委託人）設計某種方案或機制來主動識別代理人的私人信息，以緩解信息的不對稱問題。

接下來，我們來看看一些實際生活中的信號發送和信號甄別的例子。首先，我們來看勞動力市場上會出現的逆向選擇現象。由於個人能力是私人信息，一部分能力強的應聘者就可能找不到工作，或者即使找到工作也只能得到平均工資，而得不到其理想收入，於是應聘者就有很強烈的激勵或動機去向企業表明自己的能力，這就是一個「信號發送」的問題。能力強的應聘者應該發送什麼樣的信號才能使企業相信其是能力強的求職者呢？現實生活和經濟理論的研究告訴我們，受教育程度是一種較好的信號。受教育有兩個方面的作用，一是增加個人的知識和技能，累積人力資本，使得勞動生產率得到提高；二是完成一定的學業本身也表明一個人具有相應的智力水平、學習和工作能力。在第二個作用中，教育實際上起著一個信號的作用，這也是我們在這裡強調的作用。現實中，我們看到企業招聘時往往看你是否有大學文憑、是否是名牌大學、重點大學畢業，因為這裡含有重要的關於能力的信息。所以，能力強的應聘者願意通過接受教育來發送信號，表徵自己的能力以獲得較高的工資。但教育這樣的信號能起作用，關鍵在於教育能區分不同能力。因此，「教育」這種信號就要求高能力者必須接受足夠高的教育來證明自己是高能力的，以區別低能力者。如果高能力者接受的教育水平不夠高，低能力的人也可以接受相應的教育水平來偽裝自己是高能力的，那麼，教育就起不到其「信號」的作用。換句話說，高能力者必須達到足夠高的教育水平，如果低能力者要達到這種高度的教育水平，必須付出很大的低價，最後的結果可能是得不償失。

上面的例子是一個信號發送的例子，實際上勞動力市場上也存在著「信號甄別」的例子。由於信息不對稱的問題，企業可能招不到能力強的員工，因此企業也有激勵去獲取應聘者的能力信息。現代企業往往會設計出一些機制，通過這些機制來辨別或甄別應聘者有關能力的私人信息。一種簡單而常見的機制是計件工資和計時工資制度。比如，一家企業同時實施這兩種工資制度，任員工選擇，那麼，最後結果很可能是，高能力的員工會選擇計件工資制，而低能力的勞動者會傾向於選擇計時工資制。企業通過這種制度就能甄別出員工的私人信息，招到企業想招聘的員工，從而有效地解決了逆向選擇問題。

第四節　金融市場的逆向選擇與信號

一、金融市場的「次品車」

在證券市場即債務（債券）市場和股權（股票）市場中，也同樣會出現「次品車」問題。假設投資者歐文是證券（例如普通股票）的潛在購買者，他不能識別有較高預期收益和低風險的優良公司與有較低預期收益和高風險的不良公司。在這種情況下，歐文只願意支付反應發行證券的公司平均質量的價格——該價格介於不良公司的證券的價值與優良公司的證券的價值之間。如果一個優良公司的所有者或經理比歐文擁有更多的信息，他們便知道該證券的價格被低估了，因而，他們就不願意按照歐文的出價賣出證券，願意向歐文出售證券的只有那些不良公司（因為其價格高於該證券的價值）。但歐文並不是傻瓜，他不會願意持有不良公司的股票，因而他就會決定不在市場上購買證券。這個後果類似於二手車市場。由於很少有公司通過銷售證券來籌資，證券市場就不會運行得很好。

如果歐文不是購買股票而是購買公司的債務工具，其分析也類似。只有在利息率高到足以補償優良公司以及不良公司設法賣出的債券的平均違約風險時，歐文才會購買債券。老謀深算的優良公司的所有者意識到，他們將要支付的利息率比應該支付的高，因而他們就不願意在市場上借款。只有不良公司才願意借款。然而，像歐文這樣的投資者又不願意購買不良公司的債，所以他們將不買任何債券。由於公司的債券很少在市場上銷售，因而這個市場不是良好的融資源泉。

金融市場上的逆向選擇是交易前發生的信息不對稱現象。潛在的不良貸款風險來自那些積極尋找貸款的人。因此，最有可能導致與期望相違的借款人往往就是最希望從事這筆交易的人。極端地說，大的冒險者或純粹的騙子最急切地要得到貸款，因為他們知道自己極可能不償還貸款。由於逆向選擇使得貸款成為不良貸款的風險的可能性增大，即使市場上有風險較低的貸款機會，放款者也決定不發放貸款。

在證券市場上，會出現「次品車」——不良公司的股票和債券，當買主所出價格低於賣主願意接受的最低價格時，賣主不會賣；反之買主也不會買。因此，證券市場的成交量會很小，市場運行會很差。一句話，市場是高風險的、低成交的、多不良公司的、運行低效率的。

二、金融市場的信息生產和信號傳送

如果證券的購買者能識別優良公司和不良公司，他們將為優良公司的證券支付足額的價值，優良公司也將願意在市場上推銷它們的證券。這樣，證券市場就會把資金轉移到有最佳生產投資機會的優良公司手中。

1. 私人生產和銷售信息

要解決逆向選擇，就要向資金供應者提供那些正在為投資尋找資金的個人或公司的詳細情況，以消除信息不對稱。儲蓄貸款協會獲得這些材料的途徑之一就是設立私

人公司,由它們負責收集和生產區別好壞公司的信息,然後賣給證券的購買者。在美國,如標準普爾公司、穆迪公司和價值線公司在從事此類工作。它們將各種公司的資產負債表以及投資活動的信息收集起來,出版這些數據,並賣給訂購者(個人、圖書館以及購買證券的金融仲介機構)。

然而,由於搭便車,私人生產和銷售信息的系統並不能完全解決證券市場中的逆向選擇問題。當一些人不付費地利用了其他人付費收集到的信息時,搭便車問題就發生了。搭便車問題的存在表明,由私人銷售信息只是部分地解決了「次品車」問題。假設你購買了能夠分辨好壞公司的信息,你相信這種購買是值得的,因而你可以通過購買那些價值被低估了的好公司的證券來彌補購買信息的成本。然而,當我們的投資者歐文(搭便車者)看到你購買了某種股票後,儘管他不為此付費也會跟著你買。如果許許多多的投資者也像歐文那樣做,那麼對價值低估的好證券的需求不斷增長,立即就會把他們從低價位拉到高價位。這些搭便車的行為,使得你不再能夠買到價格低於價值的證券了。現在,由於你不能從購買信息中獲得超額利潤,你就會認為你大可不必為首先得到信息付費。如果其他的投資者也有同樣的認識,私有公司和個人就可能難以賣出足夠的信息,進而不能使其收集和生產信息的工作得到應有的報酬。私人公司從銷售信息中獲利的能力變低,生產的信息會減少。於是,逆向選擇問題阻礙了證券市場有效運作。

2. 政府管制

搭便車問題造成了一種障礙,使得私人不能生產足夠的信息來保證證券市場的有效運作。那麼政府干預能夠使金融市場得益嗎?比如,政府能夠生產信息,幫助投資者識別好壞公司,並免費提供給公眾。然而,這種解決辦法,需要政府發佈關於公司的負面信息,從政治上說這實行起來很困難。

第二個辦法,也是世界上大多數政府都採用的辦法,就是政府對證券市場施加管理,鼓勵公司披露真實信息,使投資者得以識別公司優劣。比如,證券交易委員會要求上市公司按照標準會計準則披露有關部門銷售、資產和收益方面的信息。

當然,政府管理只是弱化了逆向選擇,並不會消滅它。即使公司向公眾公布了有關其銷售、資產和收益方面的信息,他們仍然擁有比公眾更多的信息。比起公布的統計數字來,還存在使你更瞭解公司真實情況的大量知識。另外,業績差的公司會對其信息加以包裝,使其看起來像好公司,這樣一來其股票會得到更高的價格。業績差的公司向投資者傳遞的是他們想傳遞的信息,而不是投資者希望他們傳遞的信息,這使投資者難以分辨公司的優劣。

3. 金融仲介

現在我們已經知道,私人生產信息以及旨在鼓勵提供信息的政府管理不能消除金融市場中的逆向選擇問題。那麼,在信息不對稱的條件下,金融機構能夠促使資金流向有投資機會的人嗎?

在二手車市場上,大多數的二手車並不是在個人之間直接交換,而是由一個仲介機構來銷售。這些中間商成為鑑別二手車的專家,他們生產信息。一旦他們知道二手車的質量信息,在銷售時就會提供某種形式的擔保。擔保或者是直接的,比如提供擔保書,或者是暗含的,以交易商的誠實信譽為擔保。由於有交易商居中擔保,人們更

願意購買二手車，經紀人就能夠通過生產二手車信息獲利。如果交易商在生產信息的基礎上轉售二手車，就會防止其他人在信息生產上搭便車。

與此相同，金融仲介機構也能夠發揮二手車交易商類似的作用。金融仲介機構，比如銀行，成為生產信息的專家，更能夠分辨信貸風險的高低。然後，銀行能夠從存款者處得到資金，再將資金貸給好公司，獲得利潤。由於銀行貸款的大部分是發放給好公司的，它們就能夠從其貸款上獲得比支付給存款者的利息更高的利息，銀行獲得盈利，這使它們能夠從事此類生產信息的活動。

銀行在信息生產中具有獲利的能力，一個重要因素是它主要發放私人貸款（非交易的貸款），而不是購買公開市場上的證券。由於私人貸款是不交易的，其他人看不到銀行在做什麼，這既避免了搭便車，也可防止把貸款的價格拉到銀行難以補償信息生產費用的高點。

4. 抵押和淨值

只有當借款者不能歸還借款導致違約，貸款者蒙受損失時，逆向選擇才會阻礙金融市場的正常運行。抵押品是借款者承諾的一旦違約便交給貸款者支配的財產，它可以減弱逆向選擇的不利後果。因為它讓貸款者在借款者違約的情況下減少損失。如果借款者發生貸款違約，貸款者可以賣掉抵押品，並用出售所得的款項補償貸款損失。例如，如果你不能支付你的住房抵押貸款，貸款者可以拿你的房產所有權去拍賣，並用拍賣所得款項償還貸款。於是，貸款者更願意發放有抵押品擔保的貸款。而借款者也樂意提供抵押品，因為貸款者的風險降低，將使借款者更能優先從貸款者那裡獲得貸款，更有可能獲得較低的貸款利率。

淨值也稱股權資本，亦即一家公司資產和其負債的差額，發揮著與抵押品相類似的作用。如果公司淨值較大，那麼即便它從事了導致虧損的投資，從而在貸款償付上發生違約，貸款者仍可以取得公司淨值的所有權並將其售出，用銷售所得款項補償一些貸款損失。另外，公司起初的淨值越大，其違約的可能性就越小，因公司擁有可用以償還貸款的緩衝資產。因此，如果尋求貸款的公司擁有較大的淨值，逆向選擇的後果就不甚重要，貸款者就比較願意提供貸款。

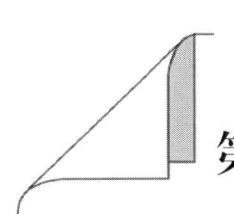

第十七章　隱藏行為與道德風險

第一節　道德風險與機制設計

一、道德風險

隱藏信息其實只是信息不對稱情況下的一種現象，現在考慮信息不對稱情況下的另一種情況——隱藏行為。隱藏行為會帶來道德風險。所謂道德風險，是當信息不對稱時交易的一方無法觀察到另一方所採取的行動，由此所發生的具有私人信息或信息優勢的一方故意不採取謹慎行動的情況。

理解不對稱信息下的道德風險，還是先看看無隱藏行為的情況吧。

對於沒有隱藏行為的情形，我們可以設想委託人和代理人同一的情況。考慮某一個城市，自行車時常被盜。如果某個車主不希望自行車被盜、白白蒙受損失，那麼為自行車買個保險不失為一種好辦法。當車主沒有為自行車保險時，他會為防盜採取一些措施，比如說買防盜鎖、每天都將車扛到家裡放著等。當然，任何措施也不可能使自行車不被盜，只能使其被盜的概率降低。

當車主不為自行車買保險，我們可以看成是車主自己給自己保險。在這種情況下，委託人（承保人）與代理人（投保人）是同一的，那麼投保人的成本 C_p 和收益 R_p 就與承保人的成本 C_s 和收益 R_s 完全一致。因此，投保人基於自身利益最大化的行為，同時就滿足承保人的利益最大化。因此，投保人會盡可能地努力來實現自身的最大利益，因而市場均衡就是有效均衡。如圖 17.1 所示。

假設車主向保險公司購買了保險，情況就不一樣了。

假設當車主謹慎看護自行車時，車的被盜率是 0.01。保險公司根據歷史資料也知道該車主的自行車的被盜率是 0.01，那麼保險公司索要的保費是 1.5 元（假設一輛車價值 150 元）。但是當車主（投保人）和保險公司簽訂了保險合同後，車主意識到自行車在被盜後有了足額保險賠償，車主的行為就會與投保前不一樣。既然投了保，自行車被盜後會得到補償，投保人就不一定會兢兢業業地守護自行車了。總之，投保人在投保後，其行為就會傾向於不謹慎，假設車主因投保而對自行車的看護放鬆，被盜率上升為 0.05，保險公司的利益就受到了侵害。因為保險公司在簽約時是根據 0.01 的被盜率收取保費的，而簽約後保險公司由於無法監督投保人的行為，投保人放鬆警惕，

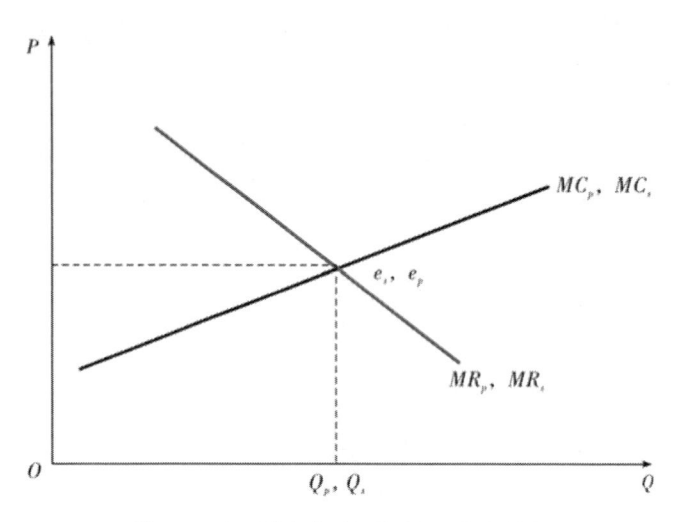

图 17.1　无隐藏行为的保险市场均衡与效率

致使自行车被盗率上升为 0.05，即保险公司收取的保费事后来看偏低。所以道德风险主要是由卖方的信息不完全造成的。

道德风险和逆向选择的区别在于逆向选择是属于事前非对称信息下的情况。所谓「事前」，是指信息的不对称发生在市场交易双方签约之前。比如，就业市场上当工资为平均值时，那么在招聘实际完成之前就已经发生了逆向选择（能力低的应聘人员留在招聘市场而能力高的人却不得不离开）。而道德风险问题则属于事后非对称信息下的情况，即当交易双方订立合约后拥有私人信息的一方（即信息优势方）的损人利己的行为。

在隐藏行为下，代理人面临责任心下降的诱惑，这就会出现两个不一致：一是代理人所采取的行动与委托人所期望的不一样，二是出现代理人的实际行为与代理人签约时承诺的行为不一致。在签订合约之后，这种不一致大量存在。

比如，入党誓词是党员与党组织之间的合约。尽管在不同历史时期的入党誓词内容有差异，但是它体现了党组织对党员的要求，也是每一个党员对党组织的承诺。如果我们把各个时期党员的行为与入党誓词相对照，我们就能够理解隐藏行为和道德风险了。

再比如，婚姻也是一种合约，结婚誓词也是夫妻双方对彼此的要求和承诺。尽管结婚誓词有差异，但是没有差异的是，婚后的行为与誓词不一致，也就是说婚后存在隐藏行为。

无论什么契约，我们都发现存在大量的隐藏行为。这些隐藏行为会导致道德风险。代理人追求自己最大利益的行为，会改变委托人盈或者亏的概率，使委托人面临更高的风险。在劳动或者经理市场上，劳动者和经理的偷懒行为使企业面临更大的亏损可能性。比如职业经理人可能以各种借口追求在职消费，追求豪车和豪华办公室，追求不合理的企业併购等。在信贷市场上，借款人为了自己的最大利益，可能冒险投资，使得银行面临更多的不能回收贷款的风险。在保险市场上，投保人的放縱或者大意行为使保险公司面临更大的赔付的可能性。保险市场上的道德风险导致的低效率如图 17.2 所示。

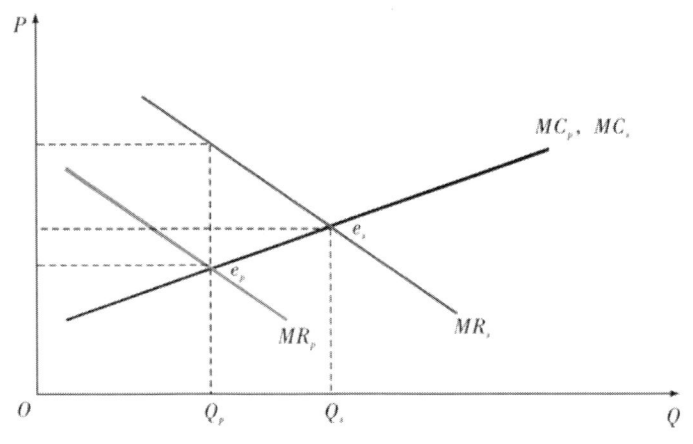

圖 17.2　保險市場的道德風險與效率

顯然，這種風險是因為代理人簽約後的行為動機與簽約前不一樣了，這種動機的改變僅僅是道德層面的，而不是法律等其他層面的。實際上，道德風險就是簽約後，代理人的動機發生改變出現的不誠信和不誠實行為。

二、道德風險與機制設計

道德風險主要存在於售後服務和保險領域中，解決道德風險問題的關鍵在於監督買方的行為。所以在這兩個領域可以通過制定更加嚴密的制度來防止買方的不道德行為。

如在實行退換制度和售後服務時，廠商對消費者使用商品的方法和程序進行嚴格的規定，把因消費者使用不當而造成的商品損壞排除在退換制度和售後服務之外。在保險類行業中，商業保險公司應對相關的投保信息進行謹慎的評估，努力提高承保質量，加強核保、核賠等關鍵工作環節的管理。除了嚴格理賠範圍之外，還要附有細緻的審查制度，以防止投保人的欺詐行為。

另外，對於風險問題，除加強監督之外，還可以引入「激勵」手段。因為在賣方無法對買方行為進行有力的監督時，可以採取各種獎勵措施，鼓勵買方按道德原則行事。比如，在汽車保險中，如果保險人在一個保險期內無事故發生，在下一保險期內，保險公司可以給予投保人降低保費率的獎勵。而對發生事故的投保人則收取高於本期保費率的保險金作為處罰，以鼓勵投保人盡可能避免發生事故。

委託-代理理論的中心問題，就是解決在信息不對稱的情況下對代理人的適當激勵問題，即設計一個激勵方案用以刺激代理人，使其行為符合委託人的利益。一般來說，委託人可以採取「胡蘿蔔與大棒」政策：一方面是對代理人進行激勵，力求實現激勵相容；另一方面對代理的過程實行監督，充分發揮「經理人市場」的作用，通過經理人市場的競爭，迫使經理人按照委託人的意願行事。

委託-代理理論一般假設代理人是私人信息擁有者而具有信息優勢，委託人無法直接觀察到代理人的行為。以企業中企業主與工人的關係為例，企業主的目標顯然是企業利潤的最大化，而企業的利潤情況與代理人（工人）工作的努力程度息息相關。如

果工人工作不賣力,那麼企業的盈利肯定不會達到企業主的理想要求。企業主如何在無法監督工人工作(或監督成本很高)的情況下讓工人努力工作,就顯得十分重要。委託-代理理論的解決思路是從兩方面看待這個問題。首先,從業主的角度來看,企業主根據利潤最大化的目標與工人簽訂一份激勵合同,盡力做到使工人的努力程度達到要求。其次,從工人的角度來看,工人根據激勵合同自願付出最佳努力程度,即工人在合同的約束下,最大化自己效用的結果正好滿足企業主的要求。

三、政府對信息不對稱問題的糾正

信息不對稱是商品交換本身造成的,市場機制難以完全克服,需要借助國家權力,通過制定法律和法規的方式,消除信息不對稱帶來的各種不良後果。國家在消除信息不對稱帶來的不良後果時,其出發點是保護交易中處於信息劣勢的一方。所以在政策法規的制定過程中,其指導思想就是在交易前(或事前)和交易過程中重點保護消費者,事後重點保護生產者。對於消費者處於信息劣勢的情況,政府主要是從消費者的角度,通過法規和政策強制生產者向消費者提供足夠的商品信息。同時,國家以法律的形式制定各種商品的質量標準。一種商品在上市之前,必須經過國家指定的檢測部門的檢驗,取得國家頒發的質量合格證書。出於對國家的信任,消費者大膽地購買商品,這實際上是一種政治信任。國家以自己的信譽作為商品的質量保證,為消費者的不對稱信息承擔風險。為了確保在信息不對稱的情況下消費者的利益不受損失,政府規定生產者或商家必須對所出售的商品負責,因而就有了商品的包退包換保修的三包制度。

國家制定保護消費者權利的法律,規定消費者有安全保障的權利、獲得正確信息的權利和選擇商品的權利。當消費者的這些權利受到損害時,比如受到虛假廣告的欺騙,消費者可以依法追究廠商的責任。針對信息在買賣雙方的不對稱,國家工商部門特別禁止虛假的或欺騙性的廣告宣傳,禁止在廣告和商品的裝潢上向消費者提供與商品實際性能不符的信息。國家對市場的這種干預旨在恢復市場優勝劣汰的功能。

在避免道德風險的問題上,政府的作用更加明顯。道德風險發生在交易行為以後,賣方由於缺少關於買方可能行為的瞭解,無法對買方進行有效的監督,這時就需要借助公共權威機構,制定相關的制度、法律和政策,對買方的行為進行約束。首先,對於那些利用商品售後保證制度和保險業理賠制度進行欺詐的消費者,給予法律制裁,保護生產者的合法權益。其次,對委託-代理關係中的代理方利用職權損害委託方利益的行為給予法律制裁。目前各國都建立了關於股份公司的法律,嚴格規定經理或廠長的資格,嚴格限制他們的行為。法律規定經理或廠長的經營行為受股東大會產生的監事會的監督。對於股份公司的會計制度、會計人員資格和權力也有強制性規定,意在防止經理人員伙同會計人員以權謀私。審計制度也是由法律形式固定下來的,股東有權對企業的經營情況進行公開檢查。

第二節　股權合約中的道德風險

一、業主-代理人矛盾與股權合約

　　道德風險是交易發生後的信息不對稱現象。放款者發放貸款後，將面對借款者從事那些貸款者並不期望進行的活動的問題，因為這些活動可能使貸款難以收回。道德風險降低了貸款歸還的可能性，放款者寧可做出不貸款的決定。

　　股權合約是分享公司盈利和資產的要求權，它容易受到被稱為業主-代理人問題的道德風險的影響。當經理只擁有其所在公司的一小部分股權時，擁有大部分公司股權的股東（稱為業主）是同公司的管理者（作為業主的代理人）相分離的。這種所有權和控製權的分離所涉及的道德風險在於，掌握控製權的經理們（代理人）可能會按照他們自己的利益而不是股東（業主）的利益來行事，因為經理們利潤最大化的動力沒有股東那麼大。

　　為了更充分地理解業主-代理人之間的矛盾，不妨假設這樣一種情況：斯蒂夫要求你成為他的冰淇淋店的「不說話」的合夥人。這個店要投資 10,000 美元才能建立起來，而斯蒂夫只有 1,000 美元。於是，你購買了 9,000 美元的股權（股票），從而擁有了公司 90% 的所有權，而斯蒂夫只擁有 10%。如果斯蒂夫工作很努力，他製作可口的冰淇淋，保持店面清潔，微笑接待每一位顧客，快捷地收拾餐桌，在扣除了所有的開支之後（包括斯蒂夫的薪水），冰淇淋店將每年盈利 50,000 美元，其中，斯蒂夫得到 10%（5,000 美元），而你得到 90%（45,000 美元）。

　　但是，如果斯蒂夫不對其顧客提供快捷、友好的服務，而是用 50,000 美元的收入購買藝術品裝飾其辦公室，甚至在本應工作的時候溜到海灘上，那麼冰淇淋店就不會有任何盈利。如果斯蒂夫工作努力，放棄非生產性投資（如辦公室的藝術品），他只能在薪水之外多掙 5,000 美元（他的 10% 股份的利潤）。斯蒂夫可能認為，為了這 5,000 美元而付出努力去做一個好的經營者並不值得，只有多掙 10,000 美元才是值得的。倘若他果真這麼想，就不會有足夠的動力去做一個好的經營者。事情的結果將是這樣的，比如，斯蒂夫擁有一間豪華的辦公室，得到一身曬得黝黑的健康的皮膚，但冰淇淋店卻沒有盈利。由於冰淇淋店不能盈利，斯蒂夫不為你的利益行事的決定，將使你損失 45,000 美元。

　　如果斯蒂夫並不十分誠實，由業主-代理人問題所造成的道德風險將導致更糟的結果。由於冰淇淋店是現金買賣，斯蒂夫可能把 50,000 美元揣在自己兜裡而告訴你沒有盈利。現在他獲得了 50,000 美元的收入，而你一無所獲。

　　經理們為自己建造豪華辦公室，或者駕駛價格昂貴的公司車的情況向我們提供了進一步的例證，說明由股權合約導致的業主-代理人問題將會多麼嚴重。除了追求個人利益，經理們還追求能擴大其個人權力但並不增加公司盈利能力的公司戰略，例如，購買其他公司等。

　　如果公司的所有者能完全知曉經理們的所作所為，並能夠防止浪費性開支或欺騙，

業主-代理人問題就不會產生。只是因為類似斯蒂夫的經理們對於其經營活動擁有比股東們更多的信息，即存在信息不對稱，才會發生業主-代理人問題，這是道德風險的一個例子。如果斯蒂夫獨自擁有公司，不存在股權與控製權分離的情況，那麼業主-代理人問題也不會產生。如果斯蒂夫努力工作，而且不從事非生產性投資，這將使他盈利50,000美元。如此，他做一個好的經理就是值得的。

二、解決股權合約中的道德風險

1. 信息生產：股東監管

我們已經知道業主-代理人問題之所以發生，是由於經理對公司的活動和實際盈利狀況比股東瞭解得更多。對股東來說，防備這種道德風險的辦法之一，就是進行一種特殊類型的信息生產來監督公司的活動：經常對公司進行審計，並檢查經理在做什麼。但是這種監管要花費大量的時間和金錢（經濟學家叫高價監審），所以股權合約不很吸引人。

搭便車能夠減少道德風險的信息生產量。搭便車問題也弱化了監督。如果你知道其他的股東正在花錢監管你持有其股票的公司的活動，你就能搭這些股東的便車。於是，你可以省下用於監管的錢，而用之去加勒比海岸度假。然而，你能這樣做，其他的股東也同樣能如此。也許所有的股東都會去海島，而沒有人花費資源去對公司進行監管。因此，普通股的道德風險問題會很嚴重，這使得公司很難通過發行股票來籌資。

2. 政府管理以增加信息

如同對待逆向選擇一樣，政府一直力求降低由信息不對稱產生的道德風險問題。各國都制定了法律，要求公司使用標準的會計準則，以便人們更容易評判公司的盈利。各國還通過了一些法律，對那些從事隱瞞、騙取利潤的欺詐行為的當事人施以嚴厲的刑事懲罰。然而，這些措施只有一定的效力。發現此類欺詐行為並不容易，欺瞞的經理人力圖造成障礙和假象，使政府機構很難發現或證實這些欺詐行為。

3. 金融仲介作用

金融仲介機構有能力避免道德風險中的搭便車問題。有一類叫風險資本的金融仲介公司，有助於減少業主-代理人問題中的道德風險。風險資本公司將合夥人的資金聚集起來，並運用這些資金幫助新生的企業啓動事業。公司將風險資本放在新企業中，得到的是企業的股權，它通常堅持委派一些自己人進入公司管理機構，成為董事會成員，以便瞭解公司的活動。當風險資本公司提供了啓動資金後，企業的股份就不能賣給其他人，只能賣給風險公司本身，這樣一來就能避免其他投資者搭風險資本鑒定活動的便車。這種安排的結果，使風險資本公司獲得了鑒定活動的全部收益，從而有了適當的動力來弱化道德風險問題。

第三節　債務合約中的道德風險

一、債務合約中的道德風險

道德風險是伴隨債務合約產生的，債務合約是在任何情況下對利潤的要求權。如果一項合約可以安排得使道德風險只在某些特定條件下才會產生，對管理者進行監管的需要就會減少，這種合約就會比股權合約更有吸引力。債務合約恰恰就具有這種特點。

債務合約是一種規定借款人必須定期向貸款者支付固定金額的契約性合約。當公司有較高盈利時，貸款者收到契約性償付款而不需要確切知道公司的利潤。如果經理隱瞞利潤，或從事個人得益但並不增加企業利潤的活動，只要這些活動並不影響公司按時償付債務的能力，貸款者就不必介意。只有當公司不能償付債務，處於違約狀態時，才需要貸款者來鑒審公司的盈利狀況。只有在這種情況下，作為債務合約貸款方的貸款者才要像公司的股東一樣行事：為了得到公平的份額，他們需要知道公司有多少收入。

儘管有上面提到的優勢，債務合約還是容易受到道德風險的影響。由於債務合約要求借款者償付一個固定的數額，才允許他在此固定數額之上保留利潤，借款者便有一種從事比貸款者所願意從事的風險更大的投資項目的動力。

舉例來說，假定由於你對於查證斯蒂夫冰淇淋店的盈利問題比較擔心，你決定不成為該店的一個股份合夥人，於是你借給斯蒂夫所需的9,000元支持他建立他的事業，並因而得到一份允諾支付你10%的利息率的債務合約。就你所關心的問題而言，這是一項可靠的投資，因為你所在的社區對冰淇淋有強大而穩定的需求。然而，一旦你將資金給了斯蒂夫，他就可能把它用在你並不打算投入的用途上。斯蒂夫可能不去開冰淇淋店，而是把你的9,000美元貸款投資在化學研究設備上，因為他認為他有1/10的機會發明出一種味道同名牌沒有差別，但卻不含脂肪和卡路里的減肥冰淇淋。

顯然，這是一項風險很大的投資。但如果獲得成功，斯蒂夫將變成百萬富翁。於是他有很強的衝動去從事這項冒險的投資，因為如果成功他的收益太豐厚了。斯蒂夫如果把你的貸款用於這項風險投資，你顯然很不樂意，因為如果他未獲成功（這是非常有可能的），你給他的錢將蒙受損失，即使不是全部也將是大部分。如果他成功了，你也不能分享他的成功，你將仍然只得到貸款的10%的回報，因為本金和利息的償付都是固定的。由於潛在地存在著道德風險（斯蒂夫會用你的錢進行風險極大的投資），你可能將不貸款給斯蒂夫，儘管在社區內開設冰淇淋店是一項能給每一個人都帶來益處的好投資。

二、解決債務合約中的道德風險

1. 淨值

當借款者由於自己的資產淨值很高而自己處於得失攸關的地位時，他以貸款者反

感的方式行事的激勵會大大減少。因為，如果這樣做，借款者自身將蒙受巨大損失。讓我們回到斯蒂夫和他的冰淇淋店的例子。假設開設冰淇淋店或投資於研究設備的成本是 100,000 美元而不是 10,000 美元，這樣，斯蒂夫就需要把他自己的 91,000 美元投入其中，再加上你提供的 9,000 美元貸款。現在，如果斯蒂夫沒有開發出不含卡路里也不含脂肪的冰淇淋，他將損失淨值中的 91,000 美元（100,000 美元資產減去你的 9,000 美元貸款）。他在從事風險較大的投資時就會三思而行，他更有可能投資於較有把握的冰淇淋店。這樣看來，當斯蒂夫自己投入的錢（淨值）越多，你越有可能向他提供貸款。

實際上，對於高淨值有助於解決道德風險的一種解釋，就是它使債務合約的動力一致。也就是說，它使得借款者和貸款者的動機一致了起來。借款者的資產淨值越大，借款者按照貸款者的希望和意願行事的動力就越大，債務合約中道德風險的問題就會越少，而公司借款也就越容易；相反，借款者的資產淨值越低，道德風險就越大，公司就越難得到貸款。

2. 限制性契約的監督和執行

斯蒂夫和他的冰淇淋店的例子表明，如果你確信斯蒂夫不會投資於比冰淇淋店更具風險的任何事業，那就值得向他提供貸款。你可以通過在債務合約中寫明限制該公司活動的條款（限制性契約），讓斯蒂夫把你的錢用於你所期望的用途上。通過監督斯蒂夫的活動，看他是否遵守和執行限制性契約。如果他不遵守，則強制他遵守，這樣你就能確保他不會犧牲你的利益來冒險。通過排除不合意願的行為或鼓勵合乎意願的行為，限制性契約降低了道德風險。

可以將契約設計成用來防止借款者從事不合意願的風險投資項目，使道德風險最小化。有一些此類契約規定，貸款只能用於為特定的活動融資，如購買特殊設備或財產。另外一些契約則限制借款公司從事某些風險性活動，如收購其他的公司。

限制性契約可以促使借款者去從事那些有較大把握償還貸款的活動。在此類限制性貸款中，有一種要求居民戶的家長必須辦理生命保險，一旦家長去世，即用保險金支付抵押貸款。此類限制性契約的重點，在於鼓勵借款公司將它們的淨值保持得較高，因為借款公司的高淨值減少了道德風險，使貸款者蒙受損失的可能性變小。典型的情況是，此類限制性契約都會指定公司必須維持與公司的規模相對應的某種資產的最低持有量。

抵押品是保護貸款者的重要資產，限制性契約可以促使借款者將抵押品保持良好狀態並保證它歸借款者所有。這是尋常百姓最常遇到的一種契約。比如，汽車貸款合約要求車主對該車交投某一最低金額的碰撞險和偷竊險，並防止該車被變賣，除非貸款已支付完畢。住房抵押貸款的接受者必須有足夠住房保險，當該財產被變賣時必須償付抵押貸款。

限制性契約也要求借款公司通過提交季度會計報表和收入報表的形式來定期提供其活動的信息，以便貸款者更易於對公司實施監督，降低道德風險。這種類型的契約也規定貸款者有權力在任何時間對公司帳目進行審計。

3. 金融仲介的作用

限制性契約有助於緩解道德風險問題，但並不能完全杜絕它發生。制定一份能排

除所有的有風險活動的契約幾乎是不可能，借款者可能會十分聰明，他們能發現使限制性契約無法生效的漏洞。

限制性契約的另一個問題是它們必須監管和強制執行。如果借款者知道貸款者不會查驗契約的執行情況，或不願意支付訴諸法律的費用，他就會違約，限制性契約因而就會失去意義。由於監管和執行限制性契約要消耗成本，在債務市場中也會像在股票市場上一樣產生搭便車的問題。如果你知道其他的債券持有人在監管和執行限制性契約，你就能搭他們的便車。但是，其他的債券持有人也可以這樣做。於是，最可能的結果，就是沒有足夠的資源被用於監管和執行限制性契約。這樣，道德風險仍然是可流通的債務的一個嚴重問題。

金融仲介機構，特別是銀行，只要它們主要提供私人貸款，就有能力避免搭便車問題。私人貸款是不交易的，所以沒有人能搭仲介機構監督執行限制性契約的便車。於是提供私人貸款的仲介機構獲得了監督和執行契約的收益，它們的工作減少了隱藏於債務合約中的道德風險問題。

第四節　金融危機與銀行監管

一、金融危機

以資產價格的急遽下降，以及許多金融和非金融公司倒閉為特徵的金融市場的大動盪，就是金融危機。當金融市場中的逆向選擇和道德風險問題累積到致使市場不能有效地在儲蓄者和投資者之間融通資金的嚴重程度時，金融危機就發生了，其結果會導致經濟活動嚴重收縮。

利率提高、股市下跌、未預見的價格總水平下降、不確定性增加和銀行恐慌五個因素導致逆向選擇和道德風險嚴重惡化，引發金融危機。

1. 利率提高

那些從事風險最大的投資項目的個人和公司，願意支付最高的利息率。如果市場利率因信貸需求增加或貨幣供應減少而上升，信貸風險低的借款者就不太想去借款，而信貸風險高的借款者卻仍然願意借款。由於逆向選擇風險因此而增加，貸款者將不再提供貸款。貸款的大幅縮減，將導致投資和總體經濟活動的水平實質下降。

2. 股票市場急遽下跌

股票市場的急遽下跌能加劇金融市場中逆向選擇和道德風險問題，從而引發金融危機。由於股票價格計量的是公司的淨值，股票市場的下跌便意味著公司淨值下降。由於公司淨值發揮的是與抵押品相類似的作用，股票市場下跌就會引致公司淨值的下降，將使得貸款者不願意提供貸款。抵押品價值下降，將減少其對貸款提供的保護，這讓貸款的損失可能更加嚴重。

另外，由股市下跌引致的公司淨值下降，將刺激借款公司從事風險投資。因為如果投資出了問題，它們蒙受的損失是比較小的。這將導致道德風險增大。道德風險的增大使得人們沒有積極性去發放貸款——這就是為什麼股市下跌、淨值下降導致貸款

減少和經濟活動水平下降的另一個原因。

3. 未預見的價格總水平下降

未預見的價格總水平下降也會使公司的淨值下降。由於契約規定的債務支付是固定的而且是名義值，未預見的價格水平的下降，就會提高公司負債的真實價值（增加債務負擔），但不會提高公司資產的真實價值。結果是，公司的真實淨值（真實資產和真實負債的差額）下降了。價格水平的急遽下跌，將導致公司真實淨值大大下降，使得貸款者面臨的逆向選擇和道德風險問題增大。這樣，未預見的價格總水平的下降將導致貸款縮減，並導致經濟活動萎縮。

4. 不確定性增加

一家重要的金融企業或非金融企業的倒閉、經濟衰退或股市下跌，都可能使金融市場的不確定性急遽增大。這將使貸款者更難分辨貸款風險的高低，因而便無力解決逆向選擇問題。這將使得他們不願意提供貸款，進而導致貸款減少，投資萎縮以及總體經濟活動水平下降。

5. 銀行恐慌

銀行從事生產信息的活動，便利了經濟社會中的生產性投資，發揮了重要的金融仲介作用。因此，金融危機中許多銀行的倒閉（稱作銀行恐慌），將減少通過銀行進行的金融仲介活動，並導致投資縮減和總經濟活動水平下降。金融危機期間銀行數目的減少，會減少對借款者的資金供給，從而導致微利率提高。由於利率提高也會增加信貸市場上的逆向選擇，所以銀行恐慌將使經濟活動水平進一步下降。

二、信用風險管理和金融監管

解決信息不對稱，降低信用風險就要進行信用風險管理。①篩選客戶。通過要求貸款者填報一些披露大量個人財產信息的表格，並在此基礎上進行調查、訪問和判斷貸款者的信用度，從而區分高風險和低風險的人，然後決定向信用好的人放款。②貸款專業化。一些銀行對當地企業或諸如能源之類的企業發放貸款，這主要是便於收集信息，區分風險大小。③監控和限制性契約。④與客戶建立長期聯繫，甚至銀行與企業相互持股。⑤貸款承諾。即銀行同意在未來的某一時期中，以某種與市場利率相關的利率向企業提供某一限度內的貸款。大部分的工業貸款是在貸款承諾的安排下發放的，這實際上減少了銀行篩選和收集信息的成本。

解決信息不對稱，還要求對金融機構進行最為嚴格的監管。①存款保險。政府提供存款保險的原因，一是解決人們擔心存款風險而在存錢時猶豫，二是避免人們因缺乏對銀行資產質量信息的瞭解而導致擠兌和銀行恐慌。政府的存款保險有效地抑制了銀行擠兌和恐慌，美國聯邦保險公司通過償付法（允許銀行破產並在10萬美元的保險額度內償還存款）、購買和接管法（聯保找到願意兼併倒閉銀行的合作者對銀行進行重組，而聯保通過提供補貼貸款或購買倒閉銀行較差的貸款來幫助兼併者）來處理銀行倒閉問題。②銀行資產持有額限制和資本要求。限制銀行持有風險資產如普通股票的規定，要求銀行持有充足的資本，這主要根據巴塞爾協議來定的。③註冊和審查。開辦銀行需要營業執照，可以防止騙子和從事投機活動的企業家來控制銀行。

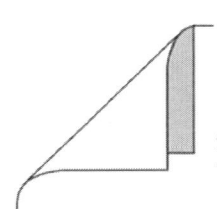

第十八章　要素市場的個人供給和市場供給

如果說第四到第九章研究的是市場機制的有效性，第十到第十七章研究的是產品市場的低效率，那麼，第十八到第二十章就是按照產品市場的研究思路和方法來研究要素市場上要素量和要素價格的決定，並據此說明社會的收入分配狀況。也就是說，從本章開始，我們的分析就從產品市場轉入要素市場，從僅僅研究經濟效率過渡到研究經濟公平，研究效率與公平的關係。

第一節　個人的要素供給原則

在市場經濟中，我們把個人和家庭看成是生產要素的所有者。個人不僅在向廠商購買的商品中追求效用極大化，而且在向廠商供給的要素中也希望獲得最大的效用。根據前面的分析思路，個人在要素供給中獲得極大效用，必須研究要素供給的邊際利益和要素供給的邊際成本。

一、要素供給的邊際所得

對於個人來說，在一定時期內，他所擁有的資源或者要素量是既定不變的。這些生產要素，可以分為兩種：一種稱為「供給要素」，即個人把生產要素提供給市場，供廠商購買使用；另一種稱為「自用要素」，即個人把生產要素留給自己使用。個人的要素供給行為，就是指個人把自己擁有的生產要素以一定的價格賣給廠商。

個人供給要素的所得就是個人從供給要素中所得到的效用。當個人把生產要素提供給市場，這種行為本身是不會給消費者帶來任何直接效用的。但是，由於個人能夠從要素供給中獲得一定的收入，並可以用這些收入去購買自己需要的商品和服務，或者放在手中以圖方便，因此，個人的要素供給是能夠獲得效用的，只不過是間接效用而已。

個人要從要素供給中獲得效用，必須先從要素供給中獲得收入。個人從要素供給中獲得的收入的大小取決於要素市場價格和要素供給量。在要素價格不變時，要素供給量就決定貨幣收入量。從這個意義上講，可以把供給要素量與相應的貨幣收入量的關係寫成函數：$Y_1 = f(L)$。當然，從中我們可以得到個人增加一個單位的供給要素所

增加的收入，即邊際要素收入為：$Y_l^m = \dfrac{\mathrm{d}Y_l^t(L)}{\mathrm{d}L}$。

當消費者得到貨幣收入後，他能夠從貨幣收入中獲得一定的效用。在其他因素不變的條件下，他所獲得效用的大小主要由貨幣收入的多少來決定。因此，我們可以得到這樣的函數：$U_{Y_l}^y = f(Y_l^t)$。當然，我們還可以得到貨幣收入增加一個單位使消費者增加的效用，即邊際收入效用：$U_l^m = \dfrac{\mathrm{d}U_l^t(Y_l)}{\mathrm{d}Y_l}$。

簡單地講，在其他因素一定時，要素供給為個人帶來的效用受要素供給量的影響。如果用 U_l^t 代表供給要素的總效用，L 代表供給要素的量，而 f 表示供給要素的總效用 U_l^t 與供給要素量 L 之間存在的經濟關係，那麼，供給要素的效用函數可以寫成：$U_l^t = f(L)$。相應地，供給要素的邊際效用：$U_l^m = \dfrac{\mathrm{d}U_l^t(L)}{\mathrm{d}L}$。顯然，供給要素的邊際效用就是指最後一個單位的供給要素給個人帶來的效用，或者說是個人增加一個單位的要素供給所增加的總效用。

通過變形，我們可以把供給要素的邊際效用寫成：$U_l^m = \dfrac{\mathrm{d}U_l^t(L)}{\mathrm{d}Y_l} \cdot \dfrac{\mathrm{d}Y_l}{\mathrm{d}L}$。式中，$\dfrac{\mathrm{d}U_l^t(L)}{\mathrm{d}Y_l}$ 實際上是個人增加貨幣收入所增加的效用，而 $\dfrac{\mathrm{d}Y_l}{\mathrm{d}L}$ 可以看成是個人從增加的一單位供給要素中獲得的貨幣收入，在要素價格不變時，它就等於供給要素價格 P_l。也就是說，供給要素的邊際效用等於供給要素的價格乘以貨幣收入的邊際效用，即：

$U_l^m = \dfrac{\mathrm{d}U_l^t(L)}{\mathrm{d}Y_l} \cdot P_l$。

二、個人要素供給的邊際所失

對於既定的生產要素，個人可以把它作為「供給要素」，也可以作為「自用要素」。當個人向市場提供一定數量的要素，就不能把它們留給自己使用，從而就要失去自用要素可能帶來的效用。把生產要素留著自己使用，個人可以直接獲得效用。比如，消費者把貨幣保留自用，他可以從手持貨幣中享受到它的高度流動性，而這是把貨幣變成汽車、住房、股票和債券後所不能直接得到的，因為汽車、住房、股票和債券並不是一般等價物，不能完成計價單位和交易媒介的功能。如果你在春天百貨看到了非常喜歡的服裝，只要你手中有錢而且又願意購買它，你可以享受馬上付錢購買的方便；如果你今天「有朋自遠方來」，你可以用手中的錢請他到餐館飽餐一頓，那才真是「不亦樂乎」；如果你獲知現在購買某只股票，一個月之內就能夠賺回大學後兩年的費用，你就可以馬上購買它，你的心中別提有多爽！又比如，個人把自己的時間用於閒暇，就可以直接從閒暇中獲得滿足感。當你緊張工作一週之後，如果週末能夠好好睡一覺，能夠讓你恢復體力，感受到舒坦和輕鬆；如果能爬上峨眉山金頂，有幸看到雲海、佛光、日出和聖燈，那會讓你有別樣的滿足感。很明顯，自用生產要素能夠直接給消費者帶來效用。

個人要素供給的所失是指供給要素是存在成本的，這個成本就是要素供給的機會成本，用自用要素給他帶來的效用來表示。要素供給的邊際成本，就是個人供給最後一個單位要素的成本，或者說個人增加單位要素供給所增加的成本。從這個意義上講，要素供給的邊際成本就是自用要素的邊際效用，即個人增加單位自用要素所增加的效用。

自用要素直接給消費者帶來滿足或者效用，在其他因素一定的條件下，自用要素的效用主要決定於自由要素的數量。因此，自用要素的效用函數可以寫成：$U_h^t = f(H)$。式中，U_h^t 代表自用要素的總效用，H 代表自用資源的數量，而 f 表示自用要素的總效用 U_h^t 與自用資源數量 H 之間存在的經濟關係。

很明顯，自用要素量發生變化，必然引起消費者從中獲得的總效用。自用要素的邊際效用，就是在其他因素不變時，最後一個單位的自用要素所帶來的效用，或者說增加一個單位的自用要素所增加的總效用。根據自用要素的總效用函數，我們可以通過對自用要素量求總效用的一階導數得到它的邊際效用。因此，自用要素的邊際效用為：$U_h^t = \dfrac{\mathrm{d} U_h^t(H)}{\mathrm{d}H}$。

三、個人的要素供給原則

就生產要素所有者的個人來說，生產要素供給問題實際上就是：在一定的條件下，個人通過在市場「供給要素」和個人「自用要素」兩種用途上合理配置其所有的資源，以獲得最大的效用。個人要素供給的效用極大化原則就是：「自用要素」的邊際效用＝「供給要素」的邊際效用。即：

$$\frac{\mathrm{d}U_h^t(H)}{\mathrm{d}H} = \frac{\mathrm{d}U_l^t(L)}{\mathrm{d}Y_l} \cdot P_l$$

或

$$\frac{\mathrm{d}U_h^t(H)}{\mathrm{d}H} \div \frac{\mathrm{d}U_l^t(L)}{\mathrm{d}Y_l} = P_l$$

如果「自用要素」的邊際效用大於「供給要素」的邊際效用，也就是說消費者留著自用的最後一單位要素給他帶來的效用比他賣給廠商的最後一單位要素產生的效用大，消費者可以通過多保留一些自用資源，少賣一些資源給廠商來增加效用。

如果「自用要素」的邊際效用小於「供給要素」的邊際效用，也就是說消費者留著自用的最後一單位要素給他帶來的效用比他賣給廠商的最後一單位要素產生的效用小，消費者可以通過少保留一些自用資源，多賣一些資源給廠商來增加效用。

第二節　勞動的個人供給與市場供給

一、勞動供給量的決定

勞動的多少，通常以勞動時間來衡量。個人所擁有的全部時間資源是既定的。比如，每一天只有 24 小時，對於這 24 小時的時間，除了維持生命所必需的睡眠時間

(假設 8 小時)外,剩餘的時間 16 小時還得在工作和閒暇之間分配。把時間用於閒暇,個人能夠從中直接獲得滿足,而把時間用於工作,則能夠從工作中間接獲得效用。個人的勞動供給量,就是個人選擇用多少時間來工作,實際上可以看成是個人把時間在閒暇和工作之間分配,也就是個人在閒暇和工作收入之間進行選擇,以實現效用極大化。

為了便於理解消費者的勞動供給量的決定,我們結合前面介紹的無差異曲線分析方法,用圖 18.1(Ⅰ)的具體例子來說明。圖中的橫軸代表閒暇時間 H,縱軸代表工作的收入 Y_W。因此,在同一條無差異曲線上每一個點均是代表消費者關於閒暇和工作收入之間的無差異組合,不同無差異曲線上的點有不同的偏好。

勞動是有價格的,這個價格就是我們常說的工資 P_W。工資並不是勞動要素在勞動市場上的出賣價格,僅僅是勞動要素的出租價格。如果某個廠商給予勞動的小時工資為 25 元,消費者把全部 16 小時用於工作能夠獲得 400 元的收入,當然如果閒暇 16 小時就沒有任何收入了。因此,ad 線為消費者的預算線。從圖中看出,在這種偏好和預算條件下,能夠獲得最大效用均衡點 E_a,即選擇 8 小時閒暇和掙 200 元錢,所以勞動供給為 8 小時(即 16 小時-8 小時閒暇時間)。因為在點 E_a 上,剛好滿足利潤極大化的要素供給原則。

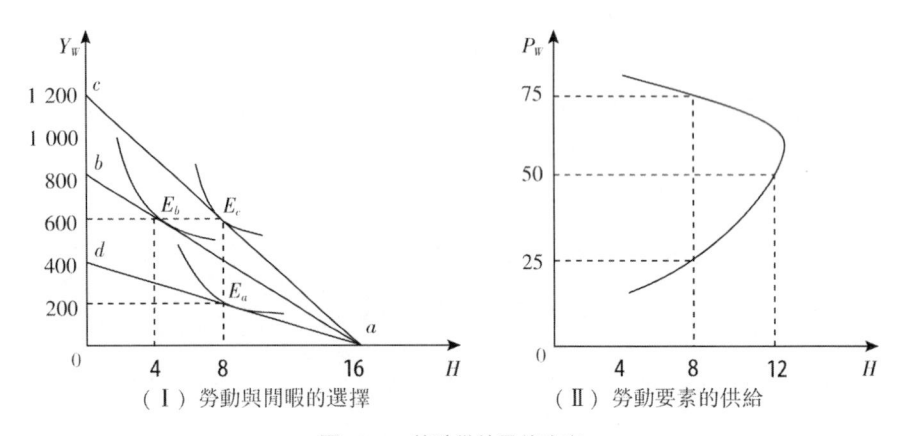

圖 18.1 勞動供給量的決定
(Ⅰ)勞動與閒暇的選擇
(Ⅱ)勞動要素的供給

二、勞動的個人供給和市場供給

勞動的個人供給是指在其他因素不變的條件下,個人的勞動供給量與勞動價格(工資)的關係。因此,個人的勞動供給就是要說明勞動供給量 L 如何隨著勞動工資 P_W 的變化而變化的,也就是說明對應每一個工資水平的勞動供給量。

仍用圖 18.1 的例子,我們已經知道,在其他因素不變時,如果小時工資為 25 元,勞動供給量為 8 小時。運用上面同樣的分析思路,我們可以找到小時工資為 50 元、75 元時的預算線,它們分別為 ab 線、ac 線,相應的均衡點為 E_b、E_c,與之對應的閒暇時間為 4 小時、8 小時。因此,我們得出:如果其他因素不變,當小時工資由 25 元漲到 50 元,勞動時間就由 8 小時增加到 12 小時,但是當小時工資由 50 元增加至 75 元,勞

動的供給量反而從 12 小時減少為 8 小時。據此，我們有圖 18.1（Ⅱ）中向後彎曲的個人勞動供給曲線。向後彎曲的個人勞動供給曲線表明：如果工資低於某一個臨界水平，勞動供給量隨著工資的提高而增加；當工資超過某一個臨界水平，勞動供給量隨著工資的提高而減少。

勞動的市場供給是個人勞動供給總和，表現為個人勞動供給曲線的水平加總。一般而言，勞動的市場供給量隨著勞動工資的上升而增加，勞動的市場供給曲線為正相關的，而不是向後彎曲的。主要原因在於：一方面，個人勞動供給開始向後彎曲的工資臨界水平是很高的，實際生活中很不容易達到，所以實際的個人勞動供給曲線主要還是正相關的；另一方面，即使個人勞動供給是向後彎曲的，但因每個人的臨界工資水平不相同，因而市場供給主要還是呈現出正相關的特點。

第三節　資本的個人供給與市場供給

一、資本供給量的決定

我們已經知道，資本又稱為資本品，是指人們在生產過程中使用的人們過去所生產的物品，比如廠房、機器、辦公樓、計算機、鐵錘、汽車、洗衣機、建築物等。我們說個人是資本的所有者，不是說個人是這些資本品的所有者，這些資本品主要是廠商擁有的，而主要是說個人是形成這些資本品的貨幣資本的所有者。因為這些資本品是廠商投入貨幣資本生產出來的，而廠商的貨幣資本主要是通過儲蓄轉化為投資形成的。儲蓄可以通過投資建廠直接轉化成資本，也可以通過購買金融資產等間接形成資本。因此，為了簡化理解，我們把資本量簡單地用儲蓄量來衡量。

個人擁有的全部貨幣資源是既定的，除了把一部分用於現在消費外，通常還把一部分收入儲蓄起來。個人把貨幣收入用於消費，可以從消費的商品和服務中獲得效用，個人把貨幣收入儲蓄起來能夠從儲蓄收入中獲得效用。個人儲蓄實際上是現在把貨幣資本出租給廠商，並在未來從廠商那裡獲得一筆資本收入，這筆資本收入一部分就是個人出租的資本量，還有一部分就是儲蓄的時間價值利息。如果以 K 代表出租的資本量，以 P_k 表示資本出租價格即利率，那麼，出租資本收入 $Y_k = K \times (1+P_k)$。比如，如果在 2015 年的 1 月 1 日，個人的儲蓄量為 100 元，按照年利率 5%，到 2016 的 1 月 1 日可取出 105 元錢，即 $100 \times (1+5\%)$。

資本量的決定，就是個人把多少貨幣收入作為資本用於儲蓄，或者把多少貨幣收入作為資本出租，實際上是個人把貨幣收入在消費和儲蓄之間分配，也就是個人在消費和資本出租收入之間進行選擇，以實現最大效用。

為了便於理解消費者的資本供給量的決定，我們結合前面介紹的無差異曲線分析方法，用圖 18.2（Ⅰ）的具體例子來說明。圖中的橫軸代表消費量 C_0，縱軸代表資本出租的收入 Y_K。因此，其同一條無差異曲線上每一個點均是代表消費者關於消費量和資本出租收入之間的無差異組合，而不同無差異曲線上的點有不同的偏好。

如果個人的貨幣收入為 500 美元，某個廠商給予個人的資本出租價格即年利率為

2%，個人的最大消費為 500 美元，個人資本出租一年的最大收入就為 510 美元，個人的預算線為 ad。從圖中可看出，在這種偏好和預算條件下，能夠獲得最大效用均衡點 E_d，即消費 200 美元，獲得 306 美元資本出租收入，資本供給量為 300 美元，即 500 美元的貨幣收入減去 200 美元的消費。因為在 E_d，剛好滿足利潤極大化的要素供給原則。

二、資本的個人供給和市場供給

資本的個人供給是指在其他因素不變的條件下，個人的資本出租量 K_0 與資本價格（利率）P_K 的關係。因此，個人的資本供給就是要說明資本供給量如何隨著資本利率變化而變化的，也就是說明對應於每一個工資水平的資本供給量。

我們已經知道，在其他因素不變的時候，如果年利率為 2%，均衡資本供給量為 300 美元，運用上面同樣的分析思路，我們可以找到年利率為 5%、12% 時的預算線分別為 ab 線、ac 線，相應的均衡點 E_b、E_c，與之對應的消費量為 100 美元、200 美元。因此，我們有：如果其他因素不變，當年利率由 2% 漲到 5%，資本供給就由 300 美元增加到 400 美元，但是當年利率由 5% 增加至 12% 時，資本的供給量反而從 400 美元減少到 300 美元。據此，我們有圖 18.2（Ⅱ）中的向後彎曲的個人資本供給曲線。向後彎曲的個人資本供給曲線表明：如果利率低於某一個臨界水平，資本供給量隨著利率的提高而增加；當利率超過某一個臨界水平，資本供給量隨著利率的提高而減少。

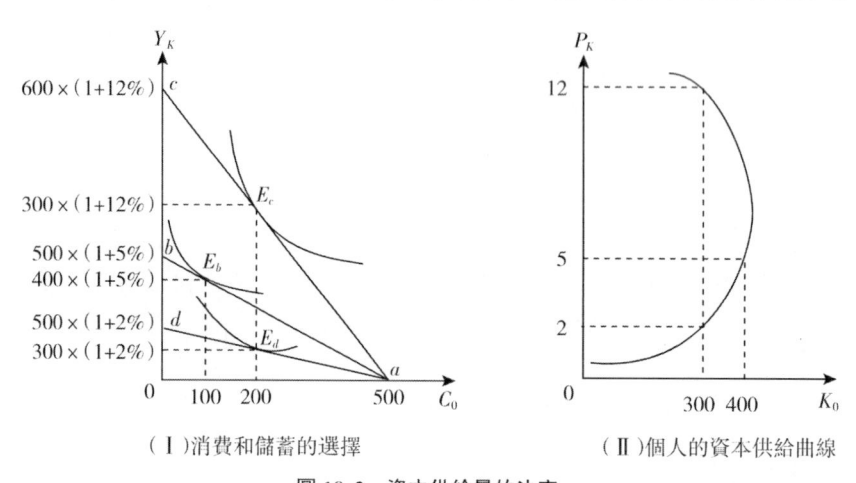

(Ⅰ) 消費和儲蓄的選擇　　　　　(Ⅱ) 個人的資本供給曲線

圖 18.2　資本供給量的決定

資本的市場供給是個人資本供給的總和，表現為個人資本供給曲線的水平加總。一般而言，資本的市場供給量隨著資本利率的上升而增加，資本的市場供給曲線為正相關的，而不是向後彎曲的。主要原因在於：實際經濟生活中，一方面，個人資本供給開始向後彎曲的利率臨界水平是很高的，很不容易達到，所以實際的個人資本供給曲線主要還是正相關的；另一方面，即使個人資本供給是向後彎曲的，但因每個人的臨界利率水平不相同，因而市場供給主要還是呈現出正相關的特點。

第四節 土地的個人供給與市場供給

一、土地供給量的決定

個人所擁有的土地資源是既定的，個人既可以把土地用於自己使用，也可以把土地出租給廠商。自用土地能夠給個人帶來效用，供給土地也能夠為個人帶來效用，只不過是通過供給土地的收入來得到效用的。個人的土地供給量，就是個人選擇用多少土地來出租，實際上可以看成是個人把土地資源在自用土地 L_c 和供給土地 L_s 之間分配，也就是個人在自用土地和供給土地收入之間進行選擇，以實現效用極大化。

為了便於理解消費者的土地供給量的決定，我們結合前面介紹的無差異曲線分析方法，用圖 18.3 的具體例子來說明。圖 18.3（Ⅰ）中的橫軸代表自用土地量，縱軸代表出租土地的收入。因此，U_B、U_C、U_D 為三條無差異曲線，同一條無差異曲線上每一個點均是代表消費者關於自用土地和土地供給收入 Y_L 之間的無差異組合，不同無差異曲線上的點有不同的偏好。土地的無差異曲線為平行於自用土地量軸的直線，而且這些無差異曲線並不與縱軸相交，而是交於自用土地量為 L_h 的垂線。究其原因主要在於：一方面，土地的自用量主要是為了人的基礎需要而產生的，其基礎使用量基本不變。也就是說，消費者的自用土地量是一個不變的常量 L_h，小於這個固定量的自用土地是不能夠滿足基礎需要的，而超過這個固定量的自用土地也不會增加消費者的效用。另一方面，自用土地量只占全部土地的很小一部分，即使它能給消費者帶來效用，其總效用幾乎可以忽略不計，所以土地所有者的效用與自用土地量無關，僅僅取決於出租土地的量。

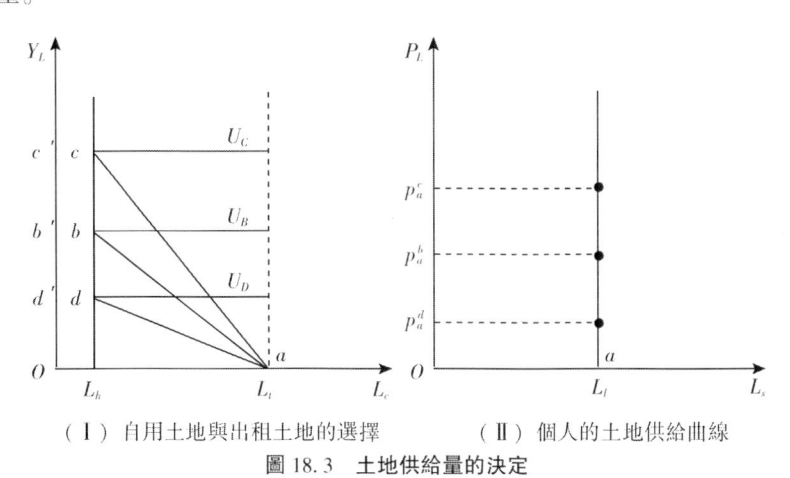

（Ⅰ）自用土地與出租土地的選擇　　（Ⅱ）個人的土地供給曲線

圖 18.3　土地供給量的決定

土地是有價格的，這個價格就是我們常說的地租。地租並不是土地要素在土地市場上的出賣價格，僅僅是土地要素的出租價格 P_L，即廠商為獲得土地的使用權而支付的價格。如果某個廠商給予土地的租金率為 p_a^d 元，消費者把土地用於出租能夠獲得的

收入就為 Od'。當然，如果把全部土地留著自用就沒有任何收入了。因此，ad 線為消費者的預算線。從圖 18.3（Ⅰ）中可以看出，在這種偏好和預算條件下，能夠獲得最大效用的均衡點為 d，即個人不把任何土地留著自己使用，而是把全部土地都出租出去，以獲得 Od' 的收入，並獲得最大效用。因此，個人土地提供量為 L_l。

二、土地的個人供給和市場供給

土地的個人供給是指在其他因素不變的條件下，個人的土地出租量與土地價格（地租）之間的關係。因此，個人的土地供給就是要說明土地供給量如何隨著土地租金率變化而變化的，也就是說明對應每一個租金水平的土地供給量。

我們已經知道，在其他因素不變時，如果租金率為 p_a^d，土地供給量為 L_l。運用上面同樣的分析思路，我們可以找到租金率為 p_a^b、p_a^c 時的預算線分別為 ab 線、ac 線，相應的均衡點為 b、c，與之對應的自用土地量全部都為零。因此，我們得出：如果其他因素不變，當租金率由 p_a^d 漲到 p_a^b、p_a^c，土地供給仍然為土地量 L_l。據此，我們有圖 18.3（Ⅱ）中的以 a 點為垂足的垂直的個人土地供給曲線。垂直的個人土地供給曲線表明：土地供給量不隨土地價格而變化。

土地的市場供給是個人土地供給的總和，表現為個人土地供給曲線的水平加總。一般而言，土地的市場供給量不隨著土地租金的變化而變化，土地的市場供給曲線為垂直於土地數量軸的直線。

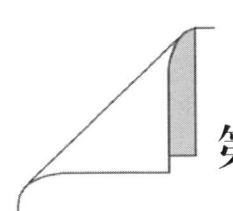

第十九章 要素市場的廠商需求和市場需求

第一節 廠商對要素的使用原則

在市場經濟中，我們把企業或者廠商看成是要素的購買者或者使用者。與產品市場上廠商行為相比較，要素市場上廠商的行為更為複雜，主要在於要素市場上廠商對要素的購買或者需求是一種引致需求，因為在產品市場上存在個人對產品的需求。為了簡化分析，我們把產品市場和要素市場都局限在完全競爭市場（簡稱競爭性市場）和完全壟斷市場（簡稱壟斷性市場）兩種市場上，這樣我們所要分析的廠商就屬於表 19.1 中四種市場中的一種。

表 19.1　　　　　　　　　　要素市場上廠商類型表

廠商類型＼要素市場＼產品市場	競爭性要素市場	壟斷性要素市場
競爭性產品市場	Ⅰ類廠商（競爭性廠商）	Ⅱ類廠商（買方壟斷）
壟斷性產品市場	Ⅲ類廠商（賣方壟斷）	Ⅳ類廠商（雙邊壟斷廠商）

企業不僅在向個人出售商品中追求利潤極大化，而且在購買要素中也希望獲得最大的利潤。根據前面的分析思路，企業在要素購買或者使用中要獲得極大利潤，必須研究要素使用的邊際利益和要素使用的邊際成本。

一、廠商使用要素的邊際成本

廠商使用的要素是廠商在要素市場上購買的，他要為這些生產要素支付一定數量的價格，這些價格就構成廠商使用要素的所失或者成本。廠商使用要素的邊際成本，簡稱為邊際要素成本。邊際要素成本是指廠商增加單位投入要素所引起的成本增加，即要素增量所引起的總成本增量。如果要素投入用 Q_f 表示，那麼邊際要素成本就可以表示為：$MFC = \dfrac{\Delta C'}{\Delta Q_f}$，或 $MFC = \dfrac{dC'}{dQ_f}$。

要素成本是要素投入量與要素價格 P_f 的乘積。要素成本的變化實際上取決於要素

量與要素價格的關係，從而取決於要素供給函數。因此，邊際要素成本就由要素供給函數決定。在不同結構的要素市場上，生產要素的供給函數是不同的，從而廠商的邊際要素成本也有不同的變化。

在完全競爭的要素市場上，各個要素所有者提供的生產要素是完全同質的，因而單個要素所有者改變要素供給對要素市場的供給沒有影響，因而他們都不能以既定的市場價格銷售全部的生產要素。這就是說，在完全競爭的要素市場上，廠商面臨著一條以既定價格為高度的完全彈性的要素供給曲線 S_f。在要素供給完全彈性的情況下，廠商為他所購買的每一單位要素都支付相同的價格，廠商的邊際要素成本就等於要素價格，從而廠商的邊際要素成本曲線就與要素供給曲線重合（如圖 19.1 所示）。

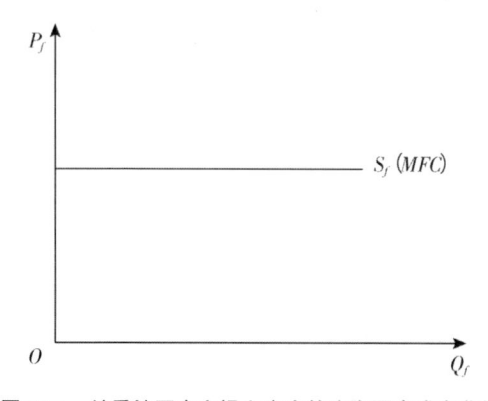

圖 19.1　競爭性要素市場上廠商的邊際要素成本曲線

與完全競爭的要素市場不同，在壟斷的要素市場上，廠商面臨一條向上傾斜的要素供給曲線。這就是說，要素價格越高，要素供給量越大；要素價格越低，要素供給量越小。正相關的要素供給曲線，意味著廠商不僅要為所增加的最後單位要素支付更高的價格，而且還要為他所使用的其他要素單位支付更高的價格。因此，邊際要素成本總是大於要素價格，並隨著要素投入量的增加而增加。也就是說，在壟斷性要素市場上，廠商的邊際要素成本也是正相關的，而且位於要素供給曲線的上方，比要素供給曲線更為陡峭（如圖 19.2 所示）。

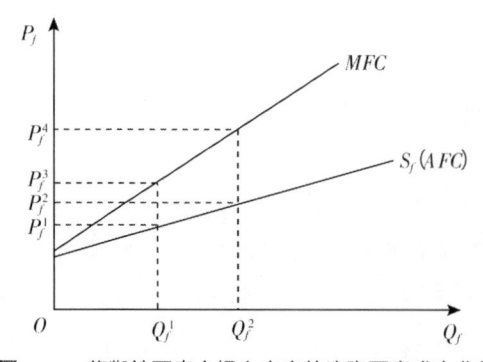

圖 19.2　壟斷性要素市場上廠商的邊際要素成本曲線

二、廠商使用要素的邊際收益

廠商投入要素生產出一定的商品和服務，且能夠從出售這些商品和服務中獲得一定數量的收益，這就構成廠商使用要素的收益。廠商使用要素的邊際收益，簡稱為邊際收益產品（MRP）。邊際收益產品是指廠商增加單位要素投入所增加的收益，即廠商的要素增量所帶來的收益增量。因而有：$MRP = \dfrac{\Delta R_t}{\Delta Q_f}$，或 $MRP = \dfrac{dR_t}{dQ_f}$。

要素投入增量之所以會帶來總收益的變化，是因為它能夠增加總產量，總產量的增加又會引起總收益的變化。要素投入增量所帶來的總產量的增量即我們所熟悉的邊際產量，而總產量增量所帶來的總收益的變化就是邊際收益。由於 $MRP = \dfrac{\Delta R_t}{\Delta Q_f} = \dfrac{\Delta R_t}{\Delta q} \cdot \dfrac{\Delta q}{\Delta Q_f}$，或 $MRP = \dfrac{dR_t}{dQ_f} = \dfrac{dR_t}{dq} \cdot \dfrac{dq}{dQ_f} = MP \cdot MR$，因此邊際收益產品實際上取決於邊際產量和邊際收益，從而取決於生產函數和產品的需求函數。

根據邊際報酬遞減規律，邊際產量在任何市場結構中均是遞減的。但是，由於在不同的產品市場上，廠商所面臨的需求曲線和收益曲線是不同的，所以在不同的產品市場上，廠商的邊際收益產品的變化是不同的。

如果要素購買者是要素市場上的壟斷性廠商，他面臨一條向右下方傾斜的需求曲線，其邊際收益一般低於產品價格，並隨著要素投入的增加以比產品價格更快的速度下降。因此，壟斷性廠商的邊際收益產品就是遞減的邊際產量與遞減的邊際收益的乘積，表現為一條從左向右下方傾斜的曲線。

如果要素購買者是要素市場上的競爭性廠商，其面臨的需求是完全彈性的，他的邊際收益始終等於產品價格。因此，競爭性廠商的邊際收益產品就是遞減的邊際產量與不變的產品價格的乘積。為了便於區分，經濟學把競爭性廠商的邊際收益產品稱為邊際產品價值（VMP），$VMP = MP \cdot P$。邊際價值產品曲線是一條向右下方傾斜的曲線。

在既定的產品需求下，由於壟斷性廠商的邊際收益小於產品價格，即 $MR < P$，因而 $MRP < VMP$。在圖19.3中，MRP曲線位於VMP曲線下方，而且比VMP曲線更為陡峭。這表明：在任何要素投入水平下，壟斷性廠商的邊際收益產品都小於競爭性廠商的邊際產品價值。

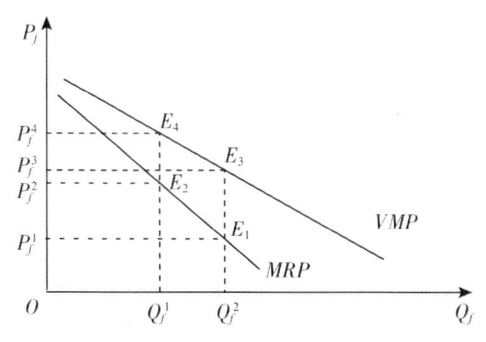

圖19.3 壟斷性要素市場上廠商的邊際要素收益

三、廠商使用要素的最優原則

經濟學假定，廠商在產品的生產中是利潤極大化的追求者，因而要按照$MC=MR$的原則來決定自己的產品量。實際上，廠商在要素的投入上仍然是追求極大化利潤的，也要按照利潤極大化原則來決定要素投入量。廠商決定要素投入量的利潤極大化原則就是邊際要素成本與邊際要素收益相等，即$MFC=MRP$。當然，對競爭性廠商來說，$MFC=MRP$還可以表述成$MFC=VMP$。

為什麼邊際要素成本與邊際收益產品相等，廠商的要素投入量就是最佳的呢？或者說，為什麼邊際要素成本等於邊際要素收益，廠商就達到了利潤極大化呢？我們很容易從其反面來理解和證明。如果邊際要素成本大於邊際收益產品，意味著廠商增加單位要素所引起的總成本增量大於該單位要素所帶來的總收益增量，因此廠商可以通過減少要素投入量來增大利潤；如果邊際要素成本小於邊際收益產品，意味著廠商增加單位要素所引起的總成本增量小於該單位要素所帶來的總收益增量，因此廠商可以通過增加要素投入量來增大利潤。簡而言之，只要邊際要素成本不等於邊際收益產品，廠商都能夠通過調整要素投入量來增加利潤。一旦廠商的邊際要素成本等於邊際收益產品，廠商不再調整其要素投入水平，此時能夠得到的利潤已經全部得到，可以避免的虧損也已經全部避免，廠商實現了利潤最大化。

$MC=MR$和$MFC=MRP$都是廠商實現最大化利潤的決策原則，只不過兩者考察的角度不同而已。為了獲得最大的利潤，廠商不僅需要確定最優的產品量，還要決定最優的要素投入量。如果廠商把產量作為決策變量，從而總成本、總收益和總利潤都是產品量的函數，那麼，廠商就應該把產量調整到一定水平，使得在這個產量水平上的最後單位產品所引起的總成本的增加量，恰好等於該最後產品單位所帶來的總收益的增加量，即$MC=MR$。如果廠商把要素投入量作為決策變量，從而總成本、總收益和總利潤都是要素投入量的函數，那麼，廠商就應該把要素投入量調整到一定水平，使得在這個投入水平上的最後單位要素所引起的總成本的增加量，恰好等於該最後單位要素所帶來的總收益的增加量，即$MFC=MRP$。因此，如果廠商將他的決策變量由產品量變為要素量，也就是廠商從產出決策轉向投入決策，廠商的利潤極大化原則$MC=MR$就可以重新表述為$MFC=MRP$。

第二節　競爭要素市場的廠商需求和市場需求

競爭性要素市場是指表19.1中的Ⅰ類廠商和Ⅲ類廠商所在的市場，即廠商所在的要素市場是完全競爭的，但是他所在的產品市場可能是完全競爭的，也可能是完全壟斷的。如果廠商所在的要素市場是完全競爭的，產品市場也是競爭性的，這類廠商就是競爭性廠商；如果廠商所在的要素市場是完全競爭的，但產品市場是壟斷性的，這類廠商就是賣方壟斷廠商。

一、競爭要素市場上廠商的要素使用量

在競爭性要素市場上，廠商為了獲得最大利潤，必須根據要素量決定的利潤極大化原則來決定自己的要素，即根據要素價格等於 MRP，或 $P_f = VMP$ 的原則來決定自己的要素投入量。

由於廠商所處的要素市場是完全競爭的，因而廠商的邊際要素成本始終等於要素價格。因此競爭性要素市場上的廠商決策，僅僅是單純的關於要素投入量的決策。

結合上面的分析，可以得到圖 19.4。如果企業既是要素市場上的完全競爭性買者，同時又是產品市場上的完全競爭性賣者，廠商將在要素價格 $P_f = VMP$ 達到利潤極大化，均衡點為 E_c 點，對應的要素均衡投入量為 Q_f^c。如果企業是要素市場上的完全競爭性買者，但在產品市場上是壟斷性賣者，廠商將在 $P_f = MRP$ 達到利潤極大化，均衡點為 E_m 點，對應的要素均衡投入量為 Q_f^m。

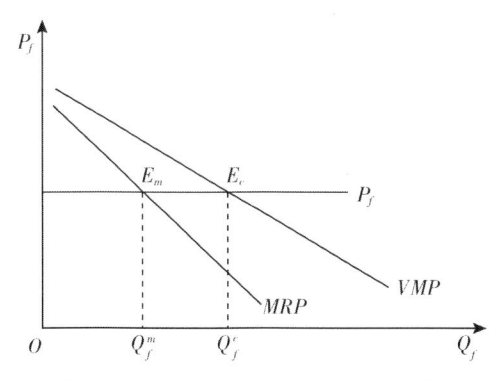

圖 19.4 競爭性要素市場上廠商的均衡

二、競爭要素市場上廠商的要素需求

競爭性要素市場上，廠商對要素的需求是指在其他因素一定的條件下，廠商的要素需求量與要素價格之間的關係。因此，分析廠商對要素的需求，就要分析在其他因素不變時，廠商的均衡要素量是如何隨著要素價格變化而變化的。

如圖 19.5 所示，就競爭性廠商來說，在一定條件下，當要素價格為 P_f^c 時，它與 VMP 曲線交於 E_c，要素的均衡購買量為 Q_f^c。根據同樣的思路，如果要素價格由 P_f^c 提高到 P_f^a、P_f^b，它們與 VMP 曲線的交點就由 E_c 上移到 E_a、E_b，從而要素的均衡購買量就由 Q_f^c 減少到 Q_f^a 和 Q_f^b。連接 E_c、E_a、E_b 就可以得到競爭性的要素需求曲線。

如圖 19.5 所示，就賣方壟斷廠商來說，我們已經知道，在一定條件下，當要素價格為 P_f^c 時，它與 MRP 曲線交於 E_m，要素的均衡購買量為 Q_f^m。根據同樣的思路，如果要素價格由 P_f^c 提高到 P_f^a、P_f^b，那麼，它們與 MRP 曲線的交點就由 E_m 上移到 E_n、E_k，從而要素的均衡購買量就由 Q_f^m 減少到 Q_f^n 和 Q_f^k。連接 E_m、E_n、E_k 就可以得到賣方壟斷廠商的要素需求曲線。

很明顯，在競爭性要素市場上，無論是競爭性廠商，還是賣方壟斷廠商，廠商的

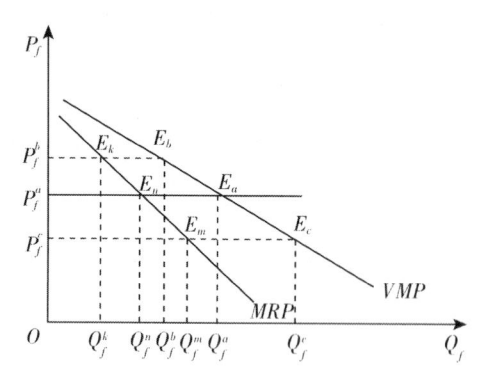

圖 19.5　競爭性要素市場上廠商的要素需求

要素需求曲線是負相關的，即廠商對要素的需求量隨著要素價格的上升而減少，也隨著要素價格的下降而增加。所不同的是，競爭性廠商的要素需求曲線就是 VMP 曲線，而買方壟斷廠商的要素需求曲線是 MRP 曲線。

三、競爭要素市場上要素的市場需求

競爭性要素市場上有很多很多的廠商，他們對要素的需求就構成這個市場上要素的市場需求。在競爭性要素市場上，要素的市場需求量是廠商需求量的總和，因而市場對要素的需求是這個要素的廠商需求的水平加總。競爭性廠商所在的要素市場的要素需求曲線是每個廠商的 VMP 曲線的水平加總，而買方壟斷廠商所在的要素市場的要素需求曲線是每個廠商的 MRP 曲線的水平加總。由於在這個市場上的廠商的要素需求是負相關的，所以要素的市場需求曲線也是負相關的。所不同的是，要素的市場需求曲線一般較要素的廠商需求曲線平緩。

第三節　壟斷要素市場的廠商需求和市場需求

壟斷要素市場是指上表中的 II 類廠商和 IV 類廠商所在的市場，即廠商所在的要素市場是完全壟斷的，而他所在的產品市場可能是完全競爭的，也可能是完全壟斷的。如果廠商所在的要素市場是完全壟斷的，產品市場也是壟斷性的，這類廠商就是雙邊壟斷廠商；如果廠商所在的要素市場是完全壟斷的，但產品市場是完全競爭性的，這類廠商就是買方壟斷廠商。

一、壟斷要素市場上廠商的要素使用量的決定

在壟斷要素市場上，廠商為了獲得最大利潤，也必須根據要素量決定的利潤極大化原則來決定自己的要素，即根據 $MFC = VMP$ 或 $MFC = MRP$ 的原則來決定自己的要素投入量。

由於廠商所處的要素市場是完全壟斷的，因而廠商的邊際要素成本一般大於要素

價格，邊際要素成本曲線是一條位於要素供給曲線上方的正相關的曲線，即圖 19.6 中的 MFC 曲線。

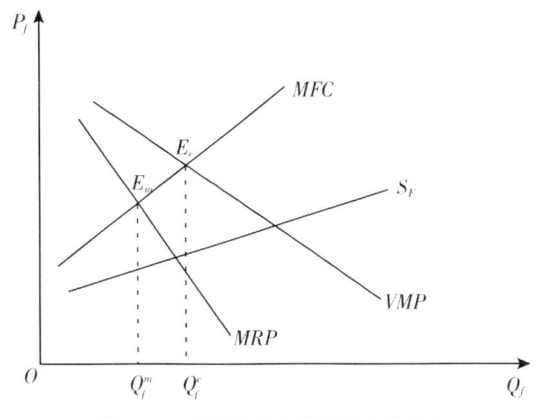

圖 19.6 壟斷要素市場的要素量決定

對於買方壟斷廠商來說，由於廠商所在的產品市場是完全競爭的，因而其邊際要素收益曲線就是邊際產品價值曲線，如圖 19.6 中的 VMP 曲線。在圖 19.6 中，MFC 曲線與 VMP 曲線相交於 E_c 點。E_c 點就是買方壟斷要素市場上廠商要素投入的均衡點，其對應的要素量 Q_f^c 為買方壟斷廠商的利潤極大化投入量。

對於雙邊壟斷廠商來說，由於廠商所在的產品市場是完全壟斷的，因而其邊際要素收益曲線就是邊際收益產品曲線，如圖 19.6 中的 MRP 曲線。在圖 19.6 中，MFC 曲線與 MRP 曲線相交於 E_m 點。E_m 點就是買方壟斷要素市場上廠商要素投入的均衡點，其對應的要素量 Q_f^m 為雙邊壟斷廠商的利潤極大化投入量。

二、壟斷要素市場上要素的廠商需求和市場需求

在壟斷要素市場上，廠商對要素的需求是指在其他因素一定的條件下，廠商的要素需求量與要素價格之間的關係。因此，分析廠商對要素的需求，就是要分析在其他因素不變時，廠商的均衡要素量如何隨著要素價格變化而變化的。

在競爭性要素市場上，廠商的 VMP 曲線和 MRP 曲線就是廠商的需求曲線。但是，在完全壟斷的要素市場上，由於 MFC 不等於價格，因而 MFC 曲線與要素供給曲線或者平均要素成本曲線是分離的，因此廠商的 VMP 曲線和 MRP 曲線就不再是廠商的需求曲線了。

對於買方壟斷廠商來說，他根據 MFC = VMP 只能夠決定利潤極大化的要素量，相應的價格要根據要素供給曲線來確定。這就意味著，與某個利潤極大化要素量相對應，廠商可能存在多個價格；這也意味著與某個價格相對應，廠商存在多個要素購買量。因此，均衡要素量與要素價格之間不存在競爭性廠商那種意義的對應關係，我們不能把廠商的 VMP 曲作為他的要素需求曲線。如圖 19.7 所示。

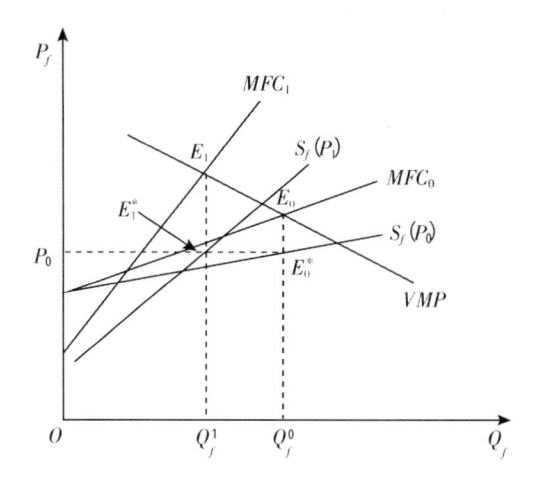

圖 19.7　壟斷性要素市場上廠商的要素需求

同樣地，對於雙邊壟斷廠商來說，他根據 $MFC=MRP$ 只能夠決定利潤極大化的要素量，相應的價格還是要根據要素供給曲線來確定。這就意味著，與某個利潤極大化要素量相對應，廠商可能存在多個價格；同時也意味著與某個價格相對應，廠商存在多個要素購買量。因此，均衡要素量與要素價格之間不存在賣方壟斷廠商那種意義的對應關係，我們不能把廠商的 MRP 曲作為他的要素需求曲線。

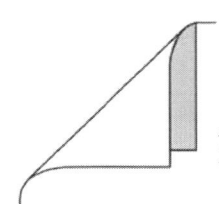

第二十章　要素市場均衡和經濟平等

第一節　勞動工資和土地租金的決定

一、勞動工資的決定和工資差別

1. 工資的決定與管理

工資是勞動者提供勞動服務的報酬，構成勞動者的收入。工資通常用工資率來表示，它反應勞動者單位勞動時間的貨幣工資水平。

在完全競爭的勞動市場上，無論勞動的所有者，還是勞動的使用者都不存在任何壟斷，工資就完全由勞動的供給和需求決定。如前所述，儘管勞動的個人供給曲線是向後彎曲的，但是它的市場供給曲線是一條有正斜率的曲線。勞動的市場需求取決於勞動的邊際價值產品，是勞動的邊際價值產品的水平加總，所以它是向右下方傾斜的曲線。在圖 20.1 中，勞動市場供給曲線與勞動的需求曲線交於 E_0 點，其對應的均衡工資為 P_W^0，均衡勞動量為 Q_L^0。

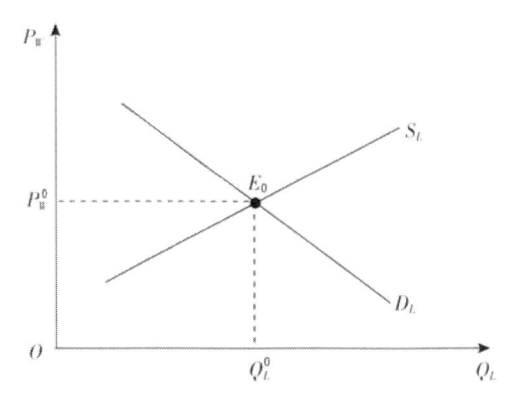

圖 20.1　勞動均衡工資的決定

勞動要素的特殊性，使得勞動市場上存在不同程度的壟斷。比如，在西方國家，工會是完全獨立的維護工人權益的工人組織，它不受政黨和政府操縱。在工資決定中，工會代表工人與廠商談判後協商確定。由於工會控製了工會會員，力量相當強大，經

濟學把它視為勞動供給的壟斷者。工會對勞動供給的壟斷，主要通過限制勞動供給、增加勞動需求、最低工資法三種方式影響工資和就業。

在勞動需求不變的條件下，工會通過減少勞動供給可以提高工資。工會減少勞動供給的方法主要有：限制非工會會員受雇，迫使政府通過強制禁止使用童工、限制移民、減少工作時間的法律等。工會限制勞動供給對工資和就業的影響可用圖 20.2 來說明。在圖中，勞動的供給曲線原來為 S_L^0，它與勞動需求曲線 D_L 相交於點 E_L^0，這決定了工資水平為 P_W^0，就業水平為 Q_L^0。工會限制勞動供給使勞動的供給減少，勞動供給曲線由 S_L^0 移到 S_L^1，S_L^1 與 D_L 相交於點 E_L^1。E_L^1 點所對應的工資水平為 P_W^1，就業水平為 Q_L^1。顯然，工會減少勞動供給會導致工資水平提高和就業減少。

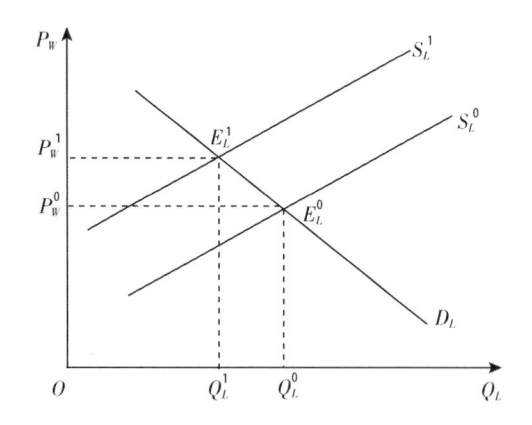

圖 20.2 工會減少勞動供給對均衡工資和勞動就業的影響

在勞動供給不變的條件下，增加勞動需求可以提高工人工資水平。由於勞動要素需求是產品需求派生的，工會要求廠商增加對勞動的需求的主要途徑是增加市場對產品的需求。工會可以通過議會等活動來促使政府制定和實施擴大需求的政策，比如擴大出口、限制進口、實行保護貿易等。工會利用其壟斷力量促使勞動需求增加，對工資和就業產生重要的影響。在圖 20.3 中，S_L^0 為勞動供給曲線，它與原來的勞動需求曲線 D_L^0 相交於 E_L^0 點，決定了相應的工資水平為 P_W^0，就業量為 Q_L^0。由於工會壟斷促使勞

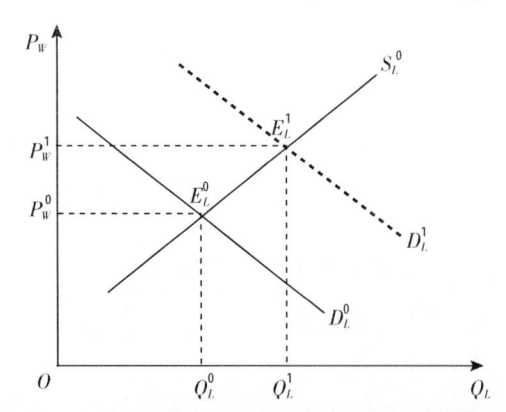

圖 20.3 工會增加勞動需求對均衡工資和勞動就業的影響

動需求增加，勞動需求曲線變為 D_L^1，D_L^1 與 S_L^0 交於點 E_L^1，對應的工資水平為 P_W^1，而就業量為 Q_L^1。可見，勞動需求的增加既能使工人獲得更高的工資，又能擴大勞動就業量。

工會的存在迫使政府通過立法規定最低工資，即使在勞動供給大於需求時也能夠把工資維持在一定的水平。實際上，最低工資標準，就是一種支持價格。因此，與農產品市場上的支持價格一樣，最低工資法的規定會提高勞動市場的工資水平，但會引起勞動市場的勞動過剩，也就是會出現勞動失業。這種因勞動者不願意接受現行的工資標準或者工作條件所造成的失業被稱為自願失業。顯然，如果勞動者願意接受市場均衡工資標準，那麼，願意工作的勞動力都可以找到工作，就不會存在這種失業（如圖 20.4 所示）。

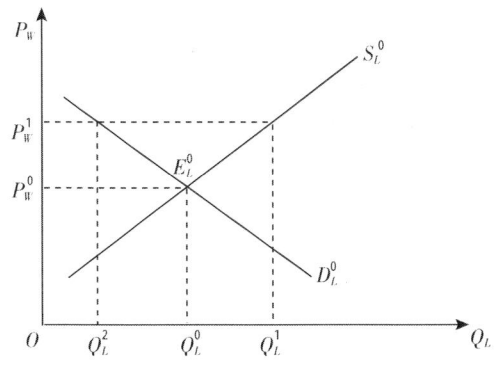

圖 20.4　最低工資法對均衡工資和勞動就業的影響

2. 工資差別和工資激勵

在勞動市場上，客觀存在兩方面的問題：一是各個工人之間的工資存在差別，即使在不存在工會壟斷的情況下也是如此；二是存在工人偷懶，從而需要恰當的約束和激勵。

所謂工資差別，是指具有相似的教育背景和工作經歷的各個工人之間的工資差異。經濟學認為，工資差別主要有補償性工資差別、效率性工資差別以及歧視性工資差別等。工資差別可能與職業性質的差別有關。一份工作除了貨幣特徵外，還具有非貨幣特徵，其中包括工人享有的自主程度、工人承擔的風險以及工作的樂趣等。廠商會根據這些非貨幣特徵的誘人和不誘人之處調整工資，為一個工作的不合意的方面對工人進行補償。這種因職業性質不同而產生的、為補償工人承受的不合意所形成的工資差別，就是補償性工資差別。工資差別還可能與個人之間生產效率的差別有關。有些工人的生產率較其他人高得多，甚至在具有相同經歷和相同教育的人中也是如此。基於個人生產效率差別形成的工資差別被稱為效率性工資差別。除補償性和效率性工資差別外，還存在歧視性工資差別，即因年齡歧視、種族歧視、性別歧視以及職業歧視形成的工資差別。在具有類似教育背景、工作經歷和大致相同的生產率情況下，通常上年紀的工人的工資低於中、青年工人，黑人的工資低於白人，女工的工資低於男工。近年來，上年紀的工人、黑人和婦女在工資上的不利地位逐漸好轉，人們關注的焦點已轉到社會地位較低的階層，這個階層很少有機會得到收入更好的工作，造成歧視性

的工資差別。

除非出故障，機器總是按照人們所要求的那樣去工作。而工人畢竟不同於機器，在缺乏約束和激勵的情況下，工人的偷懶是普遍存在的。為了使工人充分有效地生產，而不是鬆鬆垮垮地工作，實行計件工資和效率工資是兩種重要的制度選擇。計件工資制度是指工人按其生產的每件產品或完成的每項生產任務取得報酬的支付制度。在計件工資制度中，具有更高生產率的工人獲得更高的報酬，生產效率更低的工人獲得的報酬更低。應該說，計件工資能提供促使工人努力工作的恰當激勵。然而，完全實行計件工資制度存在一些實際障礙：一是工人在計件工資制度中要承擔很大的風險。比如某個工人因病休假一週，那麼，該工人在那一週就沒有收入。二是雇主不能確切地衡量工人所完成工作的數量和質量。通常情況下，即使生產的數量容易衡量，工作的質量也不好評價，工人只有追求數量的激勵而缺乏追求質量的激勵。正因為這個障礙，以計件工資作為主要收入形式的工人較少，完全以這種形式取得收入的工人數量則更少。

在完全競爭的勞動市場上，所有的工人都有同樣的生產率並得到同樣的工資，所有願意工作的人都會在等於他們邊際產出的工資水平上找到工作。即使他們被某個雇主解雇，也能夠在其他地方以相同的工資就業，因此存在偷懶的刺激。為了得到員工的忠誠和高質量的工作並減少工人跳槽，廠商必須向工人支付比他們在其他地方所得報酬更高的工資。在這個工資水平上，由於偷懶而被解雇的工人就面臨工資降低的風險。如果工資的差別足夠大，工人就會被吸引到有效的工作上來。這種可以防止工人偷懶、刺激工人有效地生產的高工資就稱為效率工資。

二、地租的決定和經濟租金

1. 均衡地租的決定

作為土地租用的價格，地租不是土地最終所有權轉移的經濟體現，而是土地使用權暫時轉移的經濟體現。作為使用土地支付的價格，地租構成土地所有者的收入。根據價格理論的一般原理，地租是由土地的供給與需求共同決定的。

廠商對土地的需求是由土地的邊際收入產品決定的。根據報酬遞減規律，隨土地使用量的增加，土地所提供的收益會遞減。因此，土地的需求曲線是一條向右下方傾斜的曲線，它表示地租與土地使用量之間的反向變化關係。在前面我們已經分析過了土地的供給曲線為一條垂直於橫軸的直線，其供給彈性為0。

地租的決定與變動可以用圖20.5來說明。圖中橫軸代表土地供給量，縱軸代表地租率，垂線S_L^0代表土地供給曲線，D_L^0代表土地需求曲線。D_L^0曲線與直線S_L^0在點E_L^0相交，E_L^0決定的均衡地租為P_L^0，均衡土地供給量為Q_L^0，地租為矩形$OP_L^0E_L^0Q_L^0$的面積。由於土地供給完全缺乏彈性，地租實際上就完全取決於土地需求。土地需求越高，地租就越高。隨著人口增加和經濟增長，對土地的需求會增加，因而地租具有上升的趨勢。

在圖20.5中，假定需求曲線從D_L^0擴大到D_L^1，會導致地租升到P_L^1水平，地租則擴大為矩形$OP_L^1E_L^1Q_L^0$的面積。顯然，土地所有者獲得的地租及其變化，並不取決於土

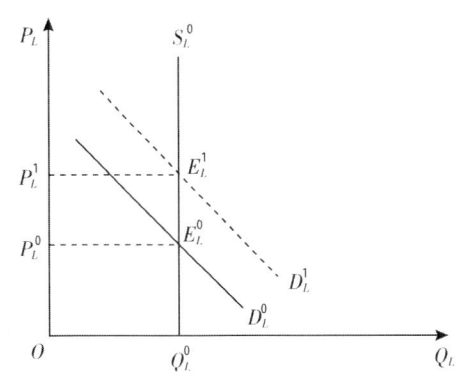

圖 20.5　地租的決定與變動

所有者支付的成本，也並非其耗費成本的必要補償，因為土地是大自然的恩賜，土地所有者對土地的佔有也是無償的。

2. 轉移地租

土地的總供給量是固定的，但因土地用途的多樣性，一種特定用途上的土地供給量，可能因為其他用途的土地用途向其轉移而增加，也可能因為該土地向其他用途轉移而減少。例如，建築廠房的用地，既可以因生產小麥、穀物等農用耕地向它轉移而增加，也可能因還耕於農而減少。如果土地在不同用途上能夠相互替代、充分流動，特定用途的土地供給就是有彈性的，可以隨地租的變動而變動。

在其他用途上的地租既定不變的條件下，如果某一特定用途的地租上升，土地所有者就會增加該用途的土地供給；反之，如果某一特定用途的地租下降，土地所有者就會減少該用途的土地供給。因此，某一特定用途的土地供給量與它在該用途上的地租成正比。特定用途的土地供給是一條正相關的供給曲線。

對某一特定用途土地的需求，仍然是一條負相關的需求曲線。特定用途的土地供給和需求共同決定該特定用途的土地均衡使用量和均衡地租，這個地租就稱為轉移地租，它是該特定用途上的土地供給價格與需求價格相等的地租。轉移地租是推進土地資源實現配置的內在機制。

3. 經濟租金、準租和純租

經濟租金是指廠商對某種要素的實際支付額超過該要素維持目前用途所需支付的最低價格的差額。廠商對某種要素的實際支付額，構成該要素所有者實際得到的要素報酬。某種要素維持目前用途所需支付的最低價格，就是該要素所有者希望獲得的最低報酬。因此，經濟租金也可看成要素所有者實際獲得的報酬與他們所希望獲得的最低報酬的差額。

地租就是經濟租金的一種典型形式。圖 20.6 說明了更為一般的情況。在圖中，S_L^0 代表要素供給曲線，D_L^0 代表要素需求曲線。D_L^0 與 S_L^0 在點 E_L^0 相交，E_L^0 決定的均衡要素價格為 P_L^0，均衡要素供給量為 Q_L^0，矩形 $OP_L^0E_L^0Q_L^0$ 的面積就是廠商實際支付的要素價格總額。要素供給曲線反應了在每個要素供給量上要素所有者所願意接受的最低價格，所以使用 Q_L^0 數量的生產要素，廠商至少要支付相當於 $OP_L^0E_L^0Q_L^0$ 面積的貨幣額。因此，

經濟租金就是圖中陰影部分面積。

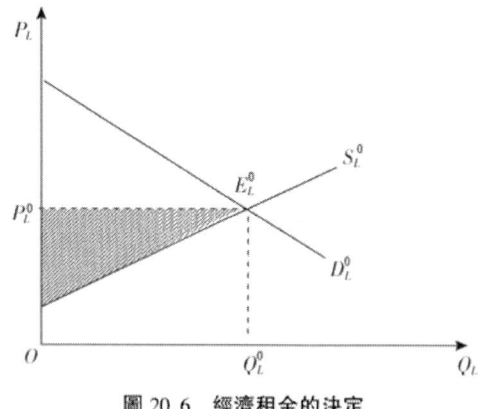

圖 20.6　經濟租金的決定

從圖 20.6 中很容易發現：某種生產要素的供給彈性越大，即供給曲線越平緩，經濟租金就越小。如果要素供給是具有無限彈性的，經濟租金就不存在。比如，完全競爭性要素市場上要素供給曲線為水平線，就不存在經濟租金；相反，如為某一固定供給的生產要素，其全部報酬都是經濟租金，如地租。

如果一種生產要素在長期內完全缺乏彈性，其要素所有者由此獲得的額外收入就是純租。這種租金收入能長期保持，並隨需求發生改變，是一種真正意義的租金。擁有不可替代的用途的土地所有者的地租收入就是一種典型的純租。靈氣四射的足球天才羅納爾多、天生好歌喉的帕瓦羅蒂，他們的供給是沒有彈性的，他們所獲得的高額收入也具有純租的性質。

如果一種生產要素在短期內完全缺乏彈性，它的所有者獲得的額外收入就稱為準租。在長期中，隨著供給的增加，準租將會消失。比如，資本供給在短期內是固定不變的，資本利息就完全取決於資本需求，這時的資本利息就是一種資本準租。隨著時間的推移，資本供給會更富於彈性，這種利息將會消失。企業家的任何一項創新都能獲得正常利潤。但在完全競爭性市場上，一項創新只能為他帶來短期利潤，隨著他人的效仿，這部分利潤就會消失，所以企業家每項創新得到的利潤都具有準租的性質。

第二節　資本利息和利潤的決定

一、資本利息及其決定

1. 時間偏好、迂迴生產與資本利息

在經濟學上，廠房、機器及其他生產工具等資本品就是資本，它是已生產出來但未被消費且被作為生產要素投入的物質資料。實際上，資本是由資本所有者放棄現期消費而選擇未來消費形成的。因此，資本利息被認為是對要素所有者犧牲現期消費的一種經濟補償。

為什麼要素所有者延期消費要求得到利息補償呢？經濟學認為，人們具有一種時間偏好，即在未來消費與現期消費中，人們是偏好現期消費的，從而同一物品未來的效用總是低於現期的效用。究其原因主要有三：一是人們預期未來的物品稀缺性會減弱；二是人們認為人生短促，也許自己活不到享受未來物品的時候；三是人們不太重視未來的歡樂和痛苦，習慣於低估未來的需求、低估滿足未來需要的物品的效用。時間偏好的存在，決定了人們總是偏好現期消費的。一旦人們放棄現期消費而把它變成資本，就應該得到利息以作補償。

利息是資本使用者支付給資本所有者的。資本使用者之所以願意並能夠支付利息，是因為資本能夠提高使用者的經濟效率，生產出包含利息在內的更大收益。經濟學認為，現代生產方式的基本特點就在於迂迴生產，即人們先生產機器設備和生產工具等資本品，然後再利用這些資本品去生產消費品。迂迴生產能夠提高生產效率，而且迂迴的過程越長，生產效率越高。比如，人們最初直接依靠人力和畜力栽種糧食，生產效率很低。現在，人們先發明了生產農用機械的機器設備，然後再使用這些設備去製造聯合收割機等農用機械，最後用這些農用機械去種植農作物，生產效率大大提高。迂迴生產的高效率，使得資本使用者獲得的收益，除了補償資本價值外，還能獲得一個額外的餘額。這個餘額與資本原值的比，就是資本淨生產力，又稱為資本淨生產率。因此，資本淨生產力是資本利息的源泉。

2. 均衡利息率的決定

利息是廠商使用資本所支付的價格，它構成資本所有者的收入。作為資本要素的價格，利息不是指貨幣、股票、債券等金融資產的價格，而是指廠房、機器及其他生產工具等真實資本的價格。事實上，資本要素的價格有兩種形式：一種是資本所有者讓渡資本所有權的價格，即資本品的買賣價格；另一種是資本所有者讓渡資本使用權的價格，也就是資本品的租借價格。前一種價格通常稱為資本品價格，它的決定與一般的產品價格的決定相同。後一種價格則習慣地稱為資本利息率，資本利息率作為資本要素的使用價格，它是時間的函數，表示為單位資本的時間利息率，如年利率、月利率等。利息率取決於資本需求和資本供給。

資本的市場供給曲線是一條向右上方傾斜的曲線，而資本的需求曲線是向右下方傾斜的曲線。結合資本供給和資本需求，就可以得到均衡利息率。如圖20.7所示，S_K^0代表資本供給曲線，D_K^0代表資本需求曲線。S_K^0與D_K^0在點E_K^0相交，E_K^0決定的資本均衡利率為P_K^0，均衡資本量為Q_K^0。很明顯，資本供給和資本需求的變化會導致資本利息率的變化。隨著經濟進入衰退時期，資本供給可能增加，而資本需求則會減少，利息率可能會降低；反之，在經濟繁榮時期，利息率會相應提高。

二、利潤的源泉及其決定

千方百計地追逐利潤是廠商的本性。利潤之於企業，猶如血液之於生命。利潤有會計利潤、正常利潤和經濟利潤，會計利潤是正常利潤與經濟利潤之和。因此，在這裡著重分析正常利潤和經濟利潤的來源、性質及其決定。

1. 企業家才能與正常利潤

所謂正常利潤，是指廠商維持生產經營正常進行所必須得到的最低額外報酬。一

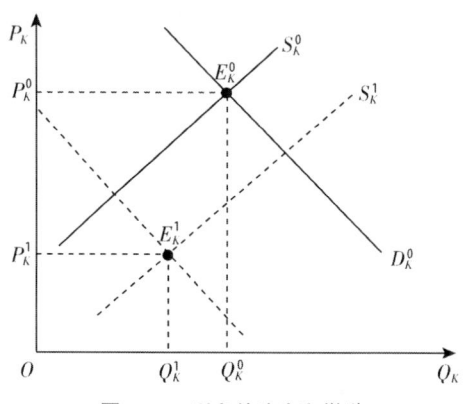

圖 20.7　利息的決定和變動

一般而言，要保證廠商繼續正常生產，至少企業的生產成本耗費要得到全部補償。因此，廠商獲得的收益除了補償明顯成本或會計成本之外，還要補償廠商的隱含成本。如果廠商的收益不能充分補償其隱含成本，理性的廠商就不會繼續正常生產，因而賺取相當於隱含成本數額的收益，就成了廠商維持正常生產的最低額外報酬。從這個意義上說，正常利潤就是廠商獲得的用來補償隱含成本的那部分收益。經濟學把這部分收益看作利潤，因為從日常習慣和會計核算來看，隱含成本並非真正意義上的成本。它也不需要進行現實的貨幣支付，與隱含成本相當的那部分收益計入會計利潤之中，從而具有利潤的性質。在完全競爭市場中，廠商作為價格接受者可以自由進出市場，廠商之間的競爭會使市場價格降低到平均成本水平，每個廠商都只能獲得正常利潤。而在完全壟斷市場中，廠商是價格的制定者，其市場價格高於平均成本。廠商不僅能得到正常利潤，還能獲得超過正常利潤的經濟利潤。因此，正常利潤也可定義為完全競爭性廠商即使在長期也能得到的那部分利潤。

完全競爭性市場實質上是一個競而不爭的市場。在這個市場上，沒有經營風險，沒有創新動力，也沒有壟斷因素。在這樣一個完全確定的靜態市場中，廠商得到的正常利潤不可能產生於風險、創新和壟斷，而是企業家才能的報酬。在經濟學看來，企業家才能是指廠商綜合組織和管理生產要素的能力。正常利潤就是由企業家才能的供給和需求決定的。實際上並不是每個人都具備企業家才能，只有那些有管理天賦和豐富管理經驗的又受過良好教育的人才具備企業家才能。因此，企業家才能的生產成本很高，市場供給很小。企業家才能是合理配置各種生產要素的決定性因素，其市場需求很大。企業家才能的供求特點，決定了正常利潤水平較高。這就是廠商利潤和企業家收入遠遠高於一般勞動者工資的重要原因。

2. 風險與經濟利潤

經濟利潤是收益與經濟成本之差，是廠商獲得的超過正常利潤的那部分利潤。在利潤理論中，經濟學對於經濟利潤的來源和性質進行了大量的分析。一般認為，由於市場信息和競爭的不完全性，廠商的生產總是在風險、創新和壟斷的條件下進行的。因此，經濟利潤可能與廠商的風險決策能力、生產創新能力和市場壟斷力相關。

風險是指廠商決策所面臨的虧損可能性。任何決策總是面向未來的，而未來是不

確定的，因而企業決策總存在風險。有些風險是可以通過保險等來轉移、分散和規避的，比如火災、失竊、工傷事故等風險，這不是經濟學上重點分析的風險。經濟學著重考慮的主要是因市場活動的不確定性而可能帶來的損失。比如，廠商因存在破產的可能性而不能履約的違約風險，由於產品需求、要素供給以及競爭對手行為的不確定性可能帶來的損失等。上述風險的存在，沒有可能通過多樣化投資和投保來分散和消除。對於這類風險，像通用汽車公司和大陸伊利諾斯銀行這樣的大企業也無法完全避免。風險的普遍存在，使得廠商生產經營某項目的期望收益與確定性收益不一致。一般而言，風險越高，期望收益和風險收益就越大；風險越低，期望收益和風險收益就越小。為了鼓勵廠商從事風險經營活動，就必須為他承擔這種風險提供一定的報酬，使成功的風險決策能獲得利潤收入。這個利潤收入實際上就是廠商獲得的風險收益。成功的風險決策能為廠商帶來利潤，但失誤的風險決策將給廠商造成虧損，因而風險收益具有強烈的不穩定性，它可能為正值，也可能為負值。一般來說，理性的廠商都盡可能地規避風險，但許多具有風險的生產經營對居民戶、企業和社會都是相當有益的。因此，廠商獲得因承擔風險而產生的經濟利潤是合理的。

3. 創新與經濟利潤

創新是指廠商把新的發明引入經濟領域，對生產要素進行重新組合的活動。它包括開發和研究新產品、採用新的生產技術和生產方法、開拓新的產品市場、獲得生產要素的新來源以及運用新的企業組織形式等多方面的內容。

創新使一個廠商能夠獲得優於其他廠商的市場需求條件和成本條件，從而得到超過正常利潤的超額利潤。開發和研究一種新產品，既可以創造和滿足新的市場需求，還可以使廠商以一個滿意的價格銷售產品，從而增加收益和利潤。如美國電報電話公司的研究機構貝爾實驗室對激光和晶體管的研究開發，使得該公司得到了遠遠高於一般利潤的超額利潤。採用新的生產方法和企業組織形式，也可以大大提高生產效率和管理效率，明顯降低生產經營成本，廠商因此也能得到更多的利潤。比如，現代化生產中大量使用的模糊控製和機器人操作就是生產方法上的創新，而股份公司制則是企業組織形式上的創新。廠商獲得一種原料的新來源，不僅能夠克服生產中原料的限制而擴大產量，而且還能降低生產成本，從而獲得更高水平的利潤。開闢新的市場同樣可以通過擴大需求和提高價格而獲得超額利潤。在完全競爭性市場，任何創新都會被他人模仿，因而一項創新只能為企業帶來短期利潤。隨著他人的效仿，這部分利潤就會消失。廠商只能在不斷地創新中才能獲得利潤收入。同時，廠商的創新並非都能創造超額利潤，只有那些符合市場需要的有效創新才能帶來創新收益。從這個意義上講，因創新而得到的那部分創新報酬也是不確定的，具有相當大的伸縮性。創新是社會進步和發展的源泉和動力，廠商因創新而獲得經濟利潤是合理的，是社會對創新的必要獎勵。

4. 壟斷與經濟利潤

在廠商獲得的經濟利潤中，部分是風險補償，部分是創新獎勵，還有部分則是壟斷利潤。壟斷利潤是指因市場競爭的不完全性而產生的超額利潤，也就是由於壟斷而產生的超額利潤。壟斷利潤來源於壟斷力。所謂壟斷力是指廠商提高價格時，其顧客不會流失或銷售量不會減少的程度。實際上，壟斷力就是廠商控製市場價格的能力。

在壟斷市場上，廠商正是憑藉其壟斷力獲得壟斷利潤的。壟斷利潤可分為賣方壟斷利潤和買方壟斷利潤。賣方壟斷利潤是指廠商通過對某種產品出售權的壟斷，抬高商品賣價以損害消費者利益而取得的利潤。壟斷廠商的短期均衡和長期均衡、壟斷競爭廠商的短期均衡以及寡頭壟斷條件下的經濟利潤就是這種壟斷利潤。與此不同，買方壟斷利潤是指廠商通過對產品或要素購買權的壟斷，壓低收購價格以損害生產者利益而取得的利潤。

壟斷利潤不是來自於風險決策和生產創新，也不是作為一種投入要素的企業家才能的報酬，而是來自於對產品消費者和要素所有者的收入轉移，而且還會導致社會效率和福利的損失。因此，壟斷利潤的獲得是不合理的，社會應該對此進行積極限制和有效調節。

第三節　收入差距與收入分配政策

一、機會均等和結果公平

「任何一個社會都應該實現公平」是人類的理想，但在收入分配問題上主要有兩種公平觀——機會均等和結果公平。

1. 機會均等

根據分配的機制或手段來判斷是否公平，這就是過程公平論。換言之，無論結果如何，只要機制是公平的，就實現了公平。在收入分配問題上，這種觀點強調的是決定收入的機制是否公平。這種觀點的主要代表是美國哲學家羅伯特·諾齊克，其代表作是《無政府、國家與烏托邦》。

這種觀點認為，收入分配是否公平，關鍵在於決定分配的機制。在市場經濟中，重要的是制度上的公平，而這種公平要以私有產權和自願交易為基礎。人們通過交易來實現私有財產的轉移。只要交易是公平的，產生的結果就是公平的。在生產中，私有產權制度保證了每個人的要素由個人所擁有，各自交換自己的要素，這種交易的自願性與平等性決定了分配的公平性。例如，一個歌手舉行演唱會，每張門票 100 元，聽眾自願購票。如果有 5 萬人購票，歌手得 500 萬元。這種收入雖然很高，但是只要沒有強迫歌手唱歌和聽眾買票，歌手與聽眾是自願的交易，歌手的高收入就沒有什麼不合理之處，他與其他人的收入差別就是公平的。根據這種觀點，只要分配機制保證了私有權，保證了自願交易，每個人都以平等的權利參與市場交易，無論分配的結果如何，分配都是公平的。

2. 結果公平

結果公平論根據分配的結果來判斷收入分配是否公平。換言之，只有結果的平等才實現了公平，這種觀點的主要代表是美國哲學家羅爾斯。這種觀點認為，如果最窮的人可以通過從任何一個其他人那裡得到收入而增加福利，那麼，公平就是要求進行這種分配。按這個標準，最公平的分配應該是完全平等的分配。但實際上並非如此，因為這種分配會引起效率損失，會使所有人的福利減少。所以，結果公平論並不是主

張完全平等的分配，而是關注最窮的人的狀況，通過收入再分配來增加他們的收入。

這兩種觀點反應了人們對收入分配的不同看法。在現實中，無論持什麼觀點的人，都認為需要某種形式的收入再分配來保證社會某種程度的公平與穩定。

二、洛倫茲曲線和基尼系數

在不同的歷史時期和不同的社會中，收入分配的不平等程度是存在差異的。經濟學家們常常用洛倫茲曲線和基尼系數來測量收入分配的不平等程度。

1. 洛倫茲曲線

在社會角度上，收入分配的平等或不平等程度，可以通過簡單考察一定比例的人口所占收入比例的大小來分析。比如，總人口中收入最低的10%的人口占總收入的百分比究竟是多少？收入最低的20%的人口占總收入的百分比是多少？收入最低的30%、40%、50%等的人口占總收入的比例是多少？如此等等。如果以人口的累積百分比和收入的累積百分比為兩個坐標軸，把一個特定時期內特定社會的人口累積比例α_x與收入累積比例α_y的對應關係點描繪在坐標平面上，就會勾畫出一條曲線，這條曲線就是洛倫茲曲線。

簡而言之，洛倫茲曲線是反應人口百分比與收入百分比關係的曲線。如圖20.8所示，直線OO'為45度線，在OO'線上的點到兩軸的垂直距離相等，即20%的人口佔有20%的收入，60%的人口佔有60%的收入，如此等等。因此，直線OO'表示了一定比例的人口就擁有與之相同比例的收入，表示了收入分配的絕對平等。與直線OO'不同，折線OEO'反應了收入分配的絕對不平等狀況。在這樣一種狀況下，其中99%的人都沒有收入，而1%的人擁有100%的收入。

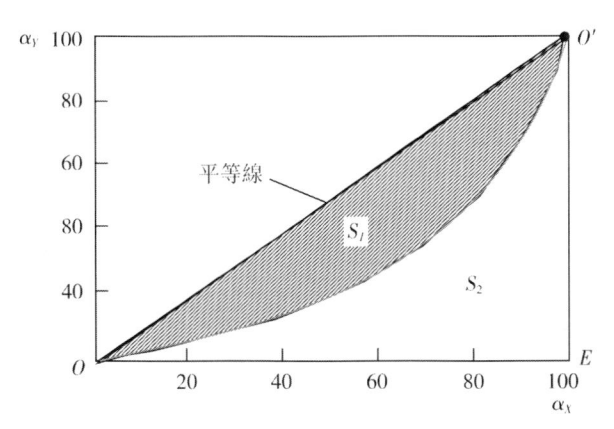

圖20.8 收入均等線和洛倫茲曲線

實際上，任何國家在任何時期的收入平等程度必定介於絕對平等和絕對不平等之間，如圖20.8中的弧線OO'所示。弧線OO'代表了某一條洛倫茲曲線。很明顯，洛倫茲曲線越靠近絕對平等線，反應收入分配的平等程度越高；洛倫茲曲線越靠近絕對不平等線，其代表的收入分配越不平等。經濟學家通常根據統計調查資料來描畫洛倫茲曲線，從而研究收入分配的平等程度。

2. 基尼系數

除了用圖形直觀地表示收入分配平等程度之外，基尼系數也是分析收入平等程度的重要工具。在圖 20.8 中，把實際的洛倫茲曲線與絕對平等線之間的面積，表示為 S_1，把實際洛倫茲曲線與絕對不平等線之間的面積表示為 S_2，則基尼系數的計算公式為：

$$基尼系數 = \frac{S_1}{S_1 + S_2}$$

顯然，當實際洛倫茲曲線與絕對平等線重合，即 S_1 為 0 時，基尼系數為 0，這時收入分配絕對平等；當實際洛倫茲曲線與絕對不平等線重合，即 S_2 為 0 時，基尼系數為 1，這時收入分配絕對不平等。實際基尼系數總是大於 0 小於 1 的。基尼系數越小，收入分配越平等；基尼系數越大，收入分配越不平等。按照國際上通用的標準，基尼系數小於 0.2，表示收入分配高度平均；介於 0.2 至 0.3 之間表示相對平均；介於 0.3 至 0.4 之間表示基本合理；0.4 是收入貧富差距的警戒線；如果基尼系數介於 0.4 至 0.5 之間則表示收入差距較大；0.6 以上視為高度不平均。

三、產生不公平的根源

在現實經濟生活中，收入不平等是客觀事實。引起這種收入不平等的原因主要有以下幾個方面：

第一，由歷史原因所決定的初始財產分配狀態的不平等。財產的集中，一般是通過以往的高收入的積蓄、持有普通股票或不動產取得的投機收入、發現大量的天然資源、新產品和新工藝的發明等來實現的。由於財產的擁有具有無限性和可繼承性，因而財產的擁有量成為決定收入不平等的重要因素。

第二，勞動力的差異，即能力（智能和體能）的不同，由此決定了具有不同能力的勞動者的收入的差距。此外，特殊行業和危險部門具有較高的報酬率，甚至運氣也有收益，例如找到一項能夠充分發揮自己能力的合適的工作。這些因素也是造成收入不平等的原因。

第三，要素報酬率的不平等。這是由於在現實經濟生活中，並不具備瓦爾拉斯邊際生產力理論實現的前提，特別是大致相同的各種生產要素的相對供給量。健全的市場體制和要素完全自由流動等條件，很難在現實中得到滿足。例如，政府的最低工資法和工會的集體談判可能會使已就業工人的工資高於由完全競爭市場決定的均衡工資；地理上或專業上的固定性會阻礙生產要素轉移到可能獲得更高收入的經濟部門；等等。所以，各種要素之間的相對稀缺性和市場競爭的不完全性會阻止生產要素獲得自己邊際生產力的價值，導致要素報酬的不平等，從而引起收入分配的不平等。

此外，種族歧視、性別歧視或年齡歧視也會嚴重阻礙許多工人得到自己全部邊際價值產品；而經濟衰退和失業則會使許多勞動者根本無任何收入。

四、收入分配政策

市場經濟中收入分配的不平等，主要源於社會成員提供的生產要素的質和量的差異，以及由市場形成的各種要素報酬率的差異。因此，收入分配政策著眼於對決定收

入分配的各種主要因素的調節，主要包括收入和價格決定的均等化政策、收入再分配政策和收入源泉的均等化政策。

1. 價格政策

就收入和價格決定的均等化政策來說，一是價格支持政策，即政府將某些特定行業，特別是農業中的產品價格維持在由市場供求關係所決定的價格水平以上，以防止該產業產品價格的下降，維護該產業勞動者的收入水平。價格支持政策實際上是生產者和消費者在利益和價格方面的再分配，因而有利於收入分配的平等，同時也有利於維持這些重要的特定行業的生存。但其負面影響在於：它可能會使這些行業放棄提高效率的努力，同時也可能導致資源流動受阻，妨礙產業結構的合理調整，影響資源的最優配置。二是價格補貼政策，指將生活必需品的價格維持在較低的價格水平上，以保證低收入者的生活。但為此就需要對這些產品的生產者提供一定的價格補貼，以彌補產品價格和生產成本之間的差額。這種補貼顯然也不利於資源的優化配置，因為這種資源向低邊際生產力用途的轉移不利於包括低收入者在內的全體社會成員收入水平的提高。

2. 收入再分配政策

收入再分配政策是指政府運用財政政策進行收入的再分配，以使國民收入從高收入階層向低收入階層轉移。其內容包括兩個方面：一是有利於低收入階層的政府支出政策。它包括向低收入者提供社會保險和社會福利以及向低收入階層提供政府救濟和帶福利性質的公共服務等，其核心是建立完善的社會保障制度。其作用不僅在於提高低收入階層在國民收入中的分配份額，促進收入分配的平等化，而且能夠在人們由於某種原因而無法靠自己的力量維持生計時，保障其最低生活水平，同時通過向社會分散風險的辦法來避免或減輕因意外原因如疾病、失業、災害等導致的傷害。二是有利於低收入階層的稅收政策。與收入分配及再分配有關的稅種包括個人所得稅、消費稅、財產稅和利潤稅等。其中，與再分配有關的稅種主要是個人所得稅和消費稅。作為直接稅的個人所得稅具有累進性稅率結構以及對低收入者的免稅性質，因此被視為是最有效的收入再分配工具。一般高收入者購買的奢侈品稅率相對較高，而低收入者購買的大眾化商品稅率相對較低，甚至為零，因此消費稅也能在一定程度上減小社會成員的收入差距。但是個人所得稅和消費稅都實際上是或類似於是對勞動課稅，因此它們無助於人們增加勞動的供給，這就可能對資源配置帶來一定影響，從而影響經濟的效率。

3. 收入源泉均等化政策

為了緩解收入分配的不平等，除了上述政策措施外，還必須對形成收入差距的初始因素進行政策調節，這就是收入源泉均等化政策。其內容主要包括兩項：一是勞動收入源泉的均等化，包括機會均等和權力均等。機會均等主要是指每個社會成員接受教育的機會均等，以促進人力資本向能夠獲取較高收益的職業移動，從而緩解勞動收入的不平等。權力均等是指消除各種非經濟的歧視因素，以達到各種收入機會的平等，它有利於緩解由於社會不公平所導致的收入不平等。二是財產收入源泉的均等化。如前所述，財產擁有的不平等是導致收入分配不平等的重要因素，而其根源在於財產擁有具有無限性和繼承性。從收入源泉均等化的角度看，財產繼承制度給予繼承者與生

俱來的財富支配權是有欠公正和不盡合理的。因此，實行累進性遺產稅制度，既可以實現調節收入分配的目的，又可以防止因遺產稅的徵收不合理而導致的儲蓄下降和勞動意願的低下。

實行收入分配政策後，收入分配的公平性就提高了，如圖 20.9 所示。比如：在美國，稅收和收入維持計劃減輕了市場引起的不平等程度。在 1997 年，20% 收入最低的家庭得到了淨津貼，這使他們在總收入中的份額從 3.6% 提高到 13%。20% 收入最高的家庭納了稅，這使他們在總收入中的份額從 49.4% 下降到 31%。

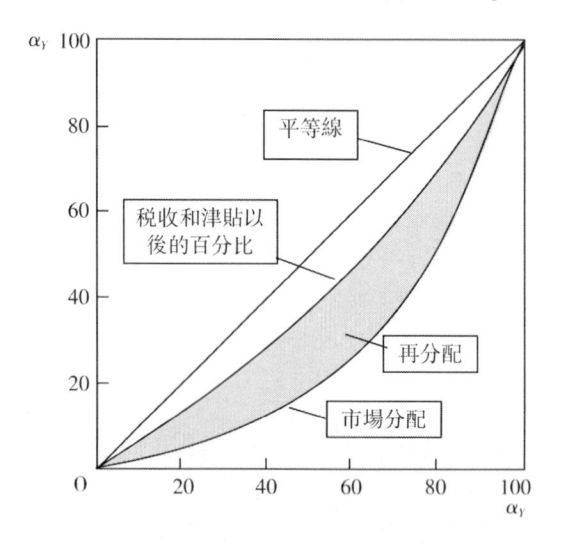

圖 20.9　收入再分配政策與洛倫茲曲線

五、公平與效率的交替

效率是一個社會不可缺少的，公平也是一個社會不可缺少的。效率與公平有時是可以兼得的，甚至是相互促進的。比如，加強對低收入勞動者的教育和培訓就能夠一舉兩得，它既可以提高這些勞動者的生產效率，又可以改善整個社會的收入分配。但是，它們在多數時候卻是相互替代的。一方面，為了提高效率，有時必須忍受更大程度的不平等；另一方面，為了增進公平，有時又必須犧牲更多的效率。社會常常不得不面臨一個困難的選擇——是要更高的效率，還是要更大程度的公平。如何在效率與公平之間進行權衡，找到二者在不同條件下的最優組合，是經濟學需要解決的一個重大現實問題。

多數情況下，效率與公平之間的關係可以用效率 X-公平 Y 邊界曲線來表示（如圖 20.10 所示）。效率與公平之間的關係可以概括為以下三種：

第一種關係，在不降低效率的前提下增進公平，如圖 20.10 中從 F 到 E 所示。高度發達國家通常面臨的就是這種關係。應該說，社會是容易處理這種關係的。比如，一個經濟社會具有很高的經濟效率，但公平性很差，社會通常傾向於「公平優先」原則，採取一些增進公平的措施。因為這種改變是一種帕累托改進，本身是有效率的。

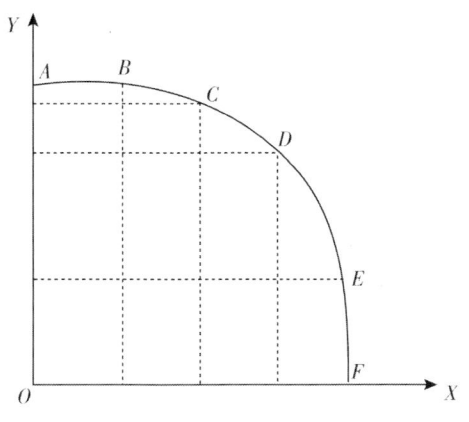

圖 20.10　效率與公平的關係

第二種關係，在不惡化公平的前提下提高效率，如圖 20.10 中從 A 到 B 所示。發展中國家通常面臨的就是這種關係。應該說，社會也是容易處理這種關係的。比如，一個經濟社會公平程度很高，但經濟效率很低，社會通常傾向於「效率優先」原則，採取一些提高效率的措施。因為這種改變是一種帕累托改進，本身是有效率的。

第三種關係，效率與公平是交替關係，如圖 20.10 中的 BE 段所示。社會在效率和公平之間的利弊權衡和艱難選擇，主要根源於效率與公平之間的這種替代關係，對於一個發展中國家或者轉型國家來說尤其如此。當一個社會既要提高效率，同時又要增進公平，這種關係常常使決策者左右搖擺。有時傾向於「效率優先，兼顧公平」的原則，有時又不得不實行「公平優先，兼顧效率」原則。

效率與公平之間的替代關係，意味著政府的經濟政策始終在尋找效率與公平的均衡。這種均衡的尋找需要權衡效率與公平的邊際轉換率。根據邊際報酬遞減規律，機會成本是遞增的。因而，隨著效率的提高，效率對公平的邊際轉換率是遞增的。這意味著，要提高一個單位的效率必須以犧牲越來越多的公平為代價。同樣地，隨著公平的增進，公平對效率的邊際轉換率也是遞增的，社會必須犧牲更多的效率才能獲得同樣水平的公平。

國家圖書館出版品預行編目(CIP)資料

微觀經濟學 / 吳開超、張樹民 主編. -- 第三版.
-- 臺北市：崧燁文化，2018.09
　　面　；　　公分
ISBN 978-957-681-502-7(平裝)
1. 個體經濟學
　　551　　　　107013278

書　　名：微觀經濟學
作　　者：吳開超、張樹民 主編
發 行 人：黃振庭
出 版 者：崧博出版事業有限公司
發 行 者：崧燁文化事業有限公司
E-mail：sonbookservice@gmail.com
粉絲頁　　　　　　　　網　址：
地　　址：台北市中正區重慶南路一段六十一號八樓 815 室
8F.-815, No.61, Sec. 1, Chongqing S. Rd., Zhongzheng
Dist., Taipei City 100, Taiwan (R.O.C.)
電　　話：(02)2370-3310　傳　真：(02) 2370-3210
總 經 銷：紅螞蟻圖書有限公司
地　　址：台北市內湖區舊宗路二段 121 巷 19 號
電　　話：02-2795-3656　　傳真：02-2795-4100　網址：
印　　刷：京峯彩色印刷有限公司（京峰數位）

　　本書版權為西南財經大學出版社所有授權崧博出版事業有限公司獨家發行
　　電子書繁體字版。若有其他相關權利及授權需求請與本公司聯繫。

定價：500 元
發行日期：2018 年 9 月第三版
◎ 本書以POD印製發行